2025

증권투자권유자문인력 빈출 1000제

김일영 · 이진

2025

증권투자권유자문인력

빈출 1000제

인쇄일 2025년 2월 1일 초판 1쇄 인쇄
발행일 2025년 2월 5일 초판 1쇄 발행
등　록 제17-269호
판　권 시스컴2025

발행처 시스컴 출판사
발행인 송인식
지은이 김일영, 이진

ISBN 979-11-6941-620-7 13320
정　가 23,000원

주소 서울시 금천구 가산디지털1로 225, 514호(가산포휴) | **홈페이지** www.nadoogong.com
E-mail siscombooks@naver.com | **전화** 02)866-9311 | **Fax** 02)866-9312

머리말

증권투자권유자문인력은 사전교육 + 인증시험으로 이루어져 있습니다. 따라서 투자자 보호 관련 집합교육을 의무 이수한 후 인증시험 합격자에게만 증권투자권유(판매) · 투자자문자격을 부여합니다.

또한 증권투자권유대행인 시험에 합격하였더라도 금융투자회사에 입사 후 판매관련 업무에 종사할 경우에는 추가로 투자권유인력 적격성 인증시험을 치러야 하오니 시험 준비 전에 직무에 적합한지 꼭 확인하셔야 합니다.

증권투자권유자문인력은 주로 금융기관에서 활동하게 되며 은행, 증권사, PB센터 등에 취업할 수 있고 금융권 종사자의 인사고과에 반영되기도 합니다. 그러므로 증권투자권유자문인력은 판매 업무를 겸하는 금융권 종사자들을 위한 필수 자격증이라고 볼 수 있습니다.

시대에 발맞추어 보다 전문적이고 합리적인 증권투자권유자문인력의 역할이 그 어느 때보다 필요합니다. 이 책에는 각 과목 장별로 해당 부분의 학습에 필요한 출제 가능성이 높은 빈출 문제들을 수록하여 문제풀이와 관련 이론학습으로 정리할 수 있도록 구성하였습니다. 또한 최신 기출유형을 반영한 FINAL 실전모의고사를 전격 수록하였고, 각 과목별 출제범위 변동 등을 고려하여 수험생으로 하여금 시행착오를 겪지 않도록 보다 충실히 내용을 담고자 노력했습니다.

이 책이 증권투자권유자문인력 적격성 인증시험을 준비하는 수험생 여러분의 많은 도움이 되기를 바라며 건투를 빕니다.

시험 정보

① 시험 주관

• 금융투자협회(http://www.kofia.or.kr)

② 응시 접수

• 금융투자협회 자격시험접수센터
홈페이지 (http://license.kofia.or.kr)에서 작성 및 접수
※ 인터넷(온라인) 접수만 가능함
※ 접수 후 시험의 연기 및 고사장 변경은 불가능함
※ 기타 접수에 관한 공지사항이 있을 시 홈페이지에 공지함

③ 응시서 교부

• 접수 시 응시자가 PC에서 직접 출력함

④ 문제 형식

• 객관식 4지선다형

⑤ 시험시간

• 120분

⑥ 합격 기준

• 응시과목별 정답비율이 50% 이상인 자 중에서 응시 과목의 전체 정답 비율이 70%(70문항) 이상인 자

⑦ 시험과목 및 문항 수

시험과목		세부과목	문항 수	문항 수	
				총	과락
1과목	증권분석	경기분석	6	15	8
		기본적 분석	5		
		기술적 분석	4		
2과목	증권시장	유가증권시장	8	20	10
		코스닥시장	3		
		채권시장	7		
		기타 증권시장	2		
3과목	금융상품 및 직무윤리	금융상품분석 · 투자전략	13	30	15
		영업실무	5		
		직무윤리 · 투자자분쟁예방	12		
4과목	법규 및 세제	자본시장과 금융투자업에 관한 법률	11	35	18
		금융위원회규정	9		
		한국금융투자협회규정	4		
		회사법	6		
		증권세제	5		

⑧ 합격자 발표

- 금융투자협회 자격시험접수센터(http://license.kofia.or.kr)에 로그인 후 「합격확인」에서 합격자 확인

⑨ 응시 제한 대상(응시 부적격자)

- 동일시험 기합격자
- 『금융투자전문인력과 자격시험에 관한 규정』 제3-13조 및 제3-15조의 자격제재에 따라 응시가 제한된 자
- 『금융투자전문인력과 자격시험에 관한 규정』 제4-21조 제3항 및 제4항에 따라 부정행위 등으로 시험응시가 제한된 자
- 투자권유자문인력 적격성 인증 시험의 경우 『금융투자전문인력과 자격시험에 관한규정』 제5-2조에 따라 투자자 보호 교육의 수강 대상이 아니거나, 해당 교육을 수료하지 못한 자

※ 상기 응시 부적격자는 응시할 수 없으며, 합격하더라도 추후 응시 부적격자로 판명되는 경우 합격 무효 처리함. 또한 3년의 범위 내에서 본회 주관 시험응시를 제한함

※ 상기 시험은 시험 접수 시 해당 시험 관련 투자자 보호 교육 이수 여부를 확인하며, 이에 부적합할 시 시험접수가 제한됨

⑩ 유의사항

- 답안 마킹용 펜이 지급되지 않으므로 검정색 필기구(연필제외)를 꼭 지참해야 함
- 시험당일에 응시표, 신분증(규정신분증 참고) 및 계산기를 반드시 지참해야 함[단, 전자수첩 및 휴대전화(PDA 포함)는 사용 불가하며, 재무용 · 공학용 계산기는 감독관의 초기화 후 사용가능]

※ 규정신분증

구분	규정신분증	대체 가능 신분증
일반인 또는 대학생	주민등록증, 운전면허증, 여권	주민등록증 발급신청 확인서
주민등록증 미발급자 (초 · 중 · 고등학생)	주민등록증, 운전면허증, 여권	신분확인증명서, 재학증명서, 학생증, 청소년증
공무원	주민등록증, 운전면허증, 여권	공무원증
군인	주민등록증, 운전면허증, 여권	장교/부사관 신분증, 군복무확인서, 신분확인증명서
외국인	외국인등록증 또는 여권	재외국민국내거소신고증

※ 모든 신분증, 증명서에는 사진이 부착되어 있으며, 발급기관장의 직인이 찍혀있어야 신분증으로 인정 가능

- 시험시작 20분 전까지 입실 완료하여야 하며 시험 종료 40분 전까지 퇴실 금지
  – 시험시작 이후 고사장 입실 및 응시 불가
- 대리응시, 메모(답안 등) 작성 및 전달, 메모(답안 등) 수령 및 기재, 문제지와 답안지 유출행위 등 시험부정행위, 감독관의 정당한 지시에 불응하는 행위, 시험 진행 방해 등으로 인해 시험응시 무효 또는 0점 처리될 수 있음
- 자격시험 신청서의 허위기재 및 기타 부정한 방법으로 시험에 합격한 경우 합격을 취소하며, 응시무효 및 합격취소자의 경우 상기 사유가 발생한 날로부터 3년 이내의 범위에서 금융투자협회 주관 시험 응시가 제한됨
- 본인의 응시번호를 답안지에 정확히 마킹하지 않은 경우 0점 처리됨

구성 및 특징

과목별 빈출 문제

각 과목별로 빈출 문제의 유형을 분석하여 가장 대표적인 유형의 문제를 엄선하였습니다.

증권투자권유자문인력 빈출 1000제

1장 **경기분석**

001

경기지표에 관한 설명 중 옳은 것은?

① 현재 사용하고 있는 국제수지 분류에서 경상수지는 무역수지, 무역외수지, 이전수지로 구분된다.

② GDP 디플레이터는 물가수준을 측정하는 지수로 사용될 수 있다.

문제 해설

유사문제에서 오답을 확실히 피할 수 있도록 문제의 요지에 초점을 맞추어, 해당 선택지가 문제의 정답이 되는 이유를 논리적이고 명확하게 설명하였습니다.

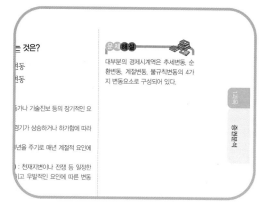

는 것은?

변동

변동

증가나 기술진보 등의 장기적인 요

경기가 상승하거나 하가함에 따라

1년을 주기로 매년 계절적 요인에

) : 천재지변이나 전쟁 등 일정한

이고 우발적인 요인에 따른 변동

문제해설

대부분의 경제시계열은 추세변동, 순환변동, 계절변동, 불규칙변동의 4가지 변동요소로 구성되어 있다.

1과목 증권분석

더 알아보기

문제와 관련된 내용을 정리하고 심화 학습을 할 수 있도록 보충설명이나 알아두면 좋은 참고사항을 수록하였습니다.

003

경기통계 시계열에서 변동요인에 속하지 않는 것은?

① 계절변동 ② 순환변동

③ 추세변동 ④ 규칙변동

더 알아보기 시계열의 변동요인

- **추세요인**(Secular Trend, T_t) : 인구증가나 기술진보 등의 장기적인 요인에 의해 발생되는 변동요인
- **순환요인**(Cyclical Movement, C_t) : 경기가 상승하거나 하가함에 따라 나타나는 변동요인
- **계절요인**(Seasonal Variation, S_t) : 1년을 주기로 매년 계절적 요인에 따른 주기적 변동요인
- **불규칙요인**(Irregular Fluctuation, I_t) : 천재지변이나 전쟁 등 일정한 기준에 의해 설명할 수 없는 단기적이고 우발적인 요인에 따른 변동요인

실전모의고사

1과목 증권분석(15문제, 001~01

001 다음 경기순환에 대한 설명으로 가장 거리가 먼 것은?

① 경기가 호황국면일 경우 초기에는 투자의 중점이 소비재 생산부
재 생산부문으로 옮겨간다.

실전모의고사

실제 시험과 같은 문항수와 동형의 형태로 모의고사 1회분을 수록하여 최신 출제 경향을 파악하고 실전에 대비할 수 있도록 하였습니다.

빠른 정답 찾기

빠른 정답 찾기로 문제를 빠르게 채점할 수 있도록 한 눈에 청리하였습니다.

01	①	02	②	03	②	04	①	05	②
06	④	07	③	08	①	09	②	10	②
11	①	12	③	13	③	14	③	15	③
16	②	17	④	18	③	19	①	20	①
21	④	22	①	23	③	24	②	25	①
26	④	27	②	28	③	29	②	30	④
31	②	32	③	33	③	34	①	35	④
36	③	37	③	38	②	39	③	40	①
41	④	42	④	43	④	44	④	45	②
46	③	47	①	48	③	49	①	50	②
51	③	52	④	53	④	54	①	55	③
56	①	57	②	58	④	59	①	60	③
61	③	62	④	63	②	64	③	65	①
66	②	67	④	68	①	69	③	70	③
71	②	72	①	73	②	74	②	75	②
[illegible]	①	77	④	78	③	79	②	80	①

비율로 변하는 것을

004

EV(Enterprise Valu
자가 기업을 매수할 때
시가총액 + 순차입금(총
으로 계산한다.

005

$C_t = a + bY_t + rC_t$
$= 120 + 0.4Y_t +$
$= 150 + 0.4Y_1$
$Y_t = C_t + Z_t$
$C_t = Y_t + Z_t$

③
③
①
③
②
①
④
③
②
②
①
소비

005 정답 ②

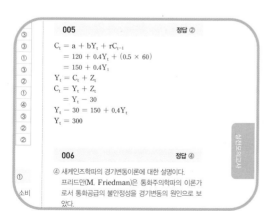

$C_t = a + bY_t + rC_{t-1}$
$= 120 + 0.4Y_t + (0.5 \times 60)$
$= 150 + 0.4Y_1$
$Y_t = C_t + Z_t$
$C_t = Y_t + Z_t$
$= Y_t - 30$
$Y_t - 30 = 150 + 0.4Y_t$
$Y_t = 300$

006 정답 ④

④ 새케인즈학파의 경기변동이론에 대한 설명이다. 프리드만(M. Friedman)은 통화주의학파의 이론가로서 통화공급의 불안정성을 경기변동의 원인으로 보았다.

실전모의고사

정답 및 해설

실전모의고사에 대한 각 문제의 해설을 상세하게 풀어내어 문제와 관련된 개념을 이해하기 쉽도록 하였습니다.

목 차

Study Plan

과목		학습예상일	학습일	학습시간
1과목 증권분석	경기분석			
	기본적 분석			
	기술적 분석			
2과목 증권시장	유가증권시장			
	코스닥시장			
	채권시장			
	기타 증권시장			
3과목 금융상품 및 직무윤리	금융상품분석 · 투자전략			
	영업실무			
	직무윤리 · 투자자분쟁예방			
4과목 법규 및 세제	자본시장과 금융투자업에 관한 법률			
	금융위원회규정			
	한국금융투자협회규정			
	회사법			
	증권세제			
FINAL 실전모의고사	4과목[100문항]			

광고
증권투자권유자문인력 대표유형+실전문제 – [교재 별도 구매]
국내 최강의 금융교수진과 함께하는
증권투자권유자문인력
족집게 동영상 강의
핵심을 짚어주는
막힘없는 강의
방대한 이론을
명쾌하게 정리
머리에 쏙 들어오는
친절한 해설
nadoogong.com

증권투자권유자문인력 대표유형+실전문제

동영상 강의 커리큘럼

1과목 증권분석

1강	경기분석 (1)
2강	경기분석 (2)
3강	경기분석 (3)
4강	기본적 분석 (1)
5강	기본적 분석 (2)
6강	기본적 분석 (3)
7강	기술적 분석 (1)
8강	기술적 분석 (2)

2과목 증권시장

9강	유가증권시장 (1)
10강	유가증권시장 (2)
11강	유가증권시장 (3)
12강	코스닥시장
13강	채권시장 (1)
14강	채권시장 (2)
15강	기타 증권시장

▦ 증권투자권유자문인력 빈출 1000제는 문제풀이집으로, 별도의 강의가 준비되어 있지 않습니다.

1과목

증권분석

1장 경기분석

2장 기본적 분석

3장 기술적 분석

1장 경기분석

001

경기지표에 관한 설명 중 옳은 것은?

① 현재 사용하고 있는 국제수지 분류에서 경상수지는 무역수지, 무역외수지, 이전수지로 구분된다.
② GDP 디플레이터는 물가수준을 측정하는 지수로 사용될 수 있다.
③ 통화유통속도는 사전적으로 추계가 가능하므로 경기변화 및 인플레이션 압력 예측에 유용성이 높다.
④ 소비자물가지수는 임금이 차지하는 비중이 상대적으로 매우 낮다.

문제해설

① 상품수지, 서비스수지, 본원소득수지, 이전소득수지로 분류한다.
③ 통화유통속도는 사후적으로만 추계가 가능하기 때문에 경기변화 및 인플레이션 압력 등을 예측하는 데 유용성이 높지 않다.
④ 소비자물가지수는 조사대상품목이 최종소비재와 서비스이기 때문에 임금이 차지하는 비중이 상대적으로 높다.

002

다음 중 경기를 예측하는 데 적합하지 <u>않은</u> 구성지표는?

① 건설수주액
② 코스피지수
③ 기계류내수출하지수
④ 도시가계소비지출

문제해설

도시가계소비지출은 경기종합지수(CI)의 선행구성지표이고, ①~③은 후행구성지표이다.

003

경기통계 시계열에서 변동요인에 속하지 않는 것은?

① 계절변동 ② 순환변동
③ 추세변동 ④ 규칙변동

더 알아보기 시계열의 변동요인

- **추세요인**(Secular Trend, T_1) : 인구증가나 기술진보 등의 장기적인 요인에 의해 발생되는 변동요인
- **순환요인**(Cycical Movement, C_1) : 경기가 상승하거나 하가함에 따라 나타나는 변동요인
- **계절요인**(Seasonal Variation, S_1) : 1년을 주기로 매년 계절적 요인에 따른 주기적 변동요인
- **불규칙요인**(Irregular Fluctuation, I_1) : 천재지변이나 전쟁 등 일정한 기준에 의해 설명할 수 없는 단기적이고 우발적인 요인에 따른 변동요인

문제해설

대부분의 경제시계역은 추세변동, 순환변동, 계절변동, 불규칙변동의 4가지 변동요소로 구성되어 있다.

004

다음 중 계절변동의 추정에 사용되는 방법을 모두 고른 것은?

㉠ 장기이동평균법
㉡ 최소자승법
㉢ 전년동기대비 증감률
㉣ 단순평균법

① ㉠, ㉡ ② ㉠, ㉢
③ ㉡, ㉢ ④ ㉢, ㉣

문제해설

- **계절변동조정** : 전년동기대비 증감률, 단순평균법, 이동평균법, X-12, ARIMA모형
- **불규칙변동조정** : MCD 이동평균법
- **추세변동조정** : 장기이동평균법, 최소자승법

정답 001 ② | 002 ④ | 003 ④ | 004 ④

005

경기정책과 관련한 시차에 대한 설명으로 가장 거리가 먼 것은?

① 자동안정정책의 경우 내부시차는 0이라 할 수 있다.
② 경기정책이 실시된 시점부터 경제의 효과를 미칠 때까지의 시간을 외부시차라고 한다.
③ 통화정책의 경우 내부시차는 길고 외부시차는 짧다.
④ 시차로 인해 총수요관리를 통한 안정화 정책은 부적절할 수도 있다.

문제해설

통화정책의 경우 통화당국이 정책결정을 하면 즉각 시행할 수 있다는 점에서 내부시차는 짧지만 여러가지 전파경로를 통해 경제에 영향을 미침에 따라 외부시차가 상당히 길고 가변적이다.

006

다음은 경제시계열의 구성요소 중 무엇에 대한 설명인가?

> 비교적 장기에 걸쳐 일정한 주기를 갖고 추세선을 중심으로 완만한 진폭을 보이는 것으로 통상 경기변동이라고도 한다.

① 추세변동 ② 순환변동
③ 계절변동 ④ 불규칙변동

문제해설

순환변동에 대한 설명이다.

007

경제시계열에 대한 설명으로 옳은 것은?

① 추세변동이란 단기간 빠르게 움직이는 변동을 말한다.
② 순환변동은 추세선을 중심으로 가파른 진폭을 보인다.
③ 계절변동은 매년 반복적으로 발생하는 단기적 변동이다.
④ 불규칙변동은 장기적으로 반복적인 변동을 말한다.

문제해설

① 추세변동은 10년 이상 상승 또는 하강으로 꾸준히 움직이는 변동이다.
② 순환변동은 추세선을 중심으로 완만한 진폭을 보인다.
④ 불규칙변동은 단기적이고 비반복적인 변동을 말한다.

008

통화지표 가운데 협의통화(M1)에 포함되지 않는 것은?

① 요구불예금 ② MMDA
③ 수시입출식 저축성예금 ④ 시장형 금융상품

더알아보기 통화지표의 종류와 범위

협의통화(M1)	현금통화 + 요구불예금 + 수시입축식 저축성 예금(MMF 포함)
광의통화(M2)	M1 + 만기 2년 미만의 기간물 예적금과 부금 + 시장형 금융상품(CD, RP, 표지어음 등) + 실적배당형 금융상품(금전신탁, 수익증권, CMA 등) + 금융채 + 기타(투신증권저축, 종금사 발행어음 등)
금융기관유동성(Lf)	M2 + 만기 2년 이상의 정기예적금, 금융채 + 증권금융 예수금 + 생명보험회사(우체국보험 포함) 보험계약 준비금
광의유동성(L)	Lf + 정부, 기업 등이 발행한 유동성 금융상품

문제해설

협의통화(M1)는 통화의 지급결제 기능을 중시하여 현금통화와 예금 취급기관의 요구불예금과 수시입출식 저축성예금으로 구성된다.
시장형 금융상품은 광의통화(M2)에 포함된다.

009

거시경제계량모형 시뮬레이션 분석의 주요 목적으로 가장 거리가 먼 것은?

① 정책효과분석
② 모형의 적합도 평가
③ 내생변수의 미래치 예측
④ 구성개별방정식 오차항의 1차 자기상관관계검정

더알아보기 시뮬레이션 분석의 목적

- **모형의 적합도 평가** : 연립방정식의 시뮬레이션 분석을 통해 실제값과 시뮬레이션 결과치를 비교하여 추정된 모형이 실제 데이터를 얼마나 잘 추적하는가를 평가
- **정책효과분석** : 모수값이나 외생변수의 값에 변화를 주고 내생변수에 미치는 효과를 분석하여 정책대안별 효과를 파악해 정책결정에 이용
- **내생변수의 미래치 예측** : 시뮬레이션 과정을 미래에까지 계속함으로써 독립변수의 미래치에 대한 가정하에 내생변수의 미래치 예측

문제해설

거시경제계량모형은 적절한 추정기법에 의해 연립방정식 모형이 추정되었을 때 추정된 모수값과 내생·외생변수값을 이용하여 분석대상기간에 대해 각 내생변수에 대한 값을 구하는 과정으로서 모형의 적합도 평가, 정책효과분석, 내생변수의 미래치 예측에 사용된다.

정답 005 ③ | 006 ② | 007 ③ | 008 ④ | 009 ④

010

거시정제계량 모형에 관한 설명으로 가장 거리가 먼 것은?

① 계량모형은 다수의 방정식을 연립방정식으로 해서 만들어진 식이다.
② 계량모형은 규정, 추정, 검증, 시뮬레이션의 절차를 반복하게 된다.
③ 모형에 표기된 방정식의 수에 따라 단일방정식 모형과 연립방정식 모형으로 구분된다.
④ 모형의 경제적 · 이론적 근거가 빈약하여 오차에 대한 통계학적 관리가 어렵다.

문제해설

모형 자체가 기존의 정립된 이론적 근거를 기준으로 하고 있어 모형의 오차에 대한 통계학적 관리가 용이하다.

011

거시경제계량모형을 이용한 경제예측시 제약성에 해당되지 않는 것은?

① 모형은 현실경제를 축약한 것이므로 현실경제에 작용하는 요인 모두를 변수화할 수 없기 때문에 오차는 필연적으로 발생한다.
② 모형에 표기되지 않는 변수의 중요성이 커지는 경우 커다란 오차가 발생할 수 있다.
③ 정책변경에 따라 소비자들의 최적 행위의 변화에 따른 모수추정치의 변화로 인하여 모형의 예측이 빗나갈 수 있다.
④ 별다른 실명변수의 도입 없이 예측하고자 하는 변수의 과거치와 교란항만을 가지고 예측모영을 만들기 때문에 예측대상 변수와 관련이 깊은 변수의 움직임은 반영하지 못한다.

더 알아보기 거시경제계량모형의 제약성과 유용성

- **제약성** : 현실경제에 작용하는 요인을 모두 변수화 할 수 없기 때문에 모형에 표기되지 않은 변수들의 중요성이 커지는 경우 오차가 발생할 수 있음
- **유용성** : 정립된 이론적 근거를 가지고 있어 모형의 오차에 대한 통계학적 관리가 용이함

문제해설

거시경제계량모형은 각 경제변수에 수치를 주어 정량화하고 변수 간에 관계를 설정한 후 경기예측모형을 만들어 경기를 예측하는 방법이다.

012

선행지수를 이용한 예측을 매월 실시하여, 그 결과를 '경기국면에 변화가 없다(NC)', '장점이 다가온다(P)', '저점이 다가온다(T)' 등으로 구분하는 경기예측기법은?

① Hymans의 법칙　② 연속신호법칙
③ Neftci의 확률법칙　④ 3연속법칙

더 알아보기 선행지수를 이용한 경기전환점 예측방법

- **Neftci의 확률법칙** : 거짓신호를 줄이는 동시에 전환점 예측의 오류 가능성을 판단할 수 있는 경기예측방법
- **3연속법칙** : 선행지표의 2번 또는 3번 연속하락을 이용해 경기 정점의 신호를 파악하는 경기예측방법
- **연속신호법칙** : 선행지수증가율과 동행지수증가율의 변화를 이용해 경기전환점을 예측하는 방법
- **Hymans의 법칙** : 선행지수를 이용한 예측을 매월 실시하여, 그 결과를 경기국면에 '변화가 없다(NC)', '장점이 다가온다(P)', '저점이 다가온다(T)' 등으로 구분하는 경기예측기법

문제해설

Hymans의 법칙은 조건에 의해서 작성된 선행지수를 통하여 나타나는 신호를 판단하는 방법으로서 경기국면의 변화로 경기전환점을 예측한다.

013

통화정책의 파급경로 중 은행대출규모의 조절이 기업의 생산활동 및 투자계획기에 영향을 줌으써 궁극적으로 실물경제에 영향을 주는 경로는?

① 금리경로　② 신용경로
③ 자산가격경로　④ 환율경로

더 알아보기 통화정책의 파급경로 종류

- **신용경로** : 은행대출규모의 조절이 민간기업의 생산활동 및 투자계획에 영향을 줌으로써 은행의 신용배분이 실물경제에 영향을 미치는 과정
- **금리경로** : 통화정책이 금융시장 내에서 단기금기, 장기금리 및 은행금리로 순차적으로 파급되는 과정과 전반적인 금리변화가 소비, 투자 등 실물부문으로 파급되는 과정
- **자산가격경로** : 민간 순자산가치의 변화로 인해 가계의 소비 및 투자가 변화하게 되고 그 결과 실물부문에 영향을 미치게 되는 경로
- **환율경로** : 투자자들이 국내통화표시 금융자산과 해외통화표시 금융자산을 선택하는 과정에서 발생하는 것으로, 통화량이 증가로 인한 금리의 변화가 환율을 변화시켜 실물경제에 영향을 미치는 과정

문제해설

신용경로는 통화정책의 효과가 은행대출규모에 영향을 미쳐 실물경제에 파급되는 과정을 말한다.

정답 010 ④ | 011 ④ | 012 ① | 013 ②

014

ARIMA모형에 대한 설명으로 가장 거리가 먼 것은?

① 자기회귀(AR), 적분(Integration), 이동평균(MA)의 세 가지 필터를 사용하기 때문에 ARIMA모형이라고 부른다.
② ARIMA모형은 거시경제계량모형에 속한다.
③ ARIMA모형의 구축과정은 식별, 모수추정, 진단검증, 예측의 단계를 거친다.
④ ARIMA모형에서 생성된 예측치는 시계열의 움직임을 합리적으로 반영한다.

문제해설

ARIMA모형은 관측치를 생성하는 확률분포함수가 시간변화에 불안정적인 시계열모형에 속한다.

015

다음 중 거시경제계량모형을 사용하여 추정한 결과 얻어지는 통계량에 대한 설명으로 옳은 것은?

① R^2 : 0에 가까출수록 독립변수들과 종속변수들의 긴밀함을 의미한다.
② t : 절댓값이 2 이상이면 독립변수가 종속변수를 설명하는 변수로서 의미가 있는 것으로 본다.
③ F : 1에 가까울수록 독립변수들의 유의성이 검증된다.
④ DW : 5 이상이면 오차항 사이의 자기상관이 없는 것으로 판단된다.

더 알아보기 거시경제계량모형 추정결과의 해석 및 검증

- R^2 : 모형에 포함된 독립변수가 종속변수의 변동을 얼마나 잘 설명하고 있는가를 나타내는 것으로써, 1에 가까울수록 독립변수들과 종속변수 간의 관계가 긴밀함 의미함
- t : 각각이 독립변수에 대한 유의성을 검정하는 통계량으로, 절댓값이 2 이상이면 해당 변수가 유의적이라고 봄
- F : 모형 자체의 유의성을 검정하는 통계량으로, 일반적으로 값이 5 이상이면 모형에 유의성이 있다고 봄
- DW : Durbin-Watson Statistic이라 하며 2에 접근할수록 오차항 사이의 자기상관이 없음을 의미함

문제해설

① 1에 가까울수록 독립변수들과 종속변수들 간에 긴밀함을 의미한다.
③ 값이 5 이상이면 독립변수들 간에 유의성이 있다고 본다.
④ 2에 가까울수록 오차항 사이의 자기상관이 없다고 할 수 있다.

016

다음 중 시계열자료를 사용하여 경제예측을 수행할 때 시계열자료에 내재해 있는 계절변동을 없애는 방법으로 가장 거리가 먼 것은?

① 60개월 이상의 장기이동평균법을 사용한다.
② 1년 단위로 이동평균하여 계정조정계열을 산출한다.
③ 전년동기대비 증가율을 이용하여 경제흐름을 파악한다.
④ X-12 ARIMA 모형을 이용하여 조정한다.

문제해설

60개월 이상의 장기이동평균법은 경기변동 분석시 추세요인을 제거하는 경우에 사용한다.

017

시계열모형에서 계절요인과 불규칙요인 등을 제거한 후 추세변동을 조정하기 위해 사용하는 기법은?

① 전년동기대비 증감률
② 단순평균법
③ 최소자승법
④ X-12 ARIMA 프로그램

문제해설

시계열의 분해방법

- **계절변동 조정방법** : 전년동기대비 증가률, 단순평균법, 이동평균법, X-12 ARIMA
- **불규칙변동 조정방법** : MCD이동평균법
- **추세변동 조정방법** : 60개월 이상 장기이동평균법, 최소자승법

018

다음 중 경기예측방법의 분류로 적절하지 않은 것은?

① 경기종합지수 – 경제지표에 의한 경기예측
② 기업경기실사지수 – 설문조사에 의한 경기예측
③ 경기확산지수 – 경제모형에 의한 경기예측
④ 시계열모형 – 경제모형에 의한 경기예측

문제해설

경기예측방법

- **경제지표에 의한 경기예측** : 경기종합지수(CI), 경기확산지수(DI)
- **설문조사에 의한 경기예측** : 기업경기실사지수, 소비자태도지수
- **경제모형에 의한 경기예측** : 시계열모형, 거시경제계량모형

정답 014 ② | 015 ② | 016 ① | 017 ③ | 018 ③

019

Hymans는 선행지수의 생명력을 동태적인 경제활동의 변화방향에 관한 신호, 즉 경기전환점에 관한 신호를 제시해주는 데 있다고 보고 있다. 다음 중 Hymans의 법칙으로 가장 거리가 먼 것은?

① 선행지수를 이용한 예측을 매월 실시하여, 그 결과를 경기측면에 '변화가 없다(NC)', '정점이 다가온다(P)', '지점이 다가온다(T)' 등으로 구분한다.
② t 시점에서 나타난 신호를 이용하여 t+1 시점의 경기예측을 행한다.
③ 경기팽창기의 경우에 선행지수가 2번 연속 하락하면 두 번째 하락이 발생한 달에 정점이 도래할 것으로 예산한다.
④ 경기팽창국면에서 선행지수가 2번 연속 하락한 다음에 다시 2번 연속 상승하면 처음의 신호를 거짓신호이므로 경기방향의 판단은 '정점이 다가온다(P)'가 아니라 '변화가 없다(NC)'가 된다.

문제해설

경기팽창기의 경우에 선행지수가 2번 연속 하락하면 두 번째 하락이 발생한 다음 달에 정점이 도래할 것으로 예상한다.

020

계절변동조정에 대한 설명으로 가장 거리가 먼 것은?

① 경제시계열에 내재되어 있는 계절요인을 제거하는 것이다.
② 연간 시계열을 이용하는 경우에는 계절변동조정이 필요없다.
③ 일반적으로 가장 손쉬운 방법은 전년동기대비 비교방법이다.
④ 이동평균법은 계절요인의 기본형태가 언제나 일정하다는 가정하에서 이루어진다.

문제해설

이동평균법은 계절요인의 기본형태가 시간의 흐름에 따라 조금씩 변화한다고 가정한다.

021

케인즈학파의 경기변동이론에 대한 설명으로 옳은 것은?

① 통화공급이 불안정하기 때문에 경기순환이 발생한다고 보았다.
② 승수효과와 가속도원리를 결합하여 경기순환을 설명하였다.
③ 경기순환을 촉발하는 외부적 충격으로 예상치 못한 통화량 변동을 강조하였다.
④ 비자발적 실업은 존재할 수 없다고 주장하였다.

문제해설

① 통화주의자에 대한 설명이다.
③ 화폐적 경기변동이론이다.
④ 새고전학파는 비자발적 실업이 존재하지 않는다고 주장했으나, 대공황 이후의 케인즈학파는 비자발적 실업이 존재함을 증명하였다.

022

다음 중 경기예측방법으로 가장 거리가 먼 것은?

① 경기지표에 의한 예측방법
② 설문조사에 의한 예측방법
③ 경제모형에 의한 예측방법
④ 통화지표에 의한 예측방법

문제해설

경기예측방법
- **경기지표에 의한 예측방법** : DI(경기확산지수), CI(경기종합지수), 선행지수를 이용한 전환점 예측
- **설문조사에 의한 예측방법** : BSI(기업경기실사지수), CSI(소비자태도지수)
- **경제모형에 의한 예측방법** : 시계열모형, 거시경제계량모형

023

계절변동조정에 해당되지 않는 것은?

① 단순평균법 ② MCD 이동평균법
③ 이동평균법 ④ X-12 ARIMA모형

문제해설

MCD 이동평균법은 불규칙변동 조정 방법이다.

정답 019 ③ | 020 ④ | 021 ② | 022 ④ | 023 ②

024

선행지표를 이용한 경기전환점의 예측방법에 해당하지 않는 것은?

① 네프치의 확률적 방법　　② 연속신호법칙
③ 하이만즈의 법칙　　④ BSI

더 알아보기 선행지표를 이용한 경기전환점의 예측방법
- **확정적 방법** : 2연속 혹은 3연속법칙, 연속신호법칙, 하이만즈의 법칙
- **확률적 방법** : 네프치의 확률적 방법

문제해설
BSI는 기업경기조사로 경기기표를 이용하는 것이 아니라 설문조사에 의한 예측방법이다.

025

기업활동 및 경기동향 등에 대한 기업가들의 판단, 전망 등을 설문지를 통하여 조사 · 분석함으로써 전반적인 경기동향을 파악 · 예측하고자 하는 경기예측수단은?

① 경기확산지수(DI)　　② 기업경기실사지수(BSI)
③ 경기종합지수(CI)　　④ 소비자태도지수(CSI)

문제해설
기업경기실사지수(BSI : Business Survey Index)에 대한 설명이다.

026

경기지표에 대한 설명으로 가장 거리가 먼 것은?

① 통화량의 변화는 단기적으로 실물부분에, 장기적으로는 시차를 두고 물가변화에 파급효과를 미치게 된다.
② 우리나라의 통화유통속도는 장기적인 상승추세로, EC방식에 의한 연간 통화증가율 목표설정에 중요한 변수로 사용되고 있다.
③ 금리는 자본의 한계수익률, 현재소득과 미래소득의 교환비율, 장기적인 경상성장률, 자금시장의 수급상황을 반영하는 지표이다.
④ 경상수지란 국제 간 거래에 있어 경상거래에 의한 수입과 지출을 말하는 것으로, 상품수지 · 서비스수지 · 본원소득수지 · 이전소득수지로 구성된다.

문제해설
우리나라의 통화유통속도는 정기적인 하락추세로, EC방식에 의한 연간 통화증가율 목표설정에 중요한 변수로 사용되고 있다.

027

다음의 소비자태도지수에 대한 설명 중 옳은 것은?

① 소비자태도지수는 0~100까지의 값을 가진다.
② 소비자태도지수가 50 이상일 때는 향후 경기를 긍정적으로 본다.
③ 소비자태도지수가 50일 때는 향후 경기를 부정적으로 본다.
④ 소비자태도지수가 100을 넘으면 오류이다.

문제해설

소비자태도지수(CSI : Consumer Sentiment Index)에 의한 경기 예측
- 0 < CSI < 100 : 경기수축국면
- CSI = 100 : 경기전환점(정점 또는 저점)
- 100 < CSI < 200 : 경기확장국면

028

민간 순자산가치의 변화로 인해 가계의 소비 및 투자가 변화하게 되고 그 결과 실물부문에 영향을 미치게 되는 경로는 무엇인가?

① 자산가격경로 ② 환율경로
③ 금리경로 ④ 신용경로

문제해설

자산가격경로에 대한 설명이다.
통화정책의 파급경로
- 금리경로
- 자산가격경로
- 환율경로
- 신용경로

029

다음 중 ARIMA모형의 특징으로 옳은 것은?

① 시계열에 적합한 모형을 설정할 수 있는 가장 복잡한 방법이다.
② 자료가 새로 첨가되면 모형의 모수치가 크게 변화된다.
③ 자료가 불충분할 경우 시계열의 연속성을 유지할 수 없다.
④ 모형에서 생성된 예측치는 시계열의 움직임을 합리적으로 반영한다.

문제해설

① 다른 설명변수 없이 변수의 과거치와 교란항만을 가지고 시계열에 적합한 모형을 설정할 수 있는 가장 간편한 방법이다.
② 자료가 첨가되어도 모수치가 크게 변화하지 않는다.
③ 보간이나 외삽을 통해 시계열의 연속성을 유지할 수 있다.

정답 024 ④ | 025 ② | 026 ② | 027 ③ | 028 ① | 029 ④

1과목 증권분석

030

경기지표에 의한 경기예측방법에 대한 설명으로 가장 거리가 먼 것은?

① 경기확산지수의 산식은 [전월대비 증가지표수 + (0.5×보합지표수)/구성지표수] × 100이다.
② 당면적 경기확산지수는 개별시계열의 월별 변동방향만을 감안하여 총 구성계열수에 대한 증가계열의 백분비 비율을 구하여 산출한다.
③ 기업경기실시지수는 경기수축기에서 소비자태도지수보다 일정기간 선행하는 특성을 지기고 있어, 경기수축국면 및 경기지점을 예측하는데 유용한 지표이다.
④ 거시경제계량모형은 일반적으로 연립방정식의 형태를 취하며, 변수간의 영향관계를 도식화한 흐름도를 보면 모형의 윤곽을 알 수 있다.

문제해설

소비자태도지수는 특히 경기수축기에서 기업경기실사지수보다 일정기간 선행하는 특성을 가지고 있어, 경기수축국면 및 경기저점을 예측하는데 유용한 지표이다.

031

기본 경제지표 중 GDP, 통화량과 통화유통속도, 금리에 관한 설명으로 가장 거리가 먼 것은?

① GDP란 국내에 거주하는 모든 생산자가 생산한 부가가치의 총계를 말하며, 수출이 차지하는 비중이 가장 높다.
② 통화량 변화의 실물부분과 물가부문에 대한 상대적 파급효과의 크기는 경제구조, 경기상황 등에 따라 달라진다.
③ 통화유통속도는 일정량의 통화량이 일정기간 동안 몇 번을 회전하여 명목 GDP에 해당하는 만큼의 거래를 뒷받침하였는가를 반영한다.
④ 금리는 자본의 한계수익률, 현재소득과 미래소득의 교환비율, 장기적인 명목성장률, 자금시장의 수급상황을 반영하는 지표이다.

문제해설

GDP란 국내에 거주하는 모든 생산자가 생산한 부가가치의 총계를 말하며, 소비가 차지하는 비중이 가장 높다.

032

경기순환의 측정방법에 대한 설명으로 가장 거리가 먼 것은?

① 순환진폭은 경기변동을 잘 반영하는 변수를 채택하여 확장기와 수축기에 나타난 변동폭을 계산하여 측정한다.
② 변동성은 경기상승이나 하락이 상당기간 지속되는 특성을 말한다.
③ 공행성은 경기순환과정에서 생산 · 고용 · 투자 · 소비 등 경제지표들과 산업부문별 생산 · 고용 · 투자 등의 공통된 움직임을 말한다.
④ 국면별 비대칭성은 확장국면과 수축국면이 얼마나 비대칭적인가를 측정한다.

문제해설

변동성은 경기상승이나 하락이 반대 방향으로 전환되는 특성을 말한다. 경기상승이나 하락이 상당기간 지속되는 특성은 지속성에 설명이다.

033

다음의 시계열 분해조정작업에서 1년 동안 주기적으로 발생하는 단기적 변동은?

① 계절변동　② 불규칙변동
③ 추세변동　④ 순환변동

문제해설

계절변동은 계절적인 변화, 사회적 제도 및 관습 등에 따라 1년을 주기로 매년 계절적 요인에 따라 주기적으로 발생한다.

034

선행종합지수 증가율과 동행종합지수 증가율을 통해 경기순환의 정점신호와 저점신호를 판단하는 경기전환점 예측방법은?

① 연속신호법칙　② 경기확산지수(DI)
③ 경기종합지수(CI)　④ Neftci방법

문제해설

연속신호법칙
- 선행종합지수 증가율과 동행종합지수 증가율의 변화를 이용해 경기전환점을 예측하는 것이다.
- 선행종합지수 증가율과 동행종합지수 증가율을 통해 경기순환의 정점신호와 저점신호를 판단한다.
- 경기순환의 정점과 저점이 도래할 것이라는 신호는 세 종류의 연속신호들이 맨 처음 관찰되는 시점에서 발생한다.

정답 030 ③ | 031 ① | 032 ② | 033 ① | 034 ①

035

경기종합지수(CI)를 해설할 때의 유의점으로 가장 거리가 먼 것은?

① 선행종합지수가 연속 3개월 동안 반대로 움직여도 실제로 경기전환이 아닌 경우가 있으므로 종합적인 판단이 요구된다.
② CI는 단기적인 경제성장 추세와 경기의 상승 및 하강 움직임을 동시에 포함하므로 이를 감안하여 이용해야 한다.
③ 동행종합지수 순환변동치와 선행종합지수 전년동월대비의 크기, 증감률, 진폭 등은 큰 의미를 갖지 않으므로 움직이는 방향에 유의해야 한다.
④ 경기의 움직임은 CI의 전월대비증감률 크기 및 부호에 따라 판단할 수 있으나, 월별 움직임에서는 확장국면에서 증가율이 낮아지거나 또는 수축국면에서 일시적으로 증가율이 높아지는 경우도 생기므로 매월의 움직임과 함께 일정기간의 추세도 고려해야 한다.

문제해설

CI는 장기적인 경제성장 추세와 경기의 상승 및 하강 움직임을 동시에 포함하므로 이를 감안하여 이용해야 한다.

036

Hymans의 법칙에서 선행지수의 작성조건에 해당하지 않는 것은?

① 거짓신호를 제거할 수 있는 방법을 제시해야 한다.
② 거짓신호를 제거하는 과정에서 선행지수가 갖는 고유한 선행기간을 축소시키지 말아야 한다.
③ 일시적인 경기후퇴와 심각한 불황을 구분할 수 있어야 한다.
④ 작업과정이 간편해야 한다.

문제해설

선행지수의 작성조건
- 거짓신호를 제거할 수 있는 방법을 제시해야 한다.
- 거짓신호를 제거하는 과정에서 선행지수가 갖는 고유한 선행기간을 축소시키지 말아야 한다.
- 작업과정이 간편해야 한다.

037

경기종합지수의 구성지표를 선행 – 동행 – 후행종합지수의 순으로 묶은 것은?

① 재고순환지표 – 광공업생산지수 – 상용근로자수
② 광공업생산지수 – 회사채유통수익률 – 기계류내수출하지수
③ 소비자기대지수 – 회사채유통수익률 – 내수출하지수
④ 재고순환지표 –국제원자재가격지수 – 소비자기대지수

더 알아보기 경기종합지수와 구성지표

- **선행종합지수** : 구인구직비율, 소비자기대지수, 기계류내수출하지수, 건설수주액, 재고순환지표, 장단기금리차, 종합주가지수, 국제원자재가격지수, 수출입물가비율
- **동행종합지수** : 광공업생산지수, 비농림어업취업자수, 건설기성액, 내수출하지수, 소매업판매액지수, 서비스업생산지수, 수입액
- **후행종합지수** : 상용근로자수, 도시가계소비지출, 생산자제품재고지수, 회사채유통수익률, 소비재수입액

문제해설

② 동행 – 후행 – 선행
③ 선행 – 후행 – 동행
④ 선행 – 선행 – 선행

038

통화경로에 대한 케인즈학파의 주장으로 가장 거리가 먼 것은?

① 통화공급의 변동이 단기적으로는 투자와 국민소득에 영향을 주지만 장기적으로는 물가만을 변화시킨다.
② 통화가 변동할 경우 채권 등 자산선택에 영향을 미쳐 간접적으로 실물경제에 영향을 미친다고 보았다.
③ 통화량의 증가로 이자율이 하락하는 경우 투자에 필요한 자본의 조달비용이 하락하게 되고 이는 투자를 증대시킴으로써 실물경제의 총수요를 증가시킨다.
④ 장기이자율이 변한다고 하더라도 투자의 이자율 탄력성이 낮거나 미래 경기에 대한 기업가의 예상이 불투명하다면 통화정책이 투자의 변화를 통해 실물경제에 미치는 영향은 크지 않을 것이다.

문제해설

①은 통화주의자의 주장이다.

정답 035 ② | 036 ③ | 037 ① | 038 ①

039

경기지표 변동요인은 변동주기별로 4개의 변동요인으로 분해할 수 있다. 다음 중 변동주기가 1년보다 긴 변동은?

① 추세변동, 순환변동
② 계절변동, 불규칙변동
③ 추세변동, 계절변동
④ 순환변동, 불규칙변동

문제해설

경제시계열의 변동요인

- **추세요인** : 인구증가나 기술진보 등의 장기적인 요인에 의해 발생되는 변동요인
- **순환요인** : 경기가 상승하거나 하강함에 따라 나타나는 변동요인
- **계절요인** : 1년을 주기로 매년 계절적 요인에 따른 주기적 변동요인
- **불규칙요인** : 천재지변이나 노사분쟁 등 일정한 기준에 의해 설명할 수 없는 단기적이고 우발적인 요인에 따른 변동요인

040

경기변동에 대한 케인즈학파의 이론으로 가장 거리가 먼 것은?

① 공급은 스스로 수요를 창출한다.
② 총수요관리에 의한 경기정책을 옹호하였다.
③ 경제의 내적인 요인을 강조하였다.
④ 투자에 대한 불안정한 지출이 경기변동의 주원인이다.

문제해설

'재화의 공급은 그 스스로의 수요를 창출해낸다'는 것은 세이의 법칙으로 고전학파의 이론이다.

041

다음 거시경제변수와 종합지수 간의 관계를 설명한 것으로 가장 거리가 먼 것은?

① 지속적인 인플레이션을 주가상승에 부정적인 영향을 미친다.
② 통화량증가는 단기적으로 주가를 상승시킨다.
③ 금리상승은 주가지수의 상승을 제약시킨다.
④ 다른 조건이 동일하다면 환율의 평가절하는 주가를 하락시킨다.

문제해설

환율의 평가절하는 무역수지 개선을 통해 주가를 상승시키는 요인으로 작용한다.

042

경기전환점 예측방법 중 Neftci의 확률적 방법에 대한 설명으로 가장 거리가 먼 것은?

① 경제의 움직임이 확장기와 수축기에 각각 다른 형태를 보인다는 점에 착안하여 모형화한 것이다.
② 선행지표는 경기전환점에 관한 신호를 사전에 정확히 결정할 수 있도록 어떤 법칙에 의해 작성되어야 한다.
③ 선행지수 혹은 개별 경제시계열의 매월 자료를 이용하여 가까운 시일내에 경기전환점이 발생할 확률을 계산하여 공식을 도출한다.
④ 도출된 공식에 따라 계산된 확률이 어떤 기준치를 넘으면 특정 선행기간 내에 경기전환점이 실제 나타날 것으로 판단한다.

문제해설

②는 Hymans의 법칙에 의한 경기전환점 예측방법이다.

043

국제수지의 항목을 연결한 것이다. 옳지 않은 것은?

① 수출, 수입 – 상품수지
② 운송, 여행 – 서비스수지
③ 급료, 임금 – 본원소득수지
④ 개인송금 – 금융계정

더 알아보기 경제수지의 구성

경상수지	상품수지	수출, 수입
	서비스수지	여행, 운송, 기타 서비스(건설서비스, 보험 서비스, 통신서비스, 정부서비스, 사업서비스, 지적재산권 등 사용료)
	본원소득수지	임금, 급료, 투자소득(이자소득, 배당소득)
	이전소득수지	개인소득, 무상원조, 국제기구 출연금
자본 · 금융계정	자본계정	자본이전, 비생산 · 비금융자산 취득 및 처분
	금융계정	직접투자, 포트폴리오투자, 기타 투자, 준비자산

문제해설

개인송금은 이전소득지수이다. 대가없이 제공되는 것으로서 수혜자의 소득 및 소비에 직접적으로 영향을 주는 근로자 송금 등 대외송금, 구호를 위한 식량, 의약품 등의 무상 원조, 국제기구 출연금 등은 이전소득수지에 기록한다.

정답 039 ① | 040 ① | 041 ④ | 042 ② | 043 ④

044

거시경제계량모형의 유용성에 대한 설명으로 가장 거리가 먼 것은?

① 모형이 간단하여 경기예측이 용이하다.
② 정립된 이론적 근거를 가지며 오차에 대한 통계학적 관리가 가능하다.
③ 특정 분야에 대한 전문가의 주관적인 의견보다는 일관성을 유지한다.
④ 경제구조 전체를 파악함에 있어 일관성 및 동시성을 유지한다.

문제해설

①은 시계열모형의 유용성이다.

045

다음 A와 B에 적합한 것을 옳게 연결한 것은?

(A)는 계절요인의 기본형태가 시간의 흐름에 따라 변화하지 않고 언제나 일정하다는 가정하에서 고전적인 계절변동조정방법인데 반하여, (B)는 계절요인의 기본형태가 시간의 흐름에 따라 조금씩 변화한다고 가정한다.

	A	B
①	이동평균법	단순평균법
②	단순평균법	이동평균법
③	장기이동평균법	최소자승법
④	최소자승법	장기이동평균법

문제해설

단순평균법은 계절요인의 기본형태가 시간의 흐름에 따라 변화하지 않고 언제나 일정하다는 가정하에서 이루어지는 고전적인 계절변동조정 방법이다.

046

다음은 어떤 물가지수에 대한 설명인가?

국내시장의 거래단계에서 거래되는 상품 성격의 일부 서비스 가격을 조사대상으로 하고 있어 전반적인 수급동향을 반영한 물가지수이다.

① 소비자물가지수 ② 생산자물가지수
③ 수출입물가지수 ④ GDP 디플레이터

문제해설

생산자물가지수에 대한 설명이다.
- **소비자물가지수** : 소비자가 일상 소비생활에 쓸 용도로 구입하는 재화의 가격과 서비스 요금의 변동을 조사하는 지수이다.
- **GDP 디스플레이터** : 국내에서 생산되는 모든 재화와 서비스 가격을 반영하여 국민경제 전체의 물가압력을 측정하는 지수이다.

047

다음 A와 B에 적합한 것을 옳게 연결한 것은?

> 추세변동과 순환변동을 분리하기 위해서는 추세변동의 추정이 필요한데, 이에는 일반적으로 60개월 이상의 (A)와 (B)가 이용된다.

	A	B
①	이동평균법	단순평균법
②	이동평균법	최소자승법
③	단순평균법	장기이동평균법
④	장기이동평균법	최소자승법

문제해설

추세변동과 순환변동을 분리하기 위해서는 추세변동의 추정이 필요한데, 장기이동평균법과 최소자승법이 이용된다. 장기이동평균법은 추세선의 모양은 알 수 있으나 방정식을 구할 수 없으며, 최소자승법은 추세선의 방정식까지 구할 수 있다는 특징이 있다.

048

경기변동의 원인에 대한 설명으로 가장 거리가 먼 것은?

① 슘페터는 혁신이 경제발전의 원인이라고 주장한다.
② 케인즈는 경기변동의 원인으로 투자지출의 역할을 강조한다.
③ 루카스는 완전한 정보상황에서 경제주체들의 기대를 경기변동의 원인으로 본다.
④ 통화주의자들은 경기변동의 원인을 통화량 변화와 같은 화폐적 충격을 강조한다.

문제해설

루카스는 경제주체들이 합리적 기대를 하더라도 불완전 정보로 인해 물가변화와 같은 주요 경제변수들의 움직임을 정확히 예측할 수 없다고 전제한다.

049

다음 중 프리드만을 비롯한 통화주의자들의 학설로 가장 거리가 먼 것은?

① 경기조정을 위해 총수요 관리가 필요하다.
② 통화공급량을 해마다 일정한 비율로 증가시켜야 한다.
③ 경제는 완전고용 산출수준으로 회귀하려는 경향이 있다.
④ 투자 및 내구소비재에 대한 불안정한 지출이 경기순환의 주원인이다.

문제해설

④는 케인즈학파의 주장이다.

정답 044 ① | 045 ② | 046 ② | 047 ④ | 048 ③ | 049 ④

050

경기가 수축국면에 놓여 있을 때의 상황과 가장 거리가 먼 것은?

① 재고가 누적된다.
② 조업이 단축된다.
③ 실업률이 하락한다.
④ 전반적으로 판매가 부진하다

문제해설

경기수축국면에서 실업률은 증가한다.

051

주요 거시경제지표 중 통화지표에 대한 설명으로 가장 거리가 먼 것은?

① 금융기관의 제도적 형태에 따라 협의통화(M1)와 광의유동성(L)으로 구분한다.
② 양도성예금증서(CD)는 광의통화(M2)에 포함된다.
③ 광의통화(M2)에는 대체성이 높은 예금취급기관의 금융상품이 추가된다.
④ 광의유도성(L)지표가 가장 넓은 범위의 통화지표이다.

문제해설

금융상품의 유동성을 기준으로 협의통화(M1)와 광의통화(M2)로 구분한다.

052

명목 GDP와 실질 GDP 간의 비율로 국민경제 전체의 물가압력을 측정하는 지수로 사용되는 것은?

① 경상 GDP
② 비경상 GDP
③ 통화유통속도
④ GDP 디플레이터

문제해설

GDP 디플레이터

$$= \frac{\text{명목 GDP}}{\text{실질 GDP}} \times 100$$

053

우리나라의 경기순환과정에 대한 설명으로 가장 거리가 먼 것은?

① 1970년대 초 이후 우리나라가 겪은 경기순환에 가장 큰 영향을 미친 요인은 건설투자였다.

② 1972년 이후 우리나라의 경기순환과정에서 확장기간이 수축기간보다 평균적으로 1년 반 정도 짧았다.

③ 1980년대 중반 한국경제의 높은 수출증가율은 '3저 현상'이 중요한 요인이 되었다.

④ 우리나라의 농업생산은 총생산에서 차지하는 비중이 꾸준히 감소되어 왔기 때문에 경기순환에 미치는 명향이 미미하였다.

문제해설

통계청이 발표한 「경기종합지수」에 의하면 1972년 이후 2000년까지 한국의 기준순환일은 확장기간의 평균이 31개월, 수축기간의 평균은 18개월로 평균 1년 정도 길었다.

③ **3저 현상** : 달러가치가 하락, 국제원유가격의 하락, 국제금리의 하락

054

통화주의자들의 주요 경기변동 원인으로 옳은 것은?

① 불완전한 정보

② 정책당국의 자의적인 통화정책

③ 기술, 생산성 변화와 같은 공급측면의 충격

④ 민간기업의 투자지출변화에 따른 수요측면의 충격

문제해설

통화주의자들은 정책당국의 통화공급이 불안정하기 때문에 경기순환(경기변동)이 발생한다고 보았다.

①, ③ 불완전한 정보와 기술, 생산성 변화가 같은 공급측면의 충격은 새고전학파의 실물적, 화폐적 경기변동이론에서 설명하는 경기변동의 원인에 해당한다.

1과목 증권분석

정답 050 ③ | 051 ① | 052 ④ | 053 ② | 054 ②

055

통화정책이 실물경제에 파급되는 경로에 대한 설명으로 가장 거리가 먼 것은?

① 환율경로에 의하면 통화량 증가의 경우 국내 금리가 하락하면서 환율이 평가절하되어 수출상품의 경쟁력이 높아져 해외순수출이 늘어나게 된다.
② 신용경로에 의하면 긴축통화정책의 경우 대출가용자원이 들어들게 되어 금리변화가 없더라도 실물경제가 위축될 것으로 보인다.
③ 우리나라가 1998년 이후 채택한 물가안정목표제에서 단기운용목표의 기준금리의 조작이 장기금리에 미치지 못하면 금리경로를 통한 물가안정목표의 달성은 어렵게 된다.
④ 자산가격경로에 의하면 확장적 통화정책의 경우 채권수익률의 상승이 주식가격의 상승을 유도하면서 소비자지출이 증가하게 된다.

더알아보기 통화정책의 파급경로

통화국에 의한 통화정책이 금융시장의 각종 가격변수 및 수량변수의 변동을 통해 최종적으로 물가, 성장 등 실질부문에 영향을 미치게 되는 일련의 과정

문제해설

자산가격경로에 의하면 확장적 통화정책의 경우 채권수익률의 하락이 주식가격의 상승을 유도하면서 소비자지출이 증가하게 된다.

056

원화 환율의 상승에 의한 환율경로에 대한 설명으로 옳은 것은?

① 환율상승은 달러로 표시된 수출품 가격을 높이게 된다.
② 환율상승은 수입품 가격을 높여 국내 물가에 악영향을 미친다.
③ 환율의 상승은 해외부채가 많은 기업에게는 수익성 개선의 기회가 된다.
④ 환율의 상승은 수출감소로 이어져 경상수지가 악화될 가능성이 높다.

더알아보기 환율경로의 단계

- 1차 단계 : 국내금리 변화가 환율을 변화시킴
- 2차 단계 : 원화 약세인 환율의 상승이 실물경제에 영향을 미침
  수출품가격 하락/수입품가격 상승으로 국내물가에 악영향을 미치고 수출이 늘어나 경상수지가 개선됨
  수출품가격 늘어나 경상수지가 개선됨
  기업이나 금융기관들의 외화자산과 부채의 가치를 변화시켜 재무구조에 영향을 미침

문제해설

① 환율상승은 달러로 표시된 수출품 가격을 낮추게 된다.
③ 환율상승은 해외부채가 많은 기업에게 상환부담이 커지게 된다.
④ 환율의 상승은 달러로 표시된 우리 수출품의 가격을 낮추어 가격경쟁력을 갖게 하므로 수출이 증가되고, 이에 따라 경상수지도 개선된다.

057

다음 보기에서 설명하고 있는 내용 중 옳지 않은 것을 모두 고른 것은?

> ㉠ 통화정책은 내부시차가 길고 외부시차가 짧은 반면에, 재정정책은 내부시차가 짧고 외부시차가 길다.
> ㉡ 자동안정장치가 정상적으로 작동될 경우 내부시차는 0이라고 할 수 있다.
> ㉢ 경기순환의 원인을 케인즈학파는 불안정한 지출이라고 보았고, 통화주의자들은 통화공급의 불안정 때문이라고 보았다.
> ㉣ 경기순환이론은 기술충격과 같은 총공급의 변동이 불안하기 때문에 경기순환이 발생한다고 보았다.

① ㉠, ㉣　　② ㉠, ㉡, ㉣
③ ㉡, ㉢　　④ ㉡, ㉢, ㉣

문제해설

㉠ 내부시차는 정책이 결정되는 데 소요되는 시간을 말하고, 외부시차는 정책이 실제로 실물경제에 영향을 미치는 데 소요되는 시간을 말한다. 통화정책은 한국은행이 주로 정책결정을 하므로 내부시차는 짧은 대신 외부시차가 길고, 입법과정과 국회동의를 요하는 경우가 많은 재정정책은 내부시차가 긴 대신 외부시차가 짧다.
㉣ 실물적 경기변동이론에 대한 설명이다.

058

경기동향(확산)지수에 대한 설명으로 가장 거리가 먼 것은?

① 역사적 확산지수는 과거의 기준순환일을 추정하는 데만 이용된다.
② 당면적 경기확산지수는 현재의 경기국면판단 및 향후 예측수단으로 이용된다.
③ DI의 월별변동폭이 심할 경우에는 누적 경기확산지수를 산출하여 보완적으로 사용한다.
④ 경기동향지수는 경기에 민감한 대응성을 보이는 몇 개의 대표계열을 파악하여 경기국면을 파악하는 데 이용하는 지표이다.

문제해설

④ 경기종합지수(CI)에 대한 설명이다. 경기동향지수(DI)는 경제의 특정 부문에서 발생한 경기동향요인이 여타 부문으로 점차 확산·파급되어 가는 과정을 파악하기 위해서 경제통계지표 간의 변화방향만을 종합하여 지수화한 것이다.

정답 055 ④ | 056 ② | 057 ① | 058 ④

059

다음은 경기종합지수(CI) 중 선행지수, 동행지수, 후행지수의 예이다. 바르게 연결된 것은?

① 건설수주액 – 동행지수
② 종합주가지수 – 후행지수
③ 소매업판매액지수 – 동행지수
④ 생산자제품재고지수 – 선행지수

문제해설

① 건설수주액 – 선행지수
② 종합주가지수 – 선행지수
④ 생산자제품재고지수 – 후행지수

060

다음 보기의 설명 중 옳지 않은 것을 고르면?

㉠ 경기확산지수(DI)가 50이면 경기전환점이다.
㉡ 기업경기실사지수(BSI)는 중 · 장기 경기예측수단으로 활용된다.
㉢ 후행지표를 이용한 경기전환점 예측방법으로 2연속 · 3연속법칙, 연속신호법칙, 하이만즈의 법칙 등이 있다.
㉣ 도시가계소비지출, 상용근로자수 등은 동행구성지표에 해당한다.

① ㉠
② ㉠, ㉡
③ ㉡, ㉢
④ ㉡, ㉢, ㉣

문제해설

㉡ 기업경기실사지수는 단기 예측 수단이다.
㉢ 선행구성지표를 이용한 경기전환 예측방법이다.
㉣ 후행구성지표에 해당한다.

061

ARIMA모형의 구축과정의 단계를 순서대로 바르게 나열한 것은?

① 식별 → 진단검증 → 추정 → 예측
② 추정 → 예측 → 진단검증 → 식별
③ 식별 → 추정 → 진단검증 → 예측
④ 추정 → 진단검증 → 예측 → 식별

문제해설

ARIMA모형의 구축과정
식별(identitication) → 모수추정(estimation) → 진단검증(diagnostic test) → 예측의 단계를 거치게 된다.

062

기업경기실사지수(BSI)가 분기별 120 → 100 → 75로 조사되었다. 다음 중 분기별로 예상되는 경기상황을 가장 적절하게 설명하고 있는 것은?

① 경기팽창 → 경기전환 → 경기수축
② 경기수축 → 경기전환 → 경기팽창
③ 경기전환 → 경기팽창 → 경기전환
④ 경기전환 → 경기팽창 → 경기수축

문제해설

BSI가 100이면 경기전환, 100 이하이면 경기수축, 100 이상이면 경기팽창으로 판단한다.

063

다음 중 경기전환점과 시차분석을 통해 측정되는 경기순환의 특성은?

① 순환심도　　② 변동성
③ 비대칭성　　④ 공행성

문제해설

공행성은 경제변수들이 서로 안정적인 관계를 가지고 일정한 방향으로 함께 움직이는 특성을 말하며, 경기전환점과의 시차분석을 통하여 측정된다.

064

다음 중 경기종합지수(CI)에 대한 설명으로 옳은 것은?

① 기업가의 심리변환과정이 반영되어 있다.
② 경기변동의 진폭파악 및 각 순환기별 비교가 가능하다.
③ 현재의 경기분석에는 유용하지만 향후 경기예측에는 별 도움이 되지 않는다.
④ 50을 기준으로 50보다 크면 경기확장을, 50 이하이면 경기수축을 나타낸다.

문제해설

① 기업경기실사지수(BSI)에 대한 설명이다.
③ 과거의 경기순환의 움직임 및 현재의 경기상태를 분석하는 데 이용하며, 경기변동의 단기적 예측에 유용하다.
④ 경기종합지수의 전월대비 증가율이 양(+)인 경우 경기상승을, 음(−)인 경우 경기하락을 나타낸다.

1과목 증권분석

정답 059 ③ | 060 ④ | 061 ③ | 062 ① | 063 ④ | 064 ②

065

경기선행지수와 동행지수의 움직임의 차이를 이용하여 경기전환점을 예측하는 방법은?

① 3연속법칙
② 네프치의 법칙
③ 연속신호법칙
④ 하이만즈의 법칙

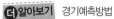

더알아보기 경기예측방법
- **경기지표에 의한 경기예측** : 경기확장지수(DI), 경기종합지수(CI)
- **경기지표에 의한 경기예측** : 기업경기실사지수(BSI), 소비자태도지수(CSI) 등
- **경제모형에 의한 경기예측** : 시계열모형, 거시경제계량모형

문제해설

선행지수를 이용한 경기전환점의 예측방법에는 2연속 또는 3연속법칙, 연속신호법칙, 하이만즈의 법칙, 네프치의 법칙이 있다. 선행지수와 동행지수의 증가율의 변화를 이용하는 것은 3연속 법칙이다.

066

두 개의 방정식으로 구성된 아래의 거시경제모형 예측에 기초하여 Y_t를 구한 값은? (단, C_t=t기의 소비, Y_t=t기의 소득)

$$C_t = a + bY_t + rC_{t-1}$$
$$Y_t = C_t + Z_t$$
$$a = 200,\ b = 0.6,\ r = 0.5,\ Z_t = 60,\ C_{t-1} = 80$$

① 700
② 750
③ 800
④ 850

문제해설

$C_t = a + bY_t + rC_{t-1}$

$= 200 + 0.6Y_t + (0.5 \times 80)$

$Y_t - 60 = 240 + 0.6Y_t$

$\therefore Y_t = 750$

주어진 값들을 대입하여 연립방정식을 풀면

$Y_t = 750$

| 067~068 | 다음 자료를 분석하여 물음에 답하시오.

추정된 모형이 다음과 같이 주어져 있으며 $C_{t-1}=60$, $Y_{t-1}=100$, $Z_{t-1}=200$이며, t기의 정책변수인 $Z_t=40$이라고 한다.

$C_t=60+0.5Y_t+0.5C_{t-1}$

$Y_t=C_t+Z_t$

067

자료를 바탕으로 소비(C_t)와 소득(Y_t)의 예측치를 구하면?

① 소비 = 220, 소득 = 260
② 소비 = 180, 소득 = 220
③ 소비 = 260, 소득 = 300
④ 소비 = 140, 소득 = 180

문제해설

$C_t = 60 + 0.5Y_t + 0.5C_{t-1}$
$= 60 + 0.5Y_t + (0.5 \times 60)$
$= 60 + 0.5Y_t + 30$
$= 0.5Y_t + 90$
$Y_t = C_t + Z_t = C_t + 40$
$Y_t - 40 = C_t$ 이므로
$Y_t - 40 = 90 + 0.5Y_t$
$0.5Y_t = 130$
$\therefore C_t = 220,\ Y_t = 260$

068

정부가 Z_t를 40에서 70으로 증가시키면 소비(C_t)와 소득(Y_t)은 얼마로 늘어나는가?

① 소비 = 320, 소득 = 250
② 소비 = 250, 소득 = 320
③ 소비 = 200, 소득 = 270
④ 소비 = 270, 소득 = 200

문제해설

$Y_t = C_t + Z_t = C_t + 70$
$Y_t - 70 = 90 + 0.5Y_t$
$Y_t - 0.5Y_t = 160$
$\therefore Y_t = 320,\ C_t = 250$

정답 065 ③ | 066 ② | 067 ① | 068 ②

2장 기본적 분석

001

다음 중 기본적 분석에 대한 설명으로 가장 거리가 먼 것은?

① 주식의 가격은 그 주식을 발행한 기업의 가치에 의해 결정된다고 본다.
② 기업의 내재가치는 시장에 반영될 것으로 기대한다.
③ 거시경제변수, 산업변수 등을 고려하지 않는 것이 분석의 한계이다.
④ 기술적 분석에 비해 지나치게 주관적이다.

문제해설

기본적 분석에서는 기업가치에 영향을 미칠 수 있다고 생각되는 거시경제변수, 산업변수, 기업자체변수들을 고려한다.

002

통화량과 주가에 관한 설명으로 옳은 것은?

① 통화량이란 한국은행이 보유하고 있는 현금을 의미한다.
② 기업부문에서 통화량의 증가는 수익성을 악화시키는 요인이 된다.
③ 민간부문에서 통화량의 증가는 주식매입자금의 감소 요인이 된다.
④ 통화량의 증가는 단기적으로는 주가에 긍정적 영향을 주지만, 장기적으로는 부정적 영향을 줄 가능성이 높다.

더 알아보기 통화량과 주가의 관계
- 가계부문 : 통화량 증가 → 주식매입자금 풍부 → 주가상승
- 기업부문 : 통화량 증가 → 자금확보 → 설비투자 → 수익성 증가 → 주가상승

문제해설

통화량의 증가는 장기적으로는 이자율을 상승시켜 주가에 부정적 영향을 준다.
① 통화량이란 시중에 돌아다니고 있는 돈의 유통량을 말한다.
② 기업의 수익성을 상승시키는 요인이 된다.
③ 주식매입자금을 원활히하여 주식가격의 상승요인이 된다.

003

주가에 영향을 주는 요인들에 대한 설명으로 가장 거리가 먼 것은?

① 일반적으로 이자율의 상승은 주가상승의 요인이 된다.
② 완만한 물가상승은 기업수지개선 효과가 있어 주가상승의 요인이 될 수 있다.
③ 스태그플레이션하에서는 비용인상형 인플레이션이 발생하여 주가하락의 가능성이 높아진다.
④ 디플레이션하에서는 실물자산보다 금융자산을 선호하게 되어 주가가 상승한다.

더알아보기 물가와 주가의 관계(일반적 상황을 전제)
- **급격한 물가상승** : 금융자산 회피 → 실물자산 선호 → 주가하락
- **완만한 물가상승** : 실물경기 상승 → 기업수지 개선 → 주가상승
- **디플레이션** : 금융자산 선호 → 주가상승
- **스태그플레이션** : 기업수지 악화 → 주가하락

문제해설
이자율의 상승은 자금조달을 축소시켜 주가하락 가능성이 높아진다.

004

다음 중 환율과 주가의 관계에 대한 설명으로 거리가 먼 것을 모두 고른 것은?

> ㉠ 환율의 인하는 수출증가, 수입감소의 요인이 되어 주가상승 가능성이 높다.
> ㉡ 원화의 평가절하는 수출을 증가시켜 주가상승의 요인이 된다.
> ㉢ 외국인 주식투자의 증가는 주가상승의 요인이 된다.
> ㉣ 국제수지의 큰 폭 흑자는 환율인상의 요인이 된다.

① ㉠, ㉡　　② ㉠, ㉢
③ ㉡, ㉣　　④ ㉠, ㉣

더알아보기 환율과 주가의 관계
- **환율하락** : 수출감소 · 수입증가 → 수익성 약화 → 주가하락
- **환율상승** : 수출증가 · 수입감소 → 수익성 향상 → 주가상승

문제해설
㉠ 환율의 인하는 수입증가, 수출감소의 요인이 된다.
㉣ 국제수지의 흑자가 커지면 달러 유입으로 환율이 인하된다.

정답 001 ③ | 002 ④ | 003 ① | 004 ④

005

외국인 투자자는 국내 투자자들과 달리 주가변화와 환율변동을 같이 고려하여 국내주식에 투자한다. 이에 대한 설명으로 가장 거리가 먼 것은?

① 외국인 투자자의 자금이 유입되면 주가상승 요인으로 작용된다.
② 국내의 환율인하율이 주가하락률을 상회할 경우 주식을 매입하지 않는다.
③ 국내의 환율인상율이 주가상승률을 초과할 경우 주식을 매입하지 않는다.
④ 세계 각국의 자본자유화가 진행되면서 세계 증시의 동조화 현상이 강화되고 있다.

문제해설

주가하락을 전망하더라도 환율인하율이 주가하락률을 상회할 경우에는 주식을 매입한다.

006

기본적 분석에 대한 설명으로 가장 거리가 먼 것은?

> ㉠ 기업의 내재가치를 찾아내려 노력한다.
> ㉡ 기술적 분석보다 상대적으로 객관적인 방법이다.
> ㉢ 투자자의 요구수익률이 중요한 의미를 가진다.
> ㉣ 내재가치가 주가보다 높으면 해당 종목은 시장에서 고평가된 것이다.

① ㉠, ㉡
② ㉠, ㉢
③ ㉡, ㉣
④ ㉠, ㉣

문제해설

기본적 분석은 주관적인 방법이며, 시장가격(주가)이 내재가치보다 높으면 해당 항목은 시장에서 고평가된 것이다.

007

다음 중 증권분석의 핵심내용으로 옳은 것은?

① 종목선택과 매매시점 포착
② 종목선택과 위험회피의 전략 수립
③ 기업 본질가치의 예측
④ 주가와 경제환경과의 상관관계 파악

문제해설

①~④가 모두 증권분석의 내용이지만 가장 핵심적인 것은 투자종목의 선택과 이에 따른 매매시점을 포착하고자 하는 것이다.

008

다음 중 재무제표 계정 분류상 다른 하나는?

① 주식발행초과금　② 주식할인발행차금
③ 자기주식　④ 해외사업환산대

더알아보기 재무제표 계정의 분류
- **자본잉여금** : 주식발행초과금, 감자차익
- **이익잉여금 또는 결손금** : 이익준비금, 법정적립금, 임의적립금, 차기이월이익잉여금
- **자본조정** : 주식할인발행차금, 배당건설이자, 자기주식, 미교부주식배당금, 투자유가증권평가이익, 해외사업환산대

문제해설
①은 자본잉여금 계정이고, ②, ③, ④는 자본조정 계정이다.

009

기본적 분석의 한계점에 대한 설명으로 가장 거리가 먼 것은?

① 분석을 하는 데 시간이 오래 걸린다.
② 내재가치를 평가하기 위한 재무제표가 적정하지 못하다.
③ 투자자마다 견해가 달라 동일한 내재가치를 인식하기 힘들다.
④ 시장의 변동에만 집착하기 때문에 시장이 변화하는 원인을 분석할 수 없다.

더알아보기 기본적 분석의 한계
- 내재가치의 다양성 여부
- 내재가치의 적정성 여부
- 분석에 소요되는 시간

문제해설
시장이 변화하는 원인을 알 수 없는 것은 기술적 분석의 한계이다.

정답 005 ② | 006 ③ | 007 ① | 008 ① | 009 ④

010

다음 중 재무상태표의 작성기준으로 가장 거리가 먼 것은?

① 부채는 유동부채 및 고정부채로 구분한다.
② 재무상태표는 자산 · 부채 및 자본으로 구분한다.
③ 자산 · 부채 및 자본은 총액으로 기재함을 원칙으로 한다.
④ 자산은 자본금 · 자본잉여금 · 이익잉여금 및 자본조정으로 각각 구분한다.

더 알아보기 재무상태표 작성시 구분방법
- **자산** : 유동자산, 고정자산
- **부채** : 유동부채, 고정부채
- **자본** : 자본금, 자본잉여금, 이익잉여금, 자본조정

문제해설

자산은 유동자산과 고정자산으로 구분한다.

011

다음 중 재무상태표의 작성기준으로 가장 거리가 먼 것은?

① 각 수익항목과 이에 관련되는 비용항목을 대응하여 표시한다.
② 자산 · 부채 · 자본은 총액에 의해 기재함을 원칙으로 한다.
③ 가지급금 및 가수금 등의 미결산항목은 그 내용을 나타내는 적절한 과목으로 표시한다.
④ 자본거래에서 발생한 자본잉여금과 손익거래에서 발생한 이익잉여금을 혼동하여 표시해서는 안 된다.

더 알아보기 재무상태표의 작성기준
자산과 부채는 1년을 기준으로 하여 유동자산 또는 고정자산, 유동부채 또는 고정부채로 구분하는 것을 원칙으로 한다.

문제해설

①은 손익계산서의 작성기준이다. 손익계산서는 기업의 경영성과를 밝히기 위해 한 회계기간 동안에 발생한 비용항목과 수익항목을 대응시켜 당해 기간의 순이익 또는 순손해를 표시하는 재무제표이다. 수익과 비용은 총액에 의하여 기재함을 원칙으로 하며, 수익항목과 비용항목을 직접 상계함으로써 그 전부 또는 일부를 손익계산서에 제외해서는 안 된다.

012

다음 중 재무비율 분석의 한계점으로 가장 거리가 먼 것은?

① 기업별로 회계기준이 달라 비교가 어렵다.
② 비율분석은 과거의 회계정보를 이용하였다.
③ 과거의 주가 추세와 패턴이 미래에도 반복될 수 있다는 점이 비현실적이다.
④ 재무제표가 일정시점을 중심으로 작성되어 있어서 계절적 변화를 나타내지 못한다.

더알아보기 재무비율분석의 한계점

- 재무제표의 기본 목적이 기업의 미래이익을 예측하기 위한 것인데, 비율분석은 과거의 회계정보에 의존한다.
- 재무제표가 일정시점이나 일정기간을 중심으로 작성되어 있어서 회계기간 동안의 계절적 변화를 나타내지 못하고, 결산기가 다른 기업과 상호 비교하기가 곤란하다.
- 합리적 경영을 하고 있는 동종 산업에 속하는 기업들 사이에도 경영방침이나 기업의 성격에 따라 재무비율에 큰 차이가 있다.
- 재무비율 상호 간에 연관성이 없으며 종합적인 결론을 내릴 수 없다.
- 표준비율 설정에 어려움이 따른다.

문제해설

③은 기술적 분석의 한계이다.

013

다음 중 재무비율에 관한 설명으로 가장 거리가 먼 것은?

① 매출액영업이익률은 기업의 영업이익을 매출액으로 나눈 비율로, 기업의 이익변화가 매출마진의 변화에 의한 것인지, 매출액의 변동에 의한 것인지를 파악하는 데 사용된다.
② 총자본회전율은 자본이 1년 동안 몇 번 회전했는가를 나타내는 비율로, 기업이 얼마나 총자본을 능률적으로 활용했는가를 보여준다.
③ 고정비율은 고정자산(비유동자산)을 자기자본으로 나눈 비율로, 자본배분의 효율성 및 자금의 고정화를 측정하는 대표적인 비율이다.
④ 토빈의 q비율은 기업의 부채 및 자기자본의 시장가치를 보유자산의 대체비용으로 나눈 비율을 말한다.

문제해설

매출액영업이익률은 기업의 영업이익을 매출액으로 나눈 비율로, 기업의 주된 영업활동에 의한 경영성과의 좋고 나쁨을 판단하기 위한 지표로 활용된다.

정답 010 ④ | 011 ① | 012 ③ | 013 ①

014

다음 설명 중 옳지 않은 것은?

① 기업경영 측면에서 지나치게 높은 유동비율은 바람직하지 않다.
② 기업이 차입금으로 조달된 투자에 대하여 이자지급액보다 더 많은 수익을 얻는다면, 주식자본에 대한 수익률은 확대된다.
③ 배당평가모형이나 이익평가모형은 미래 이익흐름의 예측을 전제로 한다는 점에서 정확성이 결여될 수 있다.
④ PBR은 활동성과 기업수익력의 질적 측면이 반영된 지표로서, 미래 수익 발생능력을 반영하고 있다는 것이 장점이다.

문제해설

PBR은 활동성과 기업수익력의 질적 측면이 반영된 지표로서, 자산가치에 대한 평가뿐 아니라 수익가치에 대한 포괄적인 정보도 반영하고 있지만, 미래수익 발생능력을 반영하지 못해 계속기업을 전제로 한 평가기준이 되지 못한다.

015

PBR은 대차대조표상으로 주당 순자산가치가 실질적 가치를 정확히 반영하게 되면 1이 되어야 하나, 실질적으로 그렇지 못하다. 그 이유가 아닌 것은?

① 집합성의 차이
② 시간성의 차이
③ 회계관습상의 제약
④ 수익과 비용의 인식기준 차이

문제해설

PBR ≠ 1인 이유

- **집합성의 차이** : 주가는 기업의 총체를 반영하나 주당순자산은 개별 자산과 부채의 단순한 합계에 불과하다.
- **시간성의 차이** : 주가는 미래현금흐름의 순현가를 나타내는 것으로 볼 수 있으므로 미래지향적이나 주당순자산은 역사적 취득원가에 준하여 기업의 과거에서 현재까지의 누적된 자산과 부채를 나타내어 과거지향적이다.
- **자산 · 부채의 인식기준 차이** : 자산이나 부채의 장부가액은 일정한 회계관습상의 제약을 받는다.

016

다음 중 재무비율 분석에 대한 설명으로 옳은 것은?

① 유동비율은 100% 미만이 이상적 수준이다.
② 재고자산회전율이 높으면 판매활동에 문제가 있다.
③ 납입자본이익률은 성장성 지표이다.
④ 이자보상비율은 높을수록 좋다.

문제해설

① 유동비율은 유동자산을 유동부채로 나누어 계산하며, 200%이상이 이상적이다.
② 재고자산회전율은 매출액을 재고자산으로 나누어 계산한다. 이 비율이 높으면 판매활동이 활발하고, 비율이 낮으면 판매활동에 문제가 있는 것이다.
③ 납입자본이익률, 총자본이익률, 자기자본이익률, 매출액순이익률은 수익성 지표이다.

017

재무비율 분석에 대한 설명으로 가장 거리가 먼 것은?

① 기업경영의 측면에서는 지나치게 높은 유동비율은 바람직하지 않다.
② 토빈의 q는 기업의 부채 및 자기자본의 시장가치를 보유자산의 대체비용으로 나눈 비율이다.
③ 부채비율은 재무안정성의 지표로, 100% 이상이면 바람직한 것으로 본다.
④ 고정(비유동)비율은 고정(비유동)자산을 자기자본으로 나눈 비율이다.

문제해설

③은 당좌비율에 대한 설명이다.

018

다음 중 손익계산서의 구성요소 작성방법을 잘못 설명한 것은?

① 매출총손익은 매출액에서 매출원가를 차감하여 표시한다.
② 법인세비용차감전순손익은 경상손익에 특별이익을 가산하고 특별손실을 차감하여 표시한다.
③ 당기순손익은 영업손익에서 영영외수익을 가산하고 영업외비용을 차감하여 표시한다.
④ 영업손익은 매출총손익에서 판매비와 관리비를 차감하여 표시한다.

문제해설

당기순손익은 법인세비용차감전순손익에서 법인세비용을 차감하여 표시한다.

정답 014 ④ | 015 ④ | 016 ④ | 017 ③ | 018 ③

019

투자결정방법에서 주가수익비율(PER)을 이용할 때 PER 이용상의 문제점으로 가장 거리가 먼 것은?

① 분자의 주가지표로 회계연도 마지막 날 종가를 사용하는 것이 주당이익의 정보를 정확히 반영한다.
② 주당익계산시 발행주식수에는 희석화되는 주식수를 포함시킬 수 있다.
③ 분모의 이익계산시는 예측 주당이익을 사용한다.
④ 주당이익계산시 특별손익을 제외한 경상이익만을 이용한다.

문제해설

분자의 주가지표로 이익발표 직전 일정기간의 주가평균을 사용하는 것이 분모의 주당이익의 정보를 정확이 반영한다.

020

다음의 설명 중 틀린 것은?

① PBR은 기업의 마진, 활동성, 부채레버리지, 기업수익력의 질적 측면이 반영된 지표로서 자산가치에 대한 평가뿐만 아니라 수익가치에 대한 포괄적인 정보가 반영되어 있으며 미래의 수익발생능력을 반영하고 있다는 것이 장점이다.
② 기업의 차입자금으로 조달된 투자에 대하여 이자지급액보다 더 많은 수익을 얻는다면 주식자본에 대한 수익률은 확대된다.
③ 수익성비율은 기업이 보유하고 있는 자산으로 얼마나 수익을 올릴 수 있는지 여부를 나타내는 종합적 지표이다.
④ 기업경영의 측면에서 지나치게 높은 유동비율은 바람직하지 않다.

문제해설

PBR은 기업의 마진, 활동성, 부채레버리지, 기업수익력의 질적 측면이 반영된 지표로서 자산가치에 대한 평가뿐만 아니라 수익가치에 대한 포괄적인 정보가 반영되어 있으나 미래의 수익발생능력을 반영하지 못해 계속기업을 전제로 한 평가기준이 되지 못한다.

021

EVA(경제적 부가가치)에 대한 다음 설명 중 가장 거리가 먼 것은?

① EVA＝투하자본(IC)× {투하자본수익률(ROIC)－가중평균자본비용(WACC)}
② 세후순영업이익에서 기업의 타인자본비용을 차감한 값이다.
③ 가치중심 경영을 유도하기 위한 성과측정 수단으로 사용된다.
④ 주주부(stockholder wealth)의 관점에서 기업가치를 평가한 지표이다.

문제해설

EVA(Economic Value Added : 경제적 부가가치)는 세후순영업이익에서 기업의 총자본비용액을 차감한 값으로 총자본비용액을 차감한 값으로 주주부의 관점에서 기업가치를 평가하는 지표이다.

022

레버리지 분석에 관한 설명으로 가장 거리가 먼 것은?

① 일반적으로 고정영업비가 클수록, 매출량이 작을수록, 판매단가가 낮을수록, 단위당 변동비가 클수록 영업레버리지도는 크게 나타난다.
② 결합레버리지 분석은 고정비용이 매출액의 변동에 따라 순이익의 변동에 어떤 영향을 미치는가를 분석하는 것이다.
③ 영업이익이 클수록, 이자가 작을수록 재무레버리지는 작게 나타난다.
④ 결합레버리지도가 작을수록 위험은 커진다.

문제해설

결합레버리지도가 클수록 그만큼 위험도 커진다.

023

레버리지 분석과 관련된 설명으로 가장 거리가 먼 것은?

① 기업의 총비용 중에서 고정비가 차지하는 비중이 작을수록 이익과 손실이 확대되는 손익확대 효과의 원리를 분석하는 것이다.
② 매출액이 불확실한 상황에서 레버리지도가 크면 클수록 영업이익의 변화폭이 커지게 되며, 이에 따라 세후순이익의 폭도 더욱 크게 나타난다.
③ 타인자본으로 자금을 조달함으로써 소유자는 일정한 투자만으로 기업을 지배할 수 있는 이점을 갖는다.
④ 타인자본의 의존도가 높은 기업일수록 경기상황에 따라 세후순이익의 변동폭이 확대되는 레버리지 효과에 의해 투자위험이 증가되므로, 극단적으로 높은 레버리지는 기업도산의 원인이 될 수 있다.

문제해설

레버리지 분석은 기업의 총비용 중에서 고정비가 차지하는 비중이 클수록 이익과 손실이 확대되는 손익확대 효과의 원리를 분석하는 것이다.

024

타인자본비용과 자기자본비용을 모두 고려한 성과측정수단으로 주주부의 관점에서 기업가치를 평가한 지표는 무엇인가?

① EV　　② EVA
③ EBITDA　　④ ROI

문제해설

EVA는 해당 기업이 투하자본과 비용으로 실제로 얼마나 이익을 많이 벌었는가를 나타내는 지표이다.
①, ③ EV/EBITDA 비율은 해당 업체의 내재가치와 기업가치를 비교하는 투자지표이다.
④ 총자본이익률(ROI) = (당기순이익/총자본) × 100

정답 019 ① | 020 ① | 021 ② | 022 ④ | 023 ① | 024 ②

1과목 증권분석

025

주가수익비율(PER)로 평가할 수 있는 가장 거리가 먼 것은?

① 위험
② 기업의 자산가치
③ 기업수익력의 성장성
④ 기업의 단위당 수익력에 대한 상대적 주가수준

문제해설

기업의 자산가치는 주당장부가치비율(PBR)로 평가할 수 있다.
PBR은 현재주가를 주당이익으로 나눈 것으로 기업의 단위당 수익력에 대한 상대적 주가수준을 나타낸다. 기업수익력의 성장성, 위험, 회계처리방법 등 질적인 측면이 반영된 지표이다.

026

PBR의 장 · 단점에 대한 설명으로 가장 거리가 먼 것은?

① 기업의 청산가치를 추정할 때 유용한 가치평가의 기준이 된다.
② 미래의 수익발생능력을 반영하지 못해 계속기업을 전제로 한 평가기준이 되지 못한다.
③ 기업의 마진, 활동성, 부채레버리지와 함께 기업 수익력의 질적 측면인 PER이 반영된 지표이다.
④ 자산가치에 대한 평가에는 유용하나 수익가치에 대한 정보는 반영되지 않은 지표이다.

문제해설

PER은 자산가치에 대한 평가뿐 아니라 수익가치에 대한 포괄적인 정보도 반영하고 있다.

027

A기업의 PER = 10, B기업의 PER = 20인 경우의 설명 중 틀린 것은?

① A기업의 주식가격이 상대적으로 저평가되어 있다.
② A기업의 주식은 1,000원, B기업의 주식은 2,000원이다.
③ A기업이 B기업에 비해 성장성이 떨어진다.
④ A기업이 B기업에 비해 단기 수익률이 높다.

문제해설

주가수익비율(PER)이란 현재의 주가를 주당순이익으로 나눈 것으로 주식의 본질가치를 추정할 때 이용된다. 즉, 기업의 단위당 수익력에 대한 상대적 주가수준을 나타낸 것이다.

028

기업의 양적 분석에 대한 설명으로 가장 거리가 먼 것은?

① 재무제표란 기업의 영업실적이나 재무상태를 기업의 외부관계자에게 전달하는 재무보고의 한 형태이다.
② 재무제표의 작성원칙에는 원가주의 원칙, 수익인식의 원칙, 대응의 원칙이 있다.
③ 재무제표에는 대차대조표, 손익계산서, 이익잉여금 처분계산서, 현금흐름표 등이 있다.
④ 양적 분석을 위하여 경영조직, 경영능력, 상품경쟁력 등을 분석해야 한다.

문제해설

④는 질적 분석에 대한 내용이다.

029

기업이 위탁된 자본을 이용하여 일정기간 동안 어느 정도의 경영활동 성과를 나타내었는가를 측정하고 그 원인을 분석하는 재무비율 분석은?

① 수익성 분석 ② 성장성 분석
③ 안정성 분석 ④ 활동성 분석

문제해설

수익성 분석에 대한 설명이다.

더 알아보기 재무비율 분석의 요소

- **안정성** : 일정시점에서 기업의 재무상태를 측정 · 분석하여 그 기업의 재무상태에 대한 안정성 여부를 판단 · 인식하는 것이다.
- **성장성** : 기업의 규모나 경영성과 등과 관련하여 전년대비, 동기대비, 추세대비 등을 비교하여 얼마나 성장 또는 감소했는지를 분석하는 것이다.
- **수익성** : 기업이 위탁된 자본을 이용하여 일정기간 동안 어느 정도의 경영활동성과를 나타내었는가를 측정하고 그 원인을 분석하는 것이다.
- **활동성** : 기업의 자본 또는 자산의 활용도를 측정하기 위한 분석이다.
- **생산성** : 노동력, 설비 등의 경제적 자원을 어느 정도 효율적으로 이용하고 있는지 또는 부가가치의 생산과 분배상태는 적당한지를 측정 · 분석하는 것이다.
- **시장가치** : 기업의 주식가격을 주당이익 및 장부가치와 관련시켜 투자자들이 그 회사의 과거실적 및 장래전망에 대해 어떻게 생각하고 있는지를 분석하는 것이다.

정답 025 ② | 026 ④ | 027 ② | 028 ④ | 029 ①

030

순이익이 발생하고 있지 않은 기업이나 신생기업들에 대한 상대적 주가수준 파악시 유용한 재무비율 분석은?

① 토빈의 q비율 ② 주가매출액비율
③ 주당장부가치비율 ④ 주가수익비율

더 알아보기 시장가치비율 분석
- 주당순이익 = 당기순이익 / 발행주식수
- 주가수익비율 = 주가 / 주당순이익
- 토빈의 q = 자산의 시장가치 / 추정 대체비용
- 주가매출액비율 = 주가 / 주당매출액

문제해설

주가매출액비율(PSR : Price Sales Ratio) : 주당순이익을 사용하는 PER은 당해 연도에 수익이 나지 않고 이익이 음(−)인 경우에는 비율을 구할 수 없으며, 이익이 너무 높거나 낮으면 주가수익비율을 통해 올바른 분석을 할 수가 없다. 하지만 기업의 순수한 영업활동의 결과인 매출액은 기업의 영업성과를 객관적으로 잘 나타내 주고 음(−)이 나오는 경우는 거의 없기 때문에 PER의 약점을 보완해 줄 수 있다.

031

배당성장률 계산식으로 옳은 것은?

① 배당수익률 × 총자본이익률
② 배당성향 × 자기자본수익률
③ 사내유보율 × 자기자본수익률
④ 배당수익률 + 배당이익률

문제해설

사내에 유보된 자금을 바탕으로 재투자가 이루어지기 때문에 배당성장률은 사내유보율과 자기자본수익률의 곱으로 이루어진다.

032

배당성향의 증가가 가져오는 효과로 가장 거리가 먼 것은?

① 사내유보율의 감소 ② 배당액의 증가
③ 이자지급능력의 증가 ④ 주당순이익의 성장률 둔화

문제해설

기업의 배당성향이 높아지면 배당액이 많아져 재무구조의 악화요인으로 작용한다.
- 배당성향 = 배당 / 주당순이익
- 사내유보율 = 1 − 배당성향

033

재무레버리지도(DFL)에 대한 설명으로 가장 거리가 먼 것은?

① 영업이익의 변화율에 대한 주당순이익의 변화율의 비를 말한다.
② DFL은 영업이익이 클수록, 고정재무비용이 작을수록 작게 나타난다.
③ 주주들은 DFL이 높은 기업에 대해 그 위험도 크게 느끼기 때문에 높은 기대수익률을 요구하게 된다.
④ DFL의 산식은 '(영업이익−이자)/영업이익'이다.

문제해설

DFL의 산식은 '영업이익 / (영업이익 − 이자)'이다.

034

결합레버리지도(DCL)에 관한 설명으로 가장 거리가 먼 것은?

① 매출량 변화율에 대한 주당순이익의 변화율의 비를 말한다.
② DCL은 영업레버리지와 재무레버리지의 연결을 통해 기업의 위험과 전반적인 레버리지 수준을 분석한다.
③ DCL이 작아질수록 기업의 위험은 커진다.
④ 결합레버리지도의 산식은 '(매출액 − 변동비용)/(매출액 − 변동비용 − 고정비용 − 이자비용)' 이다.

문제해설

DCL이 커지면 커질수록 기업의 위험도 함께 커진다.

035

다음 중 재무비율의 산식이 틀린 것은?

① 자기자본비율 = (타인자본 / 자기자본) × 100
② 총자본증가율 = (당기말 총자본 / 전기말 총자본 − 1) × 100
③ 총자본이익율 = (순이익 / 총자본) × 100
④ 부가가치율 = (부가가치액 / 매출액) × 100

문제해설

자기자본비율
= (자기자본 / 총자본) × 100

정답 030 ② | 031 ③ | 032 ③ | 033 ④ | 034 ③ | 035 ①

036

"XYZ중공업"의 영업레버리지도(DOL)는 5이며, 사업성격상 쉽게 변화시킬 수 없다. 영업이익은 1,000억 원, 결합레버리지도(DCL)는 10을 넘기지 않는 것이 내부방침일 때, 이 회사가 부담할 수 있는 이자비용은 최대 얼마인가?

① 100억 원　　② 200억 원
③ 300억 원　　④ 500억 원

문제해설

- DCL(결합레버리지도) = DOL(영업레버리지도) × DFL(재무레버리지도)
  10 = 5 × DFL
  ∴ DFL = 2
- DFL = 영업이익 / (영업이익 − 이자비용)
  2 = 1,000 / (1,000 − 이자비용)
  ∴ 이자비용 = 500억 원

037

A기업의 매출액이 100억 원이고 변동영업비가 20억 원이며, 고정영업비가 40억 원일 경우 기업의 영업레버리지도(DOL)는?

① 1.67　　② 2
③ 2.5　　④ 5

문제해설

DOL = (매출액 − 변동비용) / (매출액 − 변동영업비 − 고정영업비)
DOL = (100 − 20) / (100 − 20 − 40)
∴ DOL = 2

038

시장가치비율 분석에 대한 설명으로 가장 거리가 먼 것은?

① 수익성 측면 이외의 다른 측면이 동일하다고 가정할 때, 어떤 기업의 PER이 비교대상 기업보다 낮으면 그 기업의 주가가 상대적으로 낮게 평가되었다고 판단한다.
② 다른 조건들이 동일한 경우, PER이 낮은 기업은 주식시장에서 주가가 낮게 평가되었다고 판단된다.
③ PER이 낮은 경우에 PCR이 높다면 현 주가가 낮다고 할 수 있다.
④ 주당순이익을 사용하는 PER은 당해 연도에 수익이 나지 않고 이익이 음(−)인 경우에는 비율을 구할 수 없으며, 이익이 너무 높거나 낮으면 주가수익비율을 통해 올바른 분석을 할 수가 없다.

문제해설

PER이 낮은 경우에 PCR이 높다면 현 주가가 낮다고 할 수 없다.

039

재무비율의 활동성 분석 중 재고자산회전율에 대한 설명으로 가장 거리가 먼 것은?

① 재고자산의 회전속도, 즉 재고자산이 당좌자산으로 변하는 속도를 나타내는 지표이다.
② 재고자산 보유수준의 과부족을 판단하는 데 적합하다.
③ 재고자산회전율이 낮을수록 적은 재고자산으로 생산 및 판매활동을 효율적으로 하는 것으로 판단된다.
④ 재고자산회전율이 높을수록 자본이익률이 높아지고 매입채무가 감소하는 등 기업경영이 양호한 것으로 판단된다.

문제해설

재고자산회전율이 높을수록 적은 재고자산으로 생산 및 판매활동을 효율적으로 하는 것으로 판단된다.

040

재무비율 분석에 대한 설명으로 가장 거리가 먼 것은?

① PER은 주당순이익의 몇 배가 주가로 나타나는가를 의미하는 비율이다.
② PSR은 주당시장가치와 주당장부가치의 비율이다.
③ 토빈의 q는 기업의 부채 및 자기자본의 시장가치를 보유자산의 대체비용으로 나눈 비율이다.
④ PBR는 PSR과 유사한 크기를 갖는다.

문제해설

PSR(주가매출액비율)은 주가를 주당매출액으로 나눈 것으로, 정상적인 영업활동의 결과로 기업을 평가하는 것이다. 이는 기업의 성장성에 주안점을 두고 상대적으로 저평가된 주식을 발굴하는 데 이용되는 성장성 투자지표이다.

정답 036 ④ | 037 ② | 038 ③ | 039 ③ | 040 ②

041

A기업은 ROI(총자본이익률)를 현재 10%에서 20%로 증가시키고자 한다. A기업의 총자본회전율이 70%라면, 현재와 목표달성 후의 매출액순이익률로 옳게 연결된 것은?

① 14.28 → 28.57　② 13.52 → 27.04
③ 28.57 → 14.28　④ 27.04 → 13.52

문제해설

총자본이익률

$= \frac{\text{당기순이익}}{\text{총자본}} \times 100$

$= \frac{\text{당기순이익}}{\text{매출액}} \times \frac{\text{매출액}}{\text{총자본}}$

= 매출액순이익률 × 총자본회전율

→ $10\% = 70x,\ x = 14.28\%$

→ $20\% = 70x,\ x = 28.57\%$

042

B기업의 목표 결합레버리지도가 20, 영업레버리지도가 5이다. 이 기업의 영업이익이 100이라면 이 기업이 부담할 수 있는 지급이자의 한도를 계산하면?

① 65　② 70
③ 75　④ 80

문제해설

- 결합레버리지도 = 영업레버리지도 × 재무레버리지도
  → 20 = 5 × 재무레버리지도
- 재무레버리지도
  $= \frac{\text{당기순이익}}{\text{영업이익} - \text{이자}}$
  → $4 = \frac{100}{100 - x}$
  $\therefore x = 75$

043

주가가 10,000원이고 예상 배당액이 1,000원이며, 매년 3%의 성장이 예상될 때 정률성장 배당모형에 의한 요구수익률은?

① 10.03%　② 13%
③ 13.03%　④ 15%

문제해설

$\text{주가} = \frac{\text{미래배당}}{\text{요구수익률} - \text{배당성장률}}$

→ $10{,}000 = \frac{1{,}000}{r - 0.03}$

$\therefore r = 0.13$

044

다음 정률성장 배당모형의 설명으로 가장 거리가 먼 것은?

① 기업의 이익과 배당이 매년 일정비율로 계속 증가한다고 가정한다.
② 배당성장률이 클수록 주가능 상승한다.
③ 다음 기간의 배당이 작을수록 주가는 상승한다.
④ 요구수익률이 클수록 주가는 하락한다.

문제해설

다음 기간의 배당이 클수록 주가는 상승한다.

045

항상성장모형의 가정으로 적절하지 않은 것은?

① 이익흐름은 영속적이다.
② 성장에 필요한 자금을 내부자금만으로 조달할 경우 성장률도 변함이 없다.
③ 기업의 이익과 배당이 매년 일정한 비율로 계속 성장한다.
④ 요구수익률이 일정하며, 요구수익률은 성장률보다는 작아야 한다.

문제해설

요구수익률(할인율)은 성장률보다는 커야 한다.

046

현재 500원의 배당금을 지급하고 있는 C기업이 앞으로 계속적으로 5%의 성장이 기대될 때 요구수익률이 10%라면 C기업의 이론적 주가를 계산하면?

① 10,500원 ② 11,000원
③ 10,000원 ④ 11,500원

문제해설

$$P = \frac{\text{배당금}(1+\text{성장률})}{\text{요구수익률} - \text{성장률}} = \frac{500(1+0.05)}{0.10-0.05} = 10{,}500\text{원}$$

정답 041 ① | 042 ③ | 043 ② | 044 ③ | 045 ④ | 046 ①

047

주식의 배당평가모형에 대한 설명으로 가장 거리가 먼 것은?

① 어떤 기업의 가치는 받게 될 배당과 주식매각대금을 적절한 요구수익률로 할인한 금액이다.
② 주식을 일시적으로 소유하든 계속적으로 소유하든 간에 주식의 이론적 가치는 동일하다.
③ 주식의 내재가치는 영속적 미래배당흐름을 요구수익률로 각각 할인한 현재가치로 표시된다.
④ 주식의 가격은 배당금만을 고려해서는 안 된다.

문제해설

배당금과 주식의 미래가치를 알아야 주식의 가격을 결정할 수 있다는 가정에서 출발한 배당평가모형은 주식가격을 배당금만 고려해야 한다고 설명한다. 배당금만으로도 주식의 가격을 알 수 있다는 것이다.

048

D기업은 매년 순이익의 70%를 사내에 유보하며 나머지 30%를 주주에게 배당하고, 20%의 자기자본이익률을 계속 유지한다고 할 때 기대수익률을 계산하면? (단, D기업의 2014년 초 시가는 18,000원이고, 주당 배당은 500원이었다.)

① 14.0%　② 14.8%
③ 15.2%　④ 16.8%

문제해설

- 기대수익률 = 배당수익률 + 배당성장률
- 배당성장률(g) = 사내유보율 × 자기자본이익률 = 0.7 × 0.2 = 0.14
- 배당수익률 = $\frac{배당금}{주가} = \frac{500}{18,000}$ = 0.028
- 기대수익률 = 0.14 + 0.028 = 0.168

049

투자자 갑이 매수하려는 E기업의 배당이 향후 500원으로 계속되고, 무위험이자율이 6%, 위험프리미엄이 3%라고 할 때, E기업의 가치를 계산하면?

① 3,000원　② 4,253원
③ 4,500원　④ 5,555원

문제해설

배당이 매년 발생하되 그 금액이 일정하다면 성장이 없는 경우의 모형에 해당한다. 이 모형의 주가는 P = D/k, 즉 배당을 요구수익률로 나누어 계산한다.

- 요구수익률 = 무위험수익률 + 위험프리미엄
- 요구수익률 = 6% + 3% = 9%
- $P = \frac{D}{K} = \frac{500}{0.09}$ = 5,555원

050

1년 후의 주식가격이 15,000원으로 예상되는 F기업의 주식을 매입하고자 하는 투자자의 요구수익률이 9%라고 할 때, 현재 투자자가 지불하고자 하는 적정주가는?

① 13,513원 ② 13,761원
③ 14,100원 ④ 16,666원

문제해설

현재의 주가는 미래의 예상주가를 요구수익률로 할인한 값이라고 볼 수 있다.

$$\text{현재의 주가} = \frac{\text{미래의 주가}}{(1+\text{요구수익률})} = \frac{15{,}000}{1+0.09} = 13{,}761\text{원}$$

051

G기업의 재무자료를 분석하여 항상성장모형의 가정하에 G기업의 성장률을 구하고자 한다. 적정한 값은?

- 총 자 산 : 100,000,000
- 총자기자본 : 50,000,000
- 순 이 익 : 5,000,000
- 배당성향 : 20%

① 6% ② 7%
③ 8% ④ 9%

문제해설

내부 금융만에 의한 성장률(g)은 사내유보율(t)과 재투자수익률(ROE)의 곱으로 표시할 수 있다.

- $\text{재투자수익률} = \frac{\text{당기순이익}}{\text{자기자본}} = \frac{5{,}000{,}000}{50{,}000{,}000} = 0.1$
- $\text{유보율} = 1 - \text{배당성향} = 1 - 0.2 = 0.8$
- $\text{성장률} = 0.8 \times 0.1 = 0.08$

052

주가수익비율(PER)에 대한 설명으로 가장 거리가 먼 것은?

① 기대되는 배당성향이 클수록 커진다.
② 기대되는 이익성장률이 클수록 커진다.
③ 기대수익률이 클수록 커진다.
④ 정상적인 PER는 주가와 내재적 가치가 동일한 것을 의미한다.

문제해설

PER의 수치가 작다는 것은 저평가 되었다는 의미이므로 PER은 기대수익률이 클수록 작아진다.

$$PER = \frac{\text{주가}}{\text{주당순이익}} = \frac{\text{배당성향}[1+\text{이익성장률}]}{\text{요구수익률} - \text{이익성장률}}$$

정답 047 ④ | 048 ④ | 049 ④ | 050 ② | 051 ③ | 052 ③

053

H기업의 배당액은 200원이었으며, 앞으로도 계속 이익의 30%를 배당으로 지급할 예정이다. H기업의 요구수익률이 11%이고 자기자본이익률이 10%라고 할 때 H기업의 주식가치는?

① 5,350원 ② 5,550원
③ 53,500원 ④ 55,550원

문제해설

배당금액이 일정하지 않고 계속 성장하므로 정률성장모형을 이용하여 주식가치를 계산한다.

- 성장률 = 유보율 × 자기자본이익률 = 0.7 × 0.1 = 0.07
- $P = \frac{D(1+g)}{K-g} = \frac{200(1+0.07)}{0.11-0.07}$ = 5,350원

054

다음 보기의 설명 중 옳지 않은 것을 모두 고른 것은?

> ㉠ PER은 이익성장률이 클수록 작아진다.
> ㉡ PER을 계산할 때 분모는 시장가치를, 분자는 장부가치를 사용한다.
> ㉢ 주가가 높으면 배당수익률은 작아진다.
> ㉣ 항상성장모형에서 요구수익률이 클수록 주가는 상승한다.
> ㉤ 항상성장모형에서 배당수익률이 클수록 주가는 상승한다.

① ㉠, ㉡ ② ㉠, ㉡, ㉣
③ ㉡, ㉢, ㉣ ④ ㉡, ㉣, ㉤

문제해설

㉠ 이익성장률이 클수록 PER은 커진다.

㉡ $PER = \frac{주당시장가치}{주당장부가치}$

㉣ 항상성장모형에서 요구수익률이 클수록 주가는 하락한다.

055

주가가 10,000원이고 예상 배당액이 1,000원이며 매년 3%의 성장이 예상될 때 정률성장 배당모형에 의한 요구수익률은?

① 10.03% ② 13%
③ 13.03% ④ 15%

문제해설

$주가 = \frac{이익배당}{요구수익률 - 배당성장률}$

$10{,}000 = \frac{1{,}000}{r-0.03}$

$r = 0.13$

056

투자자인 A씨는 자신이 투자하고 있는 기업의 시장가치와 순이익 사이의 관계를 알고 싶어 한다. 다음 중 어떤 재무비율을 구하면 알 수 있는가?

① ROE ② PBR
③ PER ④ ROA

문제해설

주식의 시장가격과 순이익의 관계는 PER(주가수익비율)로 나타낸다.
① ROE(자기자본이익률)
② PBR(주가순자산비율, 시장가치 대 장부가치 비율)
④ ROA(총자산이익률)

057

주주들이 기업의 주식을 구입하기 위하여 기업에 출자한 금액에 대한 수익성을 알아보고자 한다. 이를 위해 파악해야 할 것으로 가장 적절한 것은?

① 납입자본이익률 ② 총자본이익률
③ 자기자본이익률 ④ 매출액순이익률

문제해설

주주들이 기업의 주식을 구입하기 위하여 기업에 출자한 금액을 납입자본이라 한다.
납입자본이익률(%)

$$= \frac{\text{당기순이익}}{\text{납입자본}} \times 100$$

058

손익계산서에 대한 설명으로 가장 거리가 먼 것은?

① 매출액 − 매출원가 = 매출총이익
② 매출총이익 − 판매와 일반관리비 = 경상이익
③ 경상이익 + 특별이익 −특별손실 = 법인세차감전순이익
④ 법인세차감전순이익 × (1 − 법인세율) = 당기순이익

문제해설

- 매출총이익 − 판매비와 일반관리비 = 영업이익
- 영업이익 + 영업외 이익 − 영업외 손실 = 경상이익

정답 053 ① | 054 ② | 055 ② | 056 ③ | 057 ① | 058 ②

059

자기자본이익률(ROE)을 구하는 공식을 변형한 것 중 틀린 것은?

① $\frac{\text{당기순이익}}{\text{총자본}} \times 100$

② $\frac{\text{당기순이익}}{\text{매출액}} \times \frac{\text{매출액}}{\text{자기자본}} \times 100$

③ 매출액× 자기자본회전율

④ 매출액순이익률× 총자산회전율 ÷ 자기자본비율

문제해설

- 자기자본이익률
  = 당기순이익 / 자기자본 × 100
- 총자본이익률
  = 당기순이익 / 총자본 × 100

060

다음 중 레버리지 분석 계산식으로 옳지 않은 것은?

① 영업레버리지도(DOL) $= \frac{\text{영업이익 변화율}}{\text{매출량의 변화율}}$

② 재무레버리지도(DFL) $= \frac{\text{주당순이익 변화율}}{\text{영업이익 변화율}}$

③ 재무레버리지도(DFL) $= \frac{\text{영업이익}}{\text{영업이익} - \text{이자}}$

④ 결합레버리지도(DCL) $= \frac{\text{주당순이익 변화율}}{\text{영업이익 변화율}}$

문제해설

결합레버리지도(DCL)
= 영업레버리지도 × 재무레버리지도
$= \frac{\text{주당순이익 변화율}}{\text{매출량 변화율}}$

061

증권분석에서 있어서 가장 중요한 목표는 무엇인가?

① 매매시점 포착과 위험의 평가

② 종목선택과 매매시점의 포착

③ 본질가치의 예측

④ 종목선택과 위험의 평가

문제해설

증권분석의 핵심적인 목표는 좋은 주식종목의 선택과 매매시점을 포착하는 데 있다.

062

기본적 분석에 대한 설명으로 가장 거리가 먼 것은?

① 기업의 본질가치를 찾고자 하는 분석으로 분서자의 주관에 많이 의존한다.
② 내재가치가 다양하게 나타날 수 있고 내재가치의 적정성이 문제될 수 있다.
③ 투자자가 요구수익률이 중요하며 분석의 융통성이 한계점으로 지적된다.
④ 시장가격이 본질가치보다 크면 고평가된 것으로 본다.

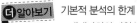

더 알아보기 기본적 분석의 한계
- 내재가치의 다양성 여부
- 내재가치의 적정성 여부
- 분석을 하는데 시간이 오래 걸림

문제해설

분석의 융통성 문제는 기술적 분석의 한계점에 해당한다. 기술적 분석은 투자가치를 무시하고 시장변동에만 집착하여 시장이 변화하는 원인을 분석할 수 없다는 한계점이 있다.

063

어느 기업의 DOL이 7이고 DCL이 28이다. 이 기업의 영업이익이 1,000억 원일 때 기업이 최고로 부담할 수 있는 이자비용은?

① 250억 원 ② 500억 원
③ 750억 원 ④ 1,000억 원

문제해설

- DCL(결합레버리지도)
  = DCL(영업레버리지도) × DFL(재무레버리지도)
  28 = 7 × DFL
  ∴ DFL = 4
- DFL = 영업이익 / (영업이익 − 이자)
  4 = 1,000 / (1,000 − 이자)
  ∴ 이자 = 750억 원

정답 059 ① | 060 ④ | 061 ② | 062 ③ | 063 ③

3장 기술적 분석

001

다음 중 기술적 분석의 한계점으로 가장 거리가 먼 것은?

① 매매시점의 포착이 용이하지 않다.
② 주식의 본질가치를 무시하고 주가변동추세에 집착하기 쉽다.
③ 주가패턴의 판단이나 분석이 분석자에 따라 달라질 수 있으므로 주관적이다.
④ 과거의 주가추세나 패턴이 미래에 그대로 반복되지 않는 경우가 많다.

문제해설

기술적 분석은 다른 방법보다 한발앞서 전환점을 파악하므로 매매시점의 포착이 용이하다.

002

다음 중 시간개념이 무시된 지표가 아닌 것은?

① 스윙차트 ② P&F차트
③ 삼선전환도 ④ 엔빌로프

문제해설

시간개념을 무시하고 작성된 차트는 스윙차트, 삼선전환도, P&F차트이다.

003

다음 중 기술적 분석에 대한 설명으로 가장 거리가 먼 것은?

① 추세분석 – 주가추세선의 변화를 관찰함으로써 주식의 매매시점을 포착하는 기법

② 패턴분석 – 주가추세선이 변동될 때 나타나는 변동의 형태를 미리 정형화해 놓고 실제로 나타나는 주가의 움직임을 정형화된 패턴에 맞춰봄으로써 주가변동을 예측하는 기법으로 삼봉형, 확대형 등의 기법이 있음

③ 파동분석 – 주가움직임을 기본적으로 상승 · 하락을 반복하는 순환으로 설명하고, 현재의 주가움직임이 장기 · 중기 · 단기파동 등 다양한 파동내용의 어떤 위치에 있는지를 인식함으로써 향후의 주가방향을 유추하고 추세분석을 보완하는 역할을 하는 기법으로 거래량 이동평균선, OBV 등의 기법이 있음

④ 지표분석 – 가격과 거래량 등의 기초데이터를 시계열 분석과 통계적 방법론을 통해 2차 가공함으로써 모멘텀, 상대강도지수 등과 같은 새로운 투자지표를 만들고 이의 분석을 통해 과매수 · 과매도 여부를 판단함으로써 추세전환점을 파악하고자 하는 기법

문제해설

거래량 이동평균선, OBV 등의 기법은 지표분석에 해당한다.

004

일반투자자들의 투매현상으로 주가는 하락하지만 시간이 지날수록 낙폭이 작아지는 구면은?

① 분산국면 ② 공포국면
③ 침체국면 ④ 매집국면

문제해설

침체국면은 주가추세선의 기울기가 매우 완만하지만 매도세력이 여전히 시장을 지배하고 있으므로 주가가 크게 하락하거나 상승하지 않고 침체상태에 있는 국면으로, 투매현상이 나타남에 따라 주가는 계속 하락하지만 시간이 경과할수록 주가의 낙폭은 작아진다.

1과목 증권분석

정답 001 ① | 002 ④ | 003 ③ | 004 ③

005

다우이론의 일반원칙으로 가장 거리가 먼 것은?

① 특정 종목의 평균주가의 변동은 다른 종목의 주가도 변동시킨다.
② 추세전환시점까지는 강세 또는 약세추세가 지속된다.
③ 보합국면에서 주가가 추세선을 이탈하면 하락신호이다.
④ 모든 시세는 대내외적 복합요인에 의해 결정된다.

더 알아보기 다우이론의 일반원칙

- 평균주가는 전체주가의 흐름을 정확히 반영한다.
- 특정 종목의 평균주가의 변동은 다른 종목의 주가도 변동시킨다.
- 모든 시세는 대내외적 복합요인에 의해 결정된다.
- 추세전환시점까지는 강세 또는 약세추세가 지속된다.
- 강세장에서 거래량이 증가하거나, 약세장에서 거래량이 감소하면 주가 상승의 저력이 축척되는 과정이다.
- 주가는 장기 · 중기 · 일일파동법칙에 의해 형성된다
- 보합국면에서 주가가 추세선을 이탈하면 상승신호이다.
- 장기파동은 평균주가가 바로 전에 형성된 최고가를 돌파하여 상승할 때 만들어지며, 중기파동은 최저가를 하향돌파하기 전에 끝난다.
- 초기에는 전문가에 의해 저가주 매입을 하나, 말기에는 일반투자자에 의해 과열된다.

문제해설

보합국면에서 주가가 추세선을 이탈하면 상승신호이다.

006

엘리어트 파동의 구성에 관한 설명으로 가장 거리가 먼 것은?

① 한 번의 가격 움직임에는 모두 8번의 상하파동이 존재한다.
② 상승국면의 5개 파동과 하락국면의 3개 파동으로 구성된다.
③ 상승 1, 3, 5번파와 하락 a, c파가 충격파동에 해당된다.
④ 전체 시장의 움직임과 같은 방향으로 형성되는 파동으로 상승 2, 4번파와 하락 b파가 있다.

문제해설

전체시장의 움직임과 반대 방향으로 형성되는 파동으로 상승 2, 4번파와 하락 b파가 있다(조정파동).

007

다우이론의 응용 및 한계에 대한 설명으로 가장 거리가 먼 것은?

① 그랜빌은 다우이론을 통해 강세시장과 약세시장에서 일반투자자들과 전문투자자들은 서로 반대의 매도 · 매수계획을 세운다고 보았다
② 전문투자자는 강세시장 제1 · 2국면과 약세시장 제 3국면에서 공포심을 갖고, 강세사장 제3국면과 약세시장 제1 · 2국면에서 확신을 갖는다.
③ 다우이론은 주추세에 역점을 두고 중기추세는 주추세의 흐름을 확인하는 보조적 추세로 파악함으로써, 중기추세를 이용하고자 하는 투자자의 투자전력에는 큰 도움을 주기 못한다.
④ 다우이론에 의한 기술적 분석은 분석자의 능력이나 경험에 따라 달라질 수 있고, 하나의 결론을 가지고 다양한 해석이 나타나기 때문에 정반대의 결과가 유추될 수도 있다.

문제해설

일반투자자는 강세시장 제1 · 2국면과 약세시장 제3국면에서 공포심을 갖고, 강세시장 제3국면과 약세시장 제1 · 2국면에서 확신을 갖는다.

008

전문투자자는 공포심을 갖는 반면 일반투자자는 확신을 갖는 국면은?

① 강세 제1국면 ② 강세 제2국면
③ 약세 제1국면 ④ 약세 제2국면

더알아보기 그랜빌의 투자심리와 투자행위

시장국면 / 투자자	강세시장			약세시장		
	제1국면 (매집)	제2국면 (상승)	제3국면 (과열)	제1국면 (분산)	제2국면 (공포)	제3국면 (침체)
일반투자자	공포	공포	확신	확신	확신	공포
전문투자자	확신	확신	공포	공포	공포	확신
투자전략	–	점차 매도	매도	–	점차 매수	매수

문제해설

그랜빌은 강세시장과 약세시장에서 일반투자자와 전문투자자는 서로 반대의 투자심리를 가지게 된다고 보았다. 약세시장 제1국면, 제2국면과 강세시장 제3국면에서 전문투자자는 공포심을 갖고, 일반투자자는 확신을 갖는다.

정답 005 ③ | 006 ④ | 007 ② | 008 ③

009

엘리어트 파동의 절대불가침의 법칙에 해당하지 않는 것은?

① 2번과 4번 파동은 서로 다른 모양을 형성한다.
② 2번 파동의 저점은 1번 파동의 저점보다 높아야 한다.
③ 3번 파동이 가장 짧은 파동이 되어서는 안 된다.
④ 4번 파동의 지점은 1번 파동의 고점보다 높아야 한다.

더알아보기 엘리어트 파동의 절대불가침의 법칙
- 2번 파도의 저점이 1번 파동보다 반드시 높아야 한다.
- 3번 파동이 1, 3, 5번 파동 중에서 가장 짧은 파동이 될 수 없다.
- 4번 파동의 저점은 1번 파동의 고점과 겹칠 수 없다.

문제해설

①의 설명도 파동변화를 설명하는 법칙이기는 하나 절대불가침의 법칙에는 해당되지 않는다.

010

엘리어트 파동에서 충격파동은?

① 2번 파동 ② b파동
③ 4번 파동 ④ 1번 파동

더알아보기 엘리어트 파동의 종류

파동의 구분	국면의 구분	파동의 종류
충격파동	상승국면	1번 파동, 3번 파동, 5번 파동
	하락국면	a파동, c파동
조정파동	상승국면	2번 파동, 4번 파동
	하락국면	b파동

문제해설

엘리어트 파동에서 각각의 파동은 충격파동과 조정파동으로 분류하는데 충격파동은 전체시장의 움직임과 같은 방향으로 형성되는 파동으로 1, 3, 5번 파동이 해당한다. 1번에서 5번까지 상승국면이 끝나고 하락국면이 시작된다.

011

다음의 설명 중 옳지 않은 것은?

① 상승쐐기형은 하락반전의 가능성이 높다.
② OBV선의 상승은 매입세력이 강하다는 것을 보여준다.
③ 엘리어트 파동이론은 융통성이 많다는 것이 한계이다.
④ 원형천장형의 거래량은 주가와 같은 방향으로 움직인다.

문제해설

원형천장형의 거래량은 주가와 반대 방향으로 움직인다. 즉 거래량이 없을 때 주가가 상승하고 거래량이 증가하면서 주가는 하락한다.
② OBV선의 상승은 매입세력의 집중을, 하락은 분산을 나타낸다.

012

매일의 종가를 직선으로 연결한 도표로, 개별주식의 종가뿐만 아니라 매일의 주가지수를 직선으로 연결하여 시장추세를 나타내는 것은?

① 선도표　　② 봉도표
③ 점수도표　　④ 삼선전환도

문제해설

선도표(Line Chart)
매일의 종가를 직선으로 연결한 도표로, 도표 중에서 작성방법이 가장 간단하고 이해하기 쉬우며, 개별주식의 종가뿐만 아니라 매일의 주가 지수를 직선으로 연결하여 시장추세를 나타낸다.

013

기술적 지표에 관한 설명으로 가장 거리가 먼 것은?

① OBV선에서 D마크가 나타나면 주가가 상승할 것으로 예상한다.
② 볼린저 밴드는 이동평균선을 중심으로 주가의 흐름을 예측한다.
③ 투자심리선은 최근 10일 동안의 전일대비 주가상승일수를 누계하여 10으로 나누어 백분율로 나타낸다.
④ ADL선이 상승하는데도 종합주가가 하락할 경우 장세가 상승과정에 있다고 본다.

문제해설

OBV선의 U마크는 단기적인 매수, D마크는 단기적인 매도를 나타내는 것으로, OBV선상에서 바로 직전의 최고가인 정상을 벗어나 주가가 상향하는 경우에는 U마크로 나타내고, 바로 직전의 바닥권을 이탈해 주가가 하향하는 경우에는 D마크로 나타낸다.

1과목 증권분석

정답 009 ① | 010 ④ | 011 ④ | 012 ① | 013 ①

014

주가와 거래량이 동시에 나타나는 기술적 지표는?

① ADL　　② OBV

③ 이큐–볼륨차트　　삼선전환도

문제해설

이큐 – 볼륨차트는 거래량과 주가를 중심으로 향후 장세를 예측하는 기술적 분석방법이다.

015

다음 중 캔들차트 분석에 대한 설명으로 옳은 것은?

① 유성형은 하락국면에서 상승전환신호를 나타낸다.

② 장악형은 세 개의 캔들차트로 구성된다.

③ 우산형은 몸통이 길고 꼬리가 짧은 것이 특징이다.

④ 행잉맨형이 천장권에서 발생하면 주가는 하락할 가능성이 높다.

문제해설

① 유성형은 상승추세가 한계에 이르러 추세의 하락반전을 예고한다

② 장악형은 두 개의 캔들차트로 구성된다.

③ 우산형은 꼬리가 몸체의 두 배 이상이다.

016

캔들차트 분석 중 세 개 이상의 캔들로 구성된 것은?

① 십자형　　② 상승잉태형

③ 까마귀형　　④ 먹구름형

더알아보기 캔들차트 분석

- 한 개의 캔들차트 : 우산형, 샅바형, 십사형, 유성형, 역전된 해머형
- 두 개의 캔들차트 : 장악형, 먹구름형, 관통형, 잉태형, 반격형
- 세 개의 캔들차트 : 샛별형, 석별형, 카마귀형

문제해설

세 개 이상의 캔들로 구성된 것은 샛별형, 석별형, 까마귀형이다.

017

다음 중 삼선전환도의 특징으로 가장 거리가 먼 것은?

① 시간이나 사소한 주가변동의 움직임을 무시한다.
② 무릎에서 매입하여 어깨에서 매도하라는 투자전략에 부합하는 지표이다.
③ 장세의 상승 또는 하락의 전환시점을 포착하는 데 널리 사용된다.
④ 주가가 새로운 고점이나 저점을 형성할 때만 차트에 그린다.

더알아보기 10% 플랜 병용법
- 삼선전환도의 한계점을 보완하기 위해 주가가 상승할 때 최고가에서 10% 이상 하락하면 하락전환이 나타나지 않아도 매도하고, 반대로 하락시 최저점에서 10%이상 상승하면 상승전환이 나타나지 않아도 매입하는 방법
- 큰 폭의 상승 또는 하락국면이 발생될 때 적중률이 높음

문제해설

②는 10% 플랜 병용법에 대한 설명이다.

018

지표분석 중 다음에서 설명하는 것은 무엇인가?

> 현재의 주가수준이 주식수급 관계에 영향을 미치고, 이러한 영향이 새로운 주가를 형성하게 된다는 것을 배경으로 하는 장기적 후행지표로 월별 평균주가의 전년 동월대비 등락률을 계산하여 과거 10개월 간 각 월의 가중치를 등락률에 곱해서 더한 후 10으로 나누어 구한다.

① 스윙차트
② RSI
③ 코포크지표
④ 트라이던트 시스템

더알아보기 코포크지표의 투자전략
- 지표가 상향으로 전환했을 때는 매입신호
- 지표가 하향으로 전환했을 때는 매도신호
- 지표가 (+)상태에서 하락으로 전환하면 0선을 하향돌파할 때까지 하락을 계속하는 경우가 많음(매도신호)
- 지표가 (−)상태에서 상승으로 전화하면 0선을 상향돌파할 때까지 상승을 계속하는 경우가 많음(매입신호)

문제해설

코포크지표에 대한 설명이다. 코포크지표는 0선을 기준으로 그 값을 비교분석한다.
① **스윙차트** : 시장가격의 등락을 직선의 굴절로서 표시하는 방법
② RSI : 주가가 상승추세일 때는 얼마나 강세장인지, 주가가 하락 추세일 때는 얼마나 약세장인지 나타내는 지표
④ **트라이던트 시스템** : 시장가격이 일방적인 움직임을 나타내기보다는 되돌림 움직임이 반드시 있다는 것을 이용하는 거래기법

정답 014 ③ | 015 ④ | 016 ③ | 017 ② | 018 ③

019

다음 중 엘리어트 파동이론에 관한 설명으로 가장 거리가 먼 것은?

① 엘리어트가 발견한 가격변동의 법칙은 5번의 상승파동과 3번의 하락 파동으로 구성된다는 것이다.
② 1번, 3번, 5번, b파동이 충격파동이 되고, 2번, 4번, a, c파동이 조정파동이 된다.
③ 3번 파동은 5개의 파동 중에서 가장 강력하고 가격변동도 활발하게 일어나는 파동으로 5개의 파동 중 가장 긴 것이 일반적이다.
④ 1번 파동은 추세가 전환되는 시점으로서 이제까지의 추세가 일단 끝나고 다시 새로운 추세가 시작되는 출발점이다.

문제해설

1번, 3번, 5번, a, c파동이 충격파동이 되고, 2번, 4번, b파동이 조정파동이 된다.

020

다음 지표 중 삼섬전환도의 단점을 보완하기 위해 주로 이용되는 지표는?

① 10% 플랜 병용법　　② P&F
③ OBV　　④ MAO

문제해설

10% 플랜 병용법은 삼선전환도와 달리 큰 폭의 상승 또는 하락국면이 발생할 때 적중률이 높다

021

지표분석에 대한 설명으로 가장 거리가 먼 것은?

① 역시계곡선은 주가와 거래량의 상관곡선이다.
② VR은 천장권일때보다는 바닥권일 때 신뢰도가 더 높다.
③ 투자심리선은 장기보다는 단기적 매매시점의 포착에 유리하다.
④ P&F차트는 주가변화와 시간을 감안하여 주가의 주추세를 파악한다.

문제해설

P&F차트는 사소한 주가변화 시간개념을 무시하고 의미있다고 여겨지는 중요변화만을 표시함으로써 주가의 주추세를 파악하고자 하는 투자기법이다.

022

기술적 지표에 대한 설명으로 가장 거리가 먼 것은?

① P&F도표는 주가상승시 ×표로, 주가하락시 ○표로 구분하여 표시한다.
② P&F도표는 주가가 상승에서 하락으로 반전될 때는 줄을 바꾸어 ×에서 ○표로 표시하고, 하락에서 상승으로 반전될 때는 ○표에서 ×표로 바꾸되 한 칸 위에 표시한다.
③ 삼선전환도는 증권시장의 주변환경 변화 등으로 주가등락이 반복되는 경우 유용한 지표이다.
④ 삼선전환도는 시간이나 사소한 주가변동의 움직임을 무시한다.

문제해설

삼선전환도는 주가의 상승 또는 하락의 전환을 빠르고 간편하게 포착할 수 있는 기법이나, 단기간에 주가등락이 소폭으로 반복되는 경우에는 적합하지 않다.

023

다음 A와 B에 들어갈 내용으로 적절한 것은?

- (A)는 당일의 주가가 상승한 종목수와 하락한 종목수를 집계하여 상승종목수는 가산하고 하락종목수는 차감하여 매일 누계된 수치를 도표화한 것이다.
- (B)는 일정기간 동안 매일의 상승종목수를 하락종목수로 나누어 백분비를 구하고 그것을 종목 평균하여 도표화한 것이다.

	A	B
①	ADL	ADR
②	ADR	ADL
③	VR	OBV
④	OBV	VR

문제해설

A는 등락주선(ADL)에 관한 설명이고, B는 등락비율(ADR)에 관한 설명이다.

정답 019 ② | 020 ① | 021 ④ | 022 ③ | 023 ①

024

다음 중 패턴분석에 대한 설명으로 옳은 것은?

① 원형모형은 지속형 패턴이다.
② 다이아몬드형은 반전형 패턴이다.
③ 상승쐐기모형이 완성되면 주가상승이 예상된다.
④ 대칭삼각형모형은 하락과 상승에 대한 양면성을 모두 가지고 있다.

문제해설

① 원형모형은 반전형 패턴이다.
② 다이아몬드형은 지속형 패턴이다.
③ 상승쐐기모형은 패턴형성 후 거래량이 감소하며 주가가 하락한다.

025

OBV선의 U마크와 D마크를 설명한 것으로 가장 거리가 먼 것은?

① OBV선이 직전의 정상을 상회하면 U마크로 표시하고, 직전의 저점을 하회하게 되면 D마크로 표시한다.
② U마크는 단기적인 매도신호를 나타내며, D마크는 단기적인 매수신호를 나타낸다.
③ U마크 다음에 D마크가 나타나거나, D마크 다음에 U마크가 나타나면 주가는 장기적으로 반전할 소지가 있다.
④ 장기추세가 양성형인 경우 도중에서 D마크가 나타나면 매수신호로 보고, 음성형인 경우 도중에서 U마크가 나타나면 매도신호로 본다.

문제해설

U마크는 단기적인 매수신호를 나타내며, D마크는 단기적인 매도신호를 나타낸다.

026

다음 중 OBV선의 한계점이 아닌 것은?

① 사소한 주가변화와 시간개념이 무시된다.
② 주가하락시 OBV 하락폭이 시장상황보다 축소된다.
③ 매매신호가 늦게 나타나기 때문에 시세확인에 불과하다.
④ 자전거래의 경우 거래량 급증과 주가조작 등으로 반드시 적중하지 않는다.

문제해설

①은 P&F도표와 삼선전환도의 특징이다.

027

다음 그림에 대한 설명으로 가장 거리가 먼 것은?

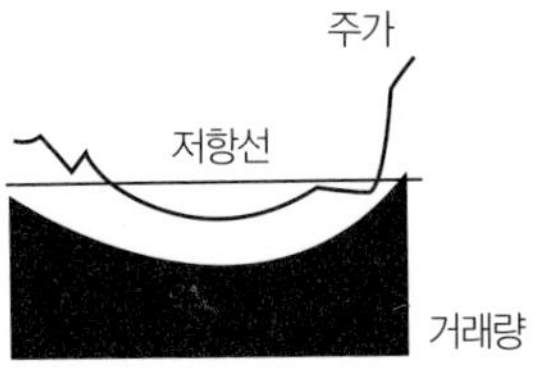

① 원형바닥형으로 상승추세 반전형태이다.
② 이 모형은 1개월 미만의 짧은 기간 내에 완성된다.
③ 저가대형주에서 잘 나타나며 삼중바닥형과 더불어 신뢰도가 높은 패턴이다.
④ 대세의 상승반전을 나타내는 것으로 상당폭의 주가상승이 기대된다.

문제해설

원형바닥형은 저가수준의 주식에서 여러 달에 걸쳐 가끔 나타낸다.

028

패턴분석 중 깃대형 주가패턴의 확인 방법이 아닌 것은?

① 모형의 형성기간이 단기간인가를 확인한다.
② 주가가 수직적인 변동을 보인 직후인가를 확인하다.
③ 패턴의 형성기간 중에 거래량이 점차 감소하였는가를 확인한다.
④ 고점경계선 기울기가 저점경계선 기울기보다 완만한지 확인한다.

문제해설

④는 쐐기형에 대한 설명이다.
쐐기형은 주로 추세선의 천장권에서 형성되며 저점과 고점경계선이 모두 상향 기울기로 나타난다.

- **상승쐐기형** : 고점경계선의 기울기가 저점경계선의 기울기보다 완만함(주가의 하락반전)
- **하락쐐기형** : 저점경계선의 기울기가 고점경계선의 기울기보다 완만함(주가의 상승반전)

1과목 증권분석

정답 024 ④ | 025 ② | 026 ① | 027 ② | 028 ④

| 029~032 | 다음은 주가와 거래량의 상관곡선인 역시계곡선의 각 국면별 신호를 나타낸 것이다. 물음에 답하시오.

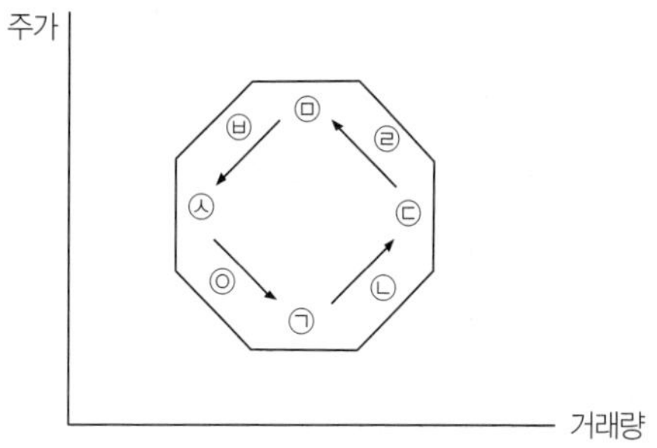

029

각 신호별 연결이 맞는 것은 어느 것인가?

① 매도신호 – ㉥　　② 매도신호 – ㉡

③ 매도유보신호 – ㉣　　④ 상승전환신호 – ㉤

문제해설

㉠ 상승전환신호
㉡ 매수신호
㉢ 매수지속신호
㉣ 매수유보신호
㉤ 하락경계신호
㉥ 매도신호
㉦ 매도지속신호
㉧ 매도유보신호

030

거래량은 전과 같으나 주가가 계속 하락할 때는 계속 매도해도 좋다는 신호는?

① ㉡　　② ㉢

③ ㉥　　④ ㉦

문제해설

매도지속신호에 대한 설명으로 ㉦이다.

031

거래량이 더욱 증가하고 주가도 오름세를 나타낼 때의 신호?

① ㉡ ② ㉢
③ ㉥ ④ ㉦

문제해설

매수 신호에 대한 설명으로 ㉡이다.

032

거래량이 더욱 감소하거나 주가가 더 이상 오르지 않을 때 상승에서 하락으로 전환될 것이 예상되는 신호는?

① ㉠ ② ㉣
③ ㉤ ④ ㉥

문제해설

하락경계신호에 대한 설명으로 ㉤이다.

033

다음 기술적 지표의 산식이 틀린 것은?

① 등락비율 = 분석대상기간 동안의 상승종목수 / 분석대상기간 동안의 하락종목수 × 100
② RSI = {n일간 상승폭 합계 / (n일간 상승폭 합계 + n일간 하락폭 합계)} × 100
③ MAO = 장기 지수이동평균 − 단기 지수이동평균
④ 투자심리선 = (10일 동안의 주가상승일수 / 10) × 100

문제해설

MAO = 단기 이동평균값 − 장기이동평균값

정답 029 ① | 030 ④ | 031 ① | 032 ③ | 033 ③

034

다음 중 이동평균선과 관련이 적은 지표는?

① CCI ② 스윙차트
③ 엔빌로프 ④ 볼린저밴드

문제해설

스윙차트는 시장가격의 등락을 직선의 굴절로 표시하는 방법으로 오로지 시장가격이 움직이는 방향만을 중시한다.

035

다음 도표에 대한 설명으로 틀린 것은?

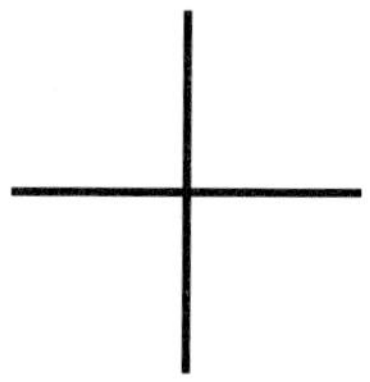

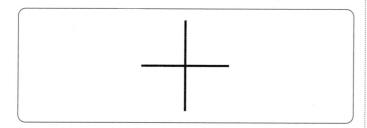

① 급등락하다 시가와 종가가 같이 끝난다.
② 상승추세에서 긴 양선 이후 출현하게 되며 추세전환신호로 높은 신뢰도를 갖게 된다.
③ 십자형은 시장의 매수세와 매도세가 서로 균형을 이루지 못한 경우이다.
④ 장족십자형은 급등락으로 출현하는 경우 불안정한 모습을 나타내고 있다.

더 알아보기 십자형 캔들차트

- 주가가 장 중에 등락하다가 종가와 시가가 같아지는 경우를 말함
- 장족십자형은 시장이 급등락을 보인 후 종가와 시가기 같게 되는 것으로 추세가 불안정한 모습을 보임
- 비석십자형은 시가와 종가가 같게 형성된 것으로 천장권에서 신뢰도가 가장 높음(고가가 높을수록 강력한 하락전환신호)
- 상승추세에서는 추세전환신호로서 높은 신뢰도를 가짐

문제해설

십자형은 사장의 매수세와 매도세가 서로 균형을 이루는 경우에 나타난다.

036

패턴분석에 대한 다음 설명 중 틀린 것은?

① 쐐기형은 주로 추세의 천장권에서 형성되며 상승쐐기형은 주가상승 가능성을 시사한다.
② 삼봉천장형에서 왼쪽 어깨가 형성될 때의 거래량이 머리부분이 형성될 때의 거래량보다 더 많은 게 일반적이다.
③ 원형천장형에서 거래량의 증감추세는 주가움직임과 반대 방향인 경우가 일반적이다.
④ V자모형은 강력한 추세전환신호이다.

더 알아보기 패턴분석
- **반전형** : 삼봉형, 원형모형, V자모형, 확대형
- **지속형** : 삼각형 모형, 깃대형, 다이아몬드형, 쐐기형, 직사각형 모형

문제해설
상승쐐기형이 완성된 후 주가의 하락반전이 예상된다. 하락쐐기형은 주가의 상승반전을 시사한다.

037

다음은 어떤 모형에 대한 설명인가?

- 지속형에 속한다
- 주가변동폭이 점차 축소되어 한 점에 수렴해 가면서 형성되는 모형이다.
- 두 개 이상의 고점이 점진적으로 낮아지고 두 개 이상의 저점이 점진적으로 높아지는 경우 삼각형 모형으로 진행되는 것을 확인할 수 있다.

① 대칭삼각형 모형　② 직각삼각형 모형
③ 역삼각형 모형　④ 쐐기모형

더 알아보기 삼각형 모형
- **대칭삼각형 모형** : 삼각형의 가장 일반적인 형태, 나중에 발생한 가격변화의 변동폭이 감소하면서 우측 꼭지점을 향해 움직임에 따라 삼각형을 이룸
- **직각삼각형 모형** : 상향직각삼각형과 하향직각삼각형으로 구분, 상향직각삼각형 모형의 고점경계선은 수평을 이루고 저점경계선은 상향기울기를 가짐

문제해설
대칭삼각형 모형에 대한 설명이다.

정답 034 ② | 035 ③ | 036 ① | 037 ①

1과목 증권분석

038

시장가격의 최근 변동폭과 최근에 형성된 종가와의 관계를 나타내며 %K산과 %D선으로 구성되는 이 지표는?

① 코포크지표　　② 스윙차트
③ 투자심리선(PL)　　④ 스토캐스틱(Stochastics)

문제해설

스토캐스틱(Stochastics)
시장가격이 상승추세일 경우에는 매일의 종가가 최근의 가격변동폭 중 최고치 부근에서 형성될 가능성이 많고, 시장가격이 하락추세일 경우에는 매일의 종가가 최근의 가격 변동폭 중 최저치 부근에서 형성될 가능성이 많다는 것을 근거로 한 기법으로, %K선과 %D선으로 구성된다.

039

다음 중 주가와 거래량의 크기가 일반적으로 상자모양으로 나타나는 기술적 지표는?

① 코포크지표　　② 삼선전환도
③ 이큐–볼륨차트　　④ 10% 플랜 병용법

더 알아보기 이큐–볼륨차트의 작성 방법

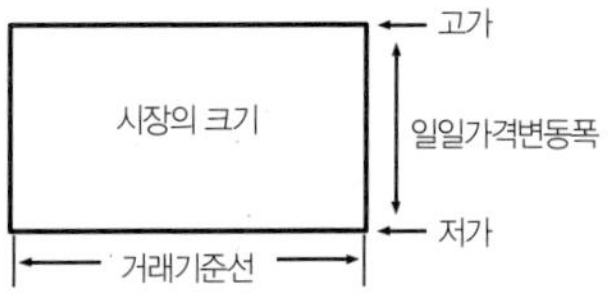

- 고가, 저가, 거래량을 하나의 모형으로 나타내어 이를 연결한다.
- 거래기준치 = 일일거래량 / 기본 단위

문제해설

삼선전환도와 10% 플랜 병용법은 주가만을 상자모양으로 나타내며, 이큐–볼륨차트는 주가(상자의 위, 아래 선)와 거래량(상자의 폭)을 하나의 상자에 나타내는 방법이다.

040

엔빌로프(Envelope)에 대한 설명으로 가장 거리가 먼 것은?

① 이동평균선이 지지선 또는 저항선의 역할을 한다는 점을 이용하여 추세의 움직임을 예측하는 기법이다.
② 두 개의 이동평균선으로 구성되며, 위쪽의 이동평균선은 저항선의 역할을 하고 아래쪽의 이동평균선은 지지선의 역할을 한다.
③ 지지선 부근에서 매도하고, 저항선 부근에서 매수한다.
④ 엔빌로프를 벗어난 시장가격이 다시 엔빌로프에 접근할 때가 단기적 거래에서 최적의 거래시점이 된다.

문제해설

지지선 부근에서 매수하고, 저항선 부근에서 매도한다.

041

다음 중 거래량 지표에 관한 설명으로 가장 거리가 먼 것은?

① 거래량 지표에서 OBV, VR 등이 있다.
② 거래량 이동평균선에서 거래량이 감소추세에서 증가추세로 전환되면 앞으로 주가는 상승할 것으로 예상된다.
③ OBV선은 그랜빌이 만든 거래량 지표로서, 거래량은 주가에 후행한다는 전제하에 주가가 전일에 비해 상승한 날의 거래량 누계에서 하락한 날의 거래량 누계를 차감하여 이를 매일 누적적으로 집계 · 도표화한 것이다.
④ OBV의 결점을 보완하기 위하여 거래량의 누적차가 아닌 비율로 분석한 것이 VR(Volume Ratio)이다.

더 알아보기 거래량 지표에서 주가와 거래량의 상관관계

- 거래량이 감소추세에서 증가추세로 전환되면 앞으로 주가는 상승할 것으로 예상된다.
- 거래량이 증가추세에서 감소추세로 전환되면 앞으로 주가는 하락할 것으로 예상된다.
- 주가가 천장국면에 진입하면 주가가 상승함에도 불구하고 거래량은 감소하는 경향을 보인다.
- 주가가 바닥국면에 진입하면 주가가 하락함에도 불구하고 거래량은 증가하는 경향을 보인다.

문제해설

OBV(On Balance Volume)선
그랜빌이 만든 거래량 지표로서, 거래량은 주가에 선행한다는 전제하에 주가가 전일에 비해 상승한 날의 거래량 누계에서 하락한 날의 거래량 누계를 차감하여 이를 매일 누적적으로 집계 · 도표화한 것이다.

정답 038 ④ | 039 ③ | 040 ③ | 041 ③

042

지속형 패턴에 대한 설명으로 가장 거리가 먼 것은?

① 상승직각삼각형 모형에서 고점의 연결점들은 수평을 이룬다.
② 하락직각삼각형 모형에서 고점들은 점점 낮아진다.
③ 다이아몬드형은 바닥권 확인에 유용하다.
④ 하락쐐기 모형은 주가의 상승반전을 시사한다.

문제해설

다이아몬드형은 천장권 확인해 유용하다.

043

다음 중 지표분석에 대한 설명으로 가장 거리가 먼 것은?

① ADL이 상승하는데도 종합지수가 하락할 경우에는 장세가 상승과정에 있다고 본다.
② ADR이 120~125%이면 매도신호로 간주하며 70~75% 범위 내에서는 매수신호로 파악한다.
③ 투자심리선이 100% 이상이면 과열, 100% 미만이면 침체상태로 본다.
④ ADR의 산식은 (분석대상기간 동안의 상승종목수 / 분석대상기간 동안의 하락종목수) × 100이다.

문제해설

투자심리선이 75% 이상이면 과열상태, 25% 이하이면 침체상태로 본다.

044

RSI 80%와 비슷한 의미를 가지는 지표는?

① 번한지표 40%
② %K의 값이 15% 이하
③ 코포크지표가 상향으로 전환했을 때
④ VR이 70%

문제해설

RSI 80%와 번한지표 40%는 모두 경계신호로, 상한선을 나타내며 이 선을 돌파할 때는 매도전략을 세워야 한다.
② 과도매도상태이며, 매수신호를 기다려야 한다.
③ 매수신호이다.
④ 단기매수시점이다.

045

다음 기술적 분석의 지표 가운데 과열경계신호에 해당하는 것은?

① RSI – 30%　　② VR – 75%
③ ADR – 75%　　④ 투자심리선 – 75%

문제해설

과열경계신호
- ADR 120%
- VR 450%
- RSI 75%
- 투자심리선 75%

046

갭의 형태 중 섬꼴반전에 대한 설명 중 옳은 것은?

① 지속형의 일종이다.
② 횡보장세가 이어질 것이다.
③ 소멸갭에 이어 돌파갭이 나타나면서 만들어진다.
④ 돌파갭이 형성되기 직전의 주가상승률에 해당하는 만큼 추가로 상승한다.

문제해설

섬꼴반전은 주가의 추세가 급격히 반전될 때 나타나는 형태로 소멸갭에 이어 돌파갭이 나타나면서 차트상에 섬과 같은 모습이 나타난다.

047

기술적 분석의 기본가정으로 가장 거리가 먼 것은?

① 증권의 시장가치는 수요와 공급에 의해서만 결정된다.
② 주가는 지속되는 추세에 따라 상당기간 움직이는 경향이 있다.
③ 추세의 변화는 공급에 의해서 이루어지고 수요의 영향을 받지 않는다.
④ 도표에 나타나는 주가모형은 스스로 반복하는 경향이 있다.

문제해설

추세의 변화는 수요와 공급의 변동에 의해 일어난다.

정답 042 ③ | 043 ③ | 044 ① | 045 ④ | 046 ③ | 047 ③

048

다음의 일본식 차트를 바르게 해석한 것은?

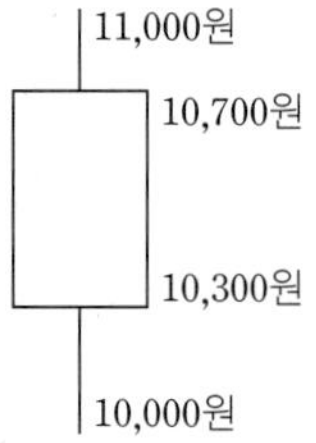

① 시가는 10,000원이다.
② 일봉이라면 하루 상승폭이 1,000원이다.
③ 종가는 10,300원이다.
④ 고가와 저가의 차이는 1,000원이다.

더 알아보기 일본식 차트의 해석

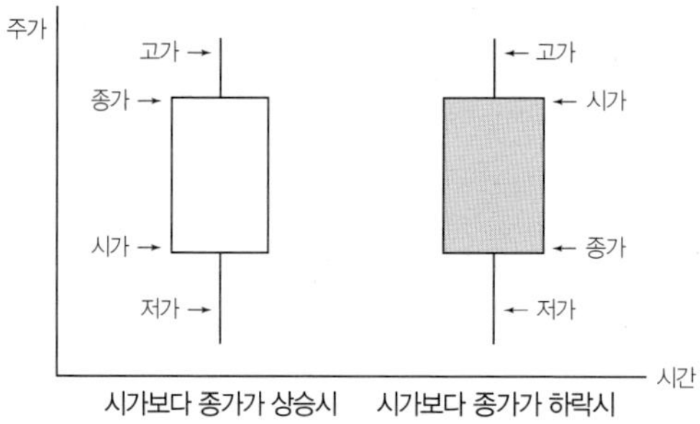

문제해설

- 시가 10,300원
- 종가 10,700원
- 고가 11,000원
- 저가 10,000원

049

다우이론의 일반적 원칙으로 가장 거리가 <u>먼</u> 것은?

① 평균주가 개념은 전체 주가흐름을 정확히 반영한다.
② 주가는 장기파동, 중기파동, 일일파동과 같은 파동법칙에 의해 형성된다.
③ 약세국면에서 거래량이 점차 감소하면 보다 큰 하락에너지가 축적되는 과정이다.
④ 다른 추세로 전환될 때까지 강세나 약세추세는 지속한다.

문제해설

강세국면에서 거래량이 계속 증가된다거나 약세국면에서 거래량이 점차 감소되면 시장 내부에 상승저력이 축적되는 과정으로 여긴다.

050

캔들차트 분석에 대한 설명으로 적절하지 않은 것을 모두 고르시오.

> ㉠ 관통형은 주가하락을 암시한다.
> ㉡ 반격형은 전일 시가와 당일 시가가 일치한다.
> ㉢ 장악형은 첫째날보다 둘째날에 몸체가 짧다.
> ㉣ 행인맨형은 주가상승을 암시한다.

① ㉡, ㉣　　② ㉢, ㉣
③ ㉠, ㉡, ㉢　　④ ㉠, ㉡, ㉢, ㉣

문제해설

㉠ 관통형은 하락추세에서는 상승전환신호로 본다.
㉡ 반격형은 전일 종가와 당일 종가가 일치한다.
㉢ 장악형은 일반적으로 둘째날의 몸체가 더 길며, 둘째날의 몸체가 길면 길수록 새로운 추세의 에너지가 강한 것으로 본다.
㉣ 행인맨형(교수형)은 주가하락의 신호로 본다.

051

엘리어트 파동이론에 대한 설명으로 적절하지 않은 것을 모두 고르시오.

> ㉠ 절대불가침의 법칙에서 2번 파동의 저점이 1번 파동의 저점 아래에 위치해서는 안 된다.
> ㉡ 절대불가침의 법칙에서 4번 파동의 저점이 1번 파동의 고점과 겹칠 수 없다.
> ㉢ 파동의 연장은 주로 1번 파동이나 4번 파동에서 발생한다.
> ㉣ 3번 파동이 1, 3, 5번 파동 중에서 가장 짧은 파동이 될 수 없다.

① ㉠, ㉢　　② ㉡, ㉣
③ ㉢　　④ ㉡, ㉢, ㉣

더알아보기 엘리어트 파동 절대불가침의 법칙
- 2번 파동 저점이 1번 파동 저점보다 반드시 높아야 한다.
- 3번 파동이 1, 3, 5번 파동 중에서 가장 짧은 파동이 될 수 없다.
- 4번 파동의 저점은 1번 파동의 고점과 겹칠 수 없다.

문제해설

㉢ 파동의 연장은 3번 파동이나 5번 파동에서 주로 발생한다. 연장의 연장은 일반적으로 3번 파동에서 발생한다.

정답 048 ④ | 049 ③ | 050 ④ | 051 ③

052

엘리어트 파동에서 일반적으로 거래량이 가장 많이 나타나는 파동은?

① 1번 파동　　② 3번 파동
③ 4번 파동　　④ 5번 파동

문제해설

3번 파동은 5개의 파동 중에서 가장 강력하고 가격변동도 활발하게 일어나는 파동으로 5개의 파동 중에 가장 긴 것이 일반적이다. 거래량도 5개의 파동 중에서 가장 많다.

053

다음 캔들차트 중에서 주가상승의 신뢰도가 가장 큰 것은?

① 상승장악형　　② 관통형
③ 상승반격형　　④ 행잉맨형

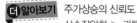

더 알아보기 주가상승의 신뢰도
상승장악형 > 관통형 > 상승반격형

문제해설

상승반격형도 상승신호이기는 하지만 상승장악형이 상대적으로 더 강한 신호로 파악한다.

054

다음 중 추세분석의 장점에 대한 설명으로 가장 거리가 먼 것은?

① 사후성을 지니고 있다.
② 패턴분석기법보다 객관적이다.
③ 기술적 분석가들에게 심리적 안정감을 준다.
④ 추세가 큰 폭으로 전환될 경우 시장의 흐름을 잘 탄다면 이익의 폭이 커진다

더 알아보기 추세분석의 단점
- 사후성을 지니고 있다.
- 과거의 성공이 미래의 성공을 보장하는 것은 아니다.
- 보합국면에서는 신뢰도가 크게 낮다.

문제해설

사후성을 지니는 것은 추세분석의 단점이다.

055

다음 패턴분석에 대한 설명 중 옳은 것은?

① 깃대형은 주가 급등시에는 나타나지 않는다.
② 삼봉천장형에서 왼쪽어깨 부분의 거래량이 머리부분보다 더 많다.
③ 확대형은 일반적으로 주가가 바닥권일 때 나타난다.
④ 상승쐐기형이 완성되면 주가가 상승반전할 가능성이 높다.

문제해설

① 상승깃대형은 주가가 큰 폭으로 상승한 후에 나타나며, 하락깃대형은 주가가 크게 하락한 뒤에 일시적으로 나타난다.
③ 확대형은 바닥권에서는 나타나지 않으며 천장권에서 형성되는 경향이 있다.
④ 상승쐐기형은 주가의 하락반전을, 하락쐐기형은 주가의 상승반전할 가능성을 시사한다.

056

추세분석에 대한 설명으로 가장 거리가 먼 것은?

① 추세선이란 고점, 저점 중 의미있는 두 고점 또는 저점을 연결한 직선을 의미한다.
② 일반적으로 상승추세선은 저점끼지 연결한다.
③ 일반적으로 하락추세선은 고점끼리 연결한다.
④ 일반적으로 평행추세선은 고점끼리 연결한다.

문제해설

일반적으로 평행추세선은 저점끼리 연결한다.

057

세 가지 이동평균선을 이용한 투자전략을 세우고자 한다. 가장 거리가 먼 것은?

① 위로부터 단기 · 중기 · 장기이동평균선이 나란히 형성되면 강세국면이다.
② 중 · 장기이동평균선의 상승이 계속된 후 단기이동평균선이 하락세로 돌아서면 천장권으로 본다.
③ 단기 · 중기 · 장기이동평균선이 얽혀 있는 경우 매입을 보류하는 것이 바람직하다.
④ 단기이동평균선이 중 · 장기이동평균선을 하향돌파할 경우가 골든 크로스이다.

문제해설

- **데드 크로스** : 단기이동평균선이 중 · 장기이동평균선을 하향돌파할 경우
- **골든 크로스** : 단기이동평균선이 중 · 장기이동평균선을 상향돌파할 경우

1과목 증권분석

정답 052 ② | 053 ① | 054 ① | 055 ② | 056 ④ | 057 ④

058

주가이동평균선의 성질에 대한 설명이다. 적절하지 않은 설명을 모두 고르면?

㉠ 강세장에서는 주가가 이동평균선 아래에서 상승하는 것이 보통이다.
㉡ 주가가 상승하고 있는 이동평균선을 하향돌파할 때는 조만간 반전하여 하락할 가능성이 크다.
㉢ 이동평균의 기준기간이 길면 길수록 이동평균선은 더욱 유연해진다.
㉣ 주가가 이동평균선으로부터 멀리 떨어져 있을 때는 회귀변화가 일어난다.

① ㉠
② ㉡, ㉣
③ ㉢, ㉣
④ ㉠, ㉡, ㉢, ㉣

더알아보기 주가이동평균선의 성질
- 약세장에서는 주가가 이동평균선 아래에서 하락하는 것이 보통이다.
- 주가가 상승하고 있는 이동평균선을 하향돌파할 때는 조만간 반전하여 하락할 가능성이 크다.
- 주가가 하락하고 있는 이동평균선을 상향돌파할 때는 조만간 반전하여 상승할 가능성이 크다.

문제해설
㉠ 강세장에서는 주가가 이동평균선 위에서 상승하는 것이 보통이다.

059

그랜빌의 투자전략은 매수신호와 매도신호를 설명하고 있다. 가장 거리가 먼 것은?

① 이동평균선이 상승하고 있을 때 주가가 이동평균선의 아래로 하락하는 경우 매도신호이다.
② 주가가 이동평균선 위에서 급격히 하락하다가 이동평균선 부근에서 반등시 매수신호이다.
③ 이동평균이 상승한 후 하락국면에서 주가가 이동평균선을 하향돌파시 매도신호이다.
④ 주가가 이동평균선 아래에서 상승세를 보이다가 상향돌파를 못하고 하락하는 경우 매도신호이다.

문제해설
이동평균선이 상승하고 있을 때 주가가 이동평균선의 아래로 하락하는 경우 매수신호이다. 이동평균선의 상승이 대세상승을 의미하므로 주가하락은 일시적일 가능성이 높기 때문이다.

060

거래량과 이동평균선에 대한 설명으로 옳은 것은?

① 거래량이 감소추세에서 증가추세로 전환하면 앞으로 주가는 하락할 것으로 예상된다
② 거래량이 증가추세에서 감소추세로 전환하면 앞으로 주가는 상승할 것으로 예상된다.
③ 주가가 천장국면에 진입하면 주가가 상승함에도 불구하고 거래량은 감소하는 경향을 보인다.
④ 주가가 바닥국면에 진입하면 주가가 하락하면서 거래량도 급속하게 감소한다.

더 알아보기 이동평균선을 이용한 매매방법

- **한 가지 이동평균선의 이용** : 주가가 이동평균선을 상향돌파하면 매수, 하향돌파하면 매도하는 방법
- **두 가지 이동평균선의 이용** : 주가가 장 · 단기이동평균선 위에 있을 경우는 매수시점, 반대의 경우는 매도시점으로 보는 방법
- **세 가지 이동평균선의 이용** : 상승추세시 단기이동평균선이 중 · 장기이동평균선을 상향돌파할 때는 매수신호, 하락추세시 단기이동평균선이 중 · 장기이동평균선을 하향돌파할 때는 매도신호로 보는 방법

문제해설

① 거래량이 감소추세에서 증가추세로 전환하면 앞으로 주가는 상승할 것으로 예상된다.
② 거래량이 증가추세에서 감소추세로 전환하면 앞으로 주가는 하락할 것으로 예상된다.
④ 주가가 바닥국면에서 진입하면 주가가 하락함에도 불구하고 거래량은 증가한다.

061

다음 주가이동평균선에 대한 설명으로 가장 거리가 먼 것은?

① 주가가 하락을 멈춘 이동평균선을 상향돌파시 매수신호이다.
② 단기이동평균선이 중 · 장기이동평균선을 하향돌파시 매도신호이다.
③ 중 · 장기이동평균선이 상승한 후 단기이동평균선이 하락으로 돌아서면 천장권이다.
④ 주가가 이동평균선 아래에서 상승세를 보이다 상향돌파하지 못하고 하락하는 경우 매수신호이다.

문제해설

주가가 이동평균선 아래에서 상승세를 보이다 상향돌파하지 못하고 하락하는 경우 매도신호이다.

정답 058 ① | 059 ① | 060 ③ | 061 ④

1과목 증권분석

062

OBV에 대한 설명으로 가장 거리가 먼 것은?

① 거래량은 주가에 후행한다는 것이 전제이다.
② OBV선의 상승은 매입세력의 집중을 나타낸다.
③ 강세장에서는 OBV선의 고점이 이전 고점보다 높게 형성된다.
④ OBV선이 상승함에도 불구하고 주가가 하락하면 조만간 주가상승이 예상된다.

더 알아보기 OBV 분석의 기본법칙

- OBV선의 상승은 매입세력의 집중을 나타낸다.
- OBV선의 하락은 매입세력의 분산을 나타낸다.
- OBV선의 상승함에도 불구하고 주가가 하락하면 조만간 주가상승이 예상된다.
- OBV선의 하락함에도 불구하고 주가가 상승하면 조만간 주가하락이 예상된다.
- 강세장에서는 OBV선의 고점이 이전의 고점보다 높게 형성된다.
- 약세장에서는 OBV선의 저점이 이전의 저점보다 낮게 형성된다.

문제해설

OBV는 거래량이 주가에 선행한다는 전제하에 집계한다.

063

주가이동평균선의 성질에 대한 설명으로 옳은 것은?

① 하락추세선은 저점을 연결한 선이다.
② 주가가 이동평균선을 돌파하기 직전이 매매신호이다.
③ 주가는 이동평균선으로부터 점점 멀어지려는 경향이 있다.
④ 이동평균선의 기준기간이 길수록 이동평균선이 유연하다.

더 알아보기 주가이동평균선의 성질

- 주가가 이동평균선을 돌파할 때는 매입 · 매도신호이다.
- 이동평균의 기준기간이 길수록 이동평균선은 유연해진다.
- 강세장에서는 주가가 이동평균선 위에서 파동운동하면서 상승한다.
- 약세장에서는 주가가 이동평균선 아래에서 파동운동하면서 하락한다.
- 주가가 상승하고 있는 이동평균선을 하향돌파할 때는 반전하여 하락할 가능성이 크다.
- 주가가 하락하고 있는 이동평균선을 상향돌파할 때는 반전하여 상승할 가능성이 크다.

문제해설

① 하락추세선은 고점을 연결한 선이다.
② 주가가 이동평균선을 돌파한 후가 매매신호이다.
③ 주가는 이동평균선으로 회귀하려는 성질을 갖는다.

064

다음 보기에서 적절하지 않은 설명을 모두 고르면?

> ㉠ 반전형 패턴에는 깃대형, 직사각형 등이 있다.
> ㉡ 삼봉형은 지속형 패턴이다.
> ㉢ 상승쐐기형은 주가하락을 의미한다.
> ㉣ 상승깃대형은 주가상승을 의미한다.

① ㉠, ㉡ ② ㉡, ㉣
③ ㉢, ㉣ ④ ㉠, ㉢

더 알아보기 지속형 패턴분석
- **삼각형 모형** : 대칭삼각형 모형, 직각삼각형 모형
- **깃대형** : 상승깃대형(주가상승), 하락깃대형(주가하락)
- **다이아몬드형** : 상승추세가 가속화되는 막바지에 나타나는 반전패턴으로 주가상승시 거래량이 증가하고, 주가하락시 거래량이 감소
- **쐐기형** : 상승쐐기형(주가하락), 하락쐐기형(주가상승)
- **직사각형 모형** : 상승직사각형 모형, 하락직사각형 모형

문제해설
- **반전형 패턴** : 삼봉형, 원형모형, V자형, 확대형
- **지속형 패턴** : 삼각형 모형, 깃대형, 다이아몬드형, 쐐기형, 직사각형 모형

065

등락비율과 투자심리선에 대한 설명으로 가장 거리가 먼 것은?

① 등락비율은 일정기간 동안 등락종목 비율에 의하여 시장기조를 분석하고자 하는 기술적 지표이다.
② 등락비율은 분석대상기간 동안의 하락종목수를 같은 기간 동안의 상승종목수로 나누어 산출한다.
③ 투자심리선은 75% 이상이면 과열상태로 매도신호로 파악한다.
④ 등락비율은 70% 수준이면 침체양상으로 매수신호로 파악한다.

문제해설

등락비율(ADL)

$$= \frac{\text{분석대상기간 동안의 상승종목수}}{\text{분석대상기간 동안의 하락종목수}} \times 100(\%)$$

③ 투자심리선은 75% 이상 과열, 25% 이하 침체로 판단한다.
④ 등락비율은 120% 과열, 70% 침체로 판단한다.

정답 062 ① | 063 ④ | 064 ① | 065 ②

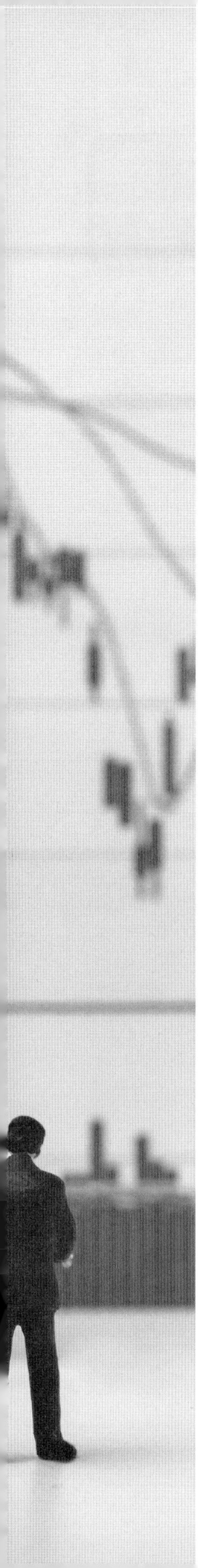

2과목
증권시장

1장 유가증권시장

001

다음 중 발행시장의 기능과 거리가 먼 것은?

① 자본의 분산
② 투자수단의 제공
③ 경제의 양적 · 질적 고도화
④ 기업 장기자금 조달의 원활화

문제해설

발행시장의 기능은 자금조달의 원활화, 경제의 양적 · 질적 고도화, 경기조절 역할, 투자수단의 제공 등이 있다.

002

다음 중 발행주체가 50인 이상의 투자자를 대상으로 증권을 공개적으로 모집하는 발행형태를 나타내는 것은?

① 모집과 매출(공모) ② 청약
③ 사모 ④ 배정

더알아보기 모집과 매출

- **모집** : 50인 이상의 투자자에게 새로 발행되는 증권의 취득의 청약을 권유하는 것
- **매출** : 50인 이상의 투자자에게 이미 발행된 증권의 매도의 청약을 하거나 매수의 청약을 권유하는 것

문제해설

공모는 증권을 일반투자자에게 매각하여 분산 취득시키기 위한 행위로 모집과 매출로 나누어 정의하고 있다.

003

발행주체가 자기의 책임과 계산으로 발행위험을 부담하고 발행사무를 모두 담당하여 발행하는 발행형태는?

① 사모 ② 매출
③ 간접발행 ④ 직접발행

문제해설

발행에 따른 위험부담과 사무절차를 담당하는 방법에 따라 직접발행과 간접발행으로 구분되며, 사모의 경우 직접발행의 형태를 취한다.

004

다음에서 설명하는 용어는?

- 유가증권을 발행함에 있어서 이를 매출할 목적으로 유가증권의 발행인으로부터 그 전부 또는 일부를 취득하는 것
- 유가증권을 발행함에 있어서 이를 취득하는 자가 없는 때에 그 잔여분을 취득하는 계약을 하는 것

① 모집 ② 인수
③ 청약 ④ 매매

문제해설

인수에 관한 설명이다.

005

발행시장의 형태 및 조직에 대한 설명으로 거리가 먼 것은?

① 증권의 발행자와 투자자 사이에 개입하여 증권발행에 따른 사무처리 및 모집주선업무를 수행하고 발행위험을 발행자를 대신하여 부담하는 기관을 발행기관이라고 한다.
② 일반적으로 공모의 경우에는 직접발행의 형태를, 사모발행의 경우에는 간접발행의 형태를 취한다.
③ 발행시장은 증권이 자금의 수요자인 발행주체로부터 자금의 공급자인 최초의 투자자에게 이전되는 추상적인 시장을 의미한다.
④ 발행주체란 발행시장에서 유가증권을 발행하는 자로서, 증권의 공급자인 동시에 자금수요의 주체가 되는 자를 말한다.

문제해설

공모는 간접발행의 형태를, 사모는 직접발행의 형태를 취한다.

정답 001 ① | 002 ① | 003 ④ | 004 ② | 005 ②

006

모집주선에 대한 설명으로 가장 거리가 먼 것은?

① 위탁모집이라고도 한다.
② 간접발행의 방법 중 수수료가 가장 비싸다.
③ 발행회사 또는 발기인이 스스로 발행위험을 부담한다.
④ 발행사무를 발행기관에 위탁한다.

문제해설

모집주선은 발행기관이 발행사무만 부담하고 발행위험은 부담하지 않으므로, 간접발행의 방법(모집주선, 잔액인수, 총액인수) 중 수수료가 가장 저렴하다.

007

다음은 주식에 대한 설명이다. 가장 거리가 먼 것은?

① 이익배당, 잔여재산의 분배 등에 있어 다른 종류의 주식에 대해 우선적 지위가 부여된 주식을 우선주라 한다.
② 특정 연도의 배당이 소정의 우선배당률에 미달할 때 그 부족액을 후년도의 이익에서 추징할 수 있는 우선주를 누적적 우선주라 한다.
③ 상법상 주식의 금액은 균일해야 하며, 1주의 금액은 1,000원 이상으로 해야 한다.
④ 시가발행시 액면초과금액은 주식발행 초과금으로서 자본잉여금으로 적립된다.

더 알아보기 주식의 종류

- **보통주** : 회사의 이익, 이자의 배당, 잔여재산의 분배에 관해 그 표준이 되는 주식
- **우선주** : 이익배당, 잔여재산의 분배 등에 있어 다른 종류의 주식에 대해 우선적 지위가 부여된 주식
- **후배주** : 이익배당, 잔여재산의 분배등에 있어 다른 종류의 주식에 비해 열등한 지위에 있는 주식
- **혼합주** : 이익배당, 잔여재산의 분배등에 있어 어떤 권리는 보통주보다 우선하고 다른 권리에 대해서는 열등한 지위에 있는 주식
- **액면주** : 주식의 액면가액이 기재된 주식
- **무액면주** : 주식의 액면가액이 기재되지 않은 주식
- **기명주** : 주주의 성명이 주주명부 및 주권에 기재된 주식
- **무기명주** : 주주의 성명이 주주명부 및 주권에 기재되지 않은 주식
- **의결권주** : 의결권이 부여된 주식
- **의결권제한주** : 정관이 정하는 일부사항에 대하여만 의결권이 없는 주식
- **의결권배재주** : 의결권이 부여되지 않은 주식

문제해설

상법상 주식의 금액은 균일해야 하며, 1주의 금액은 100원 이상으로 해야 한다.

008

다음 (   )안에 들어갈 적절한 단어가 바르게 연결된 것을 고르시오.

- 간접발행은 발행위험의 부담 정도에 따라 모집주선, 잔액인수, 총액인수로 구분되는데 이 중 수수료가 가장 싼 방법은 (㉠)이다.
- (㉡)는 인수단이 공모증권 발행총액의 전액을 자기의 책임과 계산하에서 인수하고 이에 따른 발행위험과 발행 및 모집사무를 모두 담당하는 방법이다.
- 발행기관의 가장 중요한 기능은 증권을 모집하거나 매출할 때 (㉢)을 수행하는 것이다.

	㉠	㉡	㉢
①	총액인수	모집주선	간사기능
②	모집주선	총액인수	청약대행기능
③	잔액인수	직접발행	인수기능
④	모집주선	총액인수	인수기능

문제해설

㉠과 ㉡은 간접발행 위험부담 정도에 따른 모집주선과 총액인수에 대한 설명이고, ㉢은 발행기관에 대한 설명이다.

009

다음 중 상장으로 인한 혜택으로 가장 거리가 먼 것은?

① 주권상장법인은 전환사채와 신주인수권부사채 이외에 이익참가부사채, 교환사채를 발행할 수 있으며, 전환사채와 신주인수권부사채 중 주식으로 행사가 가능한 부분에 해당하는 금액은 상법상 사채발행한도의 제한을 받지 않는다.
② 주식매수선택권은 타인에게 양도와 상속이 가능하다.
③ 장내매매에도 불구하고 양도소득세의 대상이 되는 대주주의 범위는 유가증권시장은 발행주식총수의 3% 또는 시가총액 100억 원 이상, 코스닥시장은 발행주식총수의 5% 또는 시가총액 50억 원 이상이다.
④ 주권상장법인은 시가가 액면가 이상인 경우에는 이익배당총액에 상당하는 금액까지 주식배당을 할 수 있다.

문제해설

주식매수선택권은 타인에게 양도할 수 없으나 상속은 가능하다.

정답 006 ② | 007 ③ | 008 ④ | 009 ②

010

다음 중 투자자에 대한 설명으로 가장 거리가 먼 것은?

① 투자의 형태에 따라 전문투자자와 일반투자자로 나눌 수 있다.
② 발행시장에서 모집 또는 매출에 응하여 최종적으로 증권을 취득하여 이를 다시 유통시장에서 매각하는 자를 말한다.
③ 기관투자자의 예로 은행, 금융투자회사, 보험회사, 연금기관 등을 들 수 있다.
④ 전문투자자는 국가, 한국은행, 주권상장법인 등이 있다.

문제해설

투자의 형태에 따른 구분은 개인투자자와 기관투자자이며, 자본시장법에서는 투자자를 전문투자자와 일반투자자로 구분한다.

011

다음 중 총액인수에 대한 설명으로 가장 거리가 먼 것은?

① 인수단이 공모증권 발행총액의 전액을 자기의 책임과 계산하에 인수한다.
② 다른 용어로 인수매출이라고도 한다.
③ 인수기관은 모집미달잔액 전액에 대한 인수계약을 할 수도 있다.
④ 발행증권의 가격변동에 따른 모든 위험을 부담한다.

문제해설

③은 잔액인수에 대한 설명이다.
인수기관은 모집미달잔액 전액에 대한 인수계약을 할 수도 있고 모집미달잔액 중 일부 한도금액을 정하여 한도액까지만 인수한다는 계약을 할 수도 있다.

012

주식을 발행하는 형태로 회사의 재무활동의 관점에서 구분한 것이 아닌 것은?

① 실직적 증자(유상증자)에 대한 주식발행
② 모집 · 매출(공모)에 의한 발행
③ 주식회사의 설립에 따른 주식발행의 경우
④ 주식회사의 특수한 재무정책에 의한 주식발행의 경우

문제해설

모집 · 매출(공모)에 의한 발행은 발행될 증권의 수요자를 구하는 방법에 따른 구분이다.

013

다음 중 주식에 대한 설명으로 옳은 것을 모두 고르시오.

> ㉠ 주식회사는 액면주식과 무액면주식을 모두 발행할 수 있다.
> ㉡ 발행주식의 시가가 회사의 자본금이 된다.
> ㉢ 액면주식의 경우 1주의 금액은 100원 이상으로 해야 한다.
> ㉣ 액면금액 5,000원 미만인 주식발행시 액면금액 1주의 금액은 100원, 200원, 500원, 1,000원, 2,500원으로 해야 한다.

① ㉠, ㉡　　② ㉠, ㉢
③ ㉢, ㉣　　④ ㉠, ㉡, ㉢

문제해설

㉠ 정관으로 액면주식과 무액면주식을 선택할 수 있으나 양자를 모두 발행할 수 없다.
㉡ 발행주식의 액면총액이 회사의 자본금이 된다.

014

인수단이 총액인수 후 구주주와 우리사주조합에게 우선청약권을 부여하고, 청약미달분은 일반투자자를 대상으로 청약을 받으며, 청약 후 잔여 주식이 있는 경우 인수단이 인수하는 방식의 유상증자방식은?

① 직접공모　　② 일반공모
③ 주주우선공모　　④ 구주주배정

더 알아보기 유상증자의 방법

- **구주주배정** : 일반적인 유상증자의 방법으로 신주인수권을 가진 기존 주주에게 배정하는 방식
- **제3자 배정(연고자 배정)** : 회사가 신주발행시 제3자에게 신주인수권을 배정하는 방식
- **직접공모** : 인수인을 통하지 않고 발행회사가 직접 자기책임과 계산하에 공모하는 방식
- **간접공모**
  - 일반공모 : 구주주의 신주인수권을 완전 배제하고, 인수단이 유상증자분을 총액인수하여 불특정다수의 일반투자자에게 청약을 받는 방식
  - 주주우선공모 : 인수단이 총액인수 후 구주주와 우리사주조합에게 우선청약권을 부여하고, 청약미달분은 일반투자자를 대상으로 청약을 받으며, 청약 후 잔여주식이 있는 경우 인수단이 인수하는 방식

문제해설

간접공모방식 중 주주우선공모방식에 대한 설명이다.

정답 010 ① | 011 ③ | 012 ② | 013 ③ | 014 ③

015

다음 중 유상증자의 방법이 아닌 것은?

① 구주주배정 ② 제3자 배정
③ 주주우선공모 ④ 법정준비금의 자본전입

문제해설

법정준비금의 자본전입은 무상증자의 방법이다.

016

다음 중 주식발행의 형태에 대한 설명으로 가장 거리가 먼 것은?

① 주식회사의 설립은 주주모집의 방법에 따라 발기설립과 모집설립으로 나뉜다.
② 신주발행에 대한 효력은 주금납입일 당일에 모두 발생하게 된다.
③ 추가자본의 조달책으로 유상증자와 무상증자가 있다.
④ 무상증자는 주금납입이 현실적으로 수반되지 않으며 잉여금을 자본전입한 형식적 증자이다.

문제해설

신주발행에 대한 효력은 주금납입일 다음 날에 발생한다.

017

다음 중 이익배당 및 잔여재산에 의한 주식의 종류를 무두 고르시오.

㉠ 혼합주	㉡ 무의결권주	㉢ 우선주
㉣ 액면주	㉤ 기명주	

① ㉠, ㉢ ② ㉡, ㉢, ㉣
③ ㉣, ㉤ ④ ㉠, ㉢, ㉣

문제해설

이익배당 및 잔여재산에 의한 주식의 종류는 보통주, 우선주, 후배주, 혼합주이다.

018

다음은 무엇에 대한 설명인가?

> 유가증권시장 또는 코스닥시장에서 성립된 같은 종류의 구주(유가증권시장 또는 코스닥시장에 상장되어 있는 주식으로서 그 배당기산일이 당해 사업연도의 초일인 것)의 종가(기세를 포함하지 않음)를 거래량으로 가중산술평균하여 산정하며, 이 경우 구주의 거래형성이 없는 때에는 신주 중 거래량이 가장 많은 신주의 종가를 구주의 종가로 한다.

① 최근일 종가 ② 평균종가
③ 기산일 종가 ④ 기준주가

문제해설

평균종가에 대한 설명이다.

019

다음 중 유가증권시장의 호가제도와 관련하여 적절하지 않은 내용은?

① 2,000원 미만의 종목은 호가가격단위가 5원이다
② 최유리지정가호가는 종목 및 수량만 지정하되, 상대방최우선호가의 가격으로 가격조건이 부여되는 호가이다.
③ 차입한 주식을 매도하는 공매도의 경우 원칙적으로 직전의 가격 이하로 호가를 할 수 없다.
④ 모집 또는 매출한 종목의 최초가격결정은 발행가격의 90%에서 200% 사이에서 단일가로 결정된다.

더알아보기 호가가격단위

구분	호가가격단위
2,000원 미만	1원
2,000원 이상 ~ 5,000원 미만	5원
5,000원 이상 ~ 20,000원 미만	10원
20,000원 이상 ~ 50,000원 미만	50원
50,000원 이상 ~ 200,000원 미만	100원
200,000원 이상 ~ 500,000원 미만	500원
500,000원 이상	1,000원

문제해설

주권, 신주인수권증서, 신주인수권증권, ELW 및 수익증권의 1주 · 1증서 또는 1좌의 가격이 2,000원 미만인 경우의 호가가격단위는 1원이다.

정답 015 ④ | 016 ② | 017 ① | 018 ② | 019 ①

020

(기준주가 + 발행가액 × 유상증자비율) / (1 + 증자비율)이 의미하는 것은?

① 최근일종가 ② 평균종가
③ 이론권리락주가 ④ 기산일종가

문제해설

이론권리락주가

$$= \frac{\text{기준주가} + \text{발행가액} \times \text{유상증자비율}}{1 + \text{증자비율}}$$

021

다음 중 신규로 주식을 발행하는 경우가 아닌 것은?

① 신주인수권부사채에 의한 발행
② 유상증자에 의한 발행
③ 전환사채에 대한 전환권 행사
④ 교환사채발행에 따른 교환 행사

문제해설

교환사채는 사채의 발행법인이 보유하고 있는 타 법인의 주식으로 교환할 수 있는 권리가 부여된 채권으로 새로운 신주발행이 이루어지지 않는다.

022

주금을 납입하지 않고 잉여금을 자본전입함으로써 신주를 발행하는 것은?

① 유상증자 ② 무상증자
③ 주식발행 ④ 주식배당

문제해설

무상증자에 대한 설명이다.

023

다음 중 매매계약의 특례 내용으로 거리가 먼 것을 모두 고른 것은?

㉠ 주권상장법인의 자기주식매매를 하는 경우에는 정규시장이 종료되기 30분 전 이후에는 신규호가 또는 정정호가를 제출할 수 없다.
㉡ 시간외단일가매매는 10분 단위로 가격제한은 전일 종가에서 상 · 하한가 10% 범위 내의 단일가매매를 하며, 매매시간은 08:00~09:00과 16:00~18:00이다.
㉢ 주권상장법인이 자기주식 취득을 하는 겨우에 하루 중 제출할 수 있는 최대호가수량은 총취득예정수량의 10%에 해당하는 수량과 이사회결의일 전일을 가산일로 하여 소급한 1개월간 일평균거래량의 25%에 해당하는 수량 중 많은 수량이다.
㉣ 시간외바스켓매매의 경우 바스켓구성 종목수는 5종목 이상이고, 그 수량은 10억 원에 해당하는 수량 이상이어햐 한다.
㉤ 장중대량매매의 호가는 당일 상 · 하한가 범위 내에서 제출하여야 한다.

① ㉠, ㉡　② ㉡, ㉤　③ ㉢, ㉣　④ ㉠, ㉣, ㉤

문제해설

㉡ 시간외단일가매매의 매매시간은 장종료 후 16:00 ~ 18:00이다.
㉤ 장중대량매매의 호가는 정규시장 내 호가제출시점까지의 최고 · 최저가격 이내이다.

024

다음은 주식과 채권의 차이를 설명한 것이다. 옳은 것은?

① 주식은 존속기간이 영구한 증권이지만, 채권은 존속기간이 비영구적인 기한부 증권이다.
② 주식은 타인자본인 반면 채권은 자기자본의 조달이다.
③ 주식은 잔여재산분배 청구권을 가지나, 채권은 우선적으로 원리금을 지급하지 않아도 된다.
④ 주시과 채권 모두 회사 경영에 참여할 권리가 있다.

문제해설

② 자본조달 방법에 있어서 주식은 자기자본인 반면 채권은 타인자본의 조달이다. 따라서 주식에 의한 자본조달은 대차대조표의 자본항목인 반면 채권은 부채항목에 표시된다.
③ 주식은 잔여재산분배 청구권을 가지는데 비해 채권은 우선적으로 원리금을 지급해야 한다.
④ 주식은 주식수에 비례하여 회사 경영참여권리가 있지만 채권은 회사 경영참여권리가 없다.

정답 020 ③ | 021 ④ | 022 ② | 023 ② | 024 ①

025

상장요건 중 분산요건을 충족하지 못하는 기업이 상장을 추진하는 과정에서 일반투자자를 대상으로 주식을 분산하고 자금을 조달한 후 상장하는 형태의 신규상장을 무엇이라고 하는가?

① 사모 ② 청약
③ 공모상장 ④ 직상장

문제해설

공모상장에 대한 설명이다
① 사모는 발행인이 특정의 수요자를 대상으로 증권을 발행하여 자금을 조달한다.
④ 직상장은 모집 또는 매출을 통한 주권분산을 하지 않고 주권을 바로 상장하는 형태이다.

026

다음 중 상장의 효과에 대한 설명으로 가장 거리가 먼 것은?

① 지분분산이 원활히 이루어져 소유와 경영의 분리가 가속화하는 효과가 있다.
② 주권상장법인은 국내외 투자자를 비롯한 많은 이들의 관심의 대상이 되며, 기업의 인지도를 제고하는 홍보효과를 얻을 수 있다.
③ 주권관련 사채권발행을 통한 장기적 · 안정적이고 유리한 조건의 대규모 자본조달이 용이하다.
④ 주권상장법인은 반드시 우리사주조합을 결성할 필요는 없다.

문제해설

반드시 우리사주조합을 결성하여 주식총수의 20% 범위 안에서 우선적으로 배정하여야 한다.

027

주권상장법인의 혜택에 대한 설명으로 가장 거리가 먼 것은?

① 주권상장법인은 이익배당을 할 수 있는 한도 내에서 자기주식을 취득할 수 있다.
② 주권상장법인이 발행한 주식은 유가증권시장을 통하지 않고 양도하는 경우에는 주식양도에 따른 양도소득세를 부과하지 않는다.
③ 주권상장법인은 주주총회의 특별결의만으로 주식의 액면미달발행이 가능하다.
④ 주권상장법인은 주주에게 배당할 이익으로 주식을 소각할 수 있다는 뜻을 정관에서 정하면 이사회의 결의만으로 주식을 소각할 수 있다.

문제해설

주권상장법인이 발행한 주식의 경우, 대주주가 양도하는 것과 유가증권시장을 통하지 않고 양도하는 것 등을 제외하고는 주식양도에 따른 양도소득세를 부과하지 않는다.

028

다음 중 상장에 대한 설명으로 가장 거리가 먼 것은?

① 신규상장은 공모상장의 형태를 취한다.
② 상장효과 중에는 직접자금 조달능력의 증대 효과가 있다.
③ 상장효과 중에는 대주주의 지분강화로 경영권을 보호하는 효과도 있다.
④ 상장이란 거래소가 정한 상장기준을 충족하는 유가증권에 대해 유가증권시장 또는 코스닥시장(코넥스시장 포함)에서 집단적 · 대량적으로 매매 거래될 수 있는 자격을 부여한 것을 말한다.

문제해설

상장효과에는 직접자금 조달능력의 증대, 기업의 홍보효과와 공신력 제고, 주식분산에 따른 소유와 경영의 분리가속화 등이 있다.

029

비상장주권의 발행인이 기업을 공개하여 일반에게 주식을 매각한 후 처음으로 거래소시장에 주권을 상장하는 것은?

① 신규상장 ② 재상장
③ 변경상장 ④ 신주상장

더 알아보기 주권상장
- **신규상장** : 비상장주권의 발행인이 기업을 공개하여 일반에게 주식을 매각한 후 처음으로 거래소시장에 주권을 상장하는 것이다.
- **신주상장** : 이미 상장된 주권의 발행인이 증자, 기업합병, 주식배당, 전환사채권 행사, 예탁증서 발행 등의 사유로 새로이 주권을 발행하여 상장하는 것이다.
- **변경상장** : 당해 주권의 종목, 종류, 액면금액, 수량 등을 변경한 후 새로이 발행한 주권을 상장하는 것이다.
- **재상장** : 상장폐지된 법인이 신규상장요건보다는 완화된 요건을 적용하여 보다 용이하게 다시 상장하는 것을 말한다.
- **우회상장** : 주권비상장기업이 주권상장법인과의 합병, 포괄적 주식교환, 자산양수 등을 통해 증권시장에 상장되는 것을 말한다.

문제해설

신규상장에 대한 설명이다.

정답 025 ③ | 026 ④ | 027 ② | 028 ③ | 029 ①

030

다음 중 주식매수청구권에 대한 설명으로 옳은 것은?

① 주주총회 결의일부터 20일 이내에 주식의 종류와 수를 기재해 당해 법인에게 소유주식의 매수를 청구할 수 있다.
② 주주가 권리행사시 주식매수청구기간이 종료하는 날부터 3개월 이내에 당해 주식을 매수하여야 한다.
③ 주식매수청구에 의해 매수한 주식은 매수일부터 3년 내에 처분해야 하며 회사의 이익을 위해 소각이 불가능하다.
④ 매수가격은 원칙적으로 주주가 결정한다.

문제해설

② 주식매수청구기간이 종료하는 날부터 1개월 이내에 당해 주식을 매수하여야 한다.
③ 회사의 이익을 위해 소각이 가능하다.
④ 매수가격은 원칙적으로 주주와 당해 법인 간의 협의에 의해 결정한다.

031

다음 중 유가증권시장의 신규상장심사요건으로 가장 거리가 먼 것은?

① 감사의견은 최근 3사업연도의 재무제표에 대한 감사의견이 적정의견(최근 직전 2사업연도 한정의견도 가능)이어야 한다.
② 상장예비심사청구일 현재 설립 후 3년 이상 경과하고 계속적으로 영업을 하고 있어야 한다.
③ 의결권 있는 주식을 소유하고 있는 소액주주의 수는 500명 이상이어야 한다.
④ 상장예비심사청구일 이전 1년 동안 최대주주의 변경이 없어야 한다.

문제해설

의결권이 있는 주식을 소유하고 있는 소액주주의 수는 1,000명 이상이어야 한다.

032

투자자 측면에서의 상장효과에 해당하지 않는 것은?

① 신뢰성 있는 투자자료를 입수할 수 있다.
② 공정한 가격이 형성된다.
③ 높은 담보가치를 유지할 수 있다.
④ 유동성이 낮아진다.

문제해설

상장주식은 유동성이 높아지고 거래가 활발하게 되므로 주식의 환금성이 높아지게 된다.

033

배당락 및 권리락 제도에 관한 설명으로 옳은 것은?

① 배당락 조치시 현금배당, 주식배당 모두 기준가격을 조정한다.
② 결산기말이 6월 말(6월 30일이 금요일인 경우)인 기업의 경우 배당락 조치일은 6월 30일이다.
③ 배당락 조치는 전 사업연도의 결산에 따른 이익배당을 받을 권리유무를 투자자에게 주지시켜 주는 제도로, 배당락 조치일에 매수한 투자자는 배당금을 받을 권리가 있다.
④ 권리락의 기준가격은 권리락 이전의 주식가치와 증자로 인한 권리락 이후의 가치가 같아지도록 주식가치를 조정한 가격이다.

더 알아보기 배당락 및 권락기준가격

• 배당락기준가격 = $\frac{\text{배당부 종가} \times \text{배당 전 주식수}}{\text{배당 후 주식수}}$

• 권리락기준가격 = $\frac{(\text{권리부 종가} \times \text{증자 전 주식수}) + \text{신주납입금액}}{\text{증자 후 주식수}}$

문제해설

① 현금배당의 경우 기준가격을 조정하지 않고, 주식배당의 경우에만 기준가격을 조정한다.
② 배당락 조치일은 기준일 6.30)의 직전 매매거래일인 6월 29일이다.
③ 배당락 조치일부터 권리가 소멸한다.

034

다음 중 주권의 질적 심사요건과 가장 거리가 먼 것은?

① 법적 성격과 운영방식측면에서 상법상 주식회사로 인정될 것
② 영업, 재무상황 및 경영환경 등에 비추어 기업의 계속이 인정될 것
③ 기타 투자자 보호 및 거래소시장의 건전한 발전을 저해하지 않는다고 인정될 것
④ 모든 상장 자회사의 발행주식총수를 소유하고 있을 것

더 알아보기 주권의 질적 심사요건

• 영업, 재무상황 및 경영환경 등에 비추어 기업의 계속이 인정될 것
• 기업지배구조, 내부통제제도, 공시체제 및 특수관계인과의 거래 등에 비추어 경영투명성이 인정될 것
• 법적 성격과 운영방식 측면에서 상법상 주식회사로 인정될 것
• 기타 투자자 보호 및 거래소시장의 건전한 발전을 저해하지 않는다고 인정될 것

문제해설

④는 신규상장요건의 적용 특례 중 지주회사에 관한 것이다.

정답 030 ① | 031 ③ | 032 ④ | 033 ④ | 034 ④

035

다음중 상장의 준비단계가 아닌 것은?

① 대표주관계약의 체결
② 수권주식수 조정
③ 우리사주조합 결성 및 지주관리 위탁계약
④ 시장조성

더 알아보기 상장의 준비단계
- 외부감사인 지정
- 대표주관계약의 체결
- 정관정비
- 명의개서 대행계약
- 우리사주조합 결성 및 지주관리 위탁계약
- 이사회 또는 주주총회의 결의

문제해설
시장조성은 상장 이후의 절차이다.

036

다음은 상장의 준비단계에 대한 설명이다. 가장 거리가 먼 것은?

① 상장에 앞서 이사회 결의를 거쳐 명의개서 대행회사를 선정하고 명의개서 대행계약을 체결해야 한다.
② 주주총회에서 선인된 임원, 소액주주를 제외한 당해 법인의 주주 및 일용근로자는 우리사주조합에 가입할 수 없다.
③ 대표주관회사는 대표주관계약 체결 후 5영업일 이내에 이를 증권거래소에 신고해야 한다.
④ 감사인과의 유착관계가 형성되지 않도록 상장 직전 사업연도에 한하여 증권선물위원회가 지정한 회계감사인의 회계감사를 받아야 한다.

문제해설
대표주관회사는 대표주관계약 체결 후 5영업일 이내에 이를 금융투자협회에 신고해야 한다.

037

다음 중 우리사주조합의 규약내용에 포함되지 않는 것은?

① 주식의 취득 · 관리에 관한 사항
② 지주관리 위탁계약 체결
③ 조합원의 가입 · 탈퇴에 관한 사항
④ 조합의 기금 또는 경비의 조성방법 및 그 운영과 기타 조합의 운영에 관한 사항으로써 기획재정부장관이 정하는 사항

문제해설

지주관리 위탁계약 체결은 우리사주조합의 결성 및 절차에 속한다.

038

다음에서 설명하는 공시형태는?

> 기업이 공시되지 않은 중요정보(공정공시 대상정보)를 특정인에게 선별적으로 제공하고자 하는 경우에는 모든 시장참가자들이 이를 알 수 있도록 그 특정인에게 제공하기 전에 거래소에 신고하여 이를 공시하여야하는 의무가 있다.

① 정기공시 ② 공정공시
③ 조회공시 ④ 수시공시

더 알아보기 공시의 유형
- **정시공시** : 일정기간에 걸친 기업의 영업실적 및 일정시점의 재무상태를 나타내는 정기적 보고서를 작성하여 전달하는 제도
- **수시공시** : 상장법인의 영업활동을 통하여 발생되는 중요한 정보들을 지체 없이 금융위원회 및 거래소에 신고하여 일반투자자 모두에게 공개하도록 하는 제도
- **조회공시** : 거래소가 상장법인의 기업내용에 관한 풍문, 보도 등의 사실 여부에 대한 확인을 요구하거나 상장법인이 발행한 주권의 시황이 급변하여 중요한 정보의 유무에 대한 공시를 요구하는 경우 공시하는 제도
- **공정공시** : 최근 기업의 미공개 정보의 선별적 제공에 따른 정보불균형의 문제가 확대됨에 따라 정보의 선별적 제공을 금지하여 정보의 공평성을 확보함으로써 미공개 정보를 이용한 불공정거래 이용 가능성을 예방하고 수시공시제도의 미비점을 보완하기 위한 제도

문제해설

공정공시에 대한 설명이다.

정답 035 ④ | 036 ③ | 037 ② | 038 ②

039

다음 중 상장의 준비단계인 정관정비사항으로 가장 거리가 먼 것은?

① 정관에 회사가 발행할 수 있는 각종 주식의 내용과 수를 정해야 한다.
② 발행주식수 증가가 예정될 경우 정관상의 수권주식수가 부족할 것으로 예상되는 경우 상장 전에 정관을 변경하여 수권주식수를 늘려야 한다.
③ 상법상 주주총회의 소집을 위해서는 회의일 2주 전에 회의의 목적사항을 기재하여 주주에게 서면으로 통지하여야 한다.
④ 증권금융회사와 지주관리 위탁계약을 체결하여야 한다.

문제해설

지주관리 위탁계약 체결은 종업원 지주제도에 따른 사항이다.

040

기업설명회(IR : Investor Relations)에 대한 설명으로 가장 거리가 먼 것은?

① 주권상장법인의 경영내용, 사업계획 및 전망 등에 대한 설명회로서 공개적으로 개최하여야 하며, 설명자료의 작성은 공정성과 객관성을 유지해야 한다.
② 주권상장법인은 IR 활동을 할 경우 일시, 장소, 설명회 내용 등을 문서로 작성하여 거래소에 신고해야 한다.
③ 설명회 내용이 사실과 다르다고 인정되는 경우 거래소는 조회공시를 요구할 수 있다.
④ 조회결과 조금만 차이가 나더라도 불성실공시법인으로 지정되므로 주의해야 한다.

문제해설

조회결과 중대한 차이가 날 경우 불성실공시법인으로 지정할 수 있다.

041

신규상장신청 전에 거래소에 상장적격 여부에 대해 심사를 받기 위해 제출하여야 하는 것은 무엇인가?

① 신규상장신청서
② 증권신고서
③ 주권상장예비심사청구서
④ 예비투자설명서

문제해설

신규상장신청 전에 거래소에 주권 상장예비심사청구서를 제출하여 상장적격 여부에 대해 심사를 받아야 한다.

042

다음 중 주권상장예비심사청구서의 기재사항이 아닌 것은?

① 향후 전망 ② 재무에 관한 사항
③ 발행인에 관한 사항 ④ 경영조직에 관한 사항

문제해설
발행인에 관한 사항은 증권신고서의 기재사항이다.
주권상장예비심사청구서의 기재사항으로는 회사의 개황, 경영조직에 관한 사항, 상장을 위한 조직정비, 사업의 내용, 재무에 관한 사항 등이 있다.

043

다음 설명 중 틀린 것을 모두 고르시오.

㉠ 주식매수선택권은 당해 법인에 기여한 당해 법인의 임직원에게만 부여할 수 있다.
㉡ 신규상장신청인이 증권을 모집 또는 매출하기 위해서는 증권신고서를 거래소에 제출하고 동 신고서가 수리되어 효력이 발생되어야 청약을 받아들일 수 있고 납입을 할 수 있다.
㉢ 주권상장법인이 주권비상장법인을 합병하면 그 주권비상장법인이 자동상장되는 효과가 있다.
㉣ 증권의 상장은 당해 증권의 발행인으로부터 상장신청이 있어야 가능하다.

① ㉠, ㉡ ② ㉢, ㉣
③ ㉡, ㉢, ㉣ ④ ㉠, ㉡, ㉣

문제해설
㉠ 주식매수선택권은 당해 법인의 임직원 또는 당해 관계회사의 임직원에게도 부여할 수 있다.
㉡ 증권신고서는 금융위원회에 제출하여야 한다.

044

다음 중 매매거래의 수탁방법이 아닌 것은?

① 문서에 의한 수탁
② 구두에 의한 수탁
③ 전자통신에 의한 수탁
④ 전화 · 전보 · 모사전송에 의한 수탁

문제해설
매매거래의 수탁방법
문서에 의한 수탁, 전화 · 전보 · 모사전송(FAX)에 의한 수탁, 전자통신에 의한 수탁(Home Trading)

정답 039 ④ | 040 ④ | 041 ③ | 042 ③ | 043 ① | 044 ②

045

매매계약체결의 유형에 대한 설명으로 가장 거리가 먼 것은?

① 상대매매는 매수인과 매도인의 쌍방이 1인인 경우이다.
② 경매매는 매수인과 매도인 중 일방이 다수이고 일방이 1인인 경우이다.
③ 현재 우리나라의 거래소시장에서는 개별경쟁매매방법을 적용하고 있다.
④ 단일가매매는 다수의 매수측과 매도측이 경합한 결과 일정가격에서 전 수량이 합치하는 때에 그 가격을 약정가격으로 하여 매매를 성립시키는 것이다.

문제해설

④는 집단경쟁매매에 대한 설명이다. 개별경쟁매매는 다수의 매수측과 매도측 가운데서 조건이 맞는 것끼리 매매를 성립시키는 것이다.

046

시간외매매(시간외종가매매, 시간외대량매매, 시간외바스켓매매)의 매매 수량단위는?

① 1주　② 5주
③ 10주　④ 20주

문제해설

시간외종가매매, 시간외대량매매, 시간외바스켓매매의 매매수량 단위는 1주이다.

047

공모주식의 발행가액 결정에 대한 설명으로 가장 거리가 먼 것은?

① 대표주관회사는 자신 또는 인수단에 참여한 증권회사의 고객만을 대상으로 공모주식을 배정할 수 있다.
② 발행가액은 원칙적으로 수요예측의 결과를 감안하여 정한다.
③ 공모주식의 최종공모가격은 발행회사가 결정한다.
④ 공모예정금액이 50억 원 미만이 경우는 인수회사와 발행회사 간에 정한 단일가격으로도 공모가격을 결정할 수 있다.

문제해설

공모주식의 최종공모가격은 수요예측의 결과를 감안하여 대표주관회사를 포함함 인수회사와 발행회사가 협의하여 자율적으로 정한다.

048

다음 설명 중 틀린 것은?

① 구주주의 신주인수권을 완전히 배제하고 인수단의 연명으로 일반투자자에게 청약을 받는 것을 일반공모(혹은 완전공모)라고 한다.
② 주식을 공모함에 있어 대표주관회사가 결정한 공모 희망가액을 제시하고 이에 대한 수요상황을 파악하여 발행가액을 결정하는 것을 수요예측이라 한다.
③ 기업의 경영성과에 의해 발생한 이익잉여금의 자본전입을 위한 것으로 회사의 이익을 주주에게 현금으로 배당하는 대신 신주를 발행하여 제공하는 것을 주식배당이라 한다.
④ 인수기관을 통하지 않고 발행회사가 직접 자기의 책임과 계산하에 신주를 공모하는 방식을 주주우선공모라 한다.

문제해설

인수기관을 통하지 않고 발행회사가 직접 자기의 책임과 계산하에 신주를 공모하는 방식은 직접공모이다.

049

다음 설명 중 틀린 것은?

① 신규주권상장법인의 우리사주조합원은 모집 또는 매출하는 주식총수의 20% 범위 안에서 우선적으로 주식을 배정받을 권리가 있다.
② 거래소의 상장예비심사결과는 주권상장예비심사청구서를 접수한 날부터 3개월 내에 상장예비심사청구인과 금융위원회에 문서로 통지하여야 한다.
③ 이미 분산요건을 충족한 기업이 상장예비심사후 주식분산을 하지 않고 바로 주권을 상장하는 형태의 신규상장을 직상장이라 한다.
④ 최종공모가격은 수요예측의 결과를 감안하여 대표주관회사를 포함한 인수회사와 발행회사가 협의하여 자율적으로 정한다.

문제해설

거래소의 상장예비심사결과는 주권상장예비심사청구서를 접수한 날부터 45일 내에 그 상장예비심사결과를 당해 주권의 상장예비심사청구인과 금융위원회에 문서로 통지하여야 한다.

정답 045 ④ | 046 ① | 047 ③ | 048 ④ | 049 ②

050

다음 설명 중 틀린 것은?

① 주주우선공모는 대표주관회사 등 인수단의 연명으로 구주주와 우리사주조합에게 우선 배정하여 청약을 받고, 청약미달분에 대해 일반투자자를 대상으로 청약을 받는 방법이다.
② 초과배정옵션은 대표주관회사가 당초 발행하기로 한 주식의 수량을 초과하여 청약자에게 배정하는 것을 조건으로 그 초과배정수량에 해당하는 신주를 발행회사로부터 미리 정한 가격으로 매수할 수 있는 권리를 말한다.
③ 적격의 상장예비심사결과를 통지받은 상장예비심사신청인이 유가증권을 모집 또는 매출하기 위해서는 증권신고서를 금융위원회에 제출하여야 한다.
④ 구주주배정방식은 신주인수권증서를 발행해야 하지만 주주우선공모방식은 이를 발행할 필요가 없다.

문제해설

구주주배정방식과 주주우선공모방식 모두 신주인수권증서 발행이 필요하다.

051

주주우선공모증자와 구주주배정증자를 비교한 것 중 틀린 것은?

① 실권위험은 주주배정방식이 높은 반면 주주우선공모방식은 낮다.
② 실권주는 주주배정방식은 이사회의 결의에 의해, 주주우선공모방식은 일반투자자 공모로 처리된다.
③ 소요기간 및 일정에 있어서 주주우선공모방식이 주주배정방식보다 길다.
④ 두 방식 모두 인수 및 모집사무는 대표주관회사가 부담한다.

문제해설

인수 및 모집사무는 구주주배정방식은 발행회사가, 주주우선공모방식은 대표주관회사가 각각 부담한다.

052

다음 중 거래소시장의 사이드카제도와 서킷브레이커제도에 대한 내용으로 가장 거리가 먼 것은?

① 서킷브레이커는 종합주가지수가 전일 종가보다 10% 이상 하락하여 1분간 지속되는 경우에 모든 종목의 매매거래를 중단하고, 20분이 경과한 후에 10분간 호가를 접수하여 단일가격에 의한 개별경쟁매매의 방법으로 매매가 재개되는 제도이다.

② 매매중단은 당일 중 1회에 한하며 정규시장 종료 40분 전 이후에는 중단하지 않는 점은 양 제도가 동일하다.

③ 사이드카는 선물가격이 기준가격대비 10% 이상 하락하는 경우 그 하락이 1분간 지속되는 경우 프로그램호가를 5분간 정지하는 제도이다.

④ 프로그램매매호가의 지정예고제를 두고 있다.

더 알아보기 사이드카제도와 서킷브레이커제도

구분	사이드카	서킷브레이커
요건	• 코스피200지수 선물가격이 전일 종가 대비 5% 이상 상승 또는 하락하여 1분간 지속 • 1일 1회에 한함(장개시 후 5분 전, 장종료 40분 전 이후에는 발동하지 않음)	• 코스피(코스닥)지수가 전일 종가 대비 10% 이상 하락하여 1분간 지속 • 1일 1회에 한함(장종료 40분 전 이후에는 발동하지 않음)
효력	• 프로그램매매호가의 효력을 5분간 정지 • 신규취소 및 정정호가의 효력도 정지	• 주식시장 20분간 매매거래 정지 • 신규호가 접수 거부(취소호가 가능) • 매매거래정지 해제시 10분간 단일가매매

문제해설

사이드카제도는 선물가격 전일 종가 대비 5% 이상 변동(등락)한 시세가 1분간 지속될 경우 주식시장의 프로그램매매 호가의 효력을 5분간 정지하는 것으로, 선물가격이 급변하는 경우에 현물시장에 파급되는 것을 막기 위해 프로그램호가를 제한하는 제도이다.

053

다음의 기업내용공시제도에 대한 설명 중 틀린 것은?

① 조회공시는 요구시점이 오전인 경우 오후까지, 오후인 경우는 다음 날 오전까지 공시해야 한다.

② 상장법인이 제출하는 신고서 등은 문서의 형태로 직접 제출해야 한다.

③ 공시의무위반은 상장폐지사유가 될 수도 있다.

④ 자율공시한 내용을 변경 또는 번복하는 경우 불성실공시법인으로 지정된다.

문제해설

상장법인이 제출하는 모든 신고사항은 전자문서에 의한 방법으로 제출이 가능하다.

정답 050 ④ | 051 ④ | 052 ③ | 053 ②

054

다음 중 유상증자의 발행가액 결정과 관련된 설명으로 가장 거리가 먼 것은?

① 일반공모방식은 기준주가의 70% 이상으로 정하고 있다.
② 기업구조조정을 위한 유상증자의 경우 그 발행가액을 예외적으로 적용할 수 있다.
③ 제3자배정방식의 발행가액은 기준주가의 90% 이상으로 정하고 있다.
④ 주주배정방식의 최종발행가액은 1차 발행가액과 2차 발행가액 중 높은 가격으로 한다.

문제해설

주주배정방식의 최종발행가액은 증자시의 시가대비 발행가격 할인율이 자율화됨에 따라, 발행주체가 발행가액을 자유롭게 결정할 수 있게되었다.
① 일반공모방식은 청약일 전 제3거래일로부터 제5거래일까지의 가중산술평균주가를 기준주가로하여 당해 기준주가의 70% 이상에서 발행가액을 정하여야 한다.

055

자금조달을 목적으로 하지 않고 자본구성의 시정, 사내유보의 적정화 또는 주주에 대한 자본이득의 환원을 목적으로 총자산의 변화 없이 재무제표상의 항목변경을 통해 신주를 발행하는 것은?

① 주식병합 ② 주식배당
③ 유상증자 ④ 무상증자

더 알아보기 무상증자의 절차
이사회결의 및 공시(D) → 배정기준일 및 주주명부폐쇄공고(D+1) → 배정기준일(D+16) → 증자등기(D+17) → 신주배정통지 · 주권용지 교부신청(D+28) → 신주상장신청(D+29) → 주권발행 · 교부(D+38) → 신주상장(D+45)

문제해설

주금을 납입하지 않고 잉여금을 자본전입함으로써 신주를 발행하는 무상증자에 대한 설명이다.

056

다음 중 공시에 대한 설명으로 가장 거리가 먼 것은?

① 기업내용 공시의 4가지 요건은 정확성, 신속성, 용이성, 공평성이다.
② 유통시장 공시는 공시시기에 따라 정기공시와 수시공시로 구분한다.
③ 불성실공시의 유형은 공시불이행, 공시번복, 공시변경이 있다.
④ 전자공시는 거래소의 전자공시시스템에 접수된 것은 모두 효력이 있다.

문제해설

전자공시는 업무시간 내에 유효하게 접수된 것만 효력이 있다.

057

시장관리제도에 대한 설명으로 가장 거리가 먼 것은?

① 투자경고종목으로 지정된 종목이 일정수준 이상으로 주가상승이 계속 이루어지는 경우 투자위험종목으로 지정된다.
② 투자경고종목은 단기급등에 따른 지정과 중장기 지속적인 상승에 따른 지정, 투자주의 반복지정이 있다.
③ 투자주의종목은 소수지점 내지는 소수계좌의 관여에 의하여 해당 종목이 상승 또는 하락하는 경우에 지정된다.
④ 투자경고종목으로 지정시에는 신용거래금지, 100% 위탁증거금징수, 대용증권으로 인정되지 않고 매매거래가 정지될 수 있다.

문제해설

투자경고종목은 신용거래와 100% 위탁증거금징수만 해당되고, 투자위험종목으로 지정되는 경우에 대용증권 불인정, 매매거래정지조치가 가능하다.

058

다음 설명 중 틀린 것은?

① 1 : 0 합병의 경우는 신주발행이 없다.
② 주식병합에 의해 발행한 주식의 총수가 감소하고 1주의 금액이 변경된다.
③ 분할에 의해 발행되는 주식은 주주의 실질적인 지위에 변화가 발생한다.
④ 주식병합에 의한 주식발행은 주주의 권리가 단주에 의하여 소멸되지 않는 한 병합 후의 신주식에 존속한다.

문제해설

분할에 의해 발행되는 주식은 각주주의 지분율에 따라 배분되므로 주주의 실질적인 지위에는 아무런 변화가 없다.

059

다음 유통시장의 경제적 기능을 설명한 것으로 거리가 먼 것은?

① 유통시장에서 형성되는 증권의 가격은 공정하고 적정한 가격이라 할 수 있다.
② 발행된 증권의 시장성과 유통성을 높여 투자자들의 투자를 촉진시킴으로써 발행시장에서의 장기자본조달을 원활하게 한다.
③ 시장성과 유통성이 높으면 증권을 담보로 한 차입이 용이하지 못하다.
④ 유통시장에서 형성되는 가격은 발행시장에서 발행될 증권의 가격을 결정하는 기능을 한다.

문제해설

시장성과 유통성이 높으면 적정가격으로 즉시 현금화가 가능해 증권의 담보력을 높여줌으로써 증권을 담보로 한 차입을 용이하게 한다.

정답 054 ④ | 055 ④ | 056 ④ | 057 ④ | 058 ③ | 059 ③

060

다음 중 증권에 대한 설명으로 가장 거리가 먼 것은?

① 투자계약증권이란 특정 투자자가 그 투자자와 타인 간의 공동사업에 금전 등을 투자하고 주로 타인이 수행한 공동사업의 결과에 따른 손익을 귀속 받는 계약상의 권리가 표시된 것이다.

② 자본시장법에서는 증권의 발행주체를 내국인만으로 한정하고 있다.

③ 채무증권이란 국채증권, 지방채증권, 특수채증권, 사채권, 기업어음증권, 그 밖에 이와 유사한 것으로 지급청구권이 표시된 것이다.

④ 자본시장법에서는 채무증권, 지분증권, 수익증권, 투자계약증권, 파생결합증권, 증권예탁증권을 증권으로 정의하고 있다.

문제해설

증권이란 내국인 또는 외국인이 발행한 금융투자상품으로서 투자자가 취득과 동시에 지급한 금전 등 외에 어떠한 명목으로든지 추가로 지급의무를 부담하지 아니하는 것을 말한다(자본시장법 제 4조 제1항)

061

다음 설명 중 맞는 것을 모두 고르시오.

㉠ 우리나라의 거래소 설립은 허가주의이다.
㉡ 우리나라 증권시장은 수요와 공급의 시장원리에 의해 가격이 결정되는 완전경쟁시장이다.
㉢ 거래소에서는 특정증권에 대하여 특별히 정하고 있는 경우 이외에는 회원만 매매거래를 할 수 있다.
㉣ 거래소가 개설하는 시장은 유가증권시장, 코스닥시장, 파생상품시장이다.

① ㉠　　　② ㉣
③ ㉠, ㉡, ㉢　　　④ ㉢, ㉣

문제해설

㉣ 거래소가 개설하는 시장은 유가증권시장, 코스닥시장, 코넥스시장, 파생상품시장이다.

062

다음은 무엇에 대한 설명인가?

> 이것은 대표주관회사가 구성한 인수단이 공모증권 발행총액의 전액을 자기의 책임과 계산하에 인수하고 이에 따른 발행위험과 발행 및 모집사무 모두를 담당하는 방법이다.

① 모집주선　　② 잔액인수
③ 총액인수　　④ 사모발행

문제해설

총액인수에 대한 설명이다.
잔액인수는 발행기관에 발행 및 모집사무를 위탁하고 일정기간 모집을 한 다음, 그 기간이 경과 후 모집부족액이 발생하였을 경우 그 잔량을 인수기관에 인수시키는 방법이다.

063

다음 주식의 종류 중 정관에 기재된 경우에만 발행이 가능한 것은?

① 후배주　　② 혼합주
③ 무기명주　　④ 기명주

문제해설

- **정관에 기재된 경우만 허용** : 무기명주
- **현행 상법상 허용** : 보통주, 우선주, 의결권주, 액면주, 무액면주, 기명주, 후배주, 혼합주

064

다음 상장의 원칙에 대한 설명으로 거리가 <u>먼</u> 것을 고르시오.

> ㉠ 상장을 신청한 종목은 당해 종목의 발행주식 전부를 상장해야 하지만 일부만 상장하는 것도 허용된다.
> ㉡ 상장 신청한 주권의 1주 금액은 100원, 500원, 1,000원 중에 하나이어야 한다.
> ㉢ 주권을 상장하고자 하는 법인이 상장 신청한 주권이 신주효력발생과 관련하여 소송의 분쟁이 발생한 경우 그 사유가 해소될 때까지 상장을 유예할 수 있다.

① ㉠　　② ㉠, ㉡
③ ㉡, ㉢　　④ ㉠, ㉡, ㉢

문제해설

㉠ 상장을 신청한 종목은 당해 종목의 발행주식 전부를 상장해야하고 일부만 상장하는 것은 허용되지 않는다.
㉡ 주권 1주의 금액은 100원, 200원, 500원, 1,000원, 2,500원 중에 하나이어야 한다.

정답 060 ② | 061 ③ | 062 ③ | 063 ③ | 064 ②

065

다음 중 거래소에 대한 설명으로 가장 거리가 먼 것은?

① 자본시장법은 거래소가 아닌 자는 그 명칭 또는 상호에 "거래소시장", "한국거래소" 등 또는 이와 유사한 명칭을 사용하지 못하도록 하고 있으며, 본점은 서울특별시에 두도록 하고 있다.

② 거래소는 증권 및 장내파생상품의 공정한 가격의 형성 및 그 매매, 그 밖의 안정성과 효율성을 도모하기 위해 설립되었다.

③ 거래소 회원은 거래소 결제회원, 매매전문회원, 그 밖에 대통령령으로 정하는 회원으로 구분된다.

④ 거래소는 자율규제기관으로 강행법규 및 정부규제기관의 규제범위 밖에서 일어나는 회원과 기타 시장참가자의 행위 등에 대한 규율도 포함된다.

문제해설

지본시장법은 한국거래소의 본점을 부산광역시에 두도록 하고 있다.

066

다음 중 상장의 주권상장법인 측면의 효과가 아닌 것은?

① 시장성의 증대로 낮은 자본비용으로 자본을 조달할 수 있게 되어 자금조달이 용이하게 된다.

② 비상장주권의 경우보다 환금성이 높아지기 때문에 높은 담보가치를 유지할 수 있다.

③ 상장 이후 다수의 투자자가 상장법인주권의 매매에 참여하므로 소유주권의 분산을 촉진시킨다.

④ 엄격한 요건을 충족하는 법인만이 상장되므로 상장기업은 대외적으로 신인도가 증대된다.

문제해설

②는 상장의 효과 중 투자자 측면의 효과이다.

067

다음 중 거래소의 기본적인 업무가 아닌 것은?

① 상장법인의 신고 · 공시에 관한 업무
② 주식 명의개서 대행업무
③ 증권의 상장에 관한 업무
④ 증권 및 장내파생상품시장의 매매에 관한 업무

문제해설

주식 명의개서 대행업무는 예탁결제원에서 수행한다.

068

주식발행과정에서 초과배정옵션의 목적으로 옳은 것은?

① 예비사업설명서 제출을 면제받기 위해서이다.
② 모집에 실패할 경우 잔액을 인수하기 위해서이다.
③ 수급조절을 통해 공모주식의 가격을 안정시키기 위해서이다.
④ 정확한 수요예측을 통해 적정한 공모가액을 결정하기 위해서이다.

문제해설

초과배정옵션은 대표주관회가가 당초 발행하기로 한 주식의 수량을 초과하여 청약자에게 배정하는 것을 조건으로 그 초과배정수량에 해당하는 신주를 발행회사로부터 미리 정한 가격으로 매수할 수 있는 권리를 말한다. 이는 수급조절을 통해 공모주식의 가격을 안정시키기 위한 수단으로 활용된다.

069

다음은 상장의 효과 중 투자자 측면의 효과를 기술한 것이다. 가장 거리가 먼 것은?

① 환금성이 높아 높은 담보가치를 유지할 수 있다.
② 기업 내용에 대한 방대한 자료로 신중한 투자판단이 필요하다.
③ 상장주권은 유동성이 높아져 거래가 활발하게 되므로 환금성이 높다.
④ 다수의 투자자에 의해 거래되기 때문에 공정한 가격이 형성되는 등 투자자 보호도 가능하다.

문제해설

주권상장법인의 제반적인 기업 내용은 시장에 공개되기 때문에 투자자들은 신뢰성 있는 투자자료를 입수할 수 있어 투자판단에 도움이 된다.

정답 065 ① | 066 ② | 067 ② | 068 ③ | 069 ②

070

다음이 설명하는 상장제도는 무엇인가?

> 기상장된 주권의 발행인이 우선주의 발행, 유상 또는 무상증자, 기업합병, 전환사채권 등의 권리행사, 주식배당, 예탁증서발행 등과 같이 새로이 주권을 발행하여 상장하는 것이다.

① 신규상장　　② 신주상장
③ 변경상장　　④ 재상장

문제해설

이미 증권시장에 상장되어 있는 법인이 유상증자, 무상증자, 합병 등으로 새로 발행되는 주식을 상장하는 것을 신주상장이라 한다.

071

발행시장의 형태와 관련한 설명으로 가장 거리가 먼 것은?

① 간접 발행방법 중 모집주선방법은 인수위험을 발행주체가 지고 발행 및 모집사무는 제3자인 발행기관에게 위탁하여 발행하는 방법이다.
② 공모의 경우는 간접발행의 형태가, 사모의 경우는 직접발행의 형태가 일반적이다.
③ 사모란 발행주체가 특정의 수요자를 대상으로 증권을 발행, 자금을 조달하는 방법이다.
④ 간접발행 중 인수단이 발행총액을 인수하고, 이에 대한 위험부담을 지는 것을 잔액인수방법이라한다.

문제해설

간접발행은 발행위험의 부담 정도에 따라 모집주선, 잔액인수, 총액인수 등으로 구분할 수 있는데, 이 중에서 총액인수방법은 인수단이 발행총액을 인수하고 이에 따른 발행위험 및 발행사무 모두를 담당하는 방법으로, 가장 보편적으로 사용되고 있다.

072

우리나라의 경우 간접발행의 대부분은 어떤 방식의 발행형태를 취하고 있는가?

① 총액인수　　② 잔액인수
③ 일반공모　　④ 모집주선

문제해설

간접발행은 발행위험의 부담 정도에 따라 모집주선, 잔액인수, 총액인수로 구분되며, 우리나라는 1974년 이후 잔액인수체제에서 총액인수체제로 전환되었다.

073

다음 중 유가증권의 발행주체가 아닌 것은?

① 증권회사 ② 주식회사
③ 특수법인 ④ 국가 및 지방공공단체

문제해설

증권회사는 발행기관으로 주관회사에 속한다.
발행주체에는 주권 및 사채권을 발행하는 주식회사, 국공채 증권을 발행하는 국가 및 지방공공단체, 특수채 증권을 발행하는 특수법인 등이 있다.

074

다음 중 주식에 대한 설명으로 가장 거리가 먼 것은?

① 원칙적으로 의결권은 1주당 하나가 부여되는 것이다.
② 상법은 기명주를 원칙으로 하고, 무기명주식은 정관에 정함이 있는 경우에만 발행할 수 있도록 하고 있다.
③ 혼합주는 이익배당에서 보통주에 우선하고, 잔여재산의 분배는 열등한 지위에 있다.
④ 회사는 정관의 규정에 따라 권리의 내용이 각기 상이한 주식의 내용과 수량을 정관에만 기재하면 된다.

문제해설

회사는 주식의 내용과 수량을 정관에 기재할 뿐만 아니라 주식청약서, 등기부, 주주명부 및 주권 등에도 기재하도록 상법에 정하고 있다.

075

다음 보기 중 옳지 않은 것을 모두 고르시오.

> ㉠ 상장과 관련하여 적용하는 재무내용에 관한 사항은 주식회사의 외부감사에 관한 법률에 의한 감사인의 감사보고서상 수정된 재무제표를 기준으로 한다.
> ㉡ 증권의 상장은 당해 증권의 발행인으로부터 상장신청이 있어야만 가능하다.
> ㉢ 상장 신청한 주권의 1주 금액은 반드시 5,000원 이상이어야 한다.
> ㉣ 주권을 상장하고자 하는 경우 이미 발행한 주권 중 그 일부만을 상장 신청할 수 없다
> ㉤ 주권의 배당기산일이 주권의 종류별로 동일하지 않은 경우에는 상장을 유예할 수 없다.

① ㉢ ② ㉢, ㉤
③ ㉠, ㉤ ④ ㉢, ㉣, ㉤

문제해설

㉢ 상장 신청한 주권의 1주 금액이 5,000원 미만인 경우에는 1주의 금액은 100원, 200원, 500원, 1,000원 및 2,500원 중에 하나이어야 한다.
㉤ 주권의 배당기산일이 주권의 종류별로 동일하지 않은 경우 상장을 유예할 수 있다.

정답 070 ② | 071 ④ | 072 ① | 073 ① | 074 ④ | 075 ②

076

다음에서 설명하는 것은?

거래소가 정한 상장요건을 충족하는 증권에 대해 유가증권시장에서 거래될 수 있는 자격을 부여한 것

① 공모 ② 모집
③ 상장 ④ 인수

문제해설

① 공모는 일반적으로 증권을 일반 투자자에게 분산 취득시키기 위한 행위를 말한다.
② 모집은 대통령령으로 정하는 방법에 따라 산출한 50인 이상의 투자자에게 새로 발행되는 증권의 취득의 청약을 권유하는 것을 말한다.

077

다음이 설명하는 사장의 종류는?

주가지수에 연동하여 운용되는 투자계약증권으로 주가지수에 연동하도록 편입종목 및 편입비율이 결정되며, 주식과 마찬가지로 실시간 매매가 가능한 증권을 말한다. 거래소는 2002년 9월에 이 시자을 개설하였다.

① 수익증권의 상장
② 외국주식예탁증서의 상장
③ 주식워런트증권(ELW)의 상장
④ 상장지수집합투자기구(ETF)의 상장

문제해설

상장지수집합투자기구(ETF)의 상장에 대한 설명이다.

078

상장증권의 매매거래 정지사유와 정지기간이 틀리게 짝어진 것은?

① 조회공시 답변공시 기한 내 불응 – 지정이 당일부터 3일간
② 관리종목 지정기준에 해당 – 매매일 기준 1일간
③ 주권상장 폐지기준에 해당 – 상장폐지기준 해당시부터 정리매매기간 전일까지
④ 주식의 병합 · 분할 등을 위하여 주권의 제출을 요구 – 구주권제출 마감일 전일부터 변경상장일 또는 신주상장일(분할 · 합병 등)전일까지

문제해설

조회공시 답변공시 기한 내 불응시 조회공시 답변공시까지 매매거래가 정지된다.

079

다음 중 기업내용 공시제도의 요건으로 가장 거리가 먼 것은?

① 공시정보의 정확성 및 완전성
② 공시의 신속성 및 적시성
③ 공시내용의 전문성
④ 공시내용 전달의 공정성

문제해설

공시되는 정보를 투자자가 용이하게 접근하고 이해(공시내용 이해 및 접근 용이성)할 수 있어서 투자의사결정에 필요한 정보를 언제든지 쉽게 이용할 수 있어야 한다.

080

다음 중 매매주문의 유형으로 짝지어지지 않은 것은?

① 지정가주문, 시장가주문
② 조건부지정가주문, 자기주식매매주문
③ 장중대량매매주문, 선행호가주문
④ 최유리지정가주문, 최우선지정가주문

문제해설

선행호가주문은 매매주문의 유형에 속하지 않는다.

081

거래소시장의 매매거래시간에 대한 설명으로 가장 거리가 먼 것은?

① 점심시간 휴장 없이 매매를 계속하고 있다.
② 시간외시장의 매매시간은 장개시 전 7:30 ~ 8:30, 장종료 후 15:00 ~ 18:00이다.
③ 유가증권시장은 크게 정규시장 시간외시장으로 구분된다.
④ 전산장애발생, 호가폭주, 연초개장일 등에는 매매시간을 변경할 수 있다.

문제해설

매매거래시간
- 정규시장 – 9 : 00~15 : 00
- 시간외시장
  - 장개시 전 7 : 30~ 9 : 00
  - 장종료 후 15 : 10~18 : 00

2과목 증권시장

정답 076 ③ | 077 ④ | 078 ① | 079 ③ | 080 ③ | 081 ②

082

다음은 무엇에 대한 설명인가?

> 주식을 보유하지 않은 위탁자 또는 주식을 차입한 위탁자로부터 매매거래의 위탁을 받거나 금융투자업자가 주식을 보유하지 않거나 주식을 차입하여 매도하는 호가를 말한다.

① 공매도호가 ② 시장가호가
③ 최유리지정가호가 ④ 조건부지정가호가

문제해설

공매도호가에 대한 설명이다. 공매도란 주식을 보유하지 않고 매도하거나 차입한 주식을 매도하는 것을 말한다.

083

다음 (   )안에 들어갈 말로 바르게 짝지어진 것은?

> 우리나라의 결제방식은 실물결제방식과 차금결제방식 중 (   )을, 전량결제방식과 차감결제방식 중 (   )을, 개별결제방식과 집중결제방식 중 (   )을 채택하고 있다.

① 실물결제방식 – 차감결제방식 – 집중결제방식
② 차금결제방식 – 차감결제방식 – 개별결제방식
③ 실물결제방식 – 전량결제방식 – 집중결제방식
④ 차금결제방식 – 차감결제방식 – 개별결제방식

문제해설

주식결제방식은 원칙적으로 증권과 대금을 실질적으로 수수하기 때문에 실물결제방시과 회원별, 종목별로 매도 · 매수를 차감하여 잔액이나 잔량만 수수하는 차감결제방식, 매매당사자 간 직접 결제하지 않고 결제기구에서 집중적으로 결제하는 집중결제방식이다.

084

단일가매매시 동시호가가 적용되는 경우 매매체결 우선순위를 바르게 나열한 것은?

① 수량우선원칙 → 위탁매매우선원칙 → 접수순
② 위탁매매우선원칙 → 수량우선원칙 → 접수순
③ 접수순 → 위탁매매우선원칙 → 수량우선원칙
④ 위탁매매우선원칙 → 접수순 → 수량우선원칙

문제해설

동시호가 간에는 고객의 주문인 위탁매매가 자기매매에 우선한다.
동시호가 간에는 시간적으로 동일하게 취급하기 때문에 수량이 많은 호가가 우선된다.

2장 코스닥시장

001

다음 중 코스닥시장에 대한 설명으로 맞는 것은?

① 코스닥증권(주) 초기에는 주식장외거래중개실의 운영방식과 마찬가지로 매매계약의 채결은 각 증권회사(금융투자업자)가 상대매매방식에 의해 수행하였다.
② 정규시장, 비정규시장(장외시장)의 구별 없이 우리나라 증권시장의 매매는 경쟁매매의 방식으로 이루어지고 있다.
③ 고위험, 고수익의 새로운 투자수단을 제공해주는 시장으로 투자자의 자기책임원칙이 중요하다.
④ 코스닥시장의 운영과 관련한 제 규정(코스닥시장 상장규정, 코스닥시장 업무규정, 코스닥시장 공시규정)의 승인권한은 기획재정부의 소관이다.

더알아보기 코스닥시장의 기능 및 특징

기능	특징
• 자금조달 기능 • 자금운용시장 기능 • 벤처산업의 육성	• 성장기업 중심의 시장 • 독립적 경쟁시장 • 금융투자업자의 역할과 책임이 중시되는 시장 • 투자자의 자기책임원칙이 강조되는 시장

문제해설

① 출범과 동시에 ㈜코스닥증권시장에 주문을 집중하도록 하고 낙후된 거래방식을 경쟁매매방식으로 전환하였다.
② 비정규시장(장외시장)의 매매는 상대매매의 방식이다.
④ 코스닥시장의 운영과 관련한 제규정의 승인권한은 금융위원회의 소관이다.

002

코스닥시장의 특징에 대한 설명으로 가장 거리가 먼 것은?

① 코스닥시장은 유가증권시장에 종속된 경쟁시장이다.
② 고위험, 고수익의 투자수단을 제공해 주는 시장이므로 투자자의 자기책임원칙이 강조된다.
③ 유가증권시장의 상장기준에 비해 상당히 완화되었으므로 우량종목 발굴에 대한 금융투자업자의 선별 기능이 중요하다.
④ 기업규모는 작지만 성장 잠재력이 높은 벤처기업, 유망중소기업 등이 용이하게 자금을 조달할 수 있다.

문제해설

코스닥시장은 유가증권시장의 보조적 시장이 아니라 독립된 경쟁시장이다.

003

다음 중 코스닥시장의 운영체제에 대한 설명으로 옳은 것은?

① 한국거래소가 개설 · 운영하는 시장이다.
② 매매방법은 상대매매방식으로 운영된다.
③ 금융투자협회가 장외시장을 조직화하여 운영하고 있다.
④ 매매대상 증권은 코스닥시장 상장법인의 주권 및 채권에 한정된다.

더 알아보기 한국거래소

- 코스닥시장 개설, 운영 및 관리
- 코스닥시장관련 규정의 제정 및 개정
- 공시업무, 관리종목 지정, 매매거래정지 등 시장조치업무
- 상장예비심사, 주가감시 및 매매심리, 상장 및 상장폐지 승인 등

문제해설

코스닥시장은 한국거래소가 개설, 운영 및 관리를 담당한다.

② 매매방법은 경쟁매매방식으로 운영된다.
③ 장외시장을 금융투자협회가 조직화한 시장은 K-OTC시장을 말한다.
④ 2003년부터 수익증권형 ETF가 거래되는 등 코스닥시장 상장법인의 주권, 투자회사, 상장지수 집합투자기구, 신주인수권이 표시된 것 등이 매매가능하므로 매매대상 증권이 한정되어 있지않다.

004

다음 중 코스닥시장의 기능과 가장 거리가 먼 것은?

① 중소 · 벤처기업이 장기 안정적인 자금조달을 통해 재무구조를 개선하여 기업의 경쟁력을 제고할 수 있다.
② 투자자의 투자위험과 위험부담능력을 낮출 수 있는 안정적인 상품을 제공한다.
③ 투자자에게 성장 가능성이 높은 유망기업의 주식에 투자할 수 있는 수단을 제공한다.
④ 새로운 유망벤처기업을 발굴하여 지원할 자금조성의 장으로서 활용할 수 있다.

문제해설

코스닥시장은 투자자의 투자위험선호도 및 위험부담능력에 맞는 High Risk, High Return 상품을 제공한다.

005

코스닥시장에서의 상장에 관한 내용으로 다음 중 옳은 것은?

① 코스닥시장을 통해 양도를 하는 경우에는 양도소득세를 내야 한다.
② 코스닥시장에서는 우량 종목 발굴에 대한 금융투자업자 또는 금융투자회사의 선별 기능은 중요하지 않다.
③ 코스닥시장에서는 신규상장일로부터 2매매거래일 후 시장에서 매매가 개시된다.
④ 코스닥시장의 경우 최대주주와 그 특수관계인뿐 아니라 벤처기업에 투자한 벤처금융도 보호예수의무 대상자이다.

문제해설

① 코스닥시장을 통한 주식양도의 경우 양도소득세를 과세하지 않는다. 다만, 발행주식총수의 4% 이상 또는 시가총액이 40억 원 이상에 상당하는 주식을 소유한 주주가 양도하는 경우에는 양도 소득세를 내야 한다.
② 코스닥시자의 상장기준은 유가증권시장 상장기준에 비하여 상당히 완화된 수준이므로 우량종목 발굴에 대한 금융투자업자의 선별 기능이 중요하다.
③ 코스닥상장일로부터 매매가 개시된다.

2과목 증권시장

정답 002 ① | 003 ① | 004 ② | 005 ④

006

코스닥시장의 신규상장심사요건과 가장 거리가 먼 것은?

① 상장예비심사신청일 현재 설립 후 3년이 경과하고 계속 영업을 하고 있어야 한다.
② 최근 사업연도 말 현재 자본잠식이 없고 법인세차감전계속사업이익이 일정규모 이상이어야 한다.
③ 코스닥시장에 상장하고자 하는 기업은 자기자본총책, 시가총액, 상장주식수 요건을 갖추어야 한다.
④ 재무제표에 대한 감사인의 감사의견이 적정이어야 한다.

문제해설

코스닥시장에서 상장하고자 하는 기업은 자기자본요건과 시가초액요건 중 어느 하나를 택일할 수 있고, 유가증권시장과 달리 상장주식수 요건은 적용하지 않는다.

007

다음은 코스닥시장의 상장에 대한 설명이다. 가장 거리가 먼 것은?

① 코스닥시장에서 거래를 하기 위한 자격을 부여하는 것이다.
② 자본시장법에 의하면 증권시장에 상장된 증권을 발행한 법인을 주권상장법인이라 정의하고 있다.
③ 코스닥시장에 상장하고자 하는 기업은 기업의 안전성, 성장성, 업종의 특성 및 유통 가능성 등의 요건을 갖추어야 한다.
④ 코스닥시장에서 매매하고자 하는 기업은 먼저 당해 회사를 코스닥시장에 상장해야 한다.

더 알아보기 자본시장법상 유사용어 비교

- **상장법인** : 증권시장에 상장된 증권(상장증권)을 발행한 법인
- **비상장법인** : 상장법인을 제외한 법인
- **주권상장법인** : 증권시장에 상장된 주권을 발행한 법인
- **주권비상장법인** : 주권상장법인을 제외한 법인

문제해설

증권시장에 상장된 증권을 발행한 법인을 상장법인이라 한다.

008

다음은 코스닥시장 상장법인의 혜택에 대한 설명이다. 가장 거리가 먼 것은?

① 코스닥시장을 통해 주식을 양도하는 경우 양도가액의 0.3%의 금액을 증권거래세로 납부해야 하는데 이는 비상장기업의 주식을 양도할 때보다 세율이 낮다.
② 코스닥시장 상장법인의 경우 주식이 널리 분산되어 시세가 형성되므로 일반공모증자가 가능하다.
③ 기업신인도가 높아져 기업의 고급인력확보, 마케팅, 대외진출, 시장지배력 제고 등에 유리하다.
④ 상장적격성을 인정받은 상장예정법인은 코스닥위원회에 증권신고서를 제출하고 신주를 모집할 수 있다.

문제해설

상장적격성을 인정받은 상장예정법인은 금융위원회에 증권신고서를 제출하여야 한다.

009

코스닥시장 상장법인의 세제상 혜택에 대한 설명으로 가장 거리가 먼 것은?

① 소액주주가 받는 배당소득에 대해서는 원천분리과세되며, 대주주는 다른 소득과 합산하여 종합과세된다.
② 코스닥시장을 통하지 않고 개인 간 매매를 한 경우에는 양도소득세를 과세하지 않는다.
③ 코스닥시장 상장법인의 주식을 상속 또는 증여할 때 동 주식의 평가액은 평가기준일 이전 · 이후 각 2개월간 주가의 평균액으로 한다.
④ 코스닥시장을 통한 주식양도는 양도가액의 0.3%의 금액을, 비상장기업의 주식양도는 0.5%의 금액을 증권거래세로 납부하여야 한다.

문제해설

코스닥시장을 통하지 않고 개인 간에 매매를 한 경우에도 양도차익에 대해서는 세금을 내야 한다.

정답 006 ③ | 007 ② | 008 ④ | 009 ②

010

코스닥시장 상장규정에 대한 설명으로 거리가 먼 것을 모두 고르시오.

㉠ 일반기업은 상장예비심사청구일 현재 자기자본 30억 원 이상이거나 기준 시가총액이 90억 원 이상이어야 한다.
㉡ 벤처투자기업이 벤처기업으로 지정을 받기 위해 자본금의 10%에 해당하는 지분참여를 받아야 한다.
㉢ 벤처기업의 경우 신규상장 심사요건 중 설립 후 경과연수, 자본금, 자본상태, 경영성과의 요건을 면제받는다.
㉣ 건설회사는 일반기업에 비해 완화된 상장요건이 적용된다.

① ㉠, ㉡
② ㉠, ㉢
③ ㉡, ㉢
④ ㉢, ㉣

문제해설

㉢ 유가증권 코스닥상장규정 제6조 제1항에 따르면 최근 사업연도 말 현재 자본잠식이 없어야 하고 최근 사업연도의 법인세차감전계속사업이익이 있어야 한다.
㉣ 건설업을 영위하는 기업은 설립 경과년수 5년 이상, 건설산업기본법 등에 의한 건설공사 시공능력 평가액이 300억 원 이상인 요건을 추가로 갖추어야 하므로 일반기업에 비해 보다 강화된 요건을 충족하여야 한다.

011

코스닥시장의 매매제도에 대한 설명으로 가장 거리가 먼 것은?

① 코스닥시장의 정규시장은 09:00~15:30이며, 시간외시장의 경우 08:00~09:00, 15:40~18:00으로 전 · 후장의 구분이 없다.
② 호가는 기준가격에 0.15를 곱하여 산출한 금액(주문가격단위 미만의 금액은 절사)을 더하거나 차감한 범위 내에서 해야 한다.
③ 지정가호가 및 조건부지정가 호가는 가능하나 시장가호가는 불가능하다.
④ 복수가격에 의한 개별경쟁매매로 매매체결이 이루어진다.

문제해설

코스닥시장에서는 지정가호가, 시장가호가, 최유리지정가호가, 최우선지정가호가가 가능하다.

012

코스닥시장의 상장절차에 대한 설명으로 옳은 것은?

① 공모가격은 수요예측 결과를 반영하여 대표주관회사와 발행회사가 협의하여 결정한다.
② 코스닥시장에서는 신규상장일로부터 2매매거래일 후 시장에서 매매가 개시된다.
③ 발행회사는 상장예비심사청구서를 작성하여 코스닥위원회를 통하여 제출한다.
④ 상장예비심사는 거래소의 심의를 통해 코스닥시장 상장위원회가 결정한다.

문제해설

② 코스닥상장일로부터 매매가 개시된다.
③ 상장예비심사청구서는 상장주선인(대표주관회사)을 통하여 제출한다.
④ 상장예비심사는 코스닥시장 상장위원회의 심의를 거쳐 거래소가 결정한다.

013

다음은 코스닥시장에서의 불성실공시에 대한 설명이다. 거리가 먼 것은?

① 공시불이행, 공시번복, 공시변경에 해당하는 경우와 기공시내용의 변동사항 신고의무 위반시 불성실공시법인으로 지정예고한다.
② 불성실공시법인으로의 지정예고를 통보받은 법인은 통보를 받은 날로부터 7일 이내에 거래소에 이의신청할 수 있다.
③ 특별한 사유가 없는 한 불성실공시법인 지정예고일로부터 12일 이내에 코스닥시장 공시위원회의 심의를 거쳐 불성실공시법인 해당 여부를 결정하여야 한다.
④ 코스닥시장 상장법인은 코스닥시장 공시위원회의 심의로 불성실공시 법인으로 지정결정이 되더라도 다시 이의신청할 수 있다.

문제해설

코스닥시장 상장법인은 코스닥시장 공시위원회의 심의로 불성실공시법인으로 지정결정이 되면 다시 이의신청할 수 없다.

정답 010 ④ | 011 ③ | 012 ① | 013 ④

014

다음은 코스닥시장의 매매제도에 대한 설명이다. 가장 거리가 먼 것은?

① 상대매매는 매매당사자가 1 : 1인 매매의 형태로써 가격과 수량이 일치할 때 거래가 성사된다.
② 경쟁매매는 가격의 결정이 매도자 또는 매수자 어느 한쪽은 불리한 가격으로 매매가 체결된다.
③ 경쟁매매는 주가가 상한가로 지속되는 경우 혹은 하한가로 지속되는 경우 1 : 다수의 형태가 나타날 수 있다.
④ 상대매매의 유형으로는 채권의 장외거래와 거래소 상장주식의 단주를 금융투자회사에서 매수 혹은 매도하는 것이다.

문제해설

경쟁매매시장은 매매의 상대방이 일반적으로 다수 : 다수로 참여하여 거래가격이 형성되는 시장으로, 가격의 결정이 매도자 또는 매수자 어느 쪽이든 불리하지 않은 가격을 찾아 매매를 체결시켜 주는 제도이다.

015

코스닥시장 상장법인이나 주권상장법인의 경우 기존주주의 신주인수권을 배제하고 인수회사가 총액인수한 유상증자분을 일반투자자에게 청약받는 유상증자방식은?

① 주주배정방식　　② 일반공모방식
③ 제3자배정방식　　④ 주주우선공모방식

문제해설

일반공모방식에 대한 설명이다.

016

다음 중 공시운영자의 조회가 있을 때에 이에 응해야 하는 공시는?

① 정기공시　　② 특수공시
③ 조회공시　　④ 수시공시

문제해설

조회공시에 대한 설명이다.

더알아보기 조회공시

- 거래소는 유가증권의 공정한 거래와 투자자의 보호를 위하여 필요한 경우에는 코스닥시장 상장법인에 관한 풍문 및 보도의 사실 여부의 확인을 요구할 수 있다.
- 당해 법인이 발행한 유가증권의 가격이나 거래량에 현저한 변동이 있는 경우에는 중요한 정보의 유무에 대한 공시를 요구할 수 있다.
- 공시요구시점이 오전인 경우에는 당일 오후까지, 오후인 경우에는 다음 날 오전까지(매매거래정지 사유로 조회공시를 요구받은 경우에는 1일 이내) 모사전송(FAX) 등의 방법을 통해 공시내용을 거래소에 제출해야 한다.

017

코스닥시장에서의 매매체결의 관한 설명이다. 가장 거리가 먼 것은?

① 동시호가로 간주되는 경우 자기매매호가가 위탁매매에 우선한다.
② 저가의 매도호가는 고가의 매도호가에 우선하고, 고가의 매수호가는 저가의 매수호가에 우선한다.
③ 동시호가로 간주되는 경우 수량우선의 원칙이 적용된다.
④ 동일한 호가 간의 우선순위는 먼저 접수된 호가가 뒤에 접수된 호가에 우선한다.

더알아보기 개별경쟁매매시의 매매체결의 원칙
- **가격우선의 원칙** : 저가의 매도호가는 고가의 매도호가에 우선하고 고가의 매수호가는 저가의 매수호가에 우선한다.
- **시간우선의 원칙** : 동일한 가격의 호가는 호가가 제출된 시간의 선후에 따라 먼저 접수된 호가가 뒤에 접수된 호가에 우선한다.
- **위탁매매우선의 원칙** : 단일가매매시간에 접수된 호가가 동시호가인 경우에 동시호가 간에는 고객의 주문인 위탁매매가 금융투자업자의 자기매매호가에 우선한다.
- **수량우선의 원칙** : 단일가매매시간에 접수된 호가가 동시호가인 경우 수량이 많은 호가가 수량이 적은 호가에 우선한다.

문제해설
고객의 위탁매매호가가 금융투자업자의 자기매매호가보다 우선한다.

018

권리락 및 배당락에 대한 설명으로 가장 거리가 먼 것은?

① 권리락 조치는 기존주주의 권리에 변경이 발생하여 이를 시장참가자에게 알려주기 위한 것으로, 주주에게 신주를 배정하는 방법에 의한 증자의 경우에만 적용한다.
② 코스닥시장에서의 매매거래결제일은 거래일로부터 2일째 되는 날이므로, 권리락의 조치일은 신주를 받을 수 있는 기준이 되는 신주배정일이 된다.
③ 사업연도 종료일 익일부터 주식을 새로이 산 투자자는 배당을 받을 권리가 없게 되므로 이러한 사실을 투자자에게 알리기 위하여 배당락 조치를 하게 된다.
④ 권리락 및 배당락 조치일의 기준일이 매매거래정지 기간 중(최초 정지일 제외)인 경우에는 매매거래정지 해제일로 한다.

문제해설
코스닥시장에서의 매매거래결제일은 거래일로부터 3일째 되는 날이므로, 권리락의 조치일은 신주를 받을 수 있는 기준이 되는 신주배정일의 전날이 된다.

정답 014 ② | 015 ② | 016 ③ | 017 ① | 018 ②

019

다음 중 코스닥시장의 매매체결에 대한 설명으로 가장 거리가 먼 것은?

① 종목별 매매거래중단 또는 매매거래정지 후 장 재개시에는 단일가매매방식을 적용한다.
② 정리매매시에는 접속매매방식을 적용한다.
③ 시가 및 장종료시에는 단일가매매방식을 적용한다.
④ 접속매매의 가격결정은 매도호가와 매수호가의 경합에 의하여 가장 낮은 매도호가와 가장 높은 매수호가가 거래 가능한 호가로 합치되는 경우 먼저 접수된 호가의 가격으로 체결한다.

더 알아보기 단일가매매방식의 적용
- 정리매매시
- 시간외 단일가매매시
- 정규시장 개시 또는 종료시
- 시장의 임시정지나 매매일시중단제도 발동 후 장 재개시
- 종목별 매매거래중단 또는 매매거래정지 후 장 재개시

문제해설
정리매매시에는 단일가매매방식을 적용한다.

020

투자자가 코스닥시장에서 매매를 할 경우 일정액의 거래비용을 부담하게 된다. 다음 중 가장 거리가 먼 것은?

① 증권거래세는 액면가액 이하로 매도한 경우에는 부과되지 않는다.
② 증권거래세는 매도약정대금의 1,000분의 3에 해당하는 금액을 징수한다.
③ 증권거래세는 매수시에는 부과되지 않으며, 매도주문이 체결된 경우에만 부과된다.
④ 위탁수수료는 고객의 신용도에 따라 증권회사가 다르게 정할 수 있다.

문제해설
액면가액 이하로 매도한 경우에도 매도시에도 증권거래세를 부과한다.

021

코스닥시장에서 단일가격에 의한 개별경쟁매매시 동시효과가 적용되는 경우의 매매체결우선의 원칙으로 가장 거리가 먼 것은?

① 가격우선의 원칙 ② 시간우선의 원칙
③ 위탁매매우선의 원칙 ④ 수량우선의 원칙

문제해설

개별경쟁매매시의 매매체결우선의 원칙에는 가격우선의 원칙, 시간우선의 원칙, 위탁매매우선의 원칙, 수량우선의 원칙이 있다. 다만, 단일가매매를 하는 경우로서 동시호가가 적용되는 경우에는 시간우선의 원칙이 적용되지 않는다.

022

코스닥시장의 휴장일이 아닌 것은?

① 토요일
② 근로자의 날
③ 연말의 2일간
④ 관공서의 공휴일에 관한 규정에 의한 공휴일

더 알아보기 코스닥시장의 휴장일
- 토요일
- 관공서의 공휴일에 관한 규정에 의한 공휴일
- 근로자의 날 제정에 관한 법률에 의한 근로자의 날
- 연말의 1일간(일수 계산시 공휴일 및 토요일은 제외)
- 그 밖에 거래소가 필요하다고 인정하는 날

문제해설

연말의 1일간 휴장한다.

2과목 증권시장

023

다음은 투자자가 코스닥종목인 '(주)코스닥'을 매매한 방법이다. 옳지 않은 방법은?

① (주)코스닥주식 100주를 주당 5,255원에 매수주문하였다.
② (주)코스닥주식 100주를 모두 시장가로 매수주문하였다.
③ (주)코스닥주식 200주를 주당 7,550원에 매도주문하였다.
④ (주)코스닥주식 200주를 증권회사로부터 빌려서 매도하였다.

문제해설

주당 5,000원 이상 20,000원 미만 주가의 호가격단위는 10원이다.

정답 019 ② | 020 ① | 021 ② | 022 ③ | 023 ①

024

다음은 코스닥시장에서의 매수주문을 낸 상황이다. 주문이 거절되는 사항을 모두 고르시오.

> 점심시간인 12시 35분(㉠)에 관리종목으로 지정된 왕대박벤처(주)를 3,514주(㉡)를 전일 종가의 12%를 더한 가격(㉢)인 6,355원(㉣)에 신용매수(㉤)로 주문하였다.

① ㉣, ㉤　　② ㉡, ㉢, ㉣
③ ㉡, ㉢, ㉤　　④ ㉠, ㉢, ㉤

문제해설

㉠ 코스닥시장의 정규시장의 매매거래시간은 오전 9시부터 오후 3시 30분까지 단일장이며, 점심시간 없이 운영된다.
㉡ 코스닥시장에서는 호가의 수량 물 1주 단위로 하고 있다.
㉢ 전일의 종가인 기준가격에 0.15를 곱하여 산출한 금액이 가격제한폭이다.
㉣ 5,000원 이상 20,000원 미만은 호가가격단위가 10원이므로 6,350원이 맞다.
㉤ 코스닥시장 상장종목에 대해서도 신용거래가 허용되고 있지만, 투자경고종목, 투자위험종목, 관리종목으로 지정된 종목의 경우에는 신용거래가 금지된다.

025

다음은 투자자 사이버양이 코스닥시장에서 거래되는 대박종목의 매수주문을 낸 내용에 관한 사항이다. 다음 중 주문이 거절되는 경우에 해당되는 것은?

① 매수주문수량을 2,155주로 하였다.
② 조건부지정가로 주문을 하였다.
③ 기준가격대비 18%를 더한 가격으로 매수주문을 하였다.
④ 매수주문을 점심시간인 12시 25분에 하였다.

문제해설

코스닥 상하한가는 15% 이내이며, 코스닥에서도 조건부지정가 주문이 가능하다.

026

코스닥시장에 상장하기 위해 통일규격주권을 발행하여야 하고 주권의 액면가액을 정하도록 하고 있다. 다음 중 액면가액이 잘못된 것은?

① 100원　　② 2,500원
③ 5,000원　　④ 10,000원

문제해설

주권의 액면가액은 100원, 200원, 500원, 1,000원, 2,500원, 5,000원 중 하나이어야 한다.

027

기업공시제도의 의의에 대한 설명으로 가장 거리가 먼 것은?

① 코스닥시장의 공정한 거래질서를 유지하기 위함이다.
② 기업정보를 공개하는 것은 당해 기업의 자율적인 의사에 따르므로 반드시 의무를 지는 것은 아니다.
③ 투자자에게 투자판단에 필요한 정보를 제공하기 위함이다.
④ 내부자거래 등 불공정거래를 예방하기 위함이다.

문제해설

공개기업은 투자자로부터 필요한 자금을 조달하므로 기업정보를 공개할 의무를 부담한다.

028

다음 코스닥시장의 매매제도에 관한 설명 중 옳은 것은?

① 코스닥시장에서 인정 가능한 호가의 종류는 유가증권시장과 마찬가지로 지정가호가, 시장가호가, 조건부지정가호가가 있다.
② 코스닥시장 호가격단위는 주권가격대별로 7단계이며, 기준가격이 2,000원 이상 5,000원 미만인 경우 호가가격단위는 5원이다.
③ 코스닥시장에서의 공매도는 결제불이행으로 시장의 혼란을 야기시킬 우려가 있어 금지된다.
④ 코스닥시장 매매체결의 일반원칙은 가격우선의 원칙 → 시간우선의 원칙 → 위탁매매우선의 원칙 → 수량우선의 원칙이다.

더 알아보기 코스닥시장 호가가격단위

구분	호가가격단위
2,000원 미만	1원
2,000원 이상 ~ 5,000원 미만	5원
5,000원 이상 ~ 20,000원 미만	10원
20,000원 이상 ~ 50,000원 미만	50원
50,000원 이상 ~ 200,000원 미만	100원
200,000원 이상 ~ 500,000원 미만	500원
500,000원 이상	1,000원

문제해설

① 최유리정가호가와 최우선지정가호가도 있다.
② 코스닥시장에서의 공매도는 결제의 안전성이 담보되는 경우에 한하여 허용된다.
④ 매매체결의 일반원칙은 가격우선원칙 → 시간우선원칙이 적용되나, 시가 등이 상한가 또는 하한가로 결정되는 경우에는 상한가호가간 또는 하한가호가 간에는 위탁매매우선원칙 → 수량원칙이 적용된다.

정답 024 ① | 025 ③ | 026 ④ | 027 ② | 028 ②

029

다음의 코스닥시장 매매거래절차에 관한 설명으로 가장 거리가 먼 것은?

① 위탁증거금은 주문금액의 50% 정도를 요구하고 있는 것이 일반적이며 대용증권도 가능하다.
② 별도의 사이버 거래를 위한 약정을 하고 트레이딩 프로그램을 이용하여 거래한다.
③ 금요일에 주문을 낸 것이 체결되었는데 다음 주 화요일에 결제되었다.
④ 고객이 위탁한 주문의 거래가 바로 체결되지 않는 경우 다시 주문을 내야 한다.

문제해설

체결이 안 된 주문은 거래대기상태로 계속 유효하다.

030

코스닥시장상장의 혜택에 대한 설명으로 가장 거리가 먼 것은?

① 교환사채의 발행이 허용되지 않는 대신 전화사채를 발행할 수 있다.
② 양도소득세를 과세하지 않는다.
③ 이익배당을 전부 주식으로 할 수 있다.
④ 자기주식의 취득을 통해 주가안정과 경영권 방어를 도모할 수 있다.

문제해설

전환사채, 신주인수권부사채, 이익참가부사채, 교환사채를 발행할 수 있다.

031

코스닥시장에서 직전거래일의 종가로 매매기준가격이 형성되는 종목은?

① 신규상장종목, 추가상장종목
② 거래가 없는 경우
③ 액면분할 또는 액면병합의 경우
④ 매매가 매일 형성되는 종목의 경우

문제해설

①, ②, ③은 각가의 기준에 따라 기준가격이 결정된다.

032

공정공시에 대한 설명으로 가장 거리가 먼 것은?

① 공정공시는 전자공시시스템에 전자문서형태로 제출함을 원칙으로 한다.
② 공시내용이 방대하더라도 모든 정보를 공시한다.
③ 당일 법인의 홈페이지에는 원문 및 요약자료를 게시한다.
④ 장래 사업계획 또는 경여계획과 매출액, 영업손익, 경상손익 또는 당기순손익 등에 대한 전망 또는 예측, 사업보고서 등을 제출하기 이전의 당해 사업보고서 등과 관련된 매출액, 영업손익, 경상손익 또는 당기순손익 등의 영업실적 등은 공정공시대상 정보이다.

문제해설

공시내용이 방대한 경우 그 내용을 핵심정보 위주로 요약하여 공시한다.

033

코스닥시장은 투자자 보호와 시장관리상 필요한 경우 해당 종목의 매매거래를 정지하고 있다. 정시사유에 해당되지 않는 것은?

① 종합주가지수가 전일의 최종수치보다 10% 이상 하락하여 1분간 지속될 때
② 거래폭주로 신속하게 거래를 성립시킬수 없는 경우
③ 투자위험종목으로 지정되어 매매거래정지가 요청된 경우
④ 거래내용이 현저히 공정성을 결여할 우려가 있는 경우

문제해설

① 매매일시중단제도(CB)애 대한 내용이다.
② 사유해소시까지 매매거래를 정지한다.
③ 요청받은 기간 동안 매매거래를 정지한다.
④ 1일간 매매거래를 정지한다.

034

인수인을 통하지 않고 발행회사가 자기책임과 계산하에 공모하는 방법은?

① 주주배정
② 제3자 배정
③ 직접공모
④ 주주우선공모

문제해설

직접공모에 관한 설명이다.

정답 029 ④ | 030 ① | 031 ④ | 032 ② | 033 ① | 034 ③

035

코스닥시자의 매매제도에 대한 설명으로 가장 거리가 먼 것은?

① 정규시장의 매매시간은 오전 9시부터 오후 3시 30분까지이며 시간외시장의 매매시간은 장개시 전 오전 8시부터 오전 9시까지, 장종료 후 오후 3시 40분부터 오후 6시까지이다.
② 코스닥시장은 결제 전 매매를 할 수 없다.
③ 코스닥시장에서의 주문은 1주 단위이다.
④ 일일가격제한폭은 15%이다.

더 알아보기 코스닥시장의 매매제도
- **호가수량단위** : 1주(1증서, 1좌)
- **호가가격제한폭** : 기준가격 대비 상하 15%
- **호가가격단위** : 2,000원 미만 주가에 1원 단위의 호가가격단위
- **매매거래시간**
  - 정규시장 : 오전 9시 ~ 오후 3시 30분
  - 시간외시장 : 장개시 전 오전 8시 ~ 오전 9시
    장종료 후 오후 3시 40분 ~ 오후 6시

문제해설
코스닥시장은 결제 전 매매(Day Trading)가 가능하다.

036

다음 코스닥시장의 매매제도에 관한 설명 중 옳은 것은?

① 코스닥시장에 상장된 일반상장법인의 최대주주는 상장일로부터 1년간 주식을 매각하지 못한다.
② 신규상장종목의 최초 매매개시 기준가격의 결정시 호가가능가격 범위는 공모신규상장종목의 경우 평가가격의 90%~200% 범위 내이다.
③ 시간외대량매매시 매도 · 매수호가 중 일방은 단일 금융투자업자의 호가이며, 호가가격에 호가수량을 곱한 금액이 5억 원 이상이고 수량은 5만주 이상이어야 한다.
④ 코스닥시장에서는 기업의 주식배당과 현금배당에 대해서는 배당락 조치를 하게 된다.

문제해설
① 코스닥시장에 상장된 일반법인의 대주주의 보유주식은 6개월간 보호예수된다.
③ 호가가격에 호가수량을 곱한 금액이 1억 원 이상이다.
④ 코스닥시장은 거래소시장과 마찬가지로 기업이 주식배당을 하는 경우에만 배당락 조치를 하게 되고, 현금배당에 대해서는 배당락 조치를 하지 않는다.

037

다음에서 설명하는 상장제도는 무엇인가?

> 코스닥시장 상장법인이 경영합리화를 위하여 기업분할 또는 분할합병에 의하여 설립되거나 코스닥시장 상장법인끼리 합병하여 법인을 신설하는 경우 일정요건을 심사하여 상장을 허용한다.

① 직상장 ② 재상장
③ 추가상장 ④ 변경상장

문제해설

재상장에 대한 설명이다. 이는 분할기업 등의 주식을 보유하게 되는 투자자들이 교부받은 주식을 매매할 수 있도록 하기 위한 상장이다.

038

다음 중 코스닥시장에 도입된 제도가 바르게 짝지어진 것은?

① 신고대량매매제도, 매매일시중단제도(CB), 가격제한폭제도
② 조건부지정가 호가제도, 장중 바스켓매매제도, 프로그램매매호가 효력정지제도
③ 지정가호가제도, 시간외대량매매제도, 시간외종가매매제도
④ 시간외바스켓매매제도(BT), 결제 전 매매제도, 장 개시시 동시호가 제도

문제해설

바스켓매매제도, 신고대량매매제도는 코스닥시장에 도입되지 않는 제도이다.

039

다음 설명 중 옳은 것은?

① 변호사 · 공인회계사 등 코스닥시장 상장법인과의 위임계약에 따른 수임업무의 이행관련 비밀유지의무가 있는 자는 공정공시의무의 면제대상이다.
② 불성실공시기업으로 지정되어도 상장이 폐지되지는 않는다.
③ 정기공시, 특수공시, 조회공시, 수시공시 중 공시운영자의 조회가 있을 때에 이에 응해야 하는 공시는 수시공시이다.
④ 주식분산기준 미달을 이유로 한 관리종목 지정시 소액주주의 수 및 그 소액주주의 소유주식분산 비율은 신규상장시 분산요건과 동일하게 500인, 30%이다.

문제해설

② 불성실공시기업으로 지정되어도 상장이 폐지될 수 있다.
③ 조회공시에 대한 설명이다.
④ 관리종목지정시 200인, 20%이다.

정답 035 ② | 036 ② | 037 ② | 038 ③ | 039 ①

040

코스닥기업의 기업공시제도에 관한 설명으로 가장 거리가 먼 것은?

① 코스닥시장 상장법인의 임원 및 주요주주는 임원 또는 주요주주가 된 날로부터 5일 이내에 주식소유상황을 금융위원회와 거래소에 보고하여야 한다.

② 예측 또는 전망과 관련된 공정공시사항이 예측정보라는 사실을 명시하는 등의 요건을 갖추면 불성실공시로 보지 않는다.

③ 불성실공시법인 지정예고를 받은 경우에 당해 법인은 7일 이내에 거래소에 이의신청을 할 수 있고, 거래소는 신청일로부터 10일 이내에 코스닥시장 공시위원회의 심의를 받고, 심의일로부터 3일 이내에 불성실공시법인 지정 여부 및 부과벌점, 공시위반제재금을 결정해야 한다.

④ 코스닥시장 상장법인은 사업보고서는 사업년도 종료 후 90일 이내, 반기(분기)보고서는 반기(분기) 종료 후 45일 이내에 금융위원회와 거래소에 제출하여야한다.

문제해설

코스닥시장 상장법인 임원 및 주요주주의 주식소유상황보고는 증권선물위원회와 거래소에 보고하는 사항이다.

041

다음 설명 중 맞는 것을 모두 고르시오.

㉠ 코스닥시장 상장법인 중 환금성이 결여된 기업, 공개기업으로서의 의무를 제대로 이행하지 않는 기업은 관리종목으로 별도 지정되어 투자자에게 공표된다.
㉡ 단기급등하는 경우에 한하여 투자경고종목으로 지정한다.
㉢ 코스닥시장 상장법인의 최대주주는 상장일로부터 1년간 주식을 전혀 매각하지 못한다.
㉣ 코스닥시장 상장법인이 공시불이행, 공시번복, 공시변경에 해당하거나 기공시내용의 변동사항 신고의무위반시에는 당해 법인에 대해 불성실공시법인으로의 지정을 예고한다.
㉤ 관리종목으로 편입되면 기업의 신인도가 떨어지고 이를 매매할 때는 위탁증거금도 100% 내야하는 것이 일반적이다.

① ㉠, ㉡, ㉣　　② ㉡, ㉣, ㉤
③ ㉠, ㉡, ㉤　　④ ㉠, ㉣, ㉤

문제해설

㉡ 단기급등 이외에 중장기적으로 상승하는 경우에도 투자경고종목으로 지정된다.
㉢ 코스닥시장 상장법인의 최대주주는 상장일로부터 6개월이 경과한 경우에는 매 1월마다 보유주식 등의 5%에 상당하는 부분까지 매각 가능하다.

042

다음은 코스닥시장에서 관리종목으로 지정되는 기업을 설명한 것이다. 가장 거리가 먼 것은?

① 최근 사업연도의 매출액이 30억 원 미만인 경우
② 소액주주의 수가 300인 미만인 경우
③ 시가총액이 40억 원 미만인 상태가 연속하여 30일간 지속되는 경우
④ 최근 반기의 재무제표에 대한 감사인의 검토의견이 부적정 또는 의견 거절이거나 감사범위 제한으로 인한 한정인 경우

문제해설

코스닥시장 상장법인 중 다음의 사유에 해당하는 기업은 관리종목편입대상법인이 된다.

- 소액주주의 수가 200인 미만
- 소액주주의 소유주식수가 유동주식수의 100분의 20에 미달
- 시가총액이 40억 원 미만인 상태가 연속하여 30일간 지속되는 경우
- 불성실공시로 인한 누계벌점이 최근 2년간 15점 이상인 경우
- 최근 반기의 재무제표에 대한 감사인의 검토의견이 부적정 또는 의견 거절이거나 감사범위 제한으로 인한 한정인 경우 등

043

코스닥시장 상장법인이 상장폐지되는 경우는 가장 거리가 먼 것은?

① 회사정리절차 개시신청을 한 경우
② 주된 영업이 정지된 경우
③ 거래실적부진 상태가 2분기 이상 계속되는 경우
④ 최근 사업연도의 재무제표에 대한 감사인의 감사의견이 범위제한으로 인한 한정인 경우

문제해설

회사정리절차 개시신청을 한 경우 관리종목에 지정하고 법원의 회생절차 개시신청결정 취소 등의 결정이 있는 때 상장폐지된다.

정답 040 ① | 041 ④ | 042 ② | 043 ①

044

코스닥시장의 보호예수제도에 대한 설명으로 가장 거리가 먼 것은?

① 최대주주와 그 특수관계인은 상장일로부터 2년간 보유하여야 한다.
② 코스닥시장은 기술성장기업에 비해 보다 엄격한 보호예수 요건을 적용하고 있다.
③ 벤처기업에 투자한 벤처금융은 상장일로부터 1개월간 계속 보유하여야 한다.
④ 상장 후 물량출회에 따른 시장수급불안을 해소하며, 상장법인의 핵심 투자자의 책임경영원칙을 확립하기 위함이다.

문제해설

최대주주와 그 특수관계인은 상장일로부터 1년간 보유하여야 한다.
② 기업공개시 주식의 안정적인 수급을 통해 공정한 주식가격 형성을 도모하고 다수의 소액투자자들을 보호하기 위해 일정한 요건에 해당하는 주주들의 주식 매도를 일시적으로 제한하는 것으로, 코스닥시장은 기술성장기업에 비해 보다 엄격한 보호예수 요건을 적용하고 있다.

045

다음 호가상황에 나타난 단일가 경쟁매매의 체결가격과 체결량은?

호가상황

매도주문(수량)	가격	매수주문(수량)
	550원	200
	540원	100
100	530원	200
200	520원	100
100	510원	
100	500원	

① 530원, 500주
② 520원, 500주
③ 520원, 600주
④ 530원, 300주

문제해설

매도호가 합계수량이 500주, 매수호가 합계수량이 600주로 합계수량 500주가 일치하는 가격은 530원이다.

046

다음 호가상황에 나타난 단일가 경쟁매매매의 체결가격과 체결량은?

호가상황

매도주문(수량)	가격	매수주문(수량)
	550원	200
	540원	100
	530원	
200	520원	
100	510원	
100	500원	

① 520원, 300주　　② 530원, 300주
③ 540원, 100주　　④ 530원, 200주

문제해설

매수합계수량 300주와 매도합계수량 400주로 매도수량이 많다.
일치하는 가격이 없으므로 수량이 더 많은 매도호가로 가격이 결정된다.

047

다음 중 코스닥시장의 호가가격단위로 잘못 표기된 것은?

① A기업 9,990원　　② B기업 3,425원
③ C기업 42,620원　　④ D기업 78,900원

더 알아보기 코스닥시장의 호가가격단위

구분	호가가격단위
2,000원 미만	1원
2,000원 이상 ~ 5,000원 미만	5원
5,000원 이상 ~ 20,000원 미만	10원
20,000원 이상 ~ 50,000원 미만	50원
50,000원 이상 ~ 200,000원 미만	100원
200,000원 이상 ~ 500,000원 미만	500원
500,000원 이상	1,000원

문제해설

20,000원 이상 50,000원 미만의 호가가격단위는 50원이다.

2과목 증권시장

정답 044 ① | 045 ① | 046 ① | 047 ③

048

다음 중 코스닥시장에서 가능한 주문을 모두 고르시오.

㉠ 시장가주문	㉡ 조건부지정가주문
㉢ 최유리지정가주문	㉣ 최우선지정가호가

① ㉠　　② ㉠, ㉡
③ ㉠, ㉡, ㉢　　④ ㉠, ㉡, ㉢, ㉣

문제해설

코스닥시장에서는 ㉠, ㉡, ㉢, ㉣의 4가지 주문형태가 모두 가능하다.

049

코스닥시장에서 결제 전 매매제도와 신용거래의 허용에 대해 맞게 연결된 것은?

	결제 전 매매제도	신용거래
①	허용	허용
②	허용	불가
③	불가	불가
④	불가	허용

문제해설

결제 전 매매제도와 신용거래 모두 허용된다.

결제 전 매매제도

투자자가 보유주식을 매도한 경우 결제일 이전에 다른 주식의 매수주문이 가능하며, 매수한 경우 당해 주식을 결제일 이전에 매도주문이 가능하다. 이 제도는 유가증권시장과 코스닥시장 간에도 가능하다.

050

코스닥시장의 상장폐지제도에 대한 설명으로 가장 거리가 먼 것은?

① 관리종목의 지정은 상장폐지 우려가 있음을 사전에 예고하는 단계이다.
② 상장폐지 해당 전에 해당법인에 대하여 사전에 상장폐지 우려가 있음을 예고할 수 있다.
③ 상장폐지는 거래소의 직권에 의한 상장폐지만 가능하다.
④ 상장폐지가 결정되면 투자자에게 최종 매매기회를 주기 위해 7일 동안의 정리매매기간을 준다.

문제해설

주된 영업이 3개월 이상 정지되는 경우 상장폐지 대상이 되며, 상장폐지는 상장법인의 신청에 의한 것도 가능하다.

051

코스닥시장 상장법인의 상장폐지절차에 대한 설명 중 옳은 것은?

① 신청에 의한 산장폐지의 경우 거래소는 이를 거부할 수 없다.
② 의결권이 없는 우선주의 경우 종목폐지를 결의하는 이사회 결의와 우선주를 보유한 주주전원의 동의가 있어야 종목의 폐지가 가능하다.
③ 정리매매기간 중 매매방식은 최초매매일의 경우 가격제한폭이 없으며, 2일째부터는 가격제한폭을 적용하고 있다.
④ 최종부도, 피흡수합병, 감사의견, 자본잠식, 상장과 관련한 신청서 등의 허위기재 등을 이유로 하여 상장이 취소된 경우는 코스닥상장 실질심사위원회의 승인을 생략하고 사유발생시 즉시 폐지된다.

더 알아보기 이의신청할 수 없는 상장폐지사유

상장폐지 사유에 해당하는 경우 코스닥시장은 7영업일 이내에 거래소에 이의신청할 수 있으나 다음의 상장폐지 사유의 경우에는 이의를 신청할 수 없다.

- 정기보고서 미제출
- 매출액 미달
- 최종부도 및 은행거래정지
- 장기간 영업손실
- 신청에 의한 상장폐지
- 자본잠식
- 해산
- 법인세비용차감전계속사업손실
- 거래량 미달
- 시가총액 미달

문제해설

① 거래소는 투자자 보호를 위해 불충분하다고 판단되는 경우 상장폐지신청을 거부할 수 있다.
② 가격제한폭이 없다
④ 상장과 관련한 신청서 등의 허위기재를 이유로 상장폐지되는 경우는 코스닥상장 실질심사위원회의 승인 필요하다.

052

다음은 코스닥시장 상장법인의 상장폐지되는 주권의 정리매매에 관한 설명이다. 가장 거리가 먼 것은?

① 투자자에게 환금의 기회를 주기 위한 제도이다.
② 정리매매기간 중에는 가격제한폭을 적용하지 않는다.
③ 상장폐지되는 주권의 정리매매는 매매일 기준으로 15일간 부여한다.
④ 유가증권시장 상장으로 인한 폐지는 정리매매기간을 부여하지 않는다.

문제해설

상장폐지결정이 된 종목은 투자자에게 최종매매기회를 주기 위해 7일 동안 정리매매를 할 수 있도록 한 후 상장을 폐지한다.

정답 048 ④ | 049 ① | 050 ③ | 051 ② | 052 ③

053

다음 설명 중 옳은 것을 모두 고르시오.

㉠ 코스닥시장에서 2,000원 이상~5,000원 미만인 경우 호가가격단위는 5원이다.
㉡ 코스닥시장의 시간외대량매매시 수량은 5만 주 이상이어야 한다.
㉢ 코스닥시장의 가능한 주문은 지정가, 시장가, 조건부지정가, 최유리지정가, 최우선지정가이다.
㉣ 종합주가지수가 전일 최종수치보다 10% 이상 하락하여 1분간 지속될 때 코스닥시장 모든 종목의 매매거래를 중단하는 것을 Side Car 제도라고 한다.

① ㉠
② ㉠, ㉡
③ ㉠, ㉢
④ ㉠, ㉡, ㉣

문제해설

㉡ 시간외대량매매시 수량요건은 없다.
㉣ 종합주가지수가 전일 최종수치보다 10% 이상 하락하여 1분간 지속될 때 코스닥시장 모든 종목의 매매거래를 중단하는 것을 Circuit Breakers 제도라고 한다.

054

다음 중 매매거래 정지사유에 해당하지 않는 것은?

① 조회공시 위반사항이 발생하는 경우
② 관리종목 지정사유가 발생하는 경우
③ 풍문, 보도 등으로 주가의 급등락이 예상되는 경우
④ 투자주의종목 지정사유가 발생하는 경우

더 알아보기 매매거래 정지사유 및 정지기간

정지사유	정지기간
조회공시 답변공시 기한 내 불응	조회공시 답변공시까지
불성실공시법인 지정	지정일 당일
풍무 · 보도 관련 거래량 급변 예상	정지사유에 대한 조회결과 공시시점부터 30분이 경과한 때까지
상장폐지기준 해당	상장폐지기준 해당시부터 정리매매 기간 전일까지
위조 · 변조증권 발생 확인	확인시점부터 정지사유 해소시까지
공익과 투자자 보호 등	사유 발생시부터 당해 사유 해소시까지

문제해설

투자주의종목 지정사유가 발생하는 경우에는 매매거래 정지조치를 하지 않는다.

055

다음 ( )안에 들어갈 용어를 차례대로 바르게 나열한 것을 고르시오.

- (A)란 선물거래대상지수에 대한 선물거래종목 중 직전일 거래량이 가장 많은 종목 가격이 코스닥시장에서 (B)% 이상 상승 또는 하락에 1분간 지속될 경우, 프로그램매매의 매수호가 혹은 매도호가의 효력을 5분간 정지시키는 제도다
- (C)는 주가가 급락할 때 시장에 미치는 충격을 완화하기 위해 주식거래를 일시 정지하는 제도로 코스닥지수가 전 거래일 종가 대비 (D)% 이상 하락 상태가 1분 이상 지속될 경우 모든 주식 거래를 20분 간 중단시킨 뒤 이후 10분 간 호가를 접수해서 매매를 재개시킨다.

	A	B	C	D
①	사이드카	6	서킷브레이커	10
②	사이드카	5	서킷브레이커	6
③	서킷브레이커	6	사이드카	10
④	서킷브레이커	5	사이드카	6

문제해설

효력일시정지제도(Side Car)와 매매일시중단제도(Circuit Breakers)에 대한 설명이다.

056

코스닥시장 상장법인의 상장폐지요건에 관한 설명으로 옳은 것은?

① 최근 사업연도 매출액 30억 원 미달인 경우가 1년 이상 연속되는 경우에는 상장폐지 대상법인에 해당한다.

② 사업보고서, 반기보고서, 분기보고서를 사업연도 종료일부터 90일 이내에 제출하지 않을 경우 상장폐지된다.

③ 주된 영업이 1년 이상 정지되거나 영업의 전부가 양도되는 경우 상장폐지요건에 해당한다.

④ 상장이 폐지되는 주권에 대하여 매매일을 기준으로 7일간의 정리매매 기간을 부여한다.

문제해설

① 매출액 30억 원 미달인 경우가 2년 이상 연속되는 경우에는 부실화된 기업에 해당하여 상장폐지 대상법인이 된다.

② 사업보고서의 제출기한은 사업연도 종료일부터 90일 이내, 반기보고서와 분기보고서는 분기 및 반기 종료일부터 각각 45일 이내이다.

③ 주된 영업이 3개월 이상 정지되거나 영업의 전부가 양도되는 경우가 해당한다.

정답 053 ③ | 054 ④ | 055 ① | 056 ④

057

코스닥시장에서 공매도로 보지 않는 경우에 해당하지 않는 것은?

① 시장에서 매수계약이 체결된 증권을 당해 수량의 범위 내에서 결제일 전에 매도하는 경우
② 위탁자가 증권을 당해 회원 외의 다른 보관기관에 보관하고 있으며, 결제일까지 결제가 가능하다고 확인서 등에 의하여 확인된 경우
③ 전환사채, 교환사채, 신주인수권부사채 등의 권리행사로 취득할 주식을 매도하는 경우로서 결제일까지 결제가 가능한 경우
④ 신규상장이 예정되어 있어 결제일까지 결제가 가능한 경우

문제해설

공매도는 결제불이행 등으로 인한 시장혼란을 막기 위해 결제의 안전성을 담보하는 경우에 예외적으로 허용되는데 신규상장종목은 상장일 전에 공매도가 가능하지 않다.

058

코스닥시장에 상장하기 위해서는 주식분산요건을 충족해야 한다. 다음 중 가장 거리가 먼 것은?

① 소액주주의 수가 500인 이상이어야 한다.
② 주식의 분산비율은 기업의 규모별로 선택할 수 있다.
③ 자기자본이 500억 원 미만인 경우 발생주식총수의 10% 이상을 소액주주에게 분산하여야 한다.
④ 최근 사업연도말 현재 자기자본이익률이 10% 이상이어야 한다.

문제해설

자기자본이 500억 원 미만인 경우 발생주식총수의 25% 이상을 소액주주에게 분산하여야 한다.

059

상장폐지절차에 대한 설명으로 가장 거리가 먼 것은?

① 최종부도 발생시에는 당연폐지로 즉시 상장을 취소한다.
② 거래소는 폐지신청을 거부할 수 있다.
③ 상장폐지에는 당연폐지, 신청에 의한 폐지, 심사에 의한 폐지가 있다.
④ 자본잠식을 이유로 상장이 취소되는 경우 코스닥시장 상장위원회의 승인을 얻어야 한다.

문제해설

최종부도, 피흡수합병, 감사의견, 자본잠식 등을 이유로 상장이 폐지되는 경우에는 코스닥시장 상장위원회의 승인을 생략하고 즉시 폐지를 취소한다.

060

코스닥시장에 상장하기 위해 주권의 액면가액을 결정하고자 한다. 다음 중 액면가액이 될 수 없는 것은?

① 200원 ② 500원
③ 2,500원 ④ 10,000원

문제해설
주권의 액면가액은 100원, 200원, 500원, 1,000원, 2,500원, 5,000원 중 하나로 정해야 한다.

061

다음 중 코스닥시장의 상장폐지절차에 대한 설명으로 거리가 먼 것은?

① 정리매매기간에는 가격제한폭이 없다.
② 정리매매는 다른 종목과 동일하게 장중 접속매매방식으로 이루어진다.
③ 취소승인일부터 7일을 초과하지 않는 범위 내에서 정리매매기간이 부여된다.
④ 상장폐지 결정을 통보 받은 법인은 통보일로부터 7일 이내에 이의신청을 할 수 있다.

문제해설
정리매매는 30분 간격으로 호가접수 후 단일가방식으로 체결된다.

062

다음 보기에서 코스닥시장에 도입된 거래제도를 모두 고르시오.

㉠ 서킷브레이커	㉡ 사이드카
㉢ 바스켓매매제도	㉣ 신고대량매매전도
㉤ 시간외대량매매제도	

① ㉠, ㉡, ㉤ ② ㉢, ㉣, ㉤
③ ㉡, ㉢, ㉣ ④ ㉡, ㉣, ㉤

문제해설
바스켓매매제도와 신고대량매매제도는 코스닥시장에 도입되어 있지 않다.

정답 057 ④ | 058 ③ | 059 ④ | 060 ④ | 061 ② | 062 ①

063

코스닥시장에서 매매를 할 수 있도록 변경 또는 추가상장해야 하는 사유로 가장 거리가 먼 것은?

① 액면분할 또는 액면병합을 한 경우
② 코스닥시장 상장법인으로부터 분할 또는 분할합병에 의하여 설립된 법인
③ 코스닥상장기업의 상호를 변경한 경우
④ 유상증자로 인한 신주발행을 한 경우

문제해설

코스닥시장 상장법인이 경영합리화를 위하여 코스닥시장 상장법인끼리 합병하여 법인을 신설하는 경우, 기업분할 또는 분할합병에 의하여 설립되는 경우에는 일정요건 심사 후 재상장을 할 수 있다.

064

코스닥시장 상장법인의 유상증자에 관한 설명으로 가장 거리가 먼 것은?

① 자본금이 증가하여 기업의 재무구조가 개선되고 타인자본의존도를 줄이는 효과가 있다.
② 주주배정방식, 제3자배정방식, 일반공모방식의 유상증자가 있다.
③ 일반공모증자의 기준주가는 청약일 전 제3거래일로부터 제5거래일까지의 가중산술평균주가를 기준으로 한다.
④ 일반공모증자의 경우는 20% 이하의 할인율을 적용하도록 강제하고 있다.

문제해설

주주배정 또는 주주우선공모증자의 경우는 기업이 자율적으로 결정하나 상장법인의 경우 대체적으로 20~30% 수준의 할인율을 적용하고 있으며, 일반공모증자의 경우는 30% 이하의 할인율을 적용하도록 강제하고 있다.

065

코스닥시장에서 관리종목으로 편입된 법인의 불이익으로 가장 거리가 먼 것은?

① 관리종목 매매시 위탁증거금을 100% 내야 한다.
② 대용증권으로 인정되지 않는다.
③ 증여가액 평가시 거래가격이 시세로 인정되지 않는다.
④ 사유발생일 당일 즉시 매매거래가 정지된다.

문제해설

사유확인일과 확인일의 다음 날 매매거래가 정지되며, 투자유의종목과 마찬가지로 사유해소가 되지 않는 경우에는 상장이 취소된다.

066

코스닥의 기업공시제도에 관한 설명으로 가장 거리가 먼 것은?

① 불성실공시에 대한 제재에는 거래소의 과징금제재가 있다.
② 거래소는 코스닥시장 상장법인과 관련한 풍문이나 보도 등이 있을 경우 이를 당해 기업에 사실 여부를 확인할 수 있다.
③ 유·무상증자 등 기업 재무구조의 변경을 초래하는 사항은 수시공시 사항으로 이를 투자자에게 알려야 한다.
④ 사업보고서, 반기보고서, 분기보고서는 공시의 분류상 정기공시에 해당되므로 법정기한 내에 반드시 제출하여야 한다.

문제해설

불성실공시에 대한 과징금은 금융위원회가 부과한다.

067

관리종목의 지정시기가 바르게 연결된 것은?

① 시가총액 미달 : 확인된 날 당일
② 액면가액 일정비율 미달 : 확인된 날의 익일
③ 주된 영업활동의 정지 : 확인된 날로부터 2일째
④ 반기보고서 검토의견 부적정 : 확인된 날 당일

문제해설

①, ③, ④ 경우 모두 확인된 날의 익일이다.

068

벤처기업에 대한 상장심사요건의 적용특례로 가장 거리가 먼 것은?

① 벤처기업의 벤처기업확인서 유효기간은 원칙적으로 2년이다.
② 벤처기업은 중소기업기본법에 의한 중소기업이어야 한다.
③ 벤처기업부에 소속된 기업에 대하여 벤처지수를 별도로 발표한다.
④ 벤처기업으로 지정받고자 하는 기업은 신용보증기금 등의 확인절차를 거쳐야 한다.

문제해설

벤처기업의 벤처기업확인서 유효기간은 1년이다.

정답 063 ② | 064 ④ | 065 ④ | 066 ① | 067 ② | 068 ①

069

다음 중 공정공시에 대한 설명으로 가장 거리가 먼 것은?

① 공시범위를 확대하여 정보의 비대칭성을 방지하려는 제도이다.
② 매출액, 당기순손익, 영업손익전망치 등이 대상정보이다.
③ 변호사 등 코스닥시장 상장법인과의 위임계약에 따른 수임업무의 이행 관련 비밀유지의무가 있는 자는 공정공시의무의 면제대상이다.
④ 공정공시 정보제공자가 공정공시 대상정보를 특정집단에게만 선별제공하는 경우 정보제공 후 익일에 신고하여야 한다.

더 알아보기 공정공시의무의 적용 예외

- 보도목적의 언론 취재에 응하여 언론사에 정보를 제공하는 경우
- 변호사, 공인회계사, 세무사, 인수계약을 한 주관회사, 대출계약한 금융기관 등 명시적인 비밀유지의무가 있는 자에 정보를 제공하는 경우
- 금융위의 허가를 받은 신용평가기관이나 S&P, Moody's 같은 외국의 신용평가 기관에 정보를 제공하는 경우 등

문제해설

공정공시 정보제공자가 공정공시 대상정보를 정보제공대상자에게만 선별제공하는 경우 정보제공 전까지 신고하는 것이 원칙이다.

070

주요경영사항공시의 신고시한에 대한 설명으로 옳은 것은?

① 수시공시는 원칙적으로 사유발생일 익일까지 신고한다.
② 조회공시의 요구시점이 오전인 경우는 즉시 오전 중에 신고한다.
③ 조회공시의 요구시점이 오후인 경우는 24시간 내에 신고한다.
④ 영업활동의 정지사유로 조회공시를 요구받은 경우에는 익일까지 신고한다.

문제해설

① 수시공시는 사유발생일 당일까지 신고하는 것이 원칙이다.
② 조회공시의 요구시점이 오전인 경우에는 당일 오후까지 신고한다.
③ 조회공시의 요구시점이 오후일 경우에는 다음 날 오전까지 신고한다.

3장 채권시장

001

채권의 분류 중 이자지급방법에 따른 분류 중 다른 하나는?

① 할인채 ② 복리채
③ 이표채 ④ 특수채

더 알아보기 채권의 분류

- **발행주체에 따른 분류** : 국채, 지방채, 특수채, 회사채
- **보증 여부에 따른 분류** : 담보부사채, 보증사채, 무보증사채
- **이자 및 원금지급방법에 따른 분류** : 복리채, 단리채, 복 · 단리채, 할인채, 이표채
- **만기기간에 따른 분류** : 단기채, 중기채, 장기채
- **표시통화에 따른 분류** : 자국통화표시채권, 외화표시채권
- **기타** : 자산유동화증권(ABS), 금리변동부채권(FRN)

문제해설

채권의 발행조건에는 발행주체, 원리금 상환기관, 이자지급방법, 원금상환방법, 발행통화의 종류, 보증여부 등이 있다. 발행주체에 따른 분류에 특수채, 지방채, 국채, 회사채가 해당한다.

002

다음 중 이표채의 가격특성으로 가장 거리가 먼 것은?

① 일정수익률 수준에서 수익률 상승으로 인한 가격하락폭은 수익률 하락폭으로 인한 가격상승폭보다 작다.
② 잔존기간이 길수록 동일 수익률 변동으로 인한 가격변동폭은 커진다.
③ 표면이율이 낮을수록 가격변동률은 작아진다.
④ 채권수익률이 상승하면 채권가격은 하락하다.

문제해설

표면이율이 낮을수록 가격변동률은 커진다.

정답 069 ④ | 070 ④ 001 ④ | 002 ③

003

우리나라의 발행시장 현황에 대한 설명으로 가장 거리가 먼 것은?

① 발행규모의 점진적 증대
② 발행만기기간의 단기화
③ 자산유동화증권의 발행 비중 증대
④ 무보증사채의 비중 증대

문제해설

발행시장의 현황
- 발행규모의 점진적 증대
- 무보증사채의 비중 증대
- 자산유동화증권의 발행 비중 증대
- 발행만기기간의 장기화

004

우리나라 유통시장의 현황에 대한 설명으로 가장 거리가 먼 것은?

① 장내거래 중심
② 기관투자자 중심의 시장
③ 새로운 채권 관련 상품의 도입
④ 국채의 지표수익률로서의 중요성 증대

문제해설

유통시장의 현황
- 장외거래중심
- 기관투자가 중심의 시장
- 국채의 지표수익률로서의 중요성 증대
- 새로운 채권 관련 상품의 도입

005

다음 사항 중 개별위험 요인이 아닌 것은?

① 경영자의 경영 능력　② 재무구조의 변동
③ 이자율 변동　④ 시장점유율 변동

문제해설

이자율 변동은 개별위험이 아니라 시장위험 요인에 속한다.

006

다음 중 채권의 발행가액에 대한 설명으로 가장 거리가 <u>먼</u> 것은?

> ㉠ Dutch방식에 의한 발행은 직접모집이다.
> ㉡ 총액인수방식은 간접발행방식이다.
> ㉢ Dutch방식에 의해 복수의 낙찰수익률이 생긴다.
> ㉣ 매출발행은 개별매출시마다 표면이율이 달라진다.

① ㉠, ㉣ ② ㉡, ㉢
③ ㉢, ㉣ ④ ㉡, ㉣

문제해설

㉢ Dutch방식은 단수의 낙찰수익률이 생긴다.
㉣ 발행조건을 미리 정한 후 일정기간 내 개별적으로 투자자에게 매출하여 매도한 금액 전체를 발행총액으로 삼는 방법이다.

007

채권공모 입찰시 사용되는 Dutch Auction에 대한 설명으로 가장 거리가 <u>먼</u> 것은?

① 단일가격 경매방식이다
② 복수의 발행조건이 생긴다.
③ 통화안정증권, 국채의 입찰시 사용한다.
④ 낙찰된 부분 중에서 최고수익률 혹은 최저가격으로 낙찰분을 통일한다.

더 알아보기 채권의 발행방식

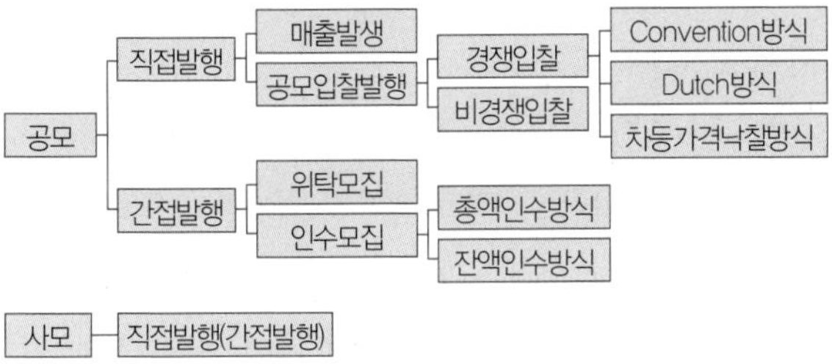

문제해설

Dutch Auction이란 낙찰된 수익률 중 가장 높은 수익률과 낙찰가격의 최저부분에 모든 낙찰자의 가격을 일치시키는 단일가격 경매방식을 말하는 것으로, 발행조건이 균일하다.

정답 003 ② | 004 ① | 005 ③ | 006 ③ | 007 ②

008

다음 중 금리인상시의 채권투자전략으로 옳은 것을 모두 고르면?

> ㉠ 현금과 단기채의 비중을 늘린다.
> ㉡ FRN의 매수비중을 늘린다.
> ㉢ 장기채 매도, 국채선물 매도포지션을 확대한다.
> ㉣ 채권 포트폴리오와 듀레이션을 늘린다.
> ㉤ 만기가 동일한 이표채의 경우에 표면이율이 높은 채권을 매도, 표면이율이 낮은 채권을 매수한다.

① ㉠, ㉡, ㉢　　② ㉡, ㉢, ㉣
③ ㉢, ㉣, ㉤　　④ ㉠, ㉣, ㉤

문제해설

㉣ 금리인상시에는 듀레이션을 낮춘다.
㉤ 표면이율이 높은 채권을 매수, 표면이율이 낮은 채권을 매도한다.

009

수익률곡선이 수평적으로 상승할 경우 예상되는 투자전략으로 가장 거리가 먼 것을 모두 고르면?

> ㉠ 표면이자율이 낮은 장기채에 투자한다.
> ㉡ 유통수익률이 높은 채권을 매수한다.
> ㉢ 듀레이션이 큰 채권에 투자한다.
> ㉣ 현금비중을 늘린다.

① ㉠, ㉡, ㉢　　② ㉠, ㉢, ㉣
③ ㉡, ㉢　　④ ㉢, ㉣

문제해설

㉠ 표면이자율이 높은 단기채에 투자한다.
㉡ 유통수익률이 낮은 채권을 매수한다.
㉢ 듀레이션이 짧은 채권에 투자한다.

010

향후 금리의 흐름이 다음과 같이 예상된다면 A점에서의 투자전략은?

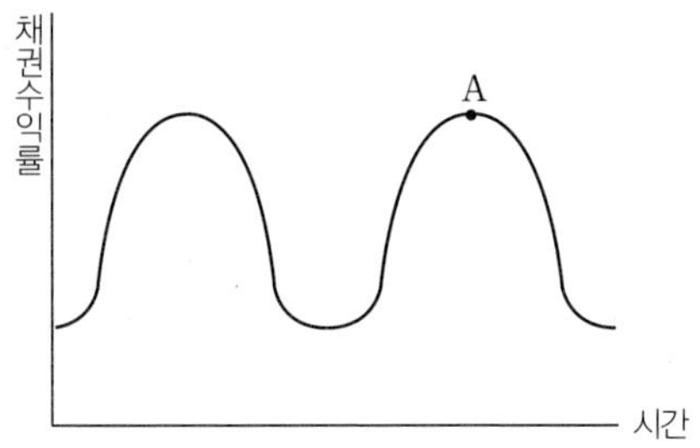

① 듀레이션이 긴 채권 편입
② 듀레이션이 짧은 채권 편입
③ 현금흐름 일치전략
④ 인덱스 펀드전략

문제해설

금리하락이 예상되는 국면에서는 듀레이션(상환기간)이 긴 채권을 편입한다.

011

전환사채와 신주인수권부사채에 관한 설명으로 가장 거리가 먼 것은?

① 전환사채는 신주인수권부사채보다 표면금리가 높으나, 신주인수권부사채는 회사채와 전환사채의 중간이다.
② 전환사채는 권리행사 후 사채권이 소멸하나, 신주인수권부사채는 신주인수권행사 후에도 존속한다.
③ 전환사채는 신주인수대금이 사채금액으로 대체되나, 신주인수권부사채는 신규로 납입하여야 한다.
④ 전환사채는 전환권 행사에 의해 자기자본이 증가하고 이에 상당하는 부채가 감소하나, 신주인수권부사채는 신주인수권부사채의 행사에 의하여 추가자금이 유입되어 자기자본이 증가되는 반면 사채권이 존속하므로 자기자본비율이 낮다.

문제해설

전환사채는 신주인수권부사채보다 표면금리가 낮다.

정답 008 ① | 009 ① | 010 ① | 011 ①

012

어떤 회사채의 취득가격이 10,900원이고 현재 시장가격이 11,200원이며 전환가격은 9,500원이다. 동 전환사채를 전환대상 주식의 현재 시장가격이 10,150원일 때 패리티는?

① 84.82 ② 93.60
③ 106.84 ④ 114.74

문제해설

$$패리티 = \frac{주가}{전환가격} = \frac{10,150}{9,500} \times 100 = 106.84$$

013

채권의 기본적 특성을 설명한 것으로 가장 거리가 먼 것은?

① 채권발행에 의한 자금조달은 한시적이다.
② 채권은 장기의 자금을 조달하기 위한 증권이다.
③ 채권은 발행시 약속된 대로 확정이자율 또는 여타 이자율 결정기준에 의해 이자가 확정적으로 지급되는 채무증서이다.
④ 채권은 누구나 발행할 수 있고, 보통의 차용증서와는 달리 법적인 제약과 보호를 받게 된다.

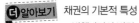

더 알아보기 채권의 기본적 특성
- 발행자격의 법적 제한
- 이자확정적 지급 증권
- 기한부 증권
- 장기상환기간 증권

문제해설

발행주체의 자격요건 및 발행요건 등이 법으로 제한되어 있다.

014

다음 중 사채에 대한 설명으로 가장 거리가 먼 것은?

① 담보부사채는 부동산이나 유가증권 등을 원리금지급의 담보로 제공한다.
② 무보증사채를 발행하기 위해서는 2개 이상의 객관적인 신용평가기관에 의해 신용도를 복수평가 받아야 한다.
③ 보증사채의 원리금상환 및 이자지급의 보장자는 은행, 신용보증기금, 종합금융, 증권회사 등의 금융기관이다.
④ 채권의 신용평가등급 중 투자등급의 최하위 등급은 BB이다.

문제해설

채권의 신용평가등급 중 투자등급의 최하위 등급은 BBB(-)이다.

015

다음 중 채권의 가격변동성을 측정할 때 사용할 수 있는 것은?

① 수정 듀레이션　② 맥컬레이 듀레이션
③ 유효 듀레이션　④ 실효 듀레이션

문제해설

수정 듀레이션은 시장수익률의 변동에 따른 채권가격의 민감도를 측정하는 도구로 사용된다.

016

수정 듀레이션이 4년이고 만기수익률이 7.25%에서 7%로 하락한 경우 채권가격의 변동률은?

① 1% 하락　② 1% 상승
③ 1.5%하락　④ 1.5% 상승

문제해설

채권가격변동률(%)
= −(수정 듀레이션) × 만기수익률의 변동률 × 100
= −4 × −0.0025 × 100
= 1%

정답 012 ③ | 013 ④ | 014 ④ | 015 ① | 016 ②

017

금융긴축으로 시중의 단기 자금사정이 악화되었을 때 자주 나타나는 수익률곡선의 형태는?

① 상승형 곡선 ② 수평형 곡선
③ 하강형 곡선 ④ 낙타형 고선

문제해설

수익률곡선의 유형

- **상승형 곡선** : 일반적으로 금리가 낮은 수준의 안정된 금융시장
- **수평형 곡선** : 향후 수익률이 현재 수준으로 예상될 때와 하강형에서 상승형 또는 상승형에서 하강형으로 변화될 때의 일시적 현상
- **하강형 곡선** : 고금리상태의 금융시장
- **낙타형 곡선** : 지금의 일시적인 악화로 금리가 단기적으로는 높아지지만 장기적으로는 안정된다고 기대되는 상황

018

듀레이션의 특징에 대한 설명 중 옳은 것은?

① 표면이자율이 높을수록 듀레이션은 길다.
② 만기가 길수록 듀레이션은 짧아진다.
③ 만기수익률이 높을수록 듀레이션은 짧아진다.
④ 이자지급빈도가 증가하면 듀레이션은 길어진다.

문제해설

① 표면이자율이 높을수록 듀레이션은 짧아진다.
② 만기가 길수록 듀레이션은 길다.
④ 이자지급빈도가 증가하면 듀레이션은 짧아진다.

019

채권수익률의 기간구조에 대한 설명으로 가장 거리가 <u>먼</u> 것은?

① 기대이론에 의하면 장기이자율은 단기 현물이자율과 미래 각 시점의 단기 선물이자율에 의해 결정된다.
② 유동성 프리미엄이론에 의하면 단기 현물이자율에 정(正)의 유동성 프리미엄만큼 상회하는 수준에서 장기이자율이 결정된다.
③ 시장분할이론에서 채권의 수익률은 채권자와 채무자의 만기에 대한 선호도에 의해 결정된다.
④ 시장분할이론에서 투자자들은 위험중립형으로 오로지 기대수익만을 극대화한다.

문제해설

④는 불편기대이론에 대한 설명이다.

020

K사의 주가가 20,000원이고 전환가격이 18,000원일 때 패리티는?

① 100　　② 101
③ 111　　④ 121

문제해설

$$\text{패리티} = \frac{20{,}000}{18{,}000} \times 100 = 111$$

021

다음 중 옳은 내용으로만 묶인 것을 고르시오.

> ㉠ 공모발행은 사모발행보다 발행이율이 높고 만기가 상대적으로 짧다.
> ㉡ Dutch방식은 간접발행방식이다.
> ㉢ Conventional방식은 복수발생조건이 발생한다.
> ㉣ 총액인수방식은 간접발행방식에 해당된다.

① ㉠, ㉡　　② ㉡, ㉢
③ ㉢, ㉣　　④ ㉠, ㉣

문제해설

㉠ 사모발행이 공모발행보다 발행이율이 높고 만기가 상대적으로 짧다.
㉡ Dutch방식은 직접발행방식이다

022

인덱스 투자전략에 대한 설명으로 가장 거리가 먼 것은?

① 채권시장 지표의 수익률과 동일한 수익률을 추구하는 포트폴리오를 구성하여 투자 · 운용하는 전략이다.
② 시장의 수익률 흐름을 맹목적으로 추종한다는 점에서 소극적인 투자전략이다.
③ 포트폴리오에서 장 · 단기물의 비중을 줄이고 중기물을 매입함으로써 중기물의 비중을 확대시킨다.
④ 개별위험을 제거할 수 있으나 시장위험은 제거할 수 없다.

문제해설

③은 역나비형 투자전략에 대한 설명이다.

정답 017 ④ | 018 ③ | 019 ④ | 020 ③ | 021 ③ | 022 ③

023

다음 채권 중 이자율이 하락할 때 가격이 가장 많이 상승하는 채권은?

① 만기 5년, 순할인채
② 만기 10년, 순할인채
③ 만기 5년, 표면이율이 12%인 이표채
④ 만기 10년, 표면이율이 12%인 이표채

문제해설

이자율 변화에 대한 채권가격 변동은 듀레이션에 비례한다. 듀레이션이 큰 채권은 이자율이 하락할 때 가격이 상승한다. 만기가 길면 듀레이션은 길어지며, 표면이율이 높으면 듀레이션은 짧아진다. 순할인채의 듀레이션은 만기와 동일하다. 따라서 만기 10년의 순할인채의 가격이 가장 많이 상승한다.

024

우리나라 채권시장의 특징으로 거리가 먼 것은?

① 회사채 중심의 유통시장
② 발행만기기간 점차 장기화
③ 장외거래 중심의 유통시장
④ 회사채의 경우 무보증사채 위주의 시장

문제해설

우리나라 채권시장은 국공채위주의 유통시장의 성격을 띤다.

025

유가증권을 현금화하는 데 어려운 위험을 무엇이라고 하는가?

① 재투자위험 ② 유동성위험
③ 인플레이션위험 ④ 채무불이행위험

더알아보기 채권투자의 위험

재투자위험	중도 지급받는 이자를 어떠한 수익률로 재투자하느냐에 따라 채권투자에 의한 최종투자수익률에 차이가 발생하는 위험
인플레이션위험	물가상승과의 괴리에 따른 구매력 감소 위험
채무불이행위험	경영실적 악화에 따른 원금 및 이자지급이 불능한 위험
유동성위험	유가증권을 현금화하는 데 어려운 위험
가격변동위험	채권투자 후 만기수익률이 상승하면 채권가격은 하락하고, 만기수익률이 하락하면 채권가격이 상승하는 위험

문제해설

유동성위험에 대한 설명이다.

026

표면이율이 8%, 잔존기간이 3년인 연단위 후급 이표채의 만기수익률이 10%일 경우에 이 채권의 가격은 9,555.03원이며 듀레이션은 3년이다. 이 채권의 만기수익률이 11%로 상승할 경우 채권가격은 어떻게 변하는가?

① 9,294.44원　　② 9,343.23원
③ 9,455.25원　　④ 9,555.03원

문제해설

채권가격의 변동

$= \frac{-3}{1+\frac{0.1}{1}} \times 0.01 \times 9,555.03$

$= -260.59$

즉, 수익률이 1% 상승시 채권가격은 260.59원이 하락하여, 9,555.03 − 260.59 = 9,294.44원이 된다.

027

다음 중 사다리형 만기전략에 대한 설명으로 가장 거리가 먼 것은?

① 채권별 보유량을 각 잔존기간마다 동일하게 유지한다.
② 보유채권이 만기상환되면 다시 단기채권에 투자함으로써 수익률의 평준화를 기대할 수 있다.
③ 이자율 변동의 위험을 평준화시키고 수익성도 적정 수준으로 확보하려는 전략이다.
④ 포트폴리오 구성채권이 매년 일정 수준만큼 상환되기 때문에 유동성을 확보할 수 있다.

문제해설

단기채가 계속적으로 만기상환될 때 그 자금으로 장기채권에 투자함으로써 수익률 곡선이 우상향하는 경우 높은 수익률을 얻을 수 있다.

028

채권가격이 10,000원이고 볼록성이 9.5이며 만기수익률의 변동폭이 2%일 때, 볼록성 효과로 인한 채권가격의 변동폭(⊿p)은?

① 19원　　② 38원
③ 475원　　④ 950원

문제해설

$\frac{\Delta p}{P(\text{채권가격})} = \frac{1}{2} \times C(\text{볼록성}) \times \{\Delta r(\text{만기수익률 변동폭})\}^2$

$\frac{\Delta p}{10,000} = \frac{1}{2} \times 9.5 \times (0.02)^2$

$\therefore \Delta p = 19$

정답 023 ② | 024 ① | 025 ② | 026 ① | 027 ② | 028 ①

029

3년 만기, 표면이율 12%, 이자 매 1년 후급인 채권의 만기수익률이 15%일 때 이 채권의 듀레이션은? (채권의 액면가는 10,000원이다.)

① 2.68년　　② 2.72년
③ 2.84년　　④ 2.95년

더 알아보기

기간(년)	각 기의 현금흐름
1	1,200 / (1 + 0.15) = 1,043.48
2	$1,200 / (1 + 0.15)^2 = 907.37$
3	$11,200 / (1 + 0.15)^3 = 7,364.18$
합계	9,315.03

$$듀레이션 = \frac{(1 \times 1,043.48) + (2 \times 907.37) + (3 \times 7,364.18)}{9,315.03}$$

= 2.68년

문제해설

$$듀레이션 = \frac{24,950.76}{9,315.03}$$

= 2.68년

030

자산유동화증권(ABS)에 대한 설명으로 가장 거리가 먼 것은?

① 자산유동화증권에는 출자증권, 사채권, MBS, SLBS, 수의상환채권이 있다.
② 원리금의 지급이 유동화대상자산에서 발생되는 현금흐름을 기초로 하여 발생한다.
③ 자산보유자가 보유한 자산을 유동화전문회사에 양도하다.
④ 유동화대상자산을 보유하고 있는 각종 금융기관들과 신용도가 높은 일반기업 및 공공법인 등을 자산보유자(originator)라 한다.

문제해설

수의상환채권은 원금상환방식에 따라 만기상환일 이전이라도 발행자가 원금을 임의로 상환할 수 있는 채권으로 자산유동화증권에 속하지 않는다.

031

다음 빈칸 A와 B에 들어갈 적절한 용어를 고르시오.

- 채권의 매매일로부터 만기일까지의 기간을 (A)라고 한다.
- 채권의 권면에 기재된 이율로 액면금액에 대해 연단위로 지급하는 이자율을 (B)라고 한다.

	A	B
①	잔존기간	표면이율
②	잔존기간	만기수익률
③	경과기간	시장수익률
④	경과기간	표면이율

더 알아보기 채권관련 기본용어

- **액면가** : 채권의 권면에 표시된 금액
- **표면이율** : 채권의 권면에 기재된 이율로 액면금액에 대해 연단위로 지급하는 이자율
- **발행일** : 채권의 신규창출 기준일
- **매출일** : 실제로 채권이 신규창출된 날짜
- **만기기간** : 채권의 발행으로부터 원금상환이 이루어지기까지의 기간
- **경과기간** : 채권의 발행일 혹은 매출일로부터 매매일까지의 기간
- **잔존기간** : 기발행된 채권을 매매할 경우 매매일로부터 만기일까지의 기간
- **만기수익률** : 채권의 시장가격을 결정하는 이자율, 시장수익률, 유통수익률로 불림

문제해설

채권의 매매일로부터 만기일까지의 기간을 잔존기간, 채권의 권면에 기재된 이율을 표면이율이라 하며 액면금액에 대해 연단위로 이율을 지급한다.

032

채권의 이자지급방법에 관한 설명으로 가장 거리가 먼 것은?

① 단리채는 만기와 표면이율이 같더라도 복리채보다 이자금액이 적다.
② 이표채는 확정금리부채권만 발행한다.
③ 복리채는 이자가 이자지급기간 동안 복리로 재투자된다.
④ 할인채는 채권액면금액에서 상환기일까지의 이자를 단리로 할인한 금액으로 발행한다.

문제해설

확정금리부채권 외에 변동금리부이표채도 있다.

정답 029 ① | 030 ① | 031 ① | 032 ②

033

말킬의 채권가격정리에 대한 설명으로 가장 거리가 먼 것은?

① 채권가격은 만기수익률에 반비례한다.
② 만기가 일정할 때 이자율 하락으로 인한 가격 상승폭은 같은 폭의 이자율 상승으로 인한 가격 하락폭보다 크다.
③ 채권수익률 변동에 의한 채권가격 변동폭은 만기가 길수록 증가하나 그 증감률은 체감한다.
④ 표면이자율이 높은 채권일수록 일정한 이자율 변동에 따른 채권가격 변동폭이 크다.

문제해설

표면이자율이 낮은 채권이 듀레이션이 길기 때문에 일정한 이자율 변동에 따른 채권가격 변동폭이 크다.

034

다음 만기수익률에 대한 설명 중 옳은 것으로만 묶인 것은?

㉠ 채권의 만기까지 단위기간별로 발생하는 이자와 액면금액에 의해 이루어지는 현금흐름의 현재가치의 합을 채권의 가격과 일치시키는 할인율이다.
㉡ 채권시장에서의 거래호가 및 가격계산을 위해 사용하는 가장 일반적인 수익률이다.
㉢ 이표채의 경우 표면이자 등 만기 전까지 발생하는 현금흐름을 최초 투자시의 수익률로 재투자하고 만기까지 보유한 수익률을 말한다.
㉣ 만기 일시상환채권은 채권투자 후 만기까지 보유하면 실효수익률이 만기 수익률과 일치한다.

① ㉠　　② ㉠, ㉡
③ ㉠, ㉡, ㉢　　④ ㉠, ㉡, ㉢, ㉣

문제해설

표면이자율이 낮은 채권이 듀레이션이 길기 때문에 일정한 이자율 변동에 따른 채권가격 변동폭이 크다.

035

금리변동에 따른 채권가격변동에 대한 설명으로 가장 거리가 먼 것은?

① 듀레이션으로 측정한 채권가격은 항상 실제 채권가격보다 낮다.
② 자산의 듀레이션이 부채의 듀레이션보다 짧을 때 현금흐름의 불일치가 생기지 않는다.
③ 금리가 상승하면 듀레이션으로 추정한 채권가격 하락률은 실제 채권가격 하락률보다 크게 나타난다.
④ 볼록성이란 금리변동과 채권가격과의 관계에서 듀레이션으로 측정되지 않는 부분을 말한다.

문제해설
자산의 듀레이션이 부채의 듀레이션과 같을 때 현금흐름의 불일치가 생기지 않는다.

036

채권의 발행당일 수익률이 10%일 때 듀레이션은 2.78년이다. 다른 조건은 이 채권과 동일하지만 표면이율이 10%인 채권의 듀레이션은?

- 발행일 : 2022년 6월 20일
- 만기일 : 2025년 6월 20일
- 표면이율 : 8%
- 이자지급 : 매 연단위 후급

① 2.74년　② 2.78년
③ 2.83년　④ 3.12년

문제해설
이표채의 듀레이션은 다른 조건이 일정한 경우 표면이율이 커질수록 감소한다. 따라서 채권의 표면이율이 10%이므로 2.78년보다 작아야 한다.

037

채권투자에 따른 수익률 변동위험은 가격변동위험 외에 어떤 위험을 포함하는가?

① 재투자위험　② 인플레이션위험
③ 유동성위험　④ 채무불이행위험

문제해설
수익률 변동위험은 가격변동위험과 재투자위험을 포함하는 개념이다. 채권은 중도에 지급받는 이자를 어떠한 수익률로 재투자하느냐에 따라 채권투자에 의한 최종 투자수익률에 차이가 발생한다.

정답 033 ④ | 034 ④ | 035 ② | 036 ① | 037 ①

038

다음 중 단기적으로 시장이자율의 하락을 확신하고 하락곡선이 완만할 것이라고 확신되는 경우 채권의 매입전략은?

① 만기가 길고 표면이자율이 높은 것
② 만기가 짧고 표면이자율이 높은 것
③ 만기가 짧고 표면이자율이 낮은 것
④ 만기가 길고 표면이자율이 낮은 것

문제해설

시장이자율의 하락이 예상된 경우 만기가 길고 표면이자율이 낮은 채권을 매입하는 전략이 유효하다.

039

다음 중 적극적으로 채권투자전략이 아닌 것은?

① 수익률곡선타기전략 ② 채권교체전략
③ 수익률예측전략 ④ 바벨형 만기전략

문제해설

바벨형 만기전략은 소극적 채권투자 전략이다.

040

다음 설명중 틀린 것은?

① 양도받은 자산을 기초로 유동화증권을 발행하여 투자자에게 판매하는 형식상의 회사를 유동화전문회사라고 한다.
② 금리변동부채권(FRN)은 일정 단위기간마다 정해진 기준금리에 연동된 표면이율에 의해 이자를 지급하는 채권이다.
③ 페이–스루(pay–through)방식이란 기초자산에서 발생하는 현금흐름이 그대로 투자자에게 이전됨으로써 수익과 위험이 투자자에게 모두 전가되는 자산유동화의 자금이체방식이다.
④ 디지털옵션 금리변동부채권(Digital Option FRN)은 기준금리(예컨대 CD수익률)가 일정한 범위 내에서 움직였을 때에는 높은 금리를 지급하는데 비해, 이 범위 밖으로 벗어났을 때에는 낮은 금리를 지급하는 구조를 가진다.

문제해설

페이–스루(pay–through)방식이란 기초자산에서 발생하는 현금흐름을 기초로 하되 유동화전문회사가 적립 · 조정한 현금흐름을 투자자에게 지급하는 방식이다.

041

표면이율이 8%이고, 연간 이자가 2회 지급되며 만기수익률이 10%인 회사채가 있다. 이 채권의 맥컬레이 듀레이션이 10.2라면 수정 듀레이션은 얼마인가?

① 8.71년　② 9.71년
③ 10.44년　④ 10.71년

문제해설

수정 듀레이션

$$= \frac{\text{맥컬레이 듀레이션}}{1 + \frac{\text{만기수익률}}{\text{연간 이자지급 횟수}}}$$

$$= \frac{10.2}{1 + \frac{0.1}{2}}$$

= 9.71년

042

다음은 채권의 발행방법을 설명한 것이다. 옳은 것을 모두 고르시오.

> ㉠ 공모발행채권은 사모발행채권보다 발행이율이 높고 만기가 상대적으로 짧다.
> ㉡ 국고채권의 입찰시 사용되는 Dutch Auction방식은 간접발행방식이다.
> ㉢ Conventional Action방식은 복수의 낙찰가격이 발생하게 된다.
> ㉣ 위탁모집, 잔액인수방식, 총액인수방식은 간접발행의 형태이다.
> ㉤ 공모의 대상이 되지 않으려면 채권의 모집 및 매출의 대상인원이 100인 미만이어야 한다.
> ㉥ 매출방행은 채권의 발행조건을 정한 후 일정기간 내에 개별적으로 투자자에게 매도하여 매도한 금액 전체를 발행총액으로 하는 방식이다.

① ㉢, ㉤, ㉥　② ㉠, ㉡, ㉣
③ ㉡, ㉢, ㉣　④ ㉢, ㉣, ㉥

문제해설

㉠ 사모발행채권이 공모채권보다 발행이율이 높고 만기가 상대적으로 짧은 것이 일반적이다.
㉡ Dutch Auction방식은 직접모집방식이다.
㉤ 자본 시장법에 따르면 발행을 위한 모집의 대상인원이 50인 미만인 경우에는 사모로 간주된다.

정답 038 ④ | 039 ④ | 040 ③ | 041 ② | 042 ④

043

공모입찰발행 중에서 낙찰자가 제시한 발행조건으로 발행하는 방식은?

① Dutch방식　　② Conventional방식
③ 평균가격방식　　④ 수익률입찰방식

문제해설

Conventional방식에 대한 설명이다. Conventional Auction 혹 은 American Auction이라고 ㄹ불리는 방식으로 내정수익률 이하에서 각 응찰자가 제시한 응찰수익률을 낮은 수익률(높은 가격)순으로 배열하여 최저 수익률부터 발행예정액에 달할 때까지 순차적으로 낙찰자를 결정하는 방법이다.

044

다음 채권투자에 관한 설명으로 옳은 것은?

① 시장수익률 상승이 예상되면 장기채의 투자비중을 늘린다.
② 시장수익률 상승이 예상되면 표면이율이 낮은 채권을 늘린다.
③ 시장수익률 하락이 예상되면 채권포트폴리오의 듀레이션을 크게 한다.
④ 시장수익률 하락이 예상되면 이자지급이 여러 번에 나누어 이루어지는 채권에 투자하는 것이 유리하다.

문제해설

시장수익률 상승이 예상될 경우에는 듀레이션을 줄이는 전략이 유효하고 수익률 하락이 예상될 경우에는 듀레이션을 늘리는 전략이 유효하다.

045

채권투자전략에 관한 설명으로 가장 거리가 먼 것은?

① 수익률예측전략은 투자자가 시장금리를 예측하여 채권 포트폴리오를 구성하는 전략이다.
② 수익률곡선타기전략은 만기가 길면서 수익률이 높은 채권을 보유하여 만기에 상환받는 것이다.
③ 듀레이션전략은 투자기간과 듀레이션을 일치시켜 이자율 위험을 제거하는 전략인데 듀레이션이 길수록 가격변동위험이 크다.
④ 만기전략은 이자율 상승이 예상되면 가격탄력성이 작은 단기채권으로, 이자율 하락이 예상되면 가격탄력성이 큰 장기채권으로 포트폴리오를 구성해야 한다.

문제해설

수익률곡선타기전략은 매입한 채권을 일정기간 후에 매도한 후 다시 장기채를 재매입하는 투자를 반복하는 것이다.

046

다음 중 만기수익률에 대한 설명으로 가장 거리가 먼 것은?

① 할인채는 현금흐름이 한 번 발생하는 채권의 만기수익률로서 현물수익률과 동일하다.
② 모든 채권은 매입 후 만기까지 보유할 경우 매입시의 만기수익률이 실현된다.
③ 채권에서 발생하는 현금흐름의 현재가치를 채권의 가격과 일치시키는 할인율이다.
④ 이표채는 매입 후 만기까지 보유하게 되면 약정한 수익률을 보장받을 수 있다.

문제해설

이표채는 만기 이전에 발생되는 이자를 어떻게 재투자하느냐에 따라 실현수익률이 달라지기 때문에 비록 매입 후 만기까지 보유한다고 하더라도 매입시 만기수익률이 실현된다고 볼 수 없다.

047

다음은 채권 입찰방식에 대한 설명이다. 가장 거리가 먼 것은?

① 수익률 입찰방식은 미리 쿠폰이율을 제시하는데 비하여 가격 입찰방식은 입찰 체결 후 쿠폰이율을 결정한다는 점이 다르다.
② 평균가격 입찰방식은 낙찰된 부분의 평균가격으로 발행조건을 균일하게 한다.
③ Dutch방식은 낙찰자마다 발행조건이 균일하지만 Conventional 방식은 복수의 발행조건이 생긴다.
④ 입찰방식 중 가격 입찰방식은 발행자에게 유리한 응찰분부터 낙찰시킨다는 점에서 수익률 입찰방식과 비슷하다.

문제해설

수익률 입찰방식은 입찰 체결 후 쿠폰이율이 결정되는 데 비하여 가격 입찰방식은 미리 쿠폰이율을 제시하여야 한다.

048

다음 중 채권의 가격결정요인이 아닌 것은?

① 표면이자율　② 액면가격
③ 채권수익률　④ 연평균수익률

문제해설

연평균수익률은 채권의 가격결정요인이 아니라 채권가격 시세를 표시하는 수익률이다.

정답 043 ② | 044 ③ | 045 ② | 046 ④ | 047 ① | 048 ④

049

채권의 투자수익률에 대한 설명으로 가장 거리가 먼 것은?

① 만기수익률이란 채권에 대한 기대현금유입의 현재가치와 그 채권가격을 일치시키는 할인율이다.
② 실효수익률이란 이자의 재투자와 채권매도시 수익률이 채권매입시와 다르다는 것을 전제로 계산한 수익률이다.
③ 표면수익률이란 채권가격에 대한 연간 표면금리 수입의 비율을 말한다.
④ 연평균수익률이란 중간에 받는 이자의 재투자를 가정하고 있으나 연단위 산술평균수익률이다.

문제해설

③은 경상수익률에 관한 설명이다.

050

다음 중 채권에 대한 설명으로 가장 거리가 먼 것은?

① 듀레이션은 현재 가치로 할인된 모든 현금흐름의 총 현금흐름에 대한 비율을 가중치로 사용한다.
② 듀레이션은 만기 표면이자율, 만기수익률 등이 서로 다른 채권의 현금흐름을 쉽게 파악할 수 있는 장점이 있다.
③ 채권면역전략은 듀레이션전략이라고도 한다.
④ 금리수준이 불변임에도 불구하고 잔존기간이 단축됨에 따라 수익률이 하락하여 가격이 상승하는 효과를 숄더효과라 한다.

문제해설

④는 롤링효과에 대한 설명이다. 숄더효과는 잔존연수마다 수익률 격차가 일정하지 않고 만기가 짧아질수록 수익률이 급격히 하락하고, 가격이 큰 폭으로 상승하는 효과를 말한다.

051

맥켈레이 듀레이션이 4년이고 연간 이자가 2회 지급되는 채권의 현재 만기수익률이 10%이면 수정 듀레이션은 얼마인가?

① 3.5년　　② 3.81년
③ 4년　　④ 4.2년

문제해설

수정 듀레이션

$$= \frac{\text{맥컬레이 듀레이션}}{1 + \dfrac{\text{만기수익률}}{\text{연간 이자지급 횟수}}}$$

$$= \frac{4}{1 + \dfrac{0.1}{2}}$$

= 3.81년

052

다음은 국채딜러 간 시장에 대한 매매방법에 설명이다. 가장 거리가 먼 것을 모두 고르시오.

> 국채전문유통시장(Inter－dealer Market : IDM)의 ㉠ 증권사와 은행, 종금사로 이루어지며, 경쟁입찰을 통해 발행된 ㉡ 국고채권을 ㉢ 액면 10,000원, ㉣ 호가가격단위 1원, ㉤ 매매수량단위가 1억원이며, KTS를 이용해 개별경쟁매매원칙에 따라 ㉥ 동시호가 없이 체결이 이루어진다.

① ㉠, ㉡, ㉥　　② ㉤
③ ㉡, ㉣, ㉤　　④ ㉤, ㉥

문제해설

㉤ 일반채권거래와 동일 방식을 취하고 있으나 매매수량단위는 10억원이다.

053

다음 중 성격이 다른 채권은?

① 전환사채　　② 교환사채
③ 이익참가부사채　　④ 담보부사채

문제해설

담보부사채는 보증사채, 무보증사채와 같은 보증 여부에 따른 분류방식인데 반해, 전환사채, 교환사채, 이익참가부사채는 신종사채이다.

054

채권의 투자전략에 대한 설명으로 가장 거리가 먼 것은?

① 수익률곡선타기전략은 수익률곡선이 우상향하는 형태를 전제로 한다.
② 불릿형 채권운용전략은 중기채 중심의 채권포트폴리오를 구성하는 전략이다.
③ 인덱스펀드에 편입된 채권의 수가 많을수록 추적오차가 발생한 가능성이 적어진다.
④ 면역전략은 투자기관과 채권포트폴리오의 잔존기간을 일치시켜 수익률변동위험을 제거하려는 전략이다.

문제해설

면역전략은 투자기관과 채권포트폴리오의 듀레이션을 일치시켜 이자율변동위험을 제거하려는 전략이다.

정답 049 ③ | 050 ④ | 051 ② | 052 ② | 053 ④ | 054 ④

055

채권투자위험에 관한 설명으로 가장 거리가 먼 것은?

① 원금이 최종 만기일 이전에 상환될 가능성으로 인하여 파생되는 위험을 수의상환위험이라고 한다.
② 이자율이 하락하여 채권가격이 상승하고 자본이익을 얻는 것은 재투자 위험이다.
③ 이자율이 상승하여 채권가격이 하락하고 자본손실을 입는 것은 가격변동 위험이다.
④ 거래가 비연속적이고 거래의 기본단위가 큰 시장에서 개인투자자가 상대적으로 유동성위험에 노출되기 쉽다.

문제해설

이자율이 상승하거나 하락하여 채권가격 하락이나 상승으로 오는 자본이익이나 손실은 모두 가격변동 위험이다.

056

채권의 분류방식으로 가장 거리가 먼 것은?

① 이자지급방법에 따라 이표채, 할인채, 복리채 등으로 구분된다.
② 만기기간에 따라 단기채, 중기채, 장기채로 구분된다.
③ 모집방법에 따라 담보채와 보증채로 구분된다.
④ 발행주체에 따라 국채, 지방채, 특수채, 회사채로 구분된다.

문제해설

모집방법에는 공모채와 사모채가 있고, 담보채와 보증채는 보증 여부에 따른 분류이다.

057

듀레이션에 대한 설명으로 가장 거리가 먼 것은?

① 현금흐름이 얻어지기까지의 가중평균기간이다.
② 할인채권의 듀레이션은 만기가 길다.
③ 듀레이션의 결정요인은 표면이자율, 만기, 채권수익률 등이다.
④ 만기수익률이 높을수록 듀레이션은 길다.

문제해설

이표채는 만기수익률이 높을수록 듀레이션은 짧아진다.

058

수익률 예측전략의 포트폴리오 구성에 대한 설명으로 가장 거리가 먼 것은?

① 수익률 하락예상시 듀레이션이 긴 장기채를 매입한다.
② 수익률 상승예상시 듀레이션이 짧은 단기채를 매입한다.
③ 수익률 하락예상시 유통수익률이 낮은 채권을 매입한다.
④ 수익률 상승예상시 변동금리부 채권을 매입한다.

더 알아보기 수익률 예측전략에서의 포트폴리오 구성

구분	수익률 하락예상시	수익률 상승예상시
잔존기간	장기채 매입	단기채 매입
표면이자율	표면이율이 낮은 확정금리채권 (듀레이션이 긴 채권)	표면이율이 높은 확정금리채권 (듀레이션이 짧은 채권)
유통수익률	유통수익률이 높은 채권	유동수익률이 낮은 채권
이자지급조건	고금리부 채권매입	변동금리부 채권매입

문제해설

수익률 하락예상시 유통수익률이 높은 채권을 매입한다.

059

채권의 소극적 · 적극적 투자전략에 대한 설명으로 다음 중 가장 거리가 먼 것은?

① 나비형 투자전략을 수행하려면 바벨형 포트폴리오를 구성해야 한다.
② 수익률곡선타기전략은 수익률곡선이 우하향할 때 그 효과가 극대화된다.
③ 적극적 투자전략은 향후 수익률의 변동성이나 수익률 간의 스프레드 등 채권가격에 영향을 미치는 요인들을 예측하여 채권운용전략을 구성하는 방법이다.
④ 소극적 투자전략은 위험이 수반되는 투자수익보다는 투자잔산의 유동성, 안정성 측면에 상대적으로 높은 비중을 둔다.

문제해설

수익률곡선타기전략은 수익률곡선이 우상향할 때 효과를 볼 수 있다.

정답 055 ② | 056 ③ | 057 ④ | 058 ③ | 059 ②

060

채권의 거래절차에 대한 설명 중 옳은 것은?

① 증권회사를 통해 채권에 투자하는 경우에는 기존계좌를 이용할 수 없으므로 신규계좌를 개설해야 한다.
② 기타 소액채권의 거래시 거래인감, 주민등록증을 지참하여 증권회사에서 계좌를 개설해야만 한다.
③ 채권매도시에는 주식거래와 같은 이율로 증권거래세가 부과된다.
④ 거래소의 일반채권시장을 이용해 매매할 경우 당일결제가 이루어진다.

문제해설

① 신규계좌와 기존계좌를 모두 이용해 매매할 수 있다.
② 기타 소액채권의 거래는 증권회사에 소액채권 전용공동계좌가 있을 경우 이를 이용할 수 있다.
③ 채권거래는 주식거래와는 달리 채권매도 시에도 증권거래세가 없다.

061

채권의 권면에 기재된 이율로 액면금액에 대해 연단위로 지급하는 이자율을 무엇이라 하는가?

① 액면가 ② 표면금리
③ 만기수익률 ④ 시장수익률

문제해설

① **액면가** : 채권의 권면에 표시된 금액
③, ④ **만기수익률** : 시장수익률, 유통수익률이라고 불리는데, 채권의 시장가격을 결정하는 이자율이다.

062

채권투자전략에 대한 설명으로 옳은 것은?

① 스프레드운용전략이란 수익률 격차가 확대 또는 축소된 시점을 파악해 교체매매를 함으로써 보유기간별 투자효율을 높이는 전략이다.
② 사다리형 만기전략이란 유동성 확보를 위한 단기채권과 수익성 확보를 위한 장기채권만 보유하고 중기채권은 보유하지 않는 전략이다.
③ 바벨형 만기전략이란 채권의 보유량을 각 잔존기간마다 동일하게 유지함으로써 시세변동위험을 평준화시키려는 전략이다.
④ 만기보유전략, 인덱스전략, 현금흐름일치전략은 적극적 투자전략에 속한다.

문제해설

② 바벨형 투자전략에 대한 설명이다.
③ 사다리형 투자전략에 대한 설명이다.
④ 소극적 투자전략에 속한다.

063

다음 ( ) 안에 들어갈 말로 맞게 짝지어진 것을 고르시오.

- Repo거래란 (㉠)라고도 하며, 참여자에 따라 개인 및 일반법인을 대상으로 하는 대고객 Repo와 금융기관과 기관투자자 상호 간에 이루어지는 기관 간 Repo 등이 있다.
- 채권전문 자기매매업자는 채권액면 10억 원 미만의 매매를 하는 소액투자자에 대해서 7종목 이상의 채권에 대한 매매호가를 지속적으로 제시하여 (㉡)을(를) 한다.
- (㉢)는 채권의 보유기관이 투자전략을 위하여 채권을 필요로 하는 기관에게 채권을 빌려주고 일정기간 후에 상환받는 거래이다.

	㉠	㉡	㉢
①	MMF편입채권매매	시장조성	채권대여거래
②	MMF편입채권매매	시장참여	채권대차거래
③	환매조건부 채권매매(RA)	시장조성	채권대여거래
④	환매조건부 채권매매(RA)	시장조성	채권대차거래

문제해설

Repo거래와 채권전문 자기매매업자, 채권대차거래에 관한 설명이다.

064

다음의 채권들이 일반 연단위 후급 이표채일 경우 듀레이션이 큰 순서대로 나열한 것은?

구분	표면이율	잔존기간	시장수익률
A	6%	7년	8%
B	8%	5년	8%
C	8%	7년	8%
D	8%	5년	10%

① A > C > D > B　② A > C > B > D
③ C > A > D > B　④ C > A > B > D

문제해설

듀레이션은 표면이율이 낮을수록, 잔존기간이 길수록, 시장수익률이 낮을수록 크다.

정답 060 ④ | 061 ② | 062 ① | 063 ④ | 064 ②

2과목 증권시장

065

A채권은 만기 3년, 표면이율 5%인 연단위 복리채이다. 액면금액 10,000원을 기준으로 한 A채권의 만기상환금액은? (원 미만은 절사)

① 11,576원　② 11,634원
③ 11,654원　④ 11,674원

문제해설

$S = F \times (1 + i)^n$
$S = 10,000 \times (1 + 0.05)^3 = 11,576$

- S : 만기상환금액
- F : 액면금액
- i : 표면이율
- n : 만기 연수

066

B채권은 만기 3년, 표면이율 6%인 6개월 단위 재투자복리채이다. 액면금액 10,000원을 기준으로 한 B의 만기상환금액은?

① 11,620원　② 11,775원
③ 11,834원　④ 11,940원

문제해설

$S = F \times (1 + i/m)^n$
$= 10,000 \times (1 + 0.06 / 2)^6$
$= 11,940$

067

C채권은 표면이율 9%인 5년 만기 단리채이다. 원금이 10,000원일 때 만기상환금액은?

① 13,400원　② 14,500원
③ 15,600원　④ 16,400원

문제해설

$S = F \times (1 + i \times N)$
$= 10,000 \times (1 + 0.09 \times 5)$
$= 14,500$

068

D채권은 표면이율이 7%이고 만기기간인 5년인 할인채이다. 액면 10,000원을 기준으로 할 때 이 채권의 발행가액은?

① 6,500원　　② 7,500원
③ 8,500원　　④ 10,000원

문제해설

발행가액 = 10,000 × (1 − i × N)
= 10,000 × (1 − 0.07 × 5)
= 6,500

069

다음 조건을 지닌 이표채를 발행당일에 유통수익률 8%로 매매하려고 할 때 관행적 방식에 의한 세전단가는?

- 발행일 : 2022년 12월 20일
- 만기일 : 2025년 12월 20일
- 이자지급방법 : 매 3개월 후급
- 표면이율 : 6%

① $P=\sum_{t=1}^{3}\frac{600}{(1+0.08)^t}+\frac{10,600}{(1+0.08)^3}$

② $P=\sum_{t=1}^{6}\frac{300}{\left(1+\frac{0.08}{2}\right)^t}+\frac{10,300}{\left(1+\frac{0.08}{2}\right)^6}$

③ $P=\sum_{t=1}^{12}\frac{150}{\left(1+\frac{0.08}{4}\right)^t}+\frac{10,150}{\left(1+\frac{0.08}{4}\right)^{12}}$

④ $P=\sum_{t=1}^{12}\frac{150}{\left(1+\frac{0.08}{4}\right)^t}+\frac{10,000}{\left(1+\frac{0.08}{4}\right)^{12}}$

문제해설

이표채의 단가는 매기의 현금흐름을 이자지급단위로 정제되는 잔존기간에 대해서는 이자지급단위기간 복리로, 이자지급단기기간 이하의 잔존기간에 대해서는 이자지급단위기간 단리방식으로 현재가치화한 값이다. 이 채권의 이자지급단위기간은 3개월이므로 3월 단위 복할인 방식을 사용한다. ③의 경우는 마지막 이표금액을 중복 계산한 것이다.

070

현 시점에서 만기가 2년인 이자율($_0R_2$)이 5%, 만기가 3년인 이자율($_0R_3$)이 6%라고 한다. 향후 2년 후의 1년 만기 내재선도율은?

① 8.03%　　② 8.27%
③ 8.87%　　④ 8.89%

문제해설

- $(1+{_2f_1})$
$=\frac{(1+{_0R_3})^3}{(1+{_0R_2})^2}=\frac{(1+0.06)^3}{(1+0.05)^2}$
$=1.08028$
- ${_2f_1}=0.08028$

정답 065 ① | 066 ④ | 067 ② | 068 ① 069 ③ | 070 ①

071

제1종 국민주택채권을 2025년 6월 30일에 만기수익률 5.0%에 매입하였다. 만기상환금액과 매입가격을 구하면?

- 발행일 : 2025년 6월 30일
- 만기일 : 2030년 6월 30일
- 표면이율 : 4%
- 원리금 지급방법 : 연단위복리, 만기시 일시상환

① 12,166원 9,532원　② 11,592원 9,235원
③ 12,166원 9,342원　④ 11,592원 9,652원

문제해설

- 만기상환금액 $= 10,000 \times (1+0.04)^5 = 12,166$
- 매입가격 $= \dfrac{12,166}{(1+0.05)^5} = 9,532$

072

위의 71번 문제의 채권을 만기일까지 잔존기간 3년 130일 남은 시점에 만기수익률 4.9%에 매도하였다. 매도가격은?

① 9,870원　② 10,000원
③ 10,120원　④ 10,360원

문제해설

$P = \dfrac{12,166}{(1+0.049)^3(1+0.049\times130/365)}$

$= 10,360$

073

다음 조건의 채권을 2025년 10월 28일에 시장만기수익률 5.0%에 매매한다면 매매가격은?

- 발행일 : 2025년 2월 15일
- 만기일 : 2026년 2월 15일
- 표면이율 : 4.8%
- 원리금 지급방법 : 단리식, 만기식 일시상환

① 10,480원　② 10,325원
③ 10,256원　④ 10,117원

문제해설

- 만기상환금액
  $= 10,000 \times (1+0.048\times1)$
  $= 10,480$
- 매입가격

$P = \dfrac{10,480}{(1+0.05\times110/365)}$

$= 10,325$

074

서울시 도시철도 채권을 2025년 4월 10일에 시장만기수익률 4%에 매매할 경우 매매단가는?

- 발행일 : 2025년 3월 31일
- 만기일 : 2032년 3월 31일
- 표면이율 : 2.0%
- 이자지급방법 : 5년 복리, 2년 단리 후 원금과 함께 일시상환

① 8,310원　② 8,420원
③ 8,702원　④ 8,931원

문제해설

- 만기상환금액
  $= 10{,}000 \times (1+0.02)^5 + 0.02 \times 2)$
  = 11,440원
- 매입가격 : 잔존기간 6년 355일
- $P = \dfrac{11{,}440}{(1+0.04)^6(1+0.04\times 365/365)}$
  = 8,702

075

다음 보기 중 볼록성에 대한 설명으로 가장 거리가 <u>먼</u> 것은?

㉠ 다른 조건이 일정하다면 표면이율이 낮은 이표채가 표면이율이 높은 이표채보다 볼록성이 작다.
㉡ 다른 조건이 일정하다면 수익률의 수준이 낮을수록 볼록성은 커진다.
㉢ 특정 수익률 수준에서 산출된 듀레이션이 같은 두 채권의 경우, 수익률이 상승하게 되면 볼록성이 큰 채권이 볼록성이 작은 채권보다 높은 가격을 가지게 된다.

① ㉠　② ㉡, ㉢
③ ㉠, ㉢　④ ㉠, ㉡, ㉢

문제해설

㉠ 다른 조건이 일정하다면 표면이율이 낮은 이표채가 표면이율이 높은 이표채보다 볼록성이 크다.

정답 071 ① | 072 ④ | 073 ② | 074 ③ | 075 ①

076

채권의 신용평가등급은 투자등급과 투기등급으로 분류된다. 다음 중 채권과 기업어음의 투자등급의 최하위 등급은?

① BB(−)　② BBB(−)
③ A3(+)　④ B(+)

문제해설

채권은 AAA에서 BBB까지 투자등급으로 분류된다.

더알아보기 채권의 신용평가등급

채권	AAA	원리금지급능력이 최상급
	AA	원리금지급능력이 우수하지만 AAA채권보다는 다소 떨어짐
	A	원리금지급능력이 우수하지만 상위등급보다 경제여건 및 환경악화에 따른 영향을 받기 쉬운 면이 있음
	BBB	원리금지급능력은 양호하지만 상위등급에 비해 경제 여건 및 환경악화에 따라 지급능력이 저하될 가능성을 내포하고 있음

※ 원리금의 적기상환능력에 의해 결정되는 사채의 등급은 AAA에서 D까지 구분되며, 일반적으로 AA에서 B까지는 당해 등급 내에서 상대적 위치에 따라 (+)부호 또는 (−)부호를 첨부한다.

077

표면이율 8%인 3년 만기 할인채를 52일을 보유하고 시장수익률 10%, 단가 7,513원에 매입한 후 1년 경화 후 수익률 8%인 단가 8,573원에 매도하였다. 매매수량이 액면 1,000만 원일 경우 매도시에 원천징수를 하려고 한다면 과표와 세금은 얼마인가?

① 97,709원 15,030원　② 113,972원 17,540원
③ 113,973원 17,540원　④ 97,708원 15,030원

문제해설

- 과표 $= \left[10{,}000 \times 0.08 \times \frac{52}{365}\right] \times 1{,}000$
  = 113,972원 (원 미만 절사)
- 세금
  - 소득세(법인세) : 113,972 × 0.14 = 15,950원 (10원 미만 절사)
  - 주민세 : 15,956 × 0.1 = 1,590원 (10원 미만 절사)
  - 개인세금계 : 15,950 + 1,590 = 17,540원 (원 미만 절사)

078

다음 설명 중 틀린 것을 고르시오.

> ㉠ 이표채는 표면이 낮을수록 동일한 크기의 수익률변동에 대한 가격변동률이 커진다.
> ㉡ 동일한 크기의 수익률변동이 발생하면 채권의 가격변동률은 수익률이 하락할 때와 상승할 때가 동일하다.
> ㉢ 표면이율이 높을수록 동일한 크기의 수익률변동에 대한 가격변동률은 커진다.
> ㉣ 채권의 수익률이 하락하면 채권가격은 상승한다.
> ㉤ 채권은 잔존기간이 길어질수록 동일한 수익률변동에 대한 가격변동률은 감소한다.
> ㉥ 수의상환채권 발행자는 시장수익률이 상승하면 수의상환권을 행사한다.

① ㉠, ㉤, ㉥　　② ㉡, ㉣, ㉥
③ ㉢, ㉤, ㉥　　④ ㉡, ㉢, ㉤, ㉥

문제해설

㉡ 동일한 크기의 수익률변동이 발생하더라도 채권가격의 변동률은 수익률이 하락할 때와 상승할 때가 동일하지 않다.
㉢ 표면이율이 높을수록 동일한 크기의 수익률변동에 대한 가격변동률은 작아진다.
㉤ 채권의 잔존기간이 길어질수록 동일한 수익률변동에 대한 가격변동률은 커진다.
㉥ 수의상환권은 채권발행시 지급하기로 한 이자율보다 시장금리가 낮아질 경우 행사된다.

079

다음 설명의 (　　) 안에 공통적으로 들어갈 단어는?

> • 채권시장에서는 채권가격보다는 (　　)에 의해 채권의 가치가 호가될 뿐만 아니라 실제 거래가 이루어진다.
> • (　　)은(는) 채권의 발행조건에 의하여 채권의 현금흐름과 매매하고자 하는 시점에서 만기까지의 잔존기간을 알 경우 매매를 위한 가격산정을 위하여 매매당사자 간 결정되어야 하는 것이다
> • 채권의 원금 및 이자와 같은 현금흐름을 할인한 현재가치의 합을 채권의 가격과 일치시키는 할인율로도 정의되는 개념은 (　　)이다.

① 표면할인률　　② 액면가
③ 만기수익률　　④ 표면이율

문제해설

채권가격과 만기수익률에 대한 설명이다.

정답 076 ② | 077 ② | 078 ④ | 079 ③

080

다음은 채권에 대한 과세방법에 대한 설명이다. 옳은 것은?

① 채권의 투자수익에 대한 세금은 표면이율에 대한 이자와 가격변동으로 인한 자본차익을 합하여 과세된다.
② 할인채는 만기상환금액이 액면금액과 같기 때문에 과세대상 채권에 포함되지 않는다.
③ 복리채는 재투자구조를 감안한 과표산정의 산술적 어려움으로 채권이자가 채권발행시부터 만기시까지 균등하게 발생된다는 가정하에서 보유기간에 비례하여 과표를 산출한다.
④ 채권에 대한 과세는 원천징수방식과 세후단가매매방식이 있다.

문제해설

① 채권에서 발생하는 과세대상소득은 표면이자와 할인액에 한정되고 유통시장에서 이루어진 매매로 발생된 자본손익은 과세대상 소득에 포함되지 않는다.
② 할인채는 과세대상으로 전기 이자 발생시점에서 다음 이자발생시점까지의 이자 혹은 할인액의 발생이 균등하게 이루어진다는 전제하에 과표가 산출된다.
③ 현재는 재투자구조를 감안한 과표 계산방식이 일반화되어 있다.

081

다음 수익률곡선에 대한 설명 중 옳은 것은?

① 만기시 일시상환채권들의 잔존기간과 수익률 간의 특정시점에 있어서의 관계를 그림으로 나타낸 것을 현물수익률곡선(spot rate curve)이라고 한다.
② 유동성프리미엄이 반영된 수익률곡선은 언제나 우상향하는 형태로 나타난다.
③ 불편기대가설은 미래의 단기이자율은 위험에 대해 중립적인 태도를 지닌 사람들의 기대에 의해서만 결정된다는 가정에 근거한 이론이다.
④ 시장불할가설은 법적 · 제도적 요인 등에 의한 구조적 경직성이 존재함으로써 채권시장이 몇 개의 하위시장으로 분할되어 채권수익률과 잔존기간 간에 어떤 체계적 관계가 존재하지 않는 수익률곡선에 대한 가설이다.

문제해설

만기기간에 비례하여 증가하는 유동성프리미엄이 반영된다면 수익률곡선이 우상향하는 상태로 나타날 수도 있다.

082

만기기간이 76일, 액면금액 10억 원인 기업어음(CP)을 발행당일에 할인율 5.5%에 매입하려고 한다. 이 CP의 세전가격은 얼마인가? (원 미만 절상)

① 988,354,425원　② 988,547,946원
③ 988,577,681원　④ 988,677,610원

문제해설

세전가격

$= 1{,}000{,}000{,}000 \times \left(1 - 0.055 \times \frac{76}{365}\right)$

= 988,547,946원

083

제1종 국민주택채권을 2023년 5월 31일에 매입하여 2025년 5월 31일에 매도하였다. 매매수량이 액면 1억 원일 경우 매도시에 원천징수를 위한 과표액은 얼마인가? (보유기간 동안 세율이 동일하다고 가정)

- 발행일 : 2022년 5월 31일
- 만기일 : 2027년 5월 31일
- 표면이율 : 5%
- 원리금 지급방법 : 연단위 복리, 만기시 일시상환

① 10,762,500원　② 11,865,656원
③ 22,628,156원　④ 20,762,500원

문제해설

발행 후 1년 경과 후 매입하고, 발행 이후 3년 후 매도한 것이므로,

과표 $= (10{,}000 \times 10{,}000) \times [(1 + 0.05)^3 - (1 + 0.05)^1]$

= 10,762,500원

084

다음 중 옳지 <u>않은</u> 설명들로만 묶인 것을 고르시오.

㉠ 전환사채의 전환권 행사시에는 신규로 주금을 납하여야 한다.
㉡ 우리나라에서는 분리형 신주인수권부사채가 발행된다.
㉢ 교환사채는 발행회사가 보유하고 있는 주식으로 교환할 수 있는 권리가 부여된 채권이다.
㉣ 수의상환채권(callable bond)이란 채권보유자가 채권의 발행자에게 조기상환을 청구할 수 있는 권리가 첨부된 채권이다.

① ㉠, ㉣　② ㉠, ㉢
③ ㉡, ㉣　④ ㉢, ㉣

문제해설

㉠ 전환사채의 전환권 행사시에는 주금이 사채금액으로 대체된다.
㉣ 수의상환채권이란 채권발행자가 채권의 보유자에게 조기에 원리금을 상환할 수 있는 권리가 첨부된 채권이다.

정답 080 ④ | 081 ② | 082 ② | 083 ① | 084 ①

4장 기타증권시장

001

다음 중 코넥스시장에 관한 설명으로 가장 거리가 먼 것은?

① 전문투자자 중심의 시장이다.
② 중소기업법상 중소기업만 사장이 가능하다.
③ 코넥스시장에 참여하고자 하는 전문투자자와 개인투자자는 기본예탁금으로 1억 원 이상을 예탁하여야 한다.
④ 분기 · 반기보고서를 면제하는 등 상장회사의 공시의무 범위를 완화하였다.

문제해설

코넥스시장에 참여하고자 하는 개인투자자는 기본예탁금(현금 및 대용증권 포함)으로 3억 원 이상을 예탁하여야 한다.

002

다음 (　　) 안에 들어갈 내용은?

> 코넥스시장에서 (　　)은 기업의 상장적격성을 판단하는 자로, 기업에게는 코넥스시장 상장 및 상장유지를 지원하는 후견인 역할 수행하고, 투자자에게는 코넥스시장의 완화된 규제를 보완하는 역할을 담당한다.

① 상장주선인　　② 지정자문인
③ 감사인　　④ 심사청구인

더알아보기 지정자문인의 역할

- **상장 전** : 기업실사, 기업실사보고서 작성, 상장적격보고서 작성 및 상장적격성 심사
- **상장 후** : 금융관련법규 및 거래소규정 준수 관련 컨설팅, 공시 및 신고업무의 자문 및 대리, 기업설명회 개최 권고 및 지원, 기업현황보고서 작성 및 게시, 유동성공급호가 제출, 기타 거래소가 필요하다고 인정하는 업무

문제해설

코넥스시장에 상장하고자 하는 기업은 거래소가 선정한 지정자문인 중 1개사와 지정자문인 선임계약을 체결하여야 신규상장신청이 가능하며, 지정자문인은 상장예정법인의 상장적격성 심사뿐만 아니라 기업의 후견인 역할을 수행한다.

003

코넥스시장의 상장요건 및 상장절차에 관한 내용으로 가장 거리가 먼 것은?

① 코넥스시장에 상장하는 경우 보호예수의무를 적용하지 않고 있다.
② 코넥스시장은 증권의 자유로운 유통과 재무정보의 신뢰성 확보를 위한 최소한의 요건만 적용한다.
③ 코넥스시장에서는 상장시 주식분산요건이 별도로 요구되지 않기 때문에 상장승인 후 공모절차가 의무사항이 아니다.
④ 코넥스시장에서 직상장의 경우 상장신청 이후 최초 매매거래개시일까지 코스닥시장과 마찬가지로 약 4개월이 소요된다.

더 알아보기 코넥스시장의 상장절차
지정자문인 계약체결 → 외부감사 → 기업실사 → 상장적격성 보고서 작성 → 신규상장신청(D) → 신규상장승인(D+10) → 매매거래 개시(D+15)

문제해설
코넥스시장은 코스닥시장에 비해 신속한 상장이 가능하다. 코넥스시장에서의 직상장의 경우 상장신청 후 최초 매매거래시일까지 소요기간은 약 15영업일에 불과하다.

004

다음 중 코넥스시장의 매매거래제도와 관련된 설명으로 가장 거리가 먼 것은?

① 매매수량단위는 1주이다.
② 매매체결방법은 30분단위 단일가매매방식으로 운영하고 있다.
③ 호가종류는 지정가호가와 시장가호가를 단순화하였다.
④ 정리매매종목에 해당하는 경우에는 경매매 신청을 할 수 없다.

문제해설
코넥스시장 개설 당시 거래 많지 않을 것으로 예상하여 30분단위 단일가매매방식을 채택하였으나 시장 참가자들의 여러 의견을 수용하여 유가증권시장, 코스닥시장과 동일하게 접속매매방식으로 변경하여 운영하고 있다.

정답 001 ③ | 002 ② | 003 ④ | 004 ②

005

K-OTC시장에 관한 설명으로 가장 거리가 먼 것은?

① K-OTC시장은 자본시장과 금융투자업에 관한 법률에 근거하여 조직화된 장외시장이다.
② K-OTC시장은 고위험 · 고수익을 추구하는 투자자에게 새로운 투자기회를 제공한다.
③ K-OTC시장 지정법인의 소액주주가 K-OTC시장을 통하여 지정주식을 양도하는 경우에는 모두 양도소득세가 비과세된다.
④ K-OTC시장은 한국금융투자협회가 비상장주권의 매매를 위하여 운영하는 장외시장이다.

문제해설

K-OTC시장 지정법인 중 벤처기업의 소액주주가 K-OTC시장을 통해 지정주식을 양도하는 경우에만 양도소득세가 비과세된다.

006

K-OTC시장에 대한 설명으로 거리가 먼 것은?

① 금융투자상품시장에는 거래소시장, 다자간매매체결회사, K-OTC시장등이 포함된다.
② K-OTC시장은 비상장 중소기업의 자금조달을 지원하기 위한 시장이므로, 대기업 주식은 거래대상에 포함되지 않는다.
③ K-OTC시장의 시장관리업무는 한국금융투자협회가 담당한다.
④ K-OTC시장의 매매거래방식은 상대매매방식이다.

문제해설

K-OTC시장의 거래대상에는 중소기업은 물론 비상장 중견 · 대기업 주식도 포함된다.

007

각 나라별 장외주식시장을 연결한 것이다. 잘못 연결된 것은?

① 미국 – OTCBB
② 일본 – 그린시트(Green Sheet)
③ 한국 – K–OTC시장
④ 영국 – OTC Markets

더알아보기 외국의 장외주식시장
- **미국의 OTCBB** : 장외주식의 실시간 호가, 현재가, 거래량정보 등을 제공
- **미국의 OTC Markets** : 장외주식에 대한 시장조성인의 호가제공
- **일본의 Green Sheet** : 비상장주식의 호가개시 및 거래정보 제공

문제해설

OTC Markets는 미국의 장외주식시장이다.

008

다음은 K–OTC시장의 지정제도에 대한 설명이다. 가장 거리가 먼 것은?

① 유가증권시장 또는 코스닥시장의 상장과 동일한 개념으로, 한국금융투자협회가 정한 요건을 충족하는 종목에 대해 K–OTC시장에서 거래 될 수 있는 자격을 부여하는 것을 지정이라고 한다.
② 신규지정요건에는 주식분산요건을 규정하고 있어 지정신청기업은 일정한 비율의 주식분산 후 신규지정을 신청할 수 있다.
③ 지정종목의 종류, 액면금액, 종목, 수량의 변경(추가)이 있을 때는 사유발생일로부터 1개월 이내에 변경(추가)지정을 신청하면 된다.
④ 지정법인은 지정해제된 이후 재지정을 신청할 수 있으며 재지정 신청시에는 신규지정과 동일한 지정요건을 갖추어야 한다.

문제해설

K–OTC시장은 유가증권시장이나 코스닥시장과 달리 지정요건 중 주식의 분산요건을 두지 않아 기업은 신주모집 등 주식분산을 위한 절차를 생략하고 바로 신규지정을 신청할 수 있다.

정답 005 ③ | 006 ② | 007 ④ | 008 ②

009

다음 중 프리보드시장에서 일정한 요건을 갖춘 지정법인의 코스닥시장 상장시 혜택에 관한 설명으로 가장 거리가 먼 것은?

① 코스닥시장 상장수수료가 면제된다.
② 코스닥시장 상장예비심사시 심사대상법인의 10% 범위 내에서 우선하여 심사한다.
③ 성장형 벤처기업의 경우 코스닥시장 상장 후 최대주주에 대한 상장 후 매각제한 규제의 적용을 면제받는다.
④ 프리보드시장에서 모집 또는 매출을 통해 주식을 분산한 경우 코스닥시장 상장을 위한 주식분산비율 산정시 5% 범위 내에서 이를 인정한다.

문제해설

K-OTC시장 지정법인 중 성장형 벤처기업에 투자한 벤처금융 및 기관투자자에 대해 상장 후 매각제한 규제의 적용을 면제하고 있다.

010

K-OTC시장 신규지정절차에 관한 설명으로 가장 거리가 먼 것은?

① 정관에 주식양도제한 규정이 있을 때는 이를 삭제하고 신규지정요건에 맞도록 정관을 정비하여야 한다.
② 투자자가 K-OTC시장에서 지정종목의 매도주문을 내는 행위는 자본시장과 금융투자업에 관한 법률에서 정의하는 증권의 발행에 해당한다.
③ 협회는 지정신청회사로부터 신규지정신청이 있는 경우 지정신청일 다음 날로부터 7영업일 이내에 지정 여부를 결정한다.
④ 증권신고서나 소액공모공시서류를 제출하는 경우는 신규지정신청시에 한한다.

더 알아보기 K-OTC시장 신규지정절차

외부감사 → 정관 정비 → 명의개서대행계약의 체결 및 통일규격증권 사용 → 호가중개시스템상의 소액매출신고서류 등 제출 → 신규지정신청 → 신규지정승인 → 매매 개시

문제해설

투자자가 K-OTC시장에서 지정종목의 매도주문을 내는 행위는 자본시장과 금융투자업에 관한 법률에서 정의하는 증권의 '매출'에 해당하므로, 협회에 신규지정을 하고자 하는 법인은 발행시장 공시를 해야 한다.

011

다음 K-OTC시장에 대한 설명으로 거리가 먼 것을 모두 고르시오.

㉠ 지정기업부에 소속된 지정기업은 K-OTC시장에서의 공시의무가 없다.
㉡ K-OTC시장 신규지정을 위해서는 최근 사업연도의 재무제표에 대한 감사인의 감사의견이 적정의견인 경우에 한한다.
㉢ 정관상 주식양도제한 규정이 있는 경우에도 K-OTC시장 신규지정이 가능하다.
㉣ K-OTC시장에서 일정한 요건을 갖춘 지정법인에 대해서는 코스닥시장 상장예비심사시 심사대상법인의 10% 범위 내에서 우선하여 심사한다.

① ㉠, ㉡　　② ㉡, ㉢
③ ㉢, ㉣　　④ ㉠, ㉣

문제해설

㉡ 감사의견은 적정의견 또는 한정의견이면 되고, 벤처기업과 유가증권시장 또는 코스닥시장에서 상장폐지된 법인은 감사의견의 제한을 받지 않는다.
㉢ 신규지정을 위해서는 정관 등에 주식양도의 제한이 없어야 한다.

012

K-OTC 예비지정제도에 대한 설명으로 가장 거리가 먼 것은?

① 예비지정법인으로 등록한 후 기업정보를 지속적으로 제공하면서 투자설명회(IR) 개최 등 투자유치 지원 서비스를 받는 제도이다.
② 협회는 예비지정신청일 다음 날로부터 7영업일 이내에 예비지정 여부를 결정한다.
③ 예비지정일로부터 2년 이내에 자금조달에 성공하지 못하면 예비지정이 해제되어 협회의 자금조달 지원 활동이 종료된다.
④ 예비지정법인이 발행한 주식은 K-OTC시장에서 거래할 수 있으므로 투자자 보호를 위한 지정요건 및 공시제도가 적용된다.

문제해설

예비지정법인이 발행한 주식은 K-OTC시장에서 거래되지 않으므로 투자자 보호를 위한 지정요건(외부감사 등) 및 공시제도가 적용되지 않는다.

정답 009 ③ | 010 ② | 011 ② | 012 ④

013

다음 중 K-OTC시장의 매매체결원칙에 어긋나는 것은?

① 매매당사자 간의 매도호가와 매수호가의 가격이 반드시 일치하는 경우에만 거래가 체결된다.
② 매매거래 체결을 위해서 매매당사자 중 어느 일방이 상대방의 호가를 확인한 후 가격에 일치하도록 호가를 정정해야만 한다.
③ 매도호가의 가격이 매수호가의 가격보다 낮은 경우에는 매매거래가 체결된다.
④ 동일 가격의 호가 간에는 호가접수시간을 기준으로 먼저 접수된 호가가 뒤에 접수된 호가에 우선한다.

문제해설

거래소시장에서는 가격우선의 원칙이 적용되어 매도호가의 가격이 매수호가의 가격보다 낮은 경우에 매매거래가 체결되지만, K-OTC시장에서는 매도호가와 매수호가의 가격이 반드시 일치하는 경우에만 체결시킨다.

014

K-OTC시장의 매매거래의 절차와 결제에 대한 설명으로 가장 거리가 먼 것은?

① 기존 유가증권시장 또는 코스닥시장에 상장된 주식을 매매하는 계좌가 있더라도 신규로 계좌를 개설하여 매매거래를 해야 한다.
② 시세를 왜곡시킬 우려가 있다고 판단되는 주문은 주문의 수탁을 거부할 수 있다.
③ 위탁증거금은 100% 징수하며, 지정종목은 신용거래와 공매도가 불가능하다.
④ 매매결제는 매매체결일을 포함하여 3영업일째 되는 날(T+2)에 한국예탁결제원을 통해 이루어진다.

문제해설

기존 유가증권시장 또는 코스닥시장에 상장된 주식을 매매하는 계좌가 있으면 동일 계좌를 이용하여 K-OTC시장에서 매매거래가 가능하다.

015

증권거래세에 관한 설명으로 가장 거리가 먼 것은?

① 코스닥시장에서 주식을 거래한 경우에는 0.3%의 증권거래세가 부과된다.
② K-OTC시장에서 주식을 거래한 경우에는 0.5%의 증권거래세가 부과된다.
③ 한국거래소시장에서 주식을 거래한 경우에는 한국예탁결제원이 매도자로부터 증권거래세를 징수한다.
④ K-OTC시장에서 주식을 거래한 경우에는 매도자가 관할 세무서에 증권거래세를 신고 · 납부하여야 한다.

문제해설

K-OTC시장에서 주식을 거래한 경우에도 한국예탁결제원이 매도자로부터 증권거래세를 징수하여 관할세무서에 납부한다.

016

다음 중 양도소득세에 대한 설명으로 가장 거리가 먼 것은?

① 양도소득에 대한 세율은 중소기업 주식이면 10%, 대기업 주식이면 20%, 대기업 대주주가 1년 미만 보유한 주식이면 30%의 세율이 적용된다.
② 벤처기업 소액주주의 양도소득세 비과세제도는 K-OTC시장을 활성화하기 위한 조치이다.
③ 예정신고와 함께 세금을 납부하는 경우 납부해야 할 세금의 5%를 공제해준다.
④ 소액주주가 유가증권시장이나 코스닥시장을 통해 상장주식을 양도하는 경우는 양도소득세를 과세하지 않는다.

문제해설

주식을 양도하는 투자자는 주식 양도일이 속하는 분기의 말일부터 2월 이내에 관할세무서에 예정신고 및 자진납부를 해야 한다. 예정신고와 함께 세금을 납부하는 경우 납부해야 할 세금의 10%를 공제해주었으나, 소득법 개정으로 양도소득세 예정신고납부세액공제 적용이 폐지되었다.

정답 013 ③ | 014 ① | 015 ④ | 016 ③

017

K-OTC시장의 발행시장 공시에 대한 설명으로 가장 거리가 먼 것은?

① 증권발행인은 모집 · 매출이 종료한 이후에 지체 없이 증권발행실적보고서를 금융위원회에 제출해야 한다.
② 모집가액 또는 매출가액이 10억 원 미만인 경우는 금융위원회에 소액 공모공시서류를 제출하지 않아도 된다.
③ 소액출자자가 K-OTC시장에서 매출하는 경우에는 '호가중개시스템을 통한 소액매출시의 특례'를 두고 있다.
④ 최대주주 및 그 특수관계인은 소액출자자로 보지 않는다.

문제해설

모집가액 또는 매출가액이 10억 원 미만인 경우는 소액공모공시서류를 금융위원회에 제출하여야 한다.

018

다음 (　　) 안에 들어갈 말로 바르게 짝지어진 것을 고르시오.

> K-OTC 지정법인은 정기공시서류로 '발행인에 관한 사항을 기재한 서류' 및 감사보고서를 매 결산기 경과 후 (㉠) 이내에, '발행인에 관한 사항을 기재한 서류' 및 (㉡)를 매 반기 경과 후 45일 이내에 방문 또는 우편으로 (㉢)에 제출하여야 한다.

	㉠	㉡	㉢
①	90일	반기검토보고서	한국금융투자협회
②	60일	반기검토보고서	한국금융투자협회
③	90일	사업보고서	금융위원회
④	60일	소액공모공시서류	금융위원회

문제해설

K-OTC시장의 정기공사 중 정기공시서류 제출대상법인에 해당하는 경우에 대한 설명이다.

019

K-OTC시장과 코스닥시장의 공시제도에 관한 설명으로 가장 거리가 먼 것은?

① K-OTC시장 지정법인은 증권관련 집단소송법의 적용대상이다.
② K-OTC시장과 코스닥시장은 모두 기업의 불성실공시에 대해 일정한 시장제재를 부과하고 있다.
③ K-OTC시장과 코스닥시장은 모두 정기공시제도가 있다.
④ K-OTC시장은 코스닥시장에 비해 수시공시사항을 완화하고 있다.

문제해설
K-OTC시장 지정법인은 증권관련 집단소송법의 적용대상이 아니다.

020

K-OTC시장의 지정법인 관리제도에 관한 설명으로 가장 거리가 먼 것은?

① 지정법인의 자본이 완전잠식된 경우에는 투자관리종목으로 지정된다.
② K-OTC시장 지정법인이 공시불이행, 공시번복 또는 허위공시를 한 경우 불성실공시법인으로 지정된다.
③ 유가증권시장 또는 코스닥시장 상장을 제외한 그 밖의 K-OTC 지정해제사유가 발생한 경우에는 3영업일간 매매거래가 정지된다.
④ 최근 2년간 불성실공시법인으로 지정된 횟수가 4회 이상인 경우 투자 유의사항으로 공시된다.

더알아보기 투자유의사항 지정사유

- 최근 사업연도말 현재 자본잠식 상태인 경우
- 최근 사업연도의 매출액이 5억 원 미만인 경우
- 최근 사업연도의 재무제표에 대한 외부감사인의 감사의견이 부적정, 의견거절이거나 감사범위제한으로 인한 한정인 경우
- 법원에 회생절차개시를 신청한 경우, 회생사건이 계속되어 있는 경우, 법원의 회생절차개시결정 취소, 회생계획불인가 및 회생절차폐지 결정이 있는 경우
- 등록법인이 최근 2년간 불성실공시법인으로 지정된 횟수가 4회 이상인 경우
- 등록법인이 소액주주 주식분산기준에 미달하는 경우

문제해설
K-OTC시장은 관리종목지정제도가 없으며, 자본이 완전잠식된 경우에는 투자유의사항으로 공시된다.

정답 017 ② | 018 ① | 019 ① | 020 ①

021

다음 (　　) 안에 들어갈 말로 맞게 짝지어진 것을 고르시오.

> 한국금융투자협회는 K-OTC시장 지정법인이 '발행인에 관한 사항을 기재한 서류' 및 감사보고서를 결산기 경과 후 90일 이내에 제출하지 않은 경우, 해당 법인을 (㉠)법인으로 지정하고, 제출기한 다음 날부터 30일 이내에도 제출하지 않을 경우 (㉡)한다.

	㉠	㉡
①	투자유의사항공시	지정해제
②	안내사항공시	매매거래정지
③	불성실공시	지정해제
④	소속부변경	행정조치

문제해설

불성실공시법인에 대한 제재사항이다.

022

K-OTC시장의 불성실공시법인에 대한 제재사항으로 가장 거리가 먼 것은?

① 1차적으로 호가중개시스템을 통해 해당 사실을 공표하고 일정기간 동안 매매거래를 정지시킨다.

② 불성실동시의 횟수에 따라 단계적으로 투자유의사항으로 공시하거나 지정해제조치를 한다.

③ 발행공시의무를 이행하지 않거나, 허위공시 또는 중요사항 누락시에는 금융위원회의 각종 행정조치, 과징금, 과태료, 형벌 등의 제재조치가 있을 수 있다.

④ 최근 2년간 불성실공시법인으로 지정된 횟수가 2회 이상인 경우 투자 유의상항으로 공시한다.

문제해설

최근 2년간 불성실공시법인으로 지정된 횟수가 4회 이상인 경우 투자 유의사항으로 공시한다. 이 경우 투자유의사항으로 공시되는 종목의 매매방법은 일반적인 지정종목의 매매방법과 동일한다.

023

K-OTC시장의 소속부 지정제도에 대한 설명으로 가장 거리가 먼 것은?

① 협회는 기업의 신청에 의한 K-OTC시장 진입 여부에 따라 소속부를 지정한다.
② 기존 등록 · 지정법인의 소속부 변경절차가 있어 등록기업부에서 지정기업부로의 변경이 가능하다.
③ 등록법인은 협회에 정기공시, 수시공시, 조회공시의 공시의무를 부담한다.
④ 지정법인은 협회에 공시의무를 부담하지 않는다.

문제해설

기존 등록 · 지정법인의 소속부 변경은 지정기업부에서 등록기업부로의 변경만 가능하다.

024

K-OTC시장에 대한 설명으로 가장 거리가 먼 것은?

① K-OTC시장은 기업이 발행한 주식의 매매거래를 위한 지정단계와 기업의 자금조달 지원을 위한 예비지정단계로 구분된다.
② K-OTC시장의 지정승인 및 지정해제, 매매거래 중개, 공시, 시장조치 등 시장관리업무는 금융위원회에서 담당한다.
③ K-OTC시장은 유가증권시장 및 코스닥시장과 달리 장외시장이다.
④ 인수업을 수행하는 금융투자회사는 지정주선업무를 수행할 수 있고, 투자중개업을 수행하는 금융투자회사는 투자자의 주문을 처리하는 업무를 담당한다.

문제해설

지정승인 및 지정해제, 매매거래 중개, 공시, 시장조치, 시장관련규정 제 · 개정 등 K-OTC시장의 관리 · 운영은 한국금융투자협회에서 담당한다.

정답 021 ③ | 022 ④ | 023 ② | 024 ②

025

K-OTC시장의 등록해제, 지정해제 제도에 관한 설명으로 가장 거리가 먼 것은?

① 소액주주 분산요건을 충족하여야만 신규등록이 가능하며, 이에 미달할 경우 등록이 해제된다.
② 지정기업부는 회사의 신청을 통한 지정해제절차가 없으며, 협회가 지정해제요건에 해당함을 확인하는 경우에 지정해제된다.
③ 등록법인은 신청에 의해 등록해제될 수 있으나, 지정법인은 신청을 통해 지정해제될 수 없다.
④ 등록기업부에 등록하기 위해서는 기업의 신청행위가 있어야 하나, 지정기업부는 기업의 신청행위 없이 한국금융투자협회가 직접 거래대상종목을 지정한다.

문제해설

K-OTC시장 신규등록요건에는 소액주주 분산요건이 없고, 등록해제 요건에만 있다.

026

다음은 K-OTC시장의 매매거래제도에 관한 설명이다. 옳은 것은?

① K-OTC시장의 매매거래방식은 경쟁매매방식이다.
② 지정된 가격으로만 거래가 이루어지며 지나치게 불합리한 호가제출을 제한한다.
③ K-OTC시장의 호가수량단위는 1주이고, 호가가격단위는 5단계로 나누어지며, 가격제한폭은 30%이다.
④ K-OTC시장은 장외시장이므로 투자자는 지정종목의 매매주문을 금융투자회사를 통할 필요 없이 K-OTC시장 홈페이지를 통해 직접 한국금융투자협회에 제출할 수 있다.

더 알아보기 K-OTC시장의 매매제도

구분	내용
매매거래시간	09 : 00 ~ 15 : 30(시장외시장 없음)
매매방식	상대매매
호가수량단위	1주
가격제한폭	30%
위탁증거금	현금 또는 주식 100%
결제전매매	가능
수도결제	매매체결일로부터 3영업일째 되는 날(T+2)
위탁수수료	금융투자회사 자율

문제해설

① K-OTC시장의 매매거래방식은 호가중개시스템을 이용하여 호가를 집중한 상대매매방식이다.
③ K-OTC시장의 호가가격단위는 7단계로 나누어진다.
④ 투자자의 매매주문은 금융투자회사(투자중개업자)를 통하여 제출하여야 한다.

027

K-OTC시장의 신규지정요건에 관한 설명으로 가장 거리가 먼 것은?

① 정관 등에 주식양도의 제한이 없어야 한다.
② 명의개서대행회사와 명의개서대행계약을 체결해야 한다.
③ 한국예탁결제원이 정하는 증권 등 취급규정에 따른 증권인 통일규격 증권을 발행해야 한다.
④ 벤처기업의 경우는 외부감사인의 감사의견이 적정 또는 한정일 것을 요하지 않으므로 외부감사를 받지 않아도 된다.

문제해설

벤처기업과 유가증권시장 · 코스닥시장 상장폐지 법인은 외부감사는 받아야 하나, 감사의견 적정 또는 한정을 요하지 않는다.

028

K-OTC시장의 매매제도에 관한 설명으로 가장 거리가 먼 것은?

① 매매거래시간은 오전 9시부터 오후 3시 30분까지이며 동시호가나 시간외 매매는 없다.
② 주문의 종류로는 지정가주문과 시장가주문이 있다.
③ K-OTC시장 신규지정 신청일 전6개월 이내에 모집 또는 매출한 실적이 있는 경우에 신규지정 후 최초 매매거래 기준가격은 공모가격으로 한다.
④ 직전일에 거래가 있는 종목은 직전일의 거래량가중평균주가를 기준가격으로 적용한다.

문제해설

K-OTC시장은 상대매매방식을 채택하고 있어, 지정가주문만 가능하다.

정답 025 ① | 026 ② | 027 ④ | 028 ②

029

다음 ( ) 안에 들어갈 숫자가 맞게 짝지어진 것은?

K–OTC시장에서 주식양도시에 양도소득세 비과세 적용을 받는 벤처기업의 소액주주는 직전 사업연도 종료일 현재 발행주식총수의 (㉠) 미만을 소유하고 있으면서 소유하고 있는 주식의 시가총액이 (㉡)미만인 주주를 말한다.

	㉠	㉡
①	3%	50억 원
②	3%	100억 원
③	5%	30억 원
④	5%	50억 원

문제해설

코스닥시장 성장기업, K–OTC시장 벤처기업의 경우 지분을 5% 미만이고 시가총액 50억 원 미만인 주주를 말한다.

030

K–OTC시장의 공시제도에 관한 설명으로 가장 거리가 먼 것은?

① 수시공시는 문서 또는 모사전송(FAX)의 방법으로 한국금융투자협회에 신고해야 한다.

② K–OTC시장의 공시에는 정기공시, 수시공시, 조회공시, 공정공시 제도가 있다.

③ 조회공시는 한국금융투자협회로부터 조회공시 요구를 받은 날로부터 1일 이내에 공시해야한다.

④ 정기공시서류는 매 결산기 경과 후 90일 이내와 매 반기 경과 후 45일 이내에 각각 한국금융투자협회에 제출해야 한다.

문제해설

K–OTC시장은 공정공시제도가 도입되어 있지 않다.

031

다음 (　　) 안에 들어갈 제도로 옳은 것은?

> 한국금융투자협회가 주요경영사항의 신고 또는 이에 준하는 사항에 관한 풍문 또는 보도가 있는 경우 지정법인에게 사실 여부의 확인을 요구하면, 지정법인이 해당 내용을 공시하여야 하는 제도를 (　　) 라고 한다.

① 수시공시　　② 발행공시
③ 조회공시　　④ 공정공시

더 알아보기 유통시장 공시의 유형

- **정기공시** : 투자자에게 정기적으로 일정기간 동안의 재무상태, 영업실적 등 기업내용을 공시하는 제도
- **수시공시** : 지정법인이 경영활동과 관련된 사항으로서 투자의사결정에 영향을 미치는 주요 사실 또는 결정내용을 지체 없이 신고하도록 함으로써 기업정보의 최신성과 신속성을 확보하고 투자자를 보호하기 위한 제도
- **조회공시** : 투자자 보호를 위해 지정법인에 관한 풍문 또는 보도가 있는 경우에 일정한 내용의 확인을 요구하면, 지정법인이 해당 내용을 공시하여야하는 제도

문제해설

조회공시에 대한 설명이다.

032

K-OTC시장의 지정해제제도에 관한 설명으로 가장 거리가 먼 것은?

① 한국금융투자협회는 소액주주 등 투자자 보호를 위해 필요하다고 인정되는 경우에는 지정해제요청을 거부할 수 있다.
② 월간거래량이 지정주식총수의 10,000분의 5 미만인 상태가 6개월간 지속되는 경우 지정해제사유에 해당한다.
③ K-OTC시장의 지정해제란 유가증권시장 또는 코스닥시장의 상장폐지와 동일한 개념이다.
④ 지정법인이 자진해서 지정해제를 신청하고자 할 경우에는 주주총회의 결의를 거치지 않고 이사회 결의만으로 지정해제신청을 할 수 있다.

문제해설

지정법인이 스스로 지정해제를 신청하고자 하는 경우에는 지정해제에 대한 주주총회를 개최하여 승인을 얻어야 한다.

정답 029 ④ | 030 ② | 031 ③ | 032 ④

2과목 증권시장

033

다음 중 K-OTC시장의 등록지정해제 사유가 아닌 것은?

① 발행한 어음 또는 수표가 거래은행에 의하여 최종부도로 결정되거나 거래은행과의 거래가 정지된 경우
② 등록법인이 K-OTC시장을 통한 자금조달의 필요성이 없게 되어 등록 해제를 신청한 경우
③「채무자 회생 및 파산에 관한 법률」제287조에 따라 채무를 완제할 수 있음이 명백하여 법원이 회생절차 폐지결정을 하는 경우
④ 유가증권시장 또는 코스닥시장에 상장되는 경우

문제해설

「채무자 회생 및 파산에 관한 법률」제287조에 따라 채무를 완제할 수 있음이 명백하여 법원이 회생절차 폐지결정을 하는 경우에는 적용하지 않는다.

034

K-OTC시장에서 지정해제 주권의 정리매매에 대한 설명으로 가장 거리가 먼 것은?

① 지정해제 사유발생시 3영업일간 매매거래가 정지 후 영업일 기준으로 10일을 초과하지 않는 범위 내에서 매매가 허용된다.
② 지정해제되는 주식을 가진 투자자들에게 마지막으로 주식을 처분할 수 있는 기회를 주기 위함이다.
③ 유가증권시장이나 코스닥시장에 상장하는 경우에도 매매거래정지 절차를 거쳐 정리매매가 이루어진다.
④ 정리매매기간 중 매매체결은 30%의 가격제한폭 내에서 상대매매방식으로 이루어진다.

문제해설

유가증권시장이나 코스닥시장에 성장하는 경우는 매매거래정지 절차를 거치지 않고 정리매매가 이루어진다.

정답 033 ③ | 034 ③

Study without desire spoils the memory, and it retains nothing that it takes in.

목적 없는 공부는 기억에 해가 될 뿐이며, 머릿속에 들어온 어떤 것도 간직하지 못한다.

– Lenardo da Vinci 레오나르도 다 빈치

gained 6.
1,662.74.

Certified Securities Investment Advisor

증권투자권유자문인력 빈출 1000제

3과목

금융상품 및 직무윤리

1장 금융상품분석 · 투자전략

2장 영업실무

3장 직무윤리 · 투자자분쟁예방

1장 금융상품분석·투자전략

001

다음 중 일반은행이 아닌 것으로만 짝지어진 것은?

① 대구은행, HSBC 서울지점
② 한국은행, 부산은행
③ 하나은행, 부산은행
④ 중소기업은행, 한국산업은행

문제해설

중소기업은행, 한국산업은행은 특수은행에 속한다.

002

은행에 대한 설명으로 가장 거리가 먼 것은?

① 한국은행은 중앙은행으로 일반대중으로부터는 예금을 수입하지 않는다.
② 모든 예금은행은 법정지급준비금을 중앙은행에 지급준비예금으로 예치해야 한다.
③ 중소기업은행은 시중은행에 속한다.
④ 지방은행도 은행법에 의해 설립된 은행이다.

더 알아보기 은행
- **일반은행** : 시중은행, 지방은행, 외국은행 국내지점
- **특수은행** : 한국산업은행, 한국수출입은행, 중소기업은행, 농업협동조합중앙회 · 수산업협동조합중앙회의 신용사업부문

문제해설

중소기업은행은 특수은행에 속한다.

003

비은행예금취급기관(제2금융권)에 대한 설명으로 옳은 것은?

① 새마을금고는 신용협동기구에 속한다.
② 상호저축은행은 은행업법에 의해 설립되었다.
③ 신용협동조합은 단기금융업무, 외자업무 및 리스업무 등을 주로 취급한다.
④ 상호저축은행은 수신업무는 가능하나 여신업무는 금지되어 있다.

더 알아보기 비은행예금취급기관(제2금융권)
생명보험회사, 손해보험회사, 종합금융회사, 신용협동기구(신용협동조합, 새마을금고), 상호저축은행, 우체국

문제해설
② 상호저축은행은 상호저축은행법에 의해 설립되었다.
③ 단기금융업무, 외자업무 및 리스업무 등을 주로 취급하는 곳은 종합금융회사이다.
④ 상호저축은행은 수신업무와 여신업무, 부대업무를 취급한다.

004

특수은행에 대한 설명으로 가장 거리가 먼 것은?

① 업무의 전문성과 특수성 때문에 은행법이 아닌 개별 특수은행법에 의해 설립되었다.
② 한국산업은행은 다른 특수은행과 마찬가지로 예금은행으로 분류된다.
③ 중소기업은행은 중소기업 금융지원을 위해 중소기업은행법에 의해 설립되었다.
④ 특수은행은 일반적인 중앙은행의 금융통제에 대한 예외를 허용하고 있다.

문제해설
한국산업은행의 경우 다른 특수은행과는 달리 총자금조달 중 예금비중이 낮거나 예금통화의 신용창출 기능이 낮다는 점 등의 이유로 편제상 예금은행이 아닌 개발금융기관으로 분류된다.

정답 001 ④ | 002 ③ | 003 ① | 004 ②

005

다음 중 예금보험가입 금융기관에 해당하는 곳이 아닌 것은?

① 보험회사 ② 상호저축은행
③ 종합금융회사 ④ 새마을금고

더알아보기 보호대상 금융상품

보호대상	비보호대상
• 보통예금, 기업자유예금, 별단예금, 당좌예금 등 요구불예금 • 정기예금, 저축예금, 주택청약예금, 표지어음 등 저축성예금 • 정기적금, 주택청약부금, 상호부금 적립성 예금 • 원금이 보전되는 금전신탁 등 • 외화예금	• CD, RP • 특정금전신탁 등 실적배당형 신탁 • 금융투자상품(수익증권, 뮤추얼펀드, MMF등 • 주택청약저축, 주택청약종합저축 등

문제해설

새마을금고는 예금보험가입 금융기관이 아니다. 현재 은행, 상호저축은행, 보험회사, 종합금융회사, 투자매매업 및 투자중개업의 인가를 받은 투자매매업자 및 투자중개업자 등 5개 금융권이 예금보험가입 금융기관에 해당된다.

006

다음 은행의 금전신탁 상품 중에서 원금을 보장해 주는 상품은?

① 단위형 신탁 ② 연금신탁
③ 추가형 신탁 ④ 맞춤형 신탁

문제해설

연금신탁은 원금 이하로 운용될 경우 은행에서 원금을 보장해 준다.

007

은행의 금융상품에 대한 설명으로 가장 거리가 먼 것은?

① 가계당좌예금은 예금잔액이 부족할 경우 대월한도 범위 내에서 자동대월이 가능하다.

② 정기예금의 예치기간은 1개월 이상 5년 이내에서 자유로이 선택이 가능하다.

③ 저축예금의 예치기간과 예치한도는 제한이 없다.

④ 재형저축의 계약기간은 5년 이상이다.

문제해설

재형저축의 계약기간은 7년으로 만기일 1영업일 전까지 1회에 한하여 3년 이내의 범위에서 1년 단위로 연장신청이 가능하다.

008

다음 금융상품의 이자계산방법으로 바르게 연결된 것은?

① 정기예금 – 월 단위로 이자지급

② 정기예금 – 3개월마다 원금에 가산

③ 저축예금 – 매 3개월마다 평균예금잔액에 대해 이자계산

④ 양도성예금증서 – 일정기간마다 이자지급

더 알아보기 이자계산방법

- **보통예금** : 결산기마다 평균예금잔액에 대하여 이자계산
- **정기예금** : 월 단위로 이자지급 또는 이자를 원금에 가산(복리)
- **주택청약예금** : 매월 이자지급식 또는 만기 이자지급식
- **저축예금** : 매 3개월마다 평균예금잔액에 대해 이자계산
- **양도성예금증서** : 액면금액에 대한 이자를 액면금액에서 차감하여 발행(할인식)
- **표지어음** : 할인식(선이자지급식)
- **금융채** : 할인채, 복리채, 이표채

문제해설

① 정기적금은 각 금융기관이 자유로이 결정한다.

② 정기예금은 월단위로 이자지급이 이루어진다.

④ 양도성예금증서는 액면금액에 대한 이자를 액면금액에서 차감하여 발행한다.

정답 005 ④ | 006 ② | 007 ④ | 008 ③

009

금융상품에 대한 가입대상이 잘못 연결된 것은?

① 가계당좌예금 – 제한 없음
② 저축예금 – 실명의 개인
③ 일반정기적금 – 제한 없음
④ 상호부금 – 개인 및 중소기업자

문제해설

가계당좌예금은 신용상태가 양호한 개인 및 개인사업자로 제한되며 구체적인 자격기준 및 대출한도 등은 은행이 자율적으로 정하고 있다. 일반적으로 신용평점 결과 평점이 60점 이상인 자에 자격을 부여한다.

010

다음 중 신용협동기구에 속하지 않는 금융기관은?

① 새마을금고　② 상호금융
③ 상호저축은행　④ 신용협동조합

문제해설

신용협동기구에는 신용협동조합, 새마을금고, 상호금융 등이 있다.

011

다음 중 연금저축에 대한 설명으로 가장 거리가 먼 것은?

① 종전의 개인연금저축을 포함해 분기별 총 600만 원 이내에서 적립 가능하다.
② 만 18세 이상인 국내에 거주하는 개인이 가입 가능하다.
③ 연금수령시 소득공제분과 이자에 대해 5.5% 원천징수된다.
④ 적립기간 내에 중도해지하는 경우 해지가산세가 부과된다.

문제해설

특별 중도해지하는 경우에는 해지가산세가 없다. 단, 연금외수령하는 경우에는 실제소득공제 받은 금액 및 신탁이익에 대해 기타소득세가 부과된다.

012

주가연계증권의 특징으로 가장 거리가 먼 것은?

① 안정성 – 기초자산가격 하락시에도 원금 또는 원금의 일정부분 보장 가능
② 수익성 – 기초자산실적과 연계하여 초과수익 가능
③ 확장성 – 주가지수 움직임에 따라 사전 약정된 수익률 확보
④ 표준성 – 모든 상품이 원금보장의 원칙에 따라 표준화되어 설계

문제해설

④는 표준성이 아니라 다양성이다. 원금 100% 보장, 원금 비보장 등 다양한 상품설계가 가능하다.

013

「자본시장과 금융투자업에 관한 법률」에 의한 금융투자회사 분류가 아닌 것은?

① 단기금융업　② 투자매매업
③ 집합투자업　④ 투자중개업

문제해설

금융투자회사는 금융투자업을 영위하는 모든 회사를 칭한다. '자본시장과 금융투자업에 관한 법률'에 따라 6가지로 분류하고 있다. 투자매매업(dealing), 투자중개업(arranging deals), 집합투자업(Collective investment)투자자문업, 투자일임업, 신탁업으로 분류한다.

014

다음 중 실세금리반영 금융상품이 아닌 것은?

① 신용부금　② 표지어음
③ 양도성예금증서　④ 환매조건부채권

문제해설

- **실세금리반영 금융상품** : 양도성예금증서, 환매조건부채권, 표지어음, 금융채, 후순위채
- **대출상품** : 상호부금, 신용부금, 종합통장

정답 009 ① | 010 ③ | 011 ④ | 012 ④ | 013 ① | 014 ①

015

「자본시장과 금융투자업에 관한 법률」의 기본 취지에 어긋나는 것은?

① 6개 금융투자업무의 내부겸영을 허용하는 등 업무범위의 확대
② 투자권유제도의 도입, 이해상충 방지체제마련 등 투자자 보호 강화
③ 동일한 금융기능을 수행하면 동일한 규율을 적용하는 기능별 규제로의 전환
④ 간접투자와 관련한 각종 규제책 마련

더 알아보기 자본시장법의 기본취지

- 동일한 금융기능을 수행하면 동일한 규율을 적용하는 기능별 규제로의 전환
- 6개의 금융투자업무의 내부겸영을 허용하는 등의 업무범위 확대
- 금융투자상품을 법률의 규율대상으로 포괄, 취급 가능상품과 투자자 보호를 확대하는 포괄주의 규제로의 전환
- 투자권유 제도의 도입, 이해상충 방지체제마련, 발행공시 적용범위 확대 등 투자자 보호 강화

문제해설

자본시장법은 규제개혁을 통해 자본시장의 효율성을 높이고, 간접금융 위주의 우리 금융시장을 균형발전하도록 한 단계 업그레이드하자는 것이다.

016

다음 중 「자본시장과 금융투자업에 관한 법률」에서 금융투자업의 경제적 실질에 따른 분류인 것은?

① 기능별로 분류된 6개 금융투자업에 대해서 상호 간 겸영이 허용된다.
② 금융투자상품의 위험의 크기를 기준으로 증권과 파생상품(장내, 장외)으로 구분한다.
③ 투자위험 감수능력에 따라 일반투자자와 전문투자자로 구분된다.
④ 각종 펀드 판매와 관련하여 재산적 가치가 있는 모든 재산을 집합투자대상자산으로 정의한다.

문제해설

② 금융투자상품의 경제적 실질에 따른 분류이다.
③ 투자자의 경제적 실질에 따른 분류이다.
④ 금융투자상품의 경제적 실질에 따른 분류에 따른 것으로 집합투자대상자산의 범위가 추상화되었다.

017

자본시장법에 의한 금융투자회사의 기능별 규율체제로의 전환에 속하지 않은 것은?

① 금융투자상품, 금융투자업, 고객을 기준으로 금융기능을 분류한다.
② 금융투자상품을 열거하지 않고 개념을 추상적으로 정의하여 동 정의에 해당하는 모든 금융투자상품을 법의 규율대상으로 한다.
③ 금융기능의 특성에 따라 규제를 차등화하여 적용한다.
④ 금융투자업, 금융투자상품, 고객을 경제적 실질에 따라 재분류한다.

문제해설

② 자본시장법의 포괄주의 규율체제로의 전환을 의미한다.

018

금융투자상품에 대한 설명으로 가장 거리가 먼 것을 고르시오.

㉠ 금융채의 발행금리는 시중금리와 연동되어 있다.
㉡ 표지어음의 발행인 및 지급인은 해당 기업이다.
㉢ 금융채는 모두 할인채로 발행된다.
㉣ 후순위채는 단기자금운용에 유리하다.
㉤ RP를 이용할 경우 자금의 수요자는 채권매각에 따른 자본손실을 줄일 수 있다.

① ㉠, ㉡, ㉣　　② ㉡, ㉢, ㉣
③ ㉠, ㉢, ㉤　　④ ㉢, ㉣, ㉤

문제해설

㉡ 표지어음은 금융기관이 기업으로부터 매입(할인)해 보유하고 있는 상업어음이나 외상매출채권을 다시 쪼개거나 묶어 액면금액과 이자율을 새로 설정해 발행하는 어음이다. 따라서, 금융기관이 표지어음의 발행인 및 지급인이 된다.
㉢ 금융채는 이자지급방식에 따라 할인채, 복리채, 금리연동부 이표채로 구분한다.
㉣ 후순위채는 투자기간이 5년 이상으로 단기자금운용에는 적합하지 않다.

정답 015 ④ | 016 ① | 017 ② | 018 ②

019

「자본시장과 금융투자업에 관한 법률」 제정에 따른 금융업의 체제변화라고 볼 수 없는 것은?

① 금융의 대형화로 경쟁력 향상
② 금융투자업 간 겸영 허용
③ 외자도입의 촉진
④ 금융투자회사도 결제 · 송금 서비스 가능

문제해설

외자도입의 촉진은 종합금융회사의 설립취지이다.

020

다음은 어떤 금융상품에 대한 설명인가?

> 이것은 기존의 특정금전신탁을 변형한 상품으로 고객이 운용대상, 운용방법, 운용조건을 지정하고 은행은 고객의 지시에 따라 운용하여 운용수익을 배당하는 주문형 신탁상품이다.

① 맞춤형 신탁　② 적립식 펀드
③ 분리과세 특정금전신탁　④ 불특정 금전신탁

문제해설

맞춤형 신탁은 고객별로 별도 펀드를 구성하여 관리하기 때문에 고객의 투자성향, 투자금액 등에 따라 맞춤형 투자가 가능한 상품이다. 최저예탁한도는 은행별로 다르지만 일반적으로 5천만 원 이상이다.

021

종합통장에 대한 설명으로 가장 거리가 먼 것은?

① 종합통장이란 예금 및 대출 등 각종 은행업무를 통합거래할 수 있고 고객별로 차별화된 부가 서비스를 제공받을 수 있는 통장이다.
② 취급기관은 은행이나 상호저축은행, 새마을금고 등도 유사한 대출을 취급하고 있다.
③ 대출금액은 통장 잔액란에 마이너스(−)로 표기되며, 아무 때나 즉시 상환할 수 있어 만기에 구애받지 않는다.
④ 대출이자율이 확정되어 있어 거래실적, 고객 신용도 등과 무관하다.

문제해설

종합통장의 대출이자율은 기본대출금리에 거래실적, 대출금액, 고객신용도 등에 따라 차등 적용된다.

022

다음 상품 중 실세금리연동형 금융상품으로 엮인 것이 아닌 것은?

• CD	• RP	• MMF
• CMA	• 표지어음	• 금융채

① CD, RP
② MMF, CMA
③ CD, RP, 금융채
④ MMF, CMA, 표지어음

문제해설

MMF, CMA는 운용실적에 따라 수익을 얻을 수 있는 실질배당형 금융상품이다.

023

다음은 금융투자회사에 대한 설명이다. 가장 거리가 먼 것을 모두 고르시오.

㉠ 증권금융회사는 일반인을 상대로 공모주 청약예치금, 환매조건부채권, 발행어음 등의 금융상품을 취급한다.
㉡ 증권회사의 위탁매매업, 중개업, 모집 · 매출의 주선업은 투자매매업에 해당된다.
㉢ 자산운용회사는 투자를 대행하여 수행하는 회사로서 집합투자업을 영업한다.
㉣ 증권회사는 부수업무로서 고객에 대한 신용공여, 금고대여업무를 취급하고 있다.

① ㉡
② ㉢, ㉣
③ ㉡, ㉣
④ ㉠, ㉢, ㉣

문제해설

㉡ 증권회사의 위탁매매업, 중개업, 모집 · 매출의 주선업, 대리업, 매매위탁의 중개 · 주선 · 대리업 등은 투자중개업에 해당된다.

정답 019 ③ | 020 ① | 021 ④ | 022 ② | 023 ①

024

다음 중 노후생활연금신탁에 관한 설명으로 가장 거리가 먼 것은?

㉠ 가입대상은 만 35세 이상이다.
㉡ 신규가입이 중단되었지만 이미 가입한 계좌에는 만기일까지 추가 적립이 가능하다.
㉢ 적립방식으로 적립식과 거치식이 있다.
㉣ 원금 이하로 운영될 경우 은행에서 원금을 보전해 준다.

① ㉠
② ㉠, ㉡
③ ㉢, ㉣
④ ㉠, ㉡, ㉢, ㉣

문제해설

㉠ 가입대상은 만 18세 이상의 개인이다.

025

수시로 입출금할 수 있으며, 높은 이자를 지급한다는 점에서 저축예금과 차이는 없으나 예치금에 따라 지급이자율이 차등된다는 점에서 다르다. 이 금융상품은?

① 일반정기예금
② 생계형비과세저축
③ 환매조건부채권(RP)
④ MMDA

문제해설

시장실세금리가 적용되고 입출금이 자유로운 단기금융상품인 MMDA(시장금리부 수시입출금식 예금)에 대한 설명이다.

026

은행권에서 판매하고 있는 금전신탁에 관한 설명으로 가장 거리가 먼 것은?

① 실적배당을 한다.
② 특약체결은 불가능하다.
③ 신탁계약 및 법령범위 내에서 운용할 수 있다.
④ 위탁자, 수탁자, 수익자의 3면 관계가 성립된다.

문제해설

금전신탁은 예금, 채권과 달리 특약체결이 가능하다.

027

금전신탁상품에 대한 설명으로 옳은 것은?

① 맞춤형 신탁에서 발생한 유가증권 매매차익과 주식배당금은 비과세한다.
② 불특정 금전신탁은 실적배당형 상품으로 만기 후에도 실적배당한다.
③ 노후생활연금신탁은 가입대상의 제한이 없다.
④ 분리과세 특정금전신탁은 일반과세의 대상이 아니다.

문제해설

① 맞춤형 신탁의 유가증권 매매차익은 비과세하지만, 이자소득과 배당소득은 과세한다.
③ 노후생활연금신탁의 가입대상은 만 18세 이상 개인이다.
④ 분리과세 특정금전신탁에 가입하였더라도 투자자는 분리과세 또는 일반과세 중 선택할 수 있다.

028

재산신탁에 대한 설명으로 가장 거리가 먼 것은?

① 재산신탁은 금전채권신탁, 증권신탁, 부동산신탁 등으로 구분된다.
② 금전채권신탁은 원금보전이 되지 않는 실적배당상품이다.
③ 증권신탁의 최저 신탁금액은 5억 원 이상으로 한다.
④ 부동산신탁은 부동산관리신탁, 부동산처분신탁, 부동산담보신탁으로 구분된다.

문제해설

증권신탁의 최저 신탁금액은 3억 원 이상이며, 수탁시점의 공정한 가액을 수탁가액으로 한다.

029

다음 중 금융투자회사의 금융상품이 아닌 것은?

① 수익증권　　② 랩어카운트
③ 주가지수연계증권(ELS)　　④ 주식워런트증권(ELW)

문제해설

수익증권은 투자신탁을 설정한 집합투자자가 투자신탁의 수익권을 균등하게 분할하여 표시한 것으로 수익자는 수익증권의 좌수에 따라 균등한 권리를 가지며, 고객을 대신해 투자하여 나온 수익금을 투자자들에게 지급하는 것으로 확정금리형이 아닌 실적배당형의 금융상품이다.

3과목 금융상품 및 직무윤리

정답 024 ① | 025 ④ | 026 ② | 027 ② | 028 ③ | 029 ①

030

금융투자회사의 증권저축에 대한 설명으로 가장 거리가 먼 것은?

① 가입대상, 투자단위, 투자기간에 제한이 없다.
② 투자대상은 주식에만 한정된다.
③ 예금자 보호대상이 아니나 증권에 투자되지 않은 예탁금은 보호된다.
④ 원금에 손실을 볼 수 있으므로 투자에 신중을 기해야 한다.

문제해설

주식뿐만 아니라 국채, 공채, 금융채, 회사채 등 채권투자도 가능하다. 증권저축은 저축기간을 정기 또는 수시로 일정액 이상의 저축금을 납입한 후 저축자 자신이 유가증권에 투자 · 운용함으로써 소기의 저축목적을 달성하는 저축이다.

031

랩어카운트의 장점에 해당하지 않는 것은?

① 고객의 이익과 금융투자회사의 이익이 상충될 가능성이 상대적으로 적다.
② 고객의 입장에서는 거래가 많아도 단일 수수료만 지불한다.
③ 일반적으로는 수수료 수입이 증가하는 경향이 있다.
④ 상대적으로 금융투자회사의 수익기반이 안정적으로 바뀐다.

문제해설

거래가 많아도 단일 수수료만 수취하므로 일반적으로 수수료 수입총액은 줄어드는 경향이 있다. 그럼에도 불구하고 금융투자회사의 수익구조는 단순 주식매매수수료에서 다변화됨으로써 금융투자회사 수익기반은 안정적으로 변한다.

032

다음 A와 B에 적합한 용어로 바르게 연결된 것을 고르시오.

> • (A)는 고객과 상담을 통해 고객의 성향을 파악하고 고객에게 가장 적합한 우수 펀드로 포트폴리오를 구성하는 전략을 제안한다.
> • (B)는 고객과 상담을 통해 최적 포트폴리오 및 개별 주식에 대한 투자전략을 제시한다.

	A	B
①	펀드형 랩	자문형 랩
②	자문형 랩	펀드형 랩
③	펀드형 랩	일임형 랩
④	일임형 랩	자문형 랩

문제해설

고객과 상담을 통해 여러 종류의 자산운용관련 서비스를 고객의 기호에 적합하게 제공하는 랩어카운트의 종류에 대한 설명이다.

033

다음 중 ETF에 대한 설명으로 가장 거리가 먼 것은?

① ETF는 주식과 동일하게 매매되기 때문에 시간외시장에서도 사고팔 수 있다.
② 기존 인덱스 펀드에 비해 투자의사결정과 실제 투자 간 시차가 크다.
③ 주가지수를 사고파는 증권상품이다.
④ 투자자와 시장에 부담을 주지 않으면서도 주가지수와 비슷한 수익률을 낼 수 있다.

더 알아보기 ETF(Exchange Traded Fund)

- 상장지수집합투자기구 집합투자증권(ETF)은 특정 주가지수와 연동되는 수익률을 얻을 수 있도록 설계된 '지수연동형 펀드(Index Fund)'로서, 거래소에서 주식처럼 거래된다. 한마디로 주가지수를 사고파는 증권상품이라고 보면 된다.
- 주가지수 등락률과 똑같거나 비슷하게 수익률이 결정되도록 주식을 적절히 편입해 만든 펀드를 인덱스 펀드라고 한다. 이 펀드를 기초로 발행하는 수익증권이나 뮤추얼펀드 주식을 바로 ETF증권이라 부르는데 투자자들은 거래소나 코스닥시장에 상장되는 이 증권을 사고팔게 된다.
- 인덱스 펀드의 경우 투신사가 투자자들의 환매 요구에 응하기 위해서는 펀드에 편입된 주식을 시장에 매각해야 한다. 이들 주식이 시장에 쏟아져 나오면 해당 주식들의 주가는 떨어질 수 밖에 없고, 당연히 종합주가지수도 하락하게 된다. 이는 다시 인덱스 펀드의 수익률이 떨어져 해당 펀드 가입자들의 자산손실로 이루어진다. 따라서 이렇게 투자자와 시장에 부담을 주지 않으면서도 주가지수와 비슷한 수익률을 낼 수 있도록 하겠다는 것이 장점이다.
- 인덱스 번드르를 기초로 증권(ETF증권)을 만들고 이 증권을 사고팔도로 하면 주식 식물거래가 없기 때문에 시장에 주는 충격을 최소화할 수 있다. 또, 투자자는 투신사 등에 환매를 통해 요청하지 않고 주식과 같이 주가지수변동에 따른 ETF증권의 가격변동에 따라 자금을 회수할 수 있다.

문제해설

인덱스 펀드는 설정과 환매시 신청과 실제 신청 · 환매까지 시차가 발생하지만, ETF는 투자자가 원하는 시간에 시장에서 매매할 수 있으므로 시차가 없다고 볼 수 있다.

034

뮤추얼펀드(투자회사)에 대한 설명으로 가장 거리가 먼 것은?

① 발행증권은 수익증권이다.
② 펀드 자체가 하나의 주식회사이다.
③ 은행과 금융투자회사 등에서 취급하는 상품이다.
④ 투자자와 지위는 주주가 된다.

문제해설

뮤추얼펀드는 유가증권 투자를 목적으로 주식발행을 통해 투자자를 모집하고 모집된 투자자산을 전문적인 운용회사에 맡겨 그 운용수익을 투자자에게 배당금의 형태로 되돌려주는 투자회사로 발행증권은 주식이 된다.

정답 030 ② | 031 ③ | 032 ① | 033 ② | 034 ①

035

다음은 랩어카운트의 종류에 대한 설명이다. 순서대로 바르게 연결된 것을 고르시오.

> ㉠ 고객의 성향을 파악하여 고객에게 가장 적합한 최우수 펀드로 포트폴리오를 구성하는 투자전략을 제안한다.
> ㉡ 자산포트폴리오 구성에서 운용까지 모두 금융투자회사가 대행한다.
> ㉢ 금융투자회사는 투자자에 대한 조언과 자문만하고 실제 주문은 투자자가 직접 수행한다.

	㉠	㉡	㉢
①	펀드형 랩어카운트	자문형 랩어카운트	일임형 랩어카운트
②	일임형 랩어카운트	펀드형 랩어카운트	자문형 랩어카운트
③	자문형 랩어카운트	일임형 랩어카운트	펀드형 랩어카운트
④	펀드형 랩어카운트	일임형 랩어카운트	자문형 랩어카운트

문제해설

랩어카운트는 자산운용방식, 투자대상, 일임의 정도 등에 따라 다양한 종류가 존재하지만, 일반적으로 일임형 랩어카운트, 자문형 랩어카운드, 펀드형 랩어카운트 등으로 구분된다.

036

주식워런트증권(ELW)을 이용한 투자전략으로가장거리가 먼 것은?

① 대상자산이 하락할 경우 ELW의 손실은 대상자산보다 훨씬 크다.
② 해당 주식의 ELW를 보유할 경우 적은 금액으로 같은 포지션 취득이 가능하다.
③ 개별주식과 개별주식옵션, ELW를 이용한 차익거래가 가능하다.
④ 기업의 실적호전으로 인해 ELW의 가격 상승을 기대할 수 없다.

문제해설

ELW는 레버리지가 큰 상품으로 기업의 실적호전이나 재료는 ELW에 대한 수요를 증가시켜 거래가 증가하거나, ELW의 가격이 상승하는 효과를 보인다.

037

다음의 비과세상품 중 은행권의 상품이 아닌 것은?

① 농어가목돈마련저축　　② 개인연금신탁
③ 비과세생계형저축　　④ 근로자우대저축

문제해설

농어가목돈마련저축은 농 · 수협 단위조합의 상품이다.

038

기초자산의 가격 변화율 대비 주식워런트 증권가격의 변화율을 의미하는 ELW의 용어는 무엇인가?

① 기어링비율(Gearing Ratio)
② 손익분기율(Breake-Even Rate)
③ 레버리지(Leverage)
④ 민감도지표(Greeks)

문제해설

레버리지(Leverage)
= 주식워런트 증권가격 변화율/기초자산가격 변화율
= 기어링비율 × 델타(deta)

039

주가지수연동 금융상품을 수익실현방식에 따라 분류할 때 만기일의 주가지수가 사전에 약정한 수준 이하로만 하락하지 않으면 일정수익을 보장하는 상품은?

① 녹아웃형　　② 불스프레이형
③ 디지털형　　④ 리버스컨버터블형

문제해설

- **녹아웃형** : 주가지수 상승률이 미리 정해 놓은 수준에 단 한 번이라도 도달하면 만기수익률이 미리 정한 수준으로 확정되는 상품
- **불스프레드형** : 만기 때 주가지수 상승률에 따라 수익률이 결정
- **디지털형** : 만기일의 주가지수가 사전에 약정한 수준 이상 또는 이하에 도달하면 확정수익을 지급하고, 그렇지 못하면 원금만 지급하는 상품

정답 035 ④ | 036 ④ | 037 ① | 038 ③ | 039 ④

040

집합투자기구의 형태별 분류에 대한 설명으로 가장 거리가 먼 것은?

① 회사형은 펀드가 법인격을 가지므로 법률적 행위의 주체가 될 수 있다.
② 폐쇄형은 자본시장법에서 환매금지형 집합투자기구로 정의하고 있다.
③ 증권이 주된 운용대상이다.
④ 펀드의 모집방법에는 공모와 사모의 방법이 있다.

문제해설

이전에는 증권거래법상 증권을 주된 운용대상으로 하였으나 이외에 부동산, 금, 석유, 농수산물 등 실물자산과 투기거래목적의 장내외 파생상품, 영화, 보험증권, 기타 수익을 분배받을 수 있는 권리 등도 펀드운용자산으로 가능해졌다.

041

주가지수연동 금융상품의 설명으로 옳은 것은?

① ELS의 상품형태는 수익증권이다.
② ELD는 예금자보호대상에 포함되지 않는다.
③ ELF는 중도환매가 가능하다.
④ ELS의 자금운용은 채권이 허용되지 않는다.

문제해설

① ELD : 정기예금, ELS : 유가증권, ELF : 수익증권
② ELD는 5,000만 원까지 예금자보호대상에 포함된다.
④ ELS의 자금운용구조는 대부분 우량채권에 투자하고 일부를 주가지수옵션, 주식워런트증권, 주가지수선물 등으로 되어 있다.

042

주식워런트증권(ELW)에 대한 설명으로 가장 거리가 먼 것은?

① 매매수량단위는 1증권이다.
② 가격제한폭 적용이 배제된다.
③ 콜 워런트는 기초자산의 가격상승에 따라 이익이 발생한다.
④ 특정 대상물을 사전에 정한 미래의 시기에 미리 정한 가격으로 살 수 있거나 팔 수 있는 권리를 갖는 증권을 의미한다.

문제해설

매매수량단위는 10증권이며, 높은 가격변동성을 고려하여 가격제한폭적용이 배제된다.

043

주식형 집합투자기구의 투자비율로 옳은 것은?

① 자산총액의 50% 이상을 주식으로 운용한다.
② 자산총액의 50% 이하를 주식으로 운용한다.
③ 자산총액의 60% 이상을 주식으로 운용한다.
④ 자산총액의 60% 이하를 주식으로 운용한다.

문제해설

주식형 집합투자기구는 자산총액의 60% 이상을 주식으로 운용한다.

044

주식워런트증권(ELW) 거래의 특징으로 가장 거리가 먼 것은?

① 주식의 직접투자보다 레버리지 효과가 크다.
② 이익은 어느 정도 보강되지만, 손실이 무한대로 확대될 수 있다.
③ 보유자산의 가치를 일정하게 유지하는 위험헤지 기능성을 가지고 있다.
④ 시장상황과 무관하게 투자기회를 제공한다.

문제해설

투자자는 매수포지션만 보유하기 때문에 손실은 ELW 가격에 한정되는 반면, 이익은 무한대로 확대될 수 있다.

045

ELW의 상장요건에 대한 설명으로 가장 거리가 먼 것은?

① 장외파생금융상품 인가를 받은 금융투자회사만 발행자가 될 수 있다.
② 기초자산은 KOSPI 200 주가지수, 주식바스켓, KOSPI 100 구성주식 등이다.
③ 발행총액은 1억 원 이상이다.
④ 거래소 회원 금융투자회사 중 1사 이상과 유동성공급계약을 체결해야 한다.

문제해설

발행총액은 10억 원 이상이다. 또한, ELW 시장은 원활한 거래를 위해 LP 제도(유동성공급자제도)를 운영하고 있다. 발행회사와 계약한 금융투자회사가 의무적으로 장중에 계속 매도 · 매수호가를 제시하는 제도이다.

정답 040 ③ | 041 ③ | 042 ① | 043 ③ | 044 ② | 045 ③

046

주식워런트증권(ELW)의 가격구조와 가격결정 요인에 대한 설명으로 옳은 것은?

① 만기일에 가까워질수록 프리미엄이 높아진다.
② 풋 워런트는 기초자산가격이 오를수록 가격이 상승한다.
③ 잔존지간이 길면 콜 워런트는 상승, 풋 워런트는 하락한다.
④ 지초자산의 가격변동성이 클수록 콜, 풋 워런트 관계 없이 모두 가격이 상승한다.

문제해설

① 주식워런트증권가격은 행사가치와 시간가치의 합으로 구성된다. 만기가 가까워지면 시간가치가 소멸되므로 프리미엄이 낮아진다.
② 콜 워런트는 기초자산가격이 높을수록, 풋 워런트는 기초자산가격이 낮을수록 가격이 상승한다.
③ 잔존기간이 길수록, 변동성이 클수록 콜·풋 워런트 가격이 상승한다.

047

투자회사(뮤추얼펀드)에 대한 설명으로 가장 거리가 먼 것은?

① 수익증권과 비슷하나 투자자들의 지위가 주주라는 점이 다른다.
② 투자방법은 새로 설정되는 펀드에 가입하거나 주식시장에 상장되어 있는 투자회사의 주식을 매입하면 된다.
③ 운용수수료 외에 추가비용이 없는 점이 장점이다.
④ 펀드 자체가 주식회사가 된다.

더알아보기 계약형 집합투자기구와 회사형 집합투자기구의 비교

구분	계약형 투자신탁 (수익증권)	회사형 투자신탁 (뮤추얼펀드)
설립형태	신탁계약	집합투자기구 자체가 주식회사
발행증권	수익증권	주식
투자자의 지위	수익자	주주
관련법	신탁법, 자본시장법	상법, 자본시장법
중도환매방법	중도환매 가능 (환매수수료징구)	주식매각을 통해 현금화 가능(환매금지형), 환매 가능(개방형)

문제해설

투자회사는 상법상 회사이기 때문에 운용수수료 외에도 등록세, 임원보수, 회계감시보수 등 등기비용을 투자자(주주)들이 추가로 부담해야 하는 단점이 있다.

048

다음은 상장지수펀드(ETF)에 대한 설명이다. 거리가 먼 것을 모두 고르시오.

㉠ 투자시에는 당일 종가로 설정되고, 환매시에는 익일 종가로 결정되기 때문에 의사결정과 투자 간의 차이가 발생할 수밖에 없다.
㉡ 주식과 같이 공매도 또는 대주주에 의한 매도가 가능하다.
㉢ ETF발행시장은 차익거래시나 대규모 설정시, 해지시에만 이용하면 된다.
㉣ 특정주가지수를 따라가 수익을 내는 것을 목적으로 하는 인덱스펀드다.
㉤ HTS(홈트레이딩시스템) 또는 전화로 매매가 불가능하다.

① ㉠, ㉤
② ㉢, ㉤
③ ㉠, ㉡, ㉣
④ ㉡, ㉣, ㉤

문제해설

㉠ ETF는 주식과 같이 시장에서 계속적으로 거래되므로 투자자는 원하는 가격과 시간에 시장에서 매매하면 되므로 의사결정과 투자 간의 차이를 없앴다.
㉤ 거래소의 거래시간 중에 자유로이 현재가격에 매매가 가능하기 때문에 일반주식과 같이 증권사에 직접 주문을 내거나 HTS 또는 전화로 매매가 가능하다.

049

수익증권의 가격에 대한 설명으로 가장 거리가 먼 것은?

① 매매기준가는 매일 평가하여 영업장소에 게시 · 공고된다.
② 수익증권의 수량단위로는 '좌수'를 사용한다.
③ 위탁회사는 신탁재산을 기초로 하여 최초 1좌 1원의 비율로 발행한다.
④ 수익증권의 가격은 10,000좌당 가격을 사용한다.

문제해설

수익증권의 가격은 소수점 이하 관리가 불편하여 1,000배를 확대한 1,000좌당 가격을 사용한다.

3과목 금융상품 및 직무윤리

정답 046 ④ | 047 ③ | 048 ① | 049 ④

050

수익증권에 대한 설명으로 가장 거리가 먼 것은?

① 수익증권의 저축금액은 원칙적으로 제한이 없다.
② 자산총액의 80% 이상을 주식에 운용하는 상품을 주식형이라 한다.
③ 자산총액의 50% 이상, 60% 미만을 주식에 운용하는 상품을 주식 혼합형이라 한다.
④ 자산총액의 60% 이상을 채권에 운용하는 상품을 채권형이라 한다.

문제해설

주식형은 자산총액이 60% 이상을 주식에 운용하는 상품이다.

051

MMF에 대한 설명으로 가장 거리가 먼 것은?

① 단기실적 배당상품이다.
② 은행의 MMDA, 증권사의 CMA 등과 경쟁하는 상품이다.
③ 저축기간, 가입대상, 가입한도 모두 제한이 없다.
④ 환금성이 어려운 점이 단점이다.

문제해설

MMF는 환금성이 높아 단기자금운용에 유리하다.

052

다음의 해외펀드에 대한 설명 중 옳은 것은?

① 역내펀드는 엄밀히 말하면 투자대상을 해외로 확대하였을 뿐 기존의 국내펀드와 크게 다를 바 없다.
② 역외펀드는 펀드운용자가 환위험관리주체가 된다.
③ 환매신청 후 3~4일 내외로 자금을 받을 수 있다.
④ 역외 해외펀드의 주식매매차익에 대해서는 비과세가 적용된다.

문제해설

② 역외펀드는 투자자, 역내펀드는 펀드운용자가 환위험관리주체가 된다.
③ 환매신청 후 8~10일 정도 소요되므로 국내펀드에 비해 환매기간이 긴 편이다.
④ 해외펀드는 15.4%의 세금을 내야 한다.

053

수익증권의 구조 중에서 위탁자의 지시에 따라 유가증권 매매에 따른 대금 및 증권의 결제 등 유가증권의 보관과 관리를 담당하는 자는?

① 수익자 ② 판매회사
③ 수탁회사 ④ 위탁회사

문제해설

위탁자의 지시에 따라 유가증권 매매에 따른 대금 및 증권의 결제 등 유가증권의 보관과 관리를 담당하는 자는 수탁회사이다.

054

다음에서 설명하고 있는 금융상품은?

> 투자자가 시장 상황에 따라 다른 펀드로 자유롭게 전환할 수 있는 펀드로서, 공동으로 적용되는 집합투자규약 아래 여러 개의 하위 펀드가 있다.

① 엄브렐러 펀드 ② 적립식 펀드
③ 뮤추얼 펀드 ④ 인덱스 펀드

문제해설

하나의 약관 아래 여러 개의 하위 펀드가 있는 모양이 우산같다고 해서 엄브렐러 펀드라는 이름이 붙여졌다.

055

적립식 펀드에 대한 설명으로 가장 거리가 먼 것은?

① 투자원금은 보장되지 않는다.
② 일반적으로 장기투자시 더 유리한 상품이다.
③ 원하는 펀드형, 주식형, 채권형 등을 혼합해서 적립식으로 투자한다.
④ 적립식 펀드로 주식만 매입할 경우 평균매입단가를 낮추는 효과가 있다.

더 알아보기 적립식 펀드

분산투자하게 되므로 주가가 떨어지면 같은 금액으로 더 많은 주식을 사게 되고, 주가가 오르면 적은 주식을 사게 되므로 주식의 평균매입단가를 낮추는 효과가 있고, 매월 일정한 금액으로 장기투자할 때 적합한 상품이다. 투자원금은 보자오디지 않는다.

문제해설

원하는 펀드, 주식형, 채권형 등 한가지를 선택하여 적립식으로 투자한다

정답 050 ② | 051 ④ | 052 ① | 053 ③ | 054 ① | 055 ③

056

보험회사의 금융상품에 대한 설명으로 가장 거리가 먼 것은?

① 일반적으로 암보험은 보장성 보험, 교육보험은 저축성 보험에 속한다.
② 피보험자가 보험기간 종료일까지 생존하는 경우에만 보험금을 지급하는 것을 생존보험이라 한다.
③ 연금보험은 생존보험으로 노후설계가 가능하다.
④ 사망보험은 보험기간 만료일까지 생존했을 때에는 납입한 보험료를 환급해 준다.

문제해설

사망보험은 피보험자가 보험기간 중에 사망했을 때 보험금이 지급된다. 보험기간 만료일까지 생존했을 때에는 보험금이 지급되지 않고 환급되지도 않는다.

057

피보험자가 보험기간 중 사망한 경우뿐만 아니라 보험기간 만료일까지 생존한 경우에도 약정된 보험금을 지급하는 생사혼합보험은?

① 생존보험 ② 양로보험
③ 연금보험 ④ 사망보험

문제해설

양로보험은 보장성과 저축성을 동시에 가진 보험으로 생존보험과 사망보험이 종합된 점에서 생사혼합보험이라 부른다.

058

변액보험에 대한 설명으로 가장 거리가 먼 것은?

① 보험의 기능에 투자의 기능을 추가한 일종의 금융투자상품이다.
② 지급되는 보험금이 투자수익에 따라 달라진다.
③ 인플레이션 발생시 위험에 취약하다는 것이 단점이다.
④ 위험보장이 전제되며 특약을 통해 다양한 보장을 추가로 받을 수 있다.

문제해설

장기적으로 인플레이션 해지를 통해 실질가치가 보전된 보장금액을 제공하는 것이 변액보험의 개발목적이다.

059

종합금융회사의 상품에 대한 설명으로 가장 거리가 먼 것은?

① 발행어음과 기업어음은 예금자보호대상에서 제외된다.
② 기업어음은 실세금리 연동형 확정금리 상품이다.
③ 발행어음(자발어음)은 기업어음에 비해 수익률이 다소 낮다.
④ CMA의 수익률은 실적배당이다.

문제해설

종합금융회사에서 판매하는 발행어음은 기업어음에 비해서는 수익률이 다소 낮은 반면 무보증 기업어음과 달리 예금자보호대상이다.

060

다음 중 기업어음(CP)에 대한 설명으로 옳은 것은?

① 투자금액은 3억 원 이상이다.
② 예치기간은 1년 이상이다.
③ 실세금리 연동형 확정금리 상품이다.
④ 종합금융회사에서만 취급하는 상품이다.

문제해설

기업어음의 투자금액은 제한이 없으며 예치기간은 1년 이내이다. 취급기관은 종합금융회사, 증권회사 등이다.

061

신용협동기구의 금융상품에 대한 설명으로 가장 거리가 먼 것은?

① 보통예금의 3,000만 원 이하 예탁금의 이자소득은 비과세한다.
② 신용협동기구의 예탁금은 예금자보호법에 의한 보호대상이다.
③ 정기예탁금은 은행의 정기예금과 유사하며, 확정금리를 지급한다.
④ 자립예탁금은 3,000만 원 이하 예탁금의 이자소득에 대해 농특세 1.4%만 부과하고 있다.

문제해설

신용협동조합의 예탁금은 예금자보호법에 의한 보호가 아닌 자체적 안전기금에 의한 예금자보호제도를 운영하고 있다.

정답 056 ④ | 057 ② | 058 ③ | 059 ① | 060 ③ | 061 ②

062

다음 중 금융상품에 대한 설명으로 가장 거리가 먼 것은?

① 신용협동조합의 출자금에 대해서는 1인당 2,000만 원 이하 출자금에 대해 이자소득이 비과세된다.
② 신용협동조합 및 새마을금고 출자금의 출자자는 해당 지역 거주자, 해당 직장구성원 등에 한한다.
③ 농 · 수협 단위조합의 농어가목돈마련저축은 월 5,000원 이상 월 12만원까지 가입할 수 있다.
④ 농 · 수협 단위조합의 농어가목돈마련저축 가입자는 농어업 관련 교육이수 등의 조건을 충족해야 한다.

문제해설

신용협동조합의 출자금에 대해서는 1인당 1,000만 원 이하 출자금에 대해 이자소득이 비과세된다.

063

상호저축은행에서 취급하는 상품이 아닌 것은?

① 신용부금
② 보통예금
③ 상호신용계
④ 농어가목돈마련저축

문제해설

농어가목돈마련저축은 상호금융(농 · 수협 단위조합)의 상품이다.

064

예금보호대상 예금에 대한 설명으로 가장 거리가 먼 것은?

① 은행의 예금, 적금, 부금은 항상 보호대상이다.
② 은행의 실적배당 신탁상품은 보호대상이 아니다.
③ 법인의 보험계약 중 퇴직보험계약은 보호대상이 아니다.
④ 증권회사의 위탁자예수금은 항상 보호대상이다.

문제해설

개인의 보험계약, 법인 퇴직보험계약은 항상 보호대상이다.

065

개인연금의 특성을 설명한 것으로 가장 거리가 먼 것은?

① 가입자가 만기 전에 연금의 지급기간 및 지급방법을 변경할 수 있다.
② 소득공제혜택을 유지하면서 현재 가입하고 있는 개인연금을 다른 금융기관으로 옮길 수 있다.
③ 만기 전에 중도해약할 경우 이자소득세가 정상과세된다.
④ 가입자가 퇴직할 경우 중도해지하면 소득공제분은 추징된다.

문제해설

가입자의 퇴직은 특별 중도해지 사유에 해당하기 때문에 소득공제분을 추징당하지 않는다.

066

비과세 혜택이 주어지는 상품이 아닌 것은?

① 장기저축성보험　② 주택청약저축
③ 농어가목돈마련저축　④ 새마을금고 출자금

더 알아보기 비과세 금융상품의 종류

- 농어가목돈마련저축(지역 농 · 축협, 지구별 수협)
- 출자금, 예탁금(상호금융)
- 장기저축성보험(보험회사, 농 · 수협, 신협, 새마을금고의 공제, 우체국 보험)
- 비과세종합저축(전 금융기관, 직장공제회)

문제해설

주택청약저축은 비과세 혜택이 없다.

정답 062 ① | 063 ④ | 064 ③ | 065 ④ | 066 ②

067

채권을 고객이 매입하면 일정기간 경과 후에 일정한 가격으로 동일 채권을 고객으로부터 다시 매수하거나 매도할 것을 조건으로 한 단기금융 상품은?

① RP ② ELD
③ 풋 ELW ④ CMA

문제해설

환매조건부채권(RP)에 대한 설명이다.

068

계약형 증권투자신탁에 대한 설명으로 가장 거리가 먼 것은?

① 신탁재산관리의 독립성이 유지된다.
② 목적물은 금전에 한정한다.
③ 운영은 수탁자가 담당한다.
④ 수익증권은 반드시 발행된다.

문제해설

계약형 증권투자신탁의 운영은 위탁자가 담당한다.

069

보험회사에서 취급하는 금융상품에 대한 설명으로 가장 거리가 먼 것은?

① 교육보험은 보장성 보험의 성격이 강하다.
② 변액보험은 보험의 기능에 투자의 기능을 추가해 투자수익도 기대할 수 있다.
③ CI보험은 생존과 사망을 동시에 보장하므로 종신보험보다 보험료가 비싸다.
④ 양로보험은 보장성과 저축성을 동시에 가진 보험이다.

문제해설

교육보험은 장래 일정시점에 필요한 자금확보를 주된 목적으로 하는 저축성이 강한 보험이다.

070

은행에서 판매하는 상품 중 예금자보호대상에서 제외되는 상품은?

① 상호부금　　② 정기적금
③ 보통예금　　④ RP

문제해설

은행상품 중 예금자보호대상에서 제외되는 상품 : CD, RP, 특정 금전신탁 등 실적배당형 신탁, 은행발행채권, 주택청약저축 등

071

다음이 정의하는 용어는?

> 기대수익률과 위험수준이 다양한 여러 자산집단(asset class)을 대상으로 투자자금을 배분하여 최적의 자산 포트폴리오를 구성하는 일련의 투자과정을 말한다.

① 분산투자　　② 자산배분
③ 포트폴리오전략　　④ 투자관리

문제해설

자산배분(asset allocation)의 정의이다.

072

자산배분에 대한 설명으로 가장 거리가 먼 것은?

① 투자대상을 주식과 채권으로 각각 배정하였으며, 이는 이종자산 간 자산배분에 속한다.
② 동일자산 간 자산배분은 포트폴리오전략이라는 별도의 개념이다.
③ 개인의 투자목표를 달성하기 위해서 개별종목이나 펀드의 선정이 중요한다.
④ '계란은 한 바구니에 담지 말라'는 분산투자기법이 시발이 되었다.

문제해설

개별종목이나 펀드의 선정보다 재무계획 수립과 투자목표를 달성하기 위한 자산배분이 더 중요하다.

정답 067 ① | 068 ③ | 069 ① | 070 ④ | 071 ② | 072 ③

073

자산배분의 중요성이 높아지고 있는 이유로 가장 거리가 먼 것은?

① 투자위험에 대한 관리 필요성이 증대하고 있다.
② 투자상품의 다양화로 투자대상자산군이 확대되면서 위험관리의 필요성이 대두되고 있기 때문이다.
③ 투자수익률 결정에 자산배분 효과가 절대적인 영향력을 미친다는 투자자들의 인식이 증가하고 있다.
④ 시장의 변동성보다 나은 성과를 얻기 위해 자산시장의 단기 변동성에 대한 적극적인 대응의 필요성이 증가하고 있기 때문이다.

문제해설

시장의 변동성보다 나은 성과를 얻기 위해 자산시장의 단기 변동성에 대한 적극적인 대응보다는 중장기적인 자산배분이 더 나은 성과를 보인다는 인식이 확산되고 있다.

074

시장예측이나 증권선택이 총수익률에 미치는 영향도가 낮은 이유로 가장 거리가 먼 것은?

① 시장의 변동성보다 나은 성과를 얻기 위해 시장대응과 종목대응을 할 경우 거래비용이 발생하여 수익률의 마이너스 요인으로 작용하기 때문이다.
② 자산시장의 단기변동성에 대한 적극적인 대응보다는 중장기적인 관점에서 자산배분 전략을 세워 투자를 실행하는 것이 더 나은 성과를 나타내기 때문이다.
③ 매니저가 자산시장의 높은 변동성을 지속적으로 따라가기가 어렵기 때문이다.
④ 시장예측이나 개별 종목 선택의 어려움으로 수익창출이 용이하지 않기 때문이다.

문제해설

①, ②, ③이 시장예측, 증권선택이 총수익률에 미치는 영향도가 낮은 이유이다.

075

자산배분의 핵심인 투자관리의 세 가지 요소로 볼 수 없는 것은?

① 시장예측
② 투자시점의 선택
③ 개별종목 선택
④ 분산투자(자산배분)의 방법

문제해설

투자관리의 3요소
- 분산투자(자산배분)의 방법
- 개별종목 선택
- 투자시점의 선택

076

통합적 투자관리 과정의 단계로 바르게 연결된 것은?

① 투자목표 설정 → 개별종목 선택 → 자산배분 실시 → 포트폴리오 수정과 투자성과의 사후통제
② 투자목표 설정 → 자산배분 실시 → 개별종목 선택 → 포트폴리오 수정과 투자성과의 사후통제
③ 투자시점의 설정 → 자산배분 실시 → 개별종목 선택 → 포트폴리오 수정과 투자성과의 사후통제
④ 투자시점의 설정 → 개별종목 선택 → 자산배분 실시 → 포트폴리오 수정과 투자성과의 사후통제

문제해설

통합적 투자관리 과정의 단계
투자목표를 설정하고 투자전략수립에 필요한 사전 투자분석 실시 → 투자전략적 관점에서 자산배분 실시 → 투자전술적 관점에서 개별종목 선택 → 포트폴리오 수정과 투자성과의 사후통제

정답 073 ④ | 074 ④ | 075 ① | 076 ②

077

자산집단에 대한 투자성과와 위험도를 측정하기 위해서는 자산집단에 대한 벤치마크가 설정되어 있어야 한다. 벤치마크가 가져야 할 충족조건으로 가장 거리가 <u>먼</u> 것은?

① 자산운용자의 운용계획이 표현되어서는 안 된다.
② 벤치마크의 운용성과를 운용자가 추적하는 것이 가능해야 한다.
③ 적용되는 자산의 바람직한 운용상을 표현하고 있어야 한다.
④ 구체적인 내용(자산집단과 가중치)이 운용하기 이전에 명확해야 한다.

문제해설

벤치마크는 자산운용자의 운용계획을 표현함과 동시에 투자자와의 커뮤니케이션 수단이 된다.

078

자산배분 설계를 위한 자료수집의 원칙에 어긋나는 것은?

① 감당할 수 있는 범위 내의 자료를 수집한다.
② 전문적인 용어로 자료의 신뢰도를 높여야 한다.
③ 장기적인 예측치를 반영하도록 해야 한다.
④ 지체하지 않고 자료를 갱신해야 한다.

문제해설

자산배분 설계를 위한 자료수집의 원칙으로 ① 정확성, ③ 자료 작성의 일관성, ④ 시기적절성을 말한다. ②는 자료는 평이한 용어로 간단하게 이해가 가능해야 하므로 맞지 않다.

079

기대수익률을 측정하는 방법으로 가장 거리가 <u>먼</u> 것은?

① 추세분석법　② 시나리오 분석법
③ 펀더멘털 분석법　④ 내부수익률 분석법

문제해설

기대수익을 측정법 4가지는 추세분석법, 시나리오 분석법, 펀더멘털 분석법, 시장공동예측치 사용법이다.

080

자산집단은 개별증권이 모여 마치 큰 개념의 증권처럼 움직이며, 의사결정의 대상이 된다. 자산집단에 대한 설명으로 거리가 먼 것은?

① 투자자산은 투자수익이 확정되어 있지 않고, 투자성과에 따라 투자수익이 달라지는 자산을 말한다.
② 자산집단 내에 분산투자가 가능하도록 충분하게 많은 개별증권이 존재해야 한다.
③ 이자지급형 자산은 금융기관이나 채권발행자에게 자금을 맡기거나 빌려주고 대가로 지급하는 이자수익을 주목적으로 하는 자산을 말한다.
④ 하나의 자산집단은 다른 자산집단과 상관관계가 높아서 분산투자시 위험의 감소 효과가 충분하게 발휘될 수 있는 통계적인 속성을 지녀야 한다.

문제해설

독립성의 원칙으로 하나의 자산집단은 다른 자산집단과 상관관계가 충분히 낮아야 분산투자의 효과를 얻을 수 있다.

081

자산배분설계를 위한 위험(Risk)에 관한 설명으로 거리가 먼 것은?

① 투자로 인한 손실의 가능성은 투자로부터 예상되는 미래 기대수익률의 분산 정도가 클수록 작아지게 된다.
② 자산집단 수익률의 표준편차를 의미하며 최근에는 GARCH와 같이 추정하는 방법이 발달하고 있다.
③ 위험의 정도는 계량적으로 그 투자로부터 예상되는 미래수익률의 분산도(dispersion)로 측정될 수 있다.
④ 미래 기대수익률의 분산 또는 투자수익의 변동 가능성, 기대한 투자수익이 실현되지 않을 가능성, 실제 결과가 기대예상과 다를 가능성을 지닌다.

문제해설

투자로 인한 손실의 가능성은 투자로부터 예상되는 미래 기대수익률의 분산 정도가 클수록 커지게 된다.

정답 077 ① | 078 ② | 079 ④ | 080 ④ | 081 ①

082

위험회피형 투자자의 효용함수와 무차별효용곡선으로 옳은 것은?

① 효용함수가 원점에 대해 오목, 우하향 무차별효용곡선
② 효용함수가 원점에 대해 오목, 우상향 무차별효용곡선
③ 효용함수가 원점에 대해 볼록, 우하향 무차별효용곡선
④ 효용함수가 원점에 대해 볼록, 우상향 무차별효용곡선

문제해설

위험회피형 투자자의 효용함수는 원점에 대해 오목한 형태(투자수익의 증가가 있을 때 체감하는 모양)이고, 기울기가 가파른 우상향 무차별효용곡선을 나타낸다.

083

최적자산배분을 실행하기 위한 투자전략 수립기준에 속하지 않는 것은?

① 분산투자의 상 · 하한선 설정
② 자산배분을 위한 투자전략의 선택
③ 자산배분을 위한 집단의 선정기준
④ 투자분석을 근간으로 전반적인 자본시장 가정

문제해설

최적자산배분을 실행하기 위한 4가지 투자전략 수립기준은 자산배분을 위한 집단의 선정기준, 자산배분을 위한 투자전략의 선택, 투자전략을 달성하는 데 필요한 모델선정 또는 구축, 분산투자의 상 · 하한선 설정이다.

084

다음 중 전술적 자산배분전략의 실행도구에 해당하지 않는 것은?

① 포뮬러플랜　　② 기술적 분석
③ 시장가치접근법　　④ 가치평가모형

더 알아보기 전술적 자산배분전략의 실행도구

- **가치평가모형** : 전술적 자산배분전략은 자산가격이 단기적으로는 균형가격 또는 적정가격에서 벗어날 수 있지만, 중장기적으로는 균형가격에 복귀한다는 가정에서 출발하기 때문에 가치평가가 제일 중요한 요소이다.
- **기술적 분석** : 자산집단의 가치평가시 과거 일정기간 동안의 변화의 모습을 활용하는 기술적 분석방법도 실무에서 많이 사용한다.
- **포뮬러플랜** : 막연하게 시장과 역으로 투자함으로써 고수익을 지향하고자 하는 전략의 한 사례로 포뮬러플랜이 사용된다.

문제해설

시장가치 접근방법은 여러 가지 투자자산들의 포트폴리오 내 구성비중을 각 자신이 시장에서 차지하는 시가총액의 비율과 동일하게 포트폴리오를 구성하는 방법으로 전략적 자산배분 방법 중 하나이다.

085

자산배분전략을 수정하는 방법에 대한 설명으로 거리가 먼 것은?

① 자산집단의 상대가격의 변동에 따라 투자비율의 변화를 원래대로의 비율로 환원시키는 리밸런싱(rebalancing) 방법이 있다.
② 리밸런싱을 통한 자금의 재배분으로 자본이득의 가능성이 사라진 주식에서 그 가능성이 큰 주식으로 옮겨가게 되는 이점이 있다.
③ 높은 성과를 지닌 자산을 식별하여 그 비중을 높이는 것이 업그레이딩(upgrading)의 방법으로 많이 사용된다.
④ 자산 포트폴리오의 수정이나 자산의 매각 · 매입에는 거래비용, 정보비용, 제반관리비용이 소요된다.

문제해설

높은 성과를 지닌 자산을 식별하는 것보다 큰 손실을 가져다 주는 자산을 식별하여 그 자산을 포트폴리오에서 제거하는 방법이 업그레이딩에서 많이 사용된다.

086

전략적 자산배분전략에 대한 내용으로 가장 거리가 먼 것은?

① 효율적인 투자기회선과 투자자의 효용함수의 접점에서 자산배분 비중이 결정된다.
② 시장가격이 상승하면 매도하고 시장가격이 하락하면 매수하여 시장의 움직임과 반대활동을 하는 역투자전략을 사용한다.
③ 자산배분의 주체는 연기금과 개인투자자 등이다.
④ 투자자의 목적 및 제약조건을 감안하여 장기적인 포트폴리오의 자산구성을 정하는 의사결정을 말한다.

문제해설

역투자전략은 전술적 자산배분번략 중 하나이다.

087

어떤 주식이 기대수익률은 10%, 위험(표준편차)은 15%인 정규분포를 따른다고 한다. 이 주식의 99.97%의 신뢰구간의 투자수익은 얼마인가?

① 5~25 ② −5~15
③ −20~40 ④ −35~55

문제해설

주어진 문제에서는 신뢰구간이 99.97%이므로
10 ± 3 × 5 = −35~55

표준정규분포의 신뢰구간
68.27% : 평균 ± 1 × 표준편차
95.54% : 평균 ± 2 × 표준편차
99.97% : 평균 ± 3 × 표준편차

정답 082 ② | 083 ④ | 084 ③ | 085 ③ | 086 ② | 087 ④

2장 영업실무

001

다음 중 고객관리를 해야 하는 이유로 가장 거리가 먼 것은?

① 고객욕구의 개별화와 다양화
② 경쟁의 과열
③ 수익성위주의 금융기관 경영전략
④ 시장의 고도성장

문제해설

과거 고도 성장기에는 높은 시장성장률로 특별한 노력 없이도 수탁자산의 증대가 이어졌으나, IMF 금융위기를 겪으면서 시장성장의 둔화 및 성숙단계로 진입하여 치열한 고객확보가 요구되고 있다.

002

다음 중 기존고객 관리의 필요성으로 볼 수 있는 것으로 가장 거리가 먼 것은?

① 기존의 신규고객 발굴활동은 더 이상 할 필요가 없게 되었다.
② 고유의 업무영역이 더 이상 의미가 없어지게 되었다.
③ 신규고객 확보의 대상인 가망고객들은 여타 다른 금융기관의 고객이라는 사실이다.
④ 고객의 요구가 개별화, 다양화 되었다.

문제해설

기존의 신규고객 발굴활동을 포기하자는 것이 아니라 좀 더 효과적인 기존고객 관계에 중점을 두자는 의미이다. 신규고객 발굴활동도 필수 불가결한 요소이다.

003

다음 중 관계마케팅의 특징이 아닌 것은?

① 고객점유율 ② 고객유지
③ 판매촉진 중심 ④ 장기적 관계형성

문제해설

판매촉진 중심의 마케팅은 기존의 매스마케팅의 방법이다.

004

다음은 A 은행이 다양한 마케팅활동이다. 관계마케팅에 해당하지 않는 것은?

① 홈페이지를 통해 대대적인 사은행사, 경품행사를 진행하였다.
② 주거래은행 개념을 도입하여 월급이체, 공과금 납부를 할 수 있게 했다.
③ 고객마다 전담직원을 두어 가족단위의 거래계좌를 관리하고 고객에게 대여금고를 이용할 수 있게 하였다.
④ 기존고객의 협조 아래 동창회, 골프모임, 친목회 등에서 재야고수를 초빙해 투자설명회를 개최했다.

문제해설

경품행사, 사은품, 특별금리, 한정상품 등은 기존의 매스마케팅의 방법으로 신규고객 확보를 위한 것이다.

005

다음 중 고객관리의 혜택이 아닌 것은?

① 예탁자산의 증대 ② 고객유지율 감소
③ 구전을 통한 무료광고 ④ 낮은 마케팅, 관리비용

문제해설

기존고객과의 만족스러운 관계형성을 통해 유대관계가 깊어질수록 고객유지율 감소가 아닌 고객이탈률의 감소, 고객유지율의 증대로 이어진다.

정답 001 ④ | 002 ① | 003 ③ | 004 ① | 005 ②

006

다음 설명 중 옳은 것을 모두 고르시오.

> ㉠ 관계마케팅에서는 고객점유율과 고객차별화에 더 중점을 둔다.
> ㉡ 고객관계 관리를 고객이탈률이 감소하고, 고객유지율이 증대된다.
> ㉢ 고객의 욕구가 개별화되고 다양화되어 고객관리가 더 중요하게 되었다.
> ㉣ 신규고객 확보를 위한 많은 비용이 기존고객을 유지하는 비용보다 낮다.
> ㉤ 관계마케팅은 바로 신규고객의 확보에 초점을 맞춘 경영전략이다.

① ㉠, ㉡, ㉣　　② ㉡, ㉢
③ ㉠, ㉡, ㉢　　④ ㉡, ㉣, ㉤

문제해설

㉣ 신규고객을 확보하는 데 드는 비용이 기존고객의 유지 및 관리비용에 비해 약 6배 정도가 더 투입된다는 것이 일반적인 영업 통계치다.
㉤ 관계마케팅은 기존고객과의 관계관리를 통해 기존고객의 유지와 발전에 초점을 맞춘 경영전략이다.

007

다음 중 핵심 금융서비스가 아닌 것은?

① 금융투자보고서 작성
② 금융 · 투자 관리
③ 금융 · 투자정보 제공
④ 금융투자분석 및 투자전략 제안 서비스

문제해설

핵심 금융서비스란 금융기관이면 반드시 제공해야 되는 필수 서비스로 컨설팅 수행능력(③, ④)과 관리능력(②)으로 구분된다.

008

다음 중 금융투자분석 및 제안의 단계에 속하지 않는 것은?

① 투자 모니터링　　② 투자정보 수집
③ 투자정보 분석　　④ 투자동의

문제해설

금융투자 분석 및 제안의 단계
투자정보 수집 → 투자정보 분석 → 투자제안 → 투자동의

009

다음 중 고객의 투자성향 파악에 해당되지 않는 것은?

① 선호하는 투자기간
② 현재부채현황
③ 과거 투자경험과 지식수준 정도
④ 투자위험 수용도

더알아보기 고객의 투자성향 파악
- **투자사실** : 현 자산운용현황, 과거 투자경험과 지식수준 정도
- **투자태도** : 선호하는 투자기간, 수익률 변동에 따른 투자위험 수용 정도

문제해설
현재 부채현황은 고객의 투자능력 파악에 해당된다.

010

금융투자분석 및 제안의 마지막 단계인 투자동의 절차에 대한 설명으로 가장 거리가 먼 것은?

① 투자동의는 투자자 보호는 물론 금융기관의 신뢰를 높이기 위한 것이다.
② 투자위험성 요인이 존재한다는 점을 고객과의 상담을 통해 동의절차를 확실히 받아야 한다.
③ 고객에게 투자의 수익률과 위험성에 대한 충분한 인지를 시키지 못하면 최악의 경우 집단 소송 · 재판으로까지 이어질 수 있다.
④ 고객이 투자제안에 만족할 경우에는 곧바로 투자를 실행하면 된다.

문제해설
고객이 투자제안에 만족할 경우에도 고객의 동의를 거쳐 동의된 투자자산 배분전략에 따른 투자를 실행해야 한다.

정답 006 ③ | 007 ① | 008 ① | 009 ② | 010 ④

011

다음은 B금융투자회사에서 취한 금융투자정보제공과 금융투자 관리 서비스이다. 가장 거리가 먼 것은?

① 투자분석 및 제안을 담당할 전문 상담직원을 양성하여 각 영업점에 배치하였다.
② 전담직원 K씨가 신년을 맞이하여 고객 W씨에게 자필로 연하장을 보냈다.
③ 전담직원 P씨가 이달에 만기가 도래할 고객 H씨에게 전화로 최선의 금융상품을 소개하였다.
④ B금융투자회사의 홈페이지를 이용해 경제, 금융통향에 대한 금융기관의 분석 및 전망을 게시하였다.

문제해설

고객에게 자필로 연하장을 보내는 것은 개별적인 관계제고 서비스의 일환이다.

012

다음 중 관계제고 서비스의 원칙이 아닌 것은?

① 개별적일 것　② 도움이 될 것
③ 체계적일 것　④ 주기적일 것

문제해설

관계제고 서비스의 원칙
원칙 1 – 개별적일 것 (Personal Approach)
원칙 2 – 주기적일 것 (Periodical Approach)
원칙 3 – 도움이 될 것 (Benefit and informative Approach)

013

다음 중 고객의 발전단계를 바르게 나열한 것은?

① 최초고객 → 단골고객 → 재연장고객 → 충성고객
② 최초고객 → 재연장고객 → 단골고객 → 충성고객
③ 최초고객 → 충성고객 → 재연장고객 → 단골고객
④ 최초고객 → 충성고객 → 단골고객 → 재연장고객

문제해설

고객의 발전단계
최초고객 → 재연장고객 → 단골고객 → 충성고객

014

다음 설명 중 틀린 것을 모두 고르시오.

㉠ 관계제고 서비스를 위해서는 자주 그리고 주기적으로 고객과 연락을 취하는 것이 매우 중요하다.
㉡ 금융투자 관리 서비스는 금융내역 관리와 만기 관리를 뜻한다.
㉢ 최초고객에 대한 서비스가 중요한 이유는 금융투자상품 가입 후 고객이 느끼게 되는 '심리적 인지부조화 현상을 최소화' 시킴으로써 고객의 금융투자상품에 대한 추가가입을 유도해야 하기 때문이다.
㉣ 핵심 금융 서비스란 컨설팅 수행능력과 고객확보능력을 뜻하는 것이다.
㉤ 비금전적 서비스는 상대적으로 특화시킬 수 있는 부분이 금전적 서비스보다는 강하기 때문에 활발한 서비스 개발이 이루어지고 있다.

① ㉢, ㉣　　② ㉡, ㉢
③ ㉣, ㉤　　④ ㉠, ㉣

문제해설

㉢ 최초 고객에 대한 서비스가 중요한 이유는 금융투자상품 가입 후 고객이 느끼게 되는 '심리적 인지부조화 현상을 최소화' 시킴으로써 고객의 금융투자상품에 대한 충성도를 높여주어야 하기 때문이다.
㉣ 핵심 금융 서비스란 컨설팅 수행능력과 관리능력을 뜻한다.

015

고객상담에 대한 설명으로 가장 거리가 먼 것은?

① 상담활동의 목적은 판매력을 향상시켜 판매목표를 달성하는 것이다.
② 상담활동 효율 증대를 위해 상담에 필요한 자료 및 안내문을 준비한다.
③ 상담활동은 고객관리활동을 수행하는 데 가장 핵심이 되는 것이다.
④ 효율적인 상담시간 증대를 위해서는 상담활동의 표준화, 정형화가 이루어져야 한다.

문제해설

상담활동은 영업활동을 수행하는 데 가장 핵심이 되는 것으로 가장 완벽하게 실시해야 하는 설득활동이다.

정답 011 ② | 012 ③ | 013 ② | 014 ① | 015 ③

016

다음 중 상담활동의 효율을 증대하는 요령이 아닌 것은?

① 표준화는 상담화법을 사전에 작성 · 연습한 후 활용한다.
② 상담진척표를 그룹별로 작성 · 관리한다.
③ 자신만의 화법 및 테크닉을 발굴하고 개발한다.
④ 고객의 최적시간을 적극 활용한다.

문제해설

고객상담 또는 방문활동을 마친 후에는 고객관리 카드나 고객상담 진척표를 고객별로 작성하여 차후의 관리 및 영업활동에 도움이 될 수 있도록 한다.

017

다음 중 올바른 4단계 고객상담 Process는?

① Needs 탐구 → 설득 및 해법제시 → 고객과의 관계형성 → 동의확보
② 동의확보 → 고객과의 관계형성 → Needs 탐구 → 설득 및 해법제시
③ Needs 탐구 → 고객과의 관계형성 → 동의확보 → 설득 및 해법제시
④ 고객과의 관계형성 → Needs 탐구 → 설득 및 해법제시 → 동의확보

문제해설

고객상담 Process
고객과의 관계형성 → Needs 탐구 → 설득 및 해법 제시 → 동의확보 및 해법제시

018

다음 중 고객과의 관계형성시 유의해야 할 Check point가 아닌 것은?

① 명함을 드리며 자기소개를 정확히 한다.
② 미소를 지으며 고객에게 최대한 관심을 표한다.
③ 고객으로 하여금 심리적인 안정감을 갖게 한다.
④ Eye Contact을 하면 고객에게 건방진 느낌을 줄 수 있으므로 하지 않는다.

문제해설

Eye Contact은 자신감의 표현이며 고객을 설득하는 가장 강한 무기가 된다.

019

다음은 투자상담사와 고객의 대화이다. 거절처리의 어느 단계에 속하는가?

> 고　객 : 사촌이 같은 업종에 종사하고 있습니다.
> 상담사 : 그런데 저의 주요 고객들 중에는 더 나은 판단을 위해 복수 거래를 하시는 분들이 많습니다. 재무설계를 전적으로 친지에게 털어놓고 상담하기를 꺼려하시는 분들도 계시구요.

① 공감　② 반전
③ 완화　④ 경청

문제해설

투자상담사의 응대는 반전을 위한 완화의 단계이다.

거절처리의 단계 : 경청 → 공감 → 완화 → 반전

020

다음 중 질문의 수법이 아닌 것은?

① 개방형 질문　② 축소형 질문
③ 폐쇄형 질문　④ 확대형 질문

문제해설

고객의 Needs 파악을 위한 질문의 수법에는 폐쇄형 질문(Close-end Question), 개방형 질문(Open-end Question), 확대형 질문(High-Gain Question)이 있다.

021

다음 중 설득 및 해법제시 단계에서의 유의사항이 아닌 것은?

① 단계별로 고객이 이해하고 있는지를 점검하면서 설득해나간다.
② 고객이 필요로 하는 상품 및 서비스에 대해 우선순위를 두어 중점적으로 설명한다.
③ 이 단계에서의 성공은 고객의 동의확보 여부를 결정한다.
④ 고객이 만족하지 않을 경우 다음 상담일자를 잡는다.

문제해설

고객이 만족하지 않을 경우 기타상품 및 서비스를 단계적으로 설명하여 합의점을 찾아야 한다.

정답 016 ② | 017 ④ | 018 ④ | 019 ③ | 020 ② | 021 ④

3과목 금융상품 및 직무윤리

022

다음 중 고객의 반감에 대한 설명으로 가장 거리가 먼 것은?

① 반감은 또 하나의 세일즈 찬스이다.
② 더 많은 정보에 대한 욕구이다.
③ 반감은 거절의 표시이다.
④ 고객의 관심의 표현이다.

문제해설

반감은 겉으로 드러난 것보다는 이면에 숨겨진 의미가 많다.

023

다음 중 반감처리의 단계가 아닌 것은?

① 확신 ② 경청
③ 응답 ④ 인정

문제해설

고객의 반감처리 단계
경청 → 인정 → 응답 → 확인

024

다음 중 반감처리 화법이 아닌 것은?

① Yes, but화법 ② 질문법
③ 부메랑법 ④ 양자택일법

더 알아보기 고객의 반감처리 화법
- Yes, but화법
- 부메랑법
- 보상법
- 질문법
- 사례법
- 동문서답법(화제전환법)
- 정면격퇴법

문제해설

양자택일법은 상담종결 화법에 해당한다.

025

다음 중 상담종결 화법이 아닌 것은?

① 실행촉진법 ② 추정승낙법
③ 정면격퇴법 ④ 가입조건 문의법

문제해설

상담종결 화법
추정승낙법, 실행촉진법, 양자택일법, '기회이익상실은 손해' 화법, 사진제시, 호소, 가입조건 문의법

026

다음 중 성공적인 고객동의 확보방법으로 가장 거리가 먼 것은?

① 긍정적인 태도를 유지하라.
② 전략상품을 권유하라.
③ 공격적이 아닌 모습으로 주장하라.
④ 고객의 속도에 맞추어라.

문제해설

회사가 전력하는 상품이나 판매에 따라 판매수당이 높은 상품을 순간의 적은 이익을 위해 고객에게 맞지 않는 상품으로 추천하여 동의를 구한다는 것은 큰 오류이다. 고객에게 맞는 적당한 상품을 권유해야 한다.

027

다음의 고객상담 Process에 대한 설명 중 옳은 것을 모두 고르시오.

㉠ Needs란 현재 고객이 처한 상태와 시간의 흐름 속에 바라는 상태와의 갭, 즉 그 차이를 말한다.
㉡ 반감은 또 하나의 고객의 관심의 표현이다.
㉢ Buying Signal은 고객이 구매에 대한 결정을 한 후 취하는 태도이다.
㉣ 설득할 때에는 Needs를 만족시키는 상품의 이점만을 소개한다.
㉤ 고객과의 관계형성 단계에서 필요한 핵심 기술은 고객과의 신뢰구축과 고객의 거절 극복이다.

① ㉣ ② ㉠, ㉡
③ ㉡, ㉢, ㉤ ④ ㉡, ㉣, ㉤

문제해설

㉢ 고객의 Buying Signal이 나타났을 때가 Closing의 적절한 타이밍이다.
㉣ 설득의 순서는 먼저 고객의 Needs에 동의하고 확인하고, 그 Needs를 만족시키는 상품의 이점을 소개해야 한다.
㉤ 고객과의 관계형성 단계에서 필요한 핵심 기술은 고객과의 신뢰구축과 고객의 무관심 극복이다.

정답 022 ③ | 023 ① | 024 ④ | 025 ③ | 026 ② | 027 ②

028

다음 중 고객응대시 유의사항으로 가장 거리가 먼 것은?

① 프로페셔널하게 느껴져야 한다.
② 항상 회사지향적인 사고와 행동을 해야 한다.
③ 고객을 지원하는 자세가 느껴져야 한다.
④ 고객과의 약속은 반드시 지켜야 한다.

문제해설

투자상담사는 항상 고객지향적인 사고와 행동을 해야 한다.

029

고객응대시 기본매너에 관한 사항으로 옳은 것은?

① 상대방을 한 번도 만나지 못한 상황에서 전화로 처음 대화할 때는 4단계에 따라 통화한다.
② 전화는 벨이 3번 이상 울리기 전에 받아야 한다.
③ 사무실의 자리를 비울 때는 동료에게 고객의 전화 메모를 부탁하고 나간다.
④ 대화시 전문용어나 외래어를 사용하여 전문적인 모습을 보인다.

문제해설

① 상면 없이 전화거는 경우 초면 인사 → 자신의 소개 → 전화목적 → 일정약속 → 전화클로징의 5단계에 따라 통화해야 한다.
③ 자리를 비울 때는 제2의 통신 및 연락수단을 제공해야 한다(휴대전화, 이메일 등).
④ 표준어를 사용하도록 하고, 전문용어나 외래어의 과도한 사용을 자제한다.

030

다음 투자상담사의 대화 중 비즈니스 대화 및 언어표현이 적절한 것은?

① "우리가 제시하는 수익률에 만족하십니까?"
② "날씨가 무척 덥습니다. 시원한 음료수 한 잔 드릴까요?"
③ "김 대리, 아무래도 채권이 더 안정한 상품이지요."
④ "얼마 전 제가 다른 고객님께 추천한 종목이 왕대박 났습니다."

문제해설

① 자기 자신은 꼭 '저', '제가', '저희가' 라고 호칭하고, '나', '내가', '우리가'라는 호칭은 피한다.
③ 상대편이 낮은 지위라 하더라도 직함이나 직위에 '~님'을 붙여야 하고 가능하면 '~입니다'라고 분명한 존칭 어미를 쓰도록 해야 한다.
④ 허풍이나 과시를 피하고 상대방이 신뢰감을 갖도록 해야 한다.

031

고객에게 금융투자분석 및 투자제안 시 제안의 4단계로 옳은 것은?

① 투자제안 → 투자동의 → 투자정보 수집 → 투자정보 분석
② 투자정보 분석 → 투자제안 → 투자동의 → 투자정보 수집
③ 투자정보 분석 → 투자제안 → 투자정보 수집 → 투자동의
④ 투자정보 수집 → 투자정보 분석 → 투자제안 → 투자동의

문제해설

투자제안 및 투자제안은 고객의 투자와 관련된 다양한 정보를 수집하는 투자정보 수집단계, 고객으로부터 수집한 정보를 기초로 분석을 하는 투자정보 분석단계, 분석을 통해 파악된 고객의 투자유형별 투자제안 단계, 금융기관이 제안한 투자안을 토대로 고객의 투자동의를 얻는 단계로 구성된다.

032

고객의 발전단계별로 고객에게 제공할 수 있는 핵심 서비스에 대한 설명으로 가장 거리가 먼 것은?

① 최초고객 – 첫 거래 후 일정기간에 비쳐지는 직원이나 금융기관의 이미지가 향후 거래지속에 영향을 미친다.
② 재연장고객 – 고객이 지금껏 받아온 금융 서비스, 상품에 대한 만족도에 따라 연장과 해지를 결정하는 시점으로 파악한다.
③ 단골고객 – 형성된 신뢰가 있기 때문에 정기간행물 또는 전화를 수단으로 고객에게 서비스를 제공한다.
④ 충성고객 – 충성고객 확보 후에도 지속적으로 금융서비스를 제공하는 등 고객유지 전략이 중요하다.

문제해설

재연장 대상고객은 최초의 만기도래 고객으로 고객의 만족수준을 정확히 파악할 수 있어야 한다. 연장시점에서의 고객의 태도 및 만족도를 파악해봄으로써 공식적인 서비스결과를 확인하는 시점이기도 한다.

정답 028 ② | 029 ② | 030 ② | 031 ④ | 032 ②

3장 직무윤리·투자자분쟁예방

001

오늘날 윤리경영과 직무윤리를 강조하는 이유로 가장 거리가 먼 것은?

① 기업윤리는 지속적인 성장을 위한 인프라가 된다.
② 윤리경영은 가치 있는 장기생존을 목적으로 하며, 전문가가 지녀야 할 핵심요소이다.
③ 기업의 비윤리적인 행동으로 인한 신뢰와 평판의 실추를 만회하기 위해서는 더 큰 비용과 시간이 소요된다.
④ 고도의 윤리의식으로 고객의 신뢰를 확보하는 것은 평판위험을 관리하는 차원에서 더욱 중요하다.

문제해설

④는 자본시장법에서 자본시장에 종사하는 사람들을 위한 직무윤리의 역할에 대해 이야기하고 있다.

002

다음 ( ) 안에 들어갈 말로 짝지어진 것은?

> (㉠)는(은) 본인과 대리인의 이익이 상충하는 문제를 말한다. 오늘날의 경영자본주의 하에서는 소유와 경영이 분리되는 경우, 주주의 목표와 경영자의 목표가 상충됨으로써 발생한다. (㉠)는(은) 대리인의 이기심과 (㉡)에서 비롯된다.

	㉠	㉡
①	대리인비용(Agency Cost)	도덕적 해이(Moral Hazard)
②	대리인비용(Agency Cost)	사리사욕과 탐욕(Greed)
③	대리인문제(Agency Problem)	단기실적주의
④	대리인문제(Agency Problem)	도덕적 해이(Moral Hazard)

문제해설

디리인문제(Agency Problem)에 대한 설명이다.

003

여타 산업에 비하여 금융투자산업에서 직무윤리가 특히 강조되는 이유로 가장 거리가 먼 것은?

① 직무윤리를 준수하는 것이 관련 업무종사자를 보호하는 안전장치가 된다.
② 고객의 자산을 관리하는 속성상 이익상충의 가능성이 크다.
③ 금융투자상품의 전문화 · 복잡화 등으로 고객이 관련 상품의 내용을 정확하게 파악하는 것이 어렵다.
④ 자본시장에서 취급하는 금융투자상품은 원본손실위험의 가능성을 지닌다.

문제해설

①은 금융, 비금융을 불문하고 모든 산업에서 직무윤리가 요구되는 공통의 이유가 된다.

004

직무윤리의 사상적 토대를 제공한 사상가의 그 시상을 잘못 연결한 것은?

① 마키아벨리 – 군주론
② 루터 – 소명적 직업관
③ 막스베버 – 프로테스탄티즘의 윤리와 자본주의 정신
④ 칼뱅 – 금욕적 생활윤리

문제해설

마키아벨리는 군주론의 저자로서, 목적만 정당하다면 수단은 아무래도 상관이 없다는 비윤리적 견유주의(犬儒主義)를 제창한 것으로 비난을 받는 반면, 권력현실에 대한 객관적인 분석이 행해지고 있는 점에서 근대 정치학의 초석을 놓은 것으로 평가되기도 한다. 그러나 어떤 견해에 의하건 마키아벨리의 사상은 직업윤리와는 거리가 멀다.

005

매년 각 국가의 부패지수를 조사하여 발표하는 국제기구에 대한 설명으로 가장 거리가 먼 것은?

① 국제투명성기구에서 매년 부패지수(CPI)를 발표하고 있다.
② 우리나라는 아직도 경제규모에 비해 윤리수준이 낮게 평가되어 국제신인도 등에 부정적인 영향을 미치고 있는 실정이다.
③ 기업의 비리와 부패수준을 나타내는 지수이다.
④ 각 국가별 전문가, 기업인, 애널리스트들의 견해를 반영한다.

문제해설

각 국가별로 전문가, 기업인, 애널리스트들의 견해를 반영하여 정부, 공무원들과 정치인 등 공공부분의 부패수준의 정도를 지수로 나타낸 것이다.

정답 001 ④ | 002 ② | 003 ① | 004 ① | 005 ③

006

비윤리적인 기업의 국제거래를 규제하는 다자간 협상을 뜻하는 용어는?

① Ethics Round　② Blue Round
③ Global Standard　④ Green Round

문제해설
윤리라운드(ER : Ethics Round)의 목표는 비윤리적인 방법에 의한 거래는 불공정한 거래에 해당하므로 윤리강령을 실천하는 기업의 제품과 서비스만을 국제거래의 대상으로 삼도록 하자는 것이다.

007

직무윤리의 중요성에 대한 설명으로 가장 거리가 먼 것은?

① 금융규제가 완화되면 그에 상응하여 직무윤리와 역할과 중요성이 증가한다.
② 자본시장법하에서는 직무윤리와 내부통제의 역할과 중요성이 예전에 비해 감소되었다.
③ 직무윤리는 대리인비용과 대리인문제를 사전에 예방하는 유용한 수단이 된다.
④ 직무윤리는 결과를 기준으로 하는 강행법규의 결함을 보완하며 자발성과 자율성의 성격을 가진다.

문제해설
자본시장법에서 금융투자업자의 경영업무 및 부수업무의 범위를 확대함에 따라 투자자 간 또는 투자자와 금융투자업자가 이해상충이 발생할 가능성이 더욱 증가하고 있어 내부통제와 직무윤리의 역할과 중요성이 더욱 커졌다고 할 수 있다.

008

직무윤리와 법규범의 차이 및 상관관계를 설명한 것으로 가장 거리가 먼 것은?

① 직무윤리가 법규범으로 입법화되어 있지 않아 여전히 윤리적 영역으로 남아 있는 경우도 있다.
② 직무윤리는 자율성을 기반으로 하나, 법규범은 타율성을 그 특징으로 한다.
③ 직무윤리에 반하는 행위는 법규범 위반으로 법적 제재가 따른 경우와는 구분된다.
④ 직무윤리는 범규범이 요구하는 수준보다 더 높은 수준으로 설정되어 있다.

문제해설
직무윤리의 상당부분이 법규범화함으로써 직무윤리에 반하는 행위가 동시에 법규범 위반으로 되어 법적 제재가 따르는 경우가 많이 있다.

009

다음 (　　) 안에 들어갈 말로 짝지어진 것은?

> 직무윤리의 총론에 해당하는 것이 (㉠)이고, 직무윤리의 각론에 해당하는 것이 (㉡)이다.

	㉠	㉡
①	직무윤리강령	직무윤리기준
②	직무윤리기준	직무윤리강령
③	직무윤리강령	신의성실의무
④	직무윤리기준	신의성실의무

문제해설

직무윤리강령(총칙 : Code of Ethics)에서 행위준칙의 일반적인 기준을 제시한 것이고, 그 내용을 구체화 한것이 직무윤리기준(각칙 : Standards of Professional Conduct)이다.

010

직무윤리에 있어서 모든 윤리기준의 근거(뿌리)이 되는 것은?

① 법규 등 준수의무　② 신의성실의무
③ 전문지식배양의무　④ 공정성 유지의무

문제해설

신의성실의무는 직무윤리 중에서 으뜸으로, 다른 윤리기준은 이에서 도출되는 것들이다.

011

자본시장과 금융투자업에 관한 법률 제37조 제1항에서 명시적으로 규정하고 있는 금융투자업자의 영업행위규칙으로서 윤리적 성격을 띠는 것에 해당하지 않는 것은?

① 공정의 원칙　② 독립의 원칙
③ 성실의 원칙　④ 신의의 원칙

문제해설

「자본시장과 금융투자업에 관한 법률」 제37조 제1항에서는 공통의 영업행위규칙에 대하여, "금융투자업자는 신의성실의 원칙에 따라 공정하게 금융투자업을 영위하여야 한다."로 규정하고 있다.

정답 006 ① | 007 ② | 008 ③ | 009 ① | 010 ② | 011 ②

012

직무윤리강령 중 윤리적 의무이자 법적 의무인 신의성실의 원칙의 양면성에 대한 사항으로 가장 거리가 먼 것은?

① 권리의 행사와 의무를 이행함에 있어서 행위준칙이 된다.
② 법규의 형식적 적용에 의해 야기되는 불합리와 오류를 시정하는 역할을 한다.
③ 법률관계를 해석함에 있어서 해석상의 지침이 된다.
④ 신의성실의 원칙 위반이 법원에서 다투어지는 경우, 당사자의 주장이 있어야 위반 여부를 판단할 수 있다.

문제해설

신의성실의 원칙 위반이 법원에서 다투어지는 경우는 강행법규에 대한 위반이기 때문에, 당사자가 주장하지 않더라도 법원은 직권으로 신의칙 위반 여부를 판단할 수 있다.

013

다음의 사례는 어느 직무윤리강령의 윤리기준을 위반하고 있는가?

> A금융투자회사의 리서치센터에서 근무하는 애널리스트 P는 금융투자교육원에서 주관하는 금융투자분석사 직무보수교육이 있었지만, 업무가 바쁘다는 이유로 리서치센터장인 K가 출석을 허락하지 않아 참가하지 못하였다.

① 공정성 유지의무
② 법규 등 준수의무
③ 전문지식 배양의무, 신의성실의무
④ 전문지식 배양의무, 소속회사 등의 지도 · 지원 의무

문제해설

애널리스트 P는 "항상 해당 직무에 이론과 실무를 숙지하고 그 직무에 요구되는 전문능력을 유지하고 향상시켜야 한다."는 윤리기준과 A금융투자회사는 "금융투자업종사자가 소속된 회사 및 그 중간감독자는 당해 업무종사자가 관계법규 등에 위반되지 않고 직무윤리를 준수하도록 필요한 지도와 지원을 하여야 한다."는 윤리기준을 위반하고 있다.

014

다음 직무윤리강령에 대한 설명 중 옳은 것은?

① 직무윤리를 준수하여야 할 의무는 해당 업무의 담당자뿐만 아니라 소속회사와 중간감독자에게도 있다.
② 직무윤리의 준수에 있어서 관련 업무종사자 간의 경쟁관계가 주된 것이고, 상호협조관계는 부차적인 것이다.
③ 도덕은 법의 최소한이다.
④ 신의성실의무는 단순히 윤리적 기준에 그치고 법적 의무는 아니다.

문제해설

② 자본시장에 몸담고 있는 자들은 상호 경쟁관계에 있기도 하지만, 공동의 목적을 지향하는 동업자의 한 사람으로서 서로 협력하여야 하는 상호협조의무를 지닌다.
③ 법은 도덕의 최소한이다.
④ 신의성실의무는 법적 의무로서의 측면과 윤리적 의무로서의 측면이 상당부분 중첩되어 있다.

015

다음 설명 중 <u>틀린</u> 것은?

① 전문가로서의 능력배양의무는 관련 이론과 실무 모두에게 걸친 전문능력이 포함된다.
② 직무의 공정성은 인간관계와 의리에 우선한다.
③ 법규준수의무에서 준수의 대상이 되는 것에는 법조문으로 되어 있는 것뿐만 아니라 그 법정신에 해당하는 것도 포함된다.
④ 「자본시장과 금융투자업에 관한 법률」 제422조 제3항에 따르면 관리 · 감독의 책임이 있는 자가 그 임직원의 권리 · 감독에 상당한 주의를 다한 경우에라도 조치를 면할 수는 없다.

문제해설

「자본시장의 금융투자업에 관한 법률」 제422조 제3항
관리 · 감독의 책임이 있는 자가 그 임직원의 관리 · 감독에 상당한 주의를 다한 경우에는 조치를 감면할 수 있다.

016

다음 보기 중 직무윤리기준(각칙)의 실체적 규정에 해당하지 <u>않는</u> 것은?

① 고객에 대한 의무　　② 기본적 의무
③ 자본시장에 대한 의무　　④ 공정성 유지의무

문제해설

공정성 유지의무는 직무윤리강령(총칙)에 해당한다.

직무윤리기준의 실체적 규정
기본적 의무, 고객에 대한 의무, 자본시장에 대한 의무, 소속회사에 대한 의무, 그 밖의 직무상의 의무

정답 012 ④ | 013 ④ | 014 ① | 015 ④ | 016 ④

017

투자상담업무종사자와 고객 사이의 신임관계 및 신임의무에 대한 설명으로 가장 거리가 먼 것은?

① 신임관계는 주로 위임관계나 신탁의 관계에서와 같이 전적인 신뢰관계가 존재하는 경우의 관계이다.
② 수임자는 위임자에 대하여 진실로 충실하고 또한 직업적 전문가로서 충분한 주의를 가지고 업무를 처리해야 할 의무를 진다.
③ 수임자가 그 직무를 통해 알게 된 위임자의 정보에 대한 비밀유지 여부가 신임의무에서 특히 강조되는 부분이다.
④ 신임의무의 핵심이 되는 내용은 충실의무와 주의의무이다.

문제해설

신임의무가 특히 문제되는 상황은 수임자와 신임자의 이익이 상충하는 경우이다.

018

다음 중 고객에 대한 충실의무에 대한 설명으로 가장 거리가 먼 것은?

① 수임자는 특별한 경우를 제외하고 자신이 수익자의 거래상대방이 되어서는 안 된다.
② 수임자가 최선의 노력을 다하여 고객에게 최대한의 수익률을 내려 했으나 원금만 보전되는 결과를 낳았다. 이는 충실의무를 위반한 것이다.
③ 수임자는 수익자의 이익과 경합하거나 상충되는 행동을 해서는 안 된다.
④ 수임자는 그 직무를 통해 위임자에 관해 알게 된 정보에 대해 비밀을 유지해야 한다.

문제해설

행위 당사에 고객 등의 이익을 위해 최선의 노력을 다하였다면, 설령 결과에 있어서 고객에게 이익이 생기지 않더라도 무방하다.

019

금융위원회의 행정제재에 대한 설명으로 가장 거리가 먼 것은?

① 금융투자업자의 내부통제기준 변경
② 금융투자업자에 대한 금융업등록 취소권
③ 금융투자업자의 직원에 대한 면직, 정직 등 조치권
④ 금융위원회의 처분 또는 조치에 의한 이의신청권 인정

문제해설

금융위원회는 법령을 위반한 사실이 드러난 금융투자업자에 대하여 재발방지를 위하여 내부통제기준의 변경을 권고할 수 있다. 직접 변경이 아니라 변경 권고임에 유의한다.

020

과당매매의 경우 다음 중 가장 문제가 되는 의무는?

① 자기거래의 금지의무
② 투자적합성의 의무
③ 고객 최선이익의 의무
④ 고객정보의 부당이용의 금지의무

문제해설

과당매매(Churning, Excessive Trading)는 고객과의 이해상충이 발생하는 구체적인 예로 고객 최선이익의 원칙에 위배된다.

021

과당매매와 관련하여 특정 거래가 빈번한 거래인지 또한 과도한 거래인지를 판단할 때에 고려하여야 할 사항과 가장 거리가 먼 것은?

① 투자자의 재산상태 및 투자목적
② 투자자가 투자지식이나 경험에 비추어 당해 거래에 수반되는 위험을 잘 이해하고 있는지 여부
③ 투자자가 당해 거래로 인해 실제 투자손실을 입었는지의 여부
④ 투자자가 부담하는 수수료의 총액

문제해설

금융투자업규정과 한국금융투자협회 표준투자권유준칙에 따르면 실제 투자손실의 여부는 고려대상이 아니다. ①, ②, ④와 개별 매매거래시 권유내용의 타당성 여부를 고려한다.

정답 017 ③ | 018 ② | 019 ① | 020 ③ | 021 ③

022

적합성의 원칙(Suitability Rule)에 따라 파악하여야 할 고객정보의 가장 거리가 먼 것은?

① 고객의 재무상황 ② 고객의 투자경험
③ 고객의 소비성향 ④ 고객의 투자기간

문제해설

Know-Your-Customer-Rule로써 고객의 재무상황, 투자경험, 투자목적, 기간 등을 충분하게 파악하여 투자의 권유가 이루어져야 한다.

023

「자본시장과 금융투자업에 관한 법률」상의 적정성의 원칙에 대한 설명으로 가장 거리가 먼 것은?

① 적정성의 원칙을 적용하는 경우에는 주권상장법인을 일반투자자의 범위에 포함하고 있다.
② 모든 금융투자상품의 판매에 대하여 적용된다.
③ 일반투자자를 상대로 하는 경우에만 적용된다.
④ 금융투자업자는 투자자의 투자목적 등에 비추어 해당 상품이 그 투자자에게 적정하지 않다고 판단되는 경우에는 그 사실을 알려주어야 한다.

문제해설

적정성의 원칙은 파생상품과 같이 위험성이 특히 큰 금융투자상품에 대하여 적용되는 것으로 자본시장법에서 이를 도입하고 있다(「자본시장과 금융투자업에 관한 법률」 제46조의2). 파생상품의 경우에는 Know-Your-Customer-Rule, 적합성의 원칙, 설명의무 외에 적정성의 원칙이 추가적으로 적용된다.

024

다음 중 투자상담업자가 고객에게 투자권유시 직무윤리기준을 위반한 것으로 볼 수 있는 것은?

① 투자정보를 제시할 때 미래의 주가전망보다는 현재의 객관적인 사실에 입각하여 설명하였다.
② 주관적으로 수익성이 있다고 판단되는 투자상품이 있으나 정밀한 조사과정을 거치지 않았으므로 중립적이고 객관적인 투자자료를 바탕으로 설명하였다.
③ 투자판단에 혼선을 줄 수 있는 사항이 될 수 있으나 해당 상품의 특성과 손실위험에 대해 충분히 설명하였다.
④ 고객설득을 위해 투자성과가 어느 정도 보장된다는 취지로 설명을 하였다.

문제해설

투자자료는 객관적인 사실을 기초로 하여야 하며 사실과 의견을 구분하여 설명하여야 한다. 고객의 투자설득을 위해 투자성과를 보장하는 것은 금지된다.

025

다음은 투자상담업무종사자의 고지 및 설명의무에 대한 내용이다. 가장 거리가 먼 것은?

① 고객이 쉽게 이해할 수 있도록 투자대상의 선정과 포트폴리오 구성에 대한 내용을 간략하게 설명하였다.
② 자본시장법에서는 설명의무에 관한 제도를 도입하였는데, 이는 전문투자자에 대해서는 적용되지 않는다.
③ 고객으로부터 상품에 대한 설명 내용을 이해하였음을 휴대폰으로 녹취하였다.
④ 정보를 미제공한 고객에 대해서는 파생상품 등의 금융투자상품의 매매거래를 권유해서는 안 된다.

문제해설

고객이 투자판단에 필요한 충분한 정보를 가지고 투자결정을 할 수 있도록 관련 업무종사자는 투자대상의 선정 등에 관한 원칙과 투자대상 등을 고객에게 충분히 설명하여야 한다.

026

투자상담업무를 담당하고 있는 자가 중립적이고 객관적인 자료에 근거하여 투자권유를 하지 않고 다분히 '장밋빛' 전망을 기초로 하여 투자를 권유하였다면, 이는 어떠한 윤리기준을 정면으로 위배한 것인가?

① 모든 고객을 평등하게 취급할 의무
② 합리적인 근거를 제시할 의무
③ 품위유지의무
④ 부당한 금품수수의 금지의무

문제해설

투자상담업무종사자는 정밀한 조사 분석에 입각하여 합리적인 근거에 의하여야 한다는 윤리기준을 위반하고 있다.

정답 022 ③ | 023 ② | 024 ④ | 025 ① | 026 ②

027

다음 중 「자본시장과 금융투자업에 관한 법률」에 의한 손실보전 등의 금지 행위에 포함되지 않는 것은?

① 투자자가 입을 손실의 전부 또는 일부를 보전하여 줄 것을 사전에 약속하는 행위
② 금융투자회사의 위법행위로 인한 손해를 배상하는 행위
③ 투자자에게 일정한 이익을 보장할 것을 사전에 약속하는 행위
④ 투자자에게 일정한 이익을 사후에 제공하는 행위

문제해설

금융투자회사의 위법행위로 인한 손해를 배상하는 행위는 적법하게 허용된다. ①, ③, ④ 외에 추가로 투자자가 입은 손실의 전부 또는 일부를 사후에 보전하여 주는 행위가 포함된다.

028

고객의 합리적 지시에 따를 의무에 대한 설명으로 가장 거리가 먼 것은?

① 임의매매행위는 민사배상책임의 사유가 되나 형사처벌 사유는 아니다.
② 고객의 판단이 고객의 이익에 도움이 되지 않음에도 불구하고 고객이 자신의 생각을 고집하여도 고객의 의사에 따라야 한다.
③ 고객의 지시와 다르게 업무를 수행하려면 고객으로부터 사전 동의를 얻어야 한다.
④ 고객의 판단이 고객의 이익에 도움이 되지 않는다고 생각하는 경우에는 일단 고긱에게 그 사정을 설명하여야 한다.

문제해설

임의매매에 대해서는 형사처벌이 가해질 수 있다(「자본시장과 금융투자업에 관한 법률」: 투자자로부터 예탁받은 재산으로 금융투자상품의 매매를 한 자는 5년 이하의 징역 또는 2억 원 이하의 벌금에 처한다).

029

부당한 금품수수의 금지의무를 위반하지 않은 것은?

① 홍보용 물품으로 만든 시가 5만원 상당의 시계를 받은 행위
② 선물이라면서 주는 진품 롤렉스 시계를 받은 행위
③ 계약시에 약정한 수수료 외의 대가를 고객으로부터 추가로 받는 행위
④ 시가 30만 원 상당의 유명 오페라 티켓을 1만 원에 제공받은 행위

더 알아보기 수수가 허용되는 금품
- 금융투자회사가 자체적으로 작성한 조사분석자료
- 경제적 기차가 3만 원 이하의 물품 또는 식사
- 20만 원 이하의 경조비 및 조화, 화환
- 국내에서 불특정 다수를 대상으로 하여 개최되는 세미나 또는 설명회로서 1인당 재산상의 이익의 제공금액을 산정하기 곤란 경우 그 비용
- 금융투자상품에 대한 가치분석, 매매정보 또는 주문의 집행 등을 위하여 자체적으로 개발한 소프트웨어 및 해당 소프트웨어의 활용에 불가피한 컴퓨터 등 전산기기

문제해설

'사회상규'에 벗어나지 않은 금품수수는 허용된다. 불특정 다수안에게 배포하기 위해 홍보용으로 만든 물품을 제공받는 것은 사회상규에 의하여 허용된다.

030

투자상담업무를 담당하고 있는 자가 고객에 대하여 투자를 권유할 때에 직무윤리기준을 위반하지 않은 것은?

① 중요한 사실이 아니라면 오히려 그것을 설명함으로써 고객의 판단에 혼선을 가져줄 수 있는 사항은 설명을 생략할 수 있다.
② 주가는 미래의 가치를 반영하는 것이므로 투자정보를 제시할 때에 현재의 객관적인 사실보다는 미래의 전망을 위주로 하여 설명한다.
③ 고객을 강하게 설득하기 위하여 필요하다면 투자성과가 어느 정도 보장된다는 취지로 설명하는 것도 가능하다.
④ 정밀한 조사 · 분석을 거치지는 않았지만 자신의 주관적인 예감에 확실히 수익성이 있다고 생각되는 투자상품을 권한다.

문제해설

② 사실과 의견의 구분 의무 위반
③ 투자성과 보장 등에 관한 표현의 금지 의무 위반
④ 객관적 근거에 기초하여야 할 의무 위반

정답 027 ② | 028 ① | 029 ① | 030 ①

031

다음 중 자본시장에 대한 의무에 위반되는 행위로 묶여진 것은?

① 과당매매, 시세조종행위
② 선행매매, 스캘핑
③ 과당매매, 선행매매
④ 스캘핑, 시세조종행위

문제해설

선행매매(Front Running)와 스캘핑(Scaiping)은 투자상담업무종사자의 자본시장에 대한 의무 중 불공정거래 금지의무 위반에 해당된다.

032

S금융투자회사의 직원인 K는 업무상 해외출장이 잦은 관계로 일본 왕복권 2장에 상당하는 마일리지를 적립하였다. K는 이를 이용하여 이번 여름 휴가기간 동안 일본여행을 다녀왔다. K의 이 가은 행위는 어느 직무윤리기준에 저촉되는가?

① 직무전념의무의 위반
② 성실의무의 위반
③ 품위유지의무의 위반
④ 회사재산의 부당한 사용금지의무의 위반

문제해설

회사비용으로 적립된 마일리지는 원칙적으로 회사의 재산에 속한다. 따라서 K가 이를 회사가 정한 마일리지 처리방법에 의하지 않고 이를 자신의 사적인 용도로 사용하는 행위는 회사재산을 부당하게 이용한 행위에 해당한다.

033

금융투자회사에서 투자상담업무를 담당하고 있는 P가 회사의 동의 없이 사이버공간에 가명으로 유료의 투자상담업무를 수행하고 있다면, 이는 어떠한 직무윤리기준을 위반한 것이 되는가?

① 요청하지 않은 투자권유의 금지의무의 위반
② 미공개 중요정보의 이용 및 전달금지의무의 위반
③ 직무전념의무, 이해상충금지의무의 위반
④ 업무의 공정한 수행을 저해할 우려 있는 사항에 관한 주지의무

문제해설

P는 소속회사의 직무에 영향을 줄 수 있는 지위를 겸하거나 업무를 수행하고 있어 소속회사에 대한 직무전념의 의무를 위반하고 있으며, 사이버공간에서 별도의 투자상담업무를 수행하고 있는 것은 회사와 이해상충관계에 있다. 또한 상법에 의한 겸업금지의 무에도 반하는 것으로 해임 및 손해배상의 사유가 된다.

034

내부통제기준에 대한 다음 설명 중 옳은 것은?

① 금융투자회사가 내부통제기준을 변경하려면 주주총회의 특별결의를 거쳐야 한다.
② 금융투자회사는 준법감시인을 반드시 둘 필요는 없다.
③ 금융투자회사의 임시직에 있는 자는 내부통제기준의 적용대상이 아니다.
④ 금융투자회사는 내부통제기준 변경시 이사회의 결의를 거쳐야 한다.

문제해설

① 금융투자회사가 내부통제기준을 변경하려면 이사회의 결의를 거쳐야 한다.
② 금융투자회사는 준법감시인을 반드시 1인 이상 두어야 한다.
③ 임시직에 있는 지도 내부통제기준의 적용대상이 된다.

035

다음 중 내부통제기준에 대한 설명으로 가장 거리가 먼 것은?

① 금융투자회사의 고유재산 운용에 관한 업무에 종사하는 자는 준법감시인을 겸할 수 없다.
② 내부통제기준 및 관련 절차는 문서화되어야 한다.
③ 금융감독원은 검사결과 법령을 위반한 사실이 드러난 금융투자업자에 대해 내부통제기준의 변경을 권고할 수 있다.
④ 준법감시인은 직무수행에 필요한 경우 장부 등 회사의 각종 기록에 접근하거나 각종 회의에 직접 참석할 수 있는 권한이 있어야 하며, 대표이사와 감사 또는 감사위원회에 아무런 제한 없이 보고할 수 있어야 한다.

문제해설

금융위원회는 금융감독원장의 검사결과 법령을 위반한 사실이 드러난 금융투자업자에 대하여 법령 위반행위의 재발 방지를 위하여 내부통제기준의 변경을 권고할 수 있다(「자본시장과 금융투자업에 관한 법률」 시행령 제31조 3항).

정답 031 ② | 032 ④ | 033 ③ | 034 ④ | 035 ③

036

다음의 내부통제에 관한 위반사항 중 5천만 원 이하의 과태료(「자본시장과 금융투자법에 관한 법률」 제449조 제1항 9호~12호)를 부과하는 제재에 해당하지 않은 것은?

① 준법감시인이었던 자에게 그 직무수행에 관련된 사유로 부당한 인사상 불이익을 준 자
② 준법감시인을 두지 않은 자
③ 이사회 결의를 거치지 않고 준법감시인을 임면한 자
④ 준법감시인의 겸직금지업무를 수행한 자와 이를 담당하게 한 자

문제해설

②, ③, ④ 외에 내부통제기준을 정하지 않은 자가 해당한다.
①은 「자본시장과 금융투자업에 관한 법률」 제28조 제9항의 내부통제기준 및 준법감시인에 관한 사항이다. 금융투자업자는 준법감시인이었던 자에 대하여 그 직무수행과 관련된 사유로 부당한 인사상의 불이익을 주어서는 안 된다.

037

Y금융투자회사의 투자상담전문가인 M은 민간단체게 개최하는 증권투자권유에 관한 제도개선 세미나에 발표자로 초청을 받아 퇴근시간 이후에 대가를 받고 참석하려고 한다. M은 이 세미나에서 자신이 소속한 Y금융투자회사의 공식적인 견해와는 무관한 자신의 개인적인 의견을 발표하고자 한다. M이 밟아야 할 내부통제절차로 부적절한 것은?

① 직장 상사 또는 준법감시부서에 이 사실을 통보한다.
② 회사의 입장과 배치될 우려가 있는 견해를 제시할 경우 그 견해가 Y금융투자회사의 공식적인 견해가 아니라는 점을 명백히 밝혔다.
③ 우선 M은 Y금융투자회사의 직무에 전념할 의무가 있다.
④ 근무시간 외의 시간이므로 직장상사에게 보고하지 않아도 된다.

문제해설

근무시간 외의도 일정한 대가를 받고 참석하는 것이므로 이를 보고해야 한다.

038

내부통제 위반행위 발견시 처리절차로 볼 수 없는 것은?

① 내부사항이므로 외부전문가인 변호사에게 자문을 의뢰하지 않았다.
② 준법감시부서 직원 중 조사원을 임명하여 임무를 부여한다.
③ 관련 부서 및 직원에 대한 조사를 실시한다.
④ 경영진 및 감시위원회에 신속하게 보고한다.

문제해설

필요한 경우 변호사 및 회계사 등의 외부전문가에게 자문을 의뢰한다.

039

내부통제기준 위반시 제재(징계)에 속하지 않는 것은?

① 시말서를 제출하도록 한다.
② 해고 무효확인을 받은 근로자에게 보직을 주지 않았다.
③ 회사가 해당 직원에게 손해배상을 청구하였다.
④ 구두로 훈계하였다.

문제해설

내부통제기준 위반시 제재(징계)의 종류는 견책(시말서 제출), 경고(구두 · 문서로 훈계), 감봉, 정직, 해고가 있다.

040

다음 (　　) 안에 들어갈 말로 바르게 짝지어진 것은?

> 법률행위에 하자가 있는 경우, 그 하자의 경중에 따라 중대한 하자가 있는 경우에는 (㉠)로 하고, 이보다 가벼운 하자가 있는 경우에는 (㉡)할 수 있는 행위가 된다.

	㉠	㉡
①	취소	무효
②	무효	취소
③	해제	해지
④	해지	해제

문제해설

직무윤리의 위반이 되는 동시에 법 위반으로 되는 경우, 사법적 제재로 당해 행위의 실효(失效)에 대한 설명이다.

정답 036 ① | 037 ④ | 038 ① | 039 ③ | 040 ②

041

금융투자상품의 판매와 관련하여 금융투자회사의 임직원이 지켜야 할 사항으로 다음 중 가장 거리가 먼 것은?

① 직무수행과정에서 알게 된 고객 또는 회사에 관한 비밀정보를 누설한다든지 자기가 이용하거나 타인으로 하여금 이용하게 해서는 안 된다.

② 고객에 관한 사항이 비밀정보인지 여부가 불명확할 경우에는 공개되는 정보인 것으로 취급한다.

③ 임직원이 고객 또는 회사의 비밀정보를 제공하는 경우에는 준법감시인의 사전승인을 받아 직무수행에 필요한 최소한의 범위 내에서 제공하여야 한다.

④ 고객이 동의하지 않는 상황에서 특정고객에 대한 언급이나 확정되지 않은 기획단계의 상품 등에 대한 언급을 해서는 안 된다.

문제해설

만일 고객에 관한 어떠한 사항이 비밀정보인지 불명확할 경우에는 일단 비밀이 요구되는 정보인 것으로 취급해야 한다. 고객의 금융거래와 관련해서는 「금융실명거래 및 비밀보장에 관한 법률」이 적용되어 법관이 발부한 영장에 의한 경우 등의 예외적인 경우를 제외하고는 금융기관 임직원이 고객의 금융거래정보를 타인에게 제공하거나 누설하는 것이 원칙적으로 금지되어 있다.

042

개인정보보호법에 의한 개인정보개념에 대한 설명으로 다음 중 가장 거리가 먼 것은?

① 법률상 개인정보란 살아있는 개인에 관한 정보로서 성명, 주민등록번호 및 영상 등을 통하여 개인을 알아볼 수 있는 정보를 말한다.

② 개인정보에는 주민등록번호, 신용카드번호, 통장계좌번호, 진료기록, 병력, 정당의 가입된 민감정보도 포함된다.

③ 개인정보처리자는 업무를 목적으로 스스로 또는 다른 사람을 통하여 개인정보를 처리하는 개인으로 필요한 범위 외에도 이후에도 활용 가능하도록 개인정보를 수집할 수 있다.

④ 개인정보의 익명처리가 가능한 경우에는 익명에 의하여 처리될 수 있도록 하여야 한다.

문제해설

개인정보처리자는 공공기관, 법인, 단체 및 개인을 포함하며, 개인정보의 처리목적을 명확하게 하고 필요한 범위에서 최소한의 개인정보만을 적법하고 적당하게 수집하여야 한다.

043

다음의 (   ) 안에 들어갈 내용으로 옳은 것은?

> 자금세탁행위란 자금의 출처를 숨겨 적법한 것으로 위장하는 행위를 말한다. 자금세탁은 일반적으로 자금의 신속한 이동 및 대량거래의 특성을 갖고 있는 금융회사를 통해 이루어지며, (   )의 3단계를 거친다.

① 배치 – 통합 – 반복
② 통합 – 반복 – 배치
③ 반복 – 통합 – 배치
④ 배치 – 반복 – 통합

더알아보기 자금세탁의 3단계 모델 이론
- **배치단계** : 자금세탁을 하기 위해 돈이 들어오는 단계
- **반복단계** : 복잡한 금융거래를 반복하면서 자금세탁을 하기 위해 돈이 굴러가는 단계
- **통합단계** : 자금세탁을 마치고 돈이 나가는 단계

문제해설

자금세탁은 불법재산의 취득 · 처분 또는 발생원인에 대한 사실을 가장하거나 그 재산을 은닉하는 행위이자, 외국환거래 등을 이용하여 탈세 목적으로 재산의 취득 · 처분 또는 발생원인에 대한 사실을 가장하거나 그 재산을 은닉하는 행위를 말한다. 자금세탁은 배치, 반복, 통합의 3단계를 거친다.

044

자금세탁방지 주요제도에 대한 설명으로 가장 거리가 <u>먼</u> 것은?

① 고객확인제도(CDD)는 금융회사가 고객과의 거래시 성명과 실지명의 외에 주소, 연락처 등을 추가로 확인하고 자금세탁행위 등의 우려가 있는 경우 실제 당사자 여부 및 금융거래 목적을 확인하는 제도이다.

② 고액현금거래보고제도(CTR)는 1일 거래일 동안 3천만 원 이상의 현금을 입금하거나 출금한 경우 거래자의 신원과 거래일시, 거래금액 등을 금융투자협회로 보고해야 하는 제도이다.

③ 의심거래보고제도(STR)는 금융거래와 관련하여 수수한 재산이 불법재산이라고 의심되는 합당한 근거가 있거나 금융거래의 상대방이 자금세탁행위를 하고 있다고 의심되는 합당한 근거가 있는 경우 이를 금융정보분석원에 보고하는 제도이다.

④ 직원알기제도(Know Your Employee)는 회사가 자금세탁 등에 임직원이 이용되지 않도록 하기 위해 임직원을 채용하거나 재직중인 자에게 그 신원사항을 확인하는 것을 말한다.

문제해설

고액현금거래보고제도(CTR)는 1일 거래일 동안 2천만 원 이상의 현금을 입금하거나 출금한 경우 거래자의 신원과 거래일시, 거래금액 등을 금융정보분석원에 자동으로 보고해야 하는 제도이다.

정답 041 ② | 042 ③ | 043 ④ | 044 ②

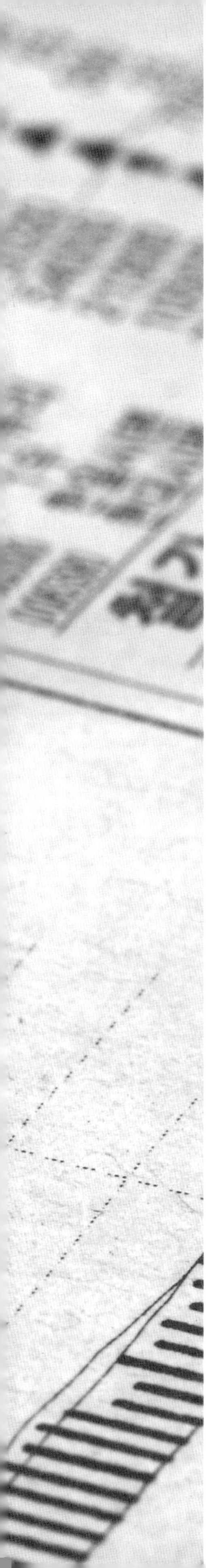

4과목

법규 및 세제

1장 자본시장과 금융투자업에 관한 법률

2장 금융위원회규정

3장 한국금융투자협회규정

4장 회사법

5장 증권세제

1장 자본시장과 금융투자업에 관한 법률

001

자본시장법의 제정목적으로 다음 중 가정 거리가 먼 것은?

① 새로운 금융업의 유형으로 제시되는 '금융투자업'의 경쟁과 혁신 촉진
② 투자자 보호를 한층 강화하여 자본시장의 안정적 발전 도모
③ 자본시장의 자금중개기능 강화
④ 금융투자업의 영위와 관련된 제도적 제약을 제거로 금융투자업자 보호

문제해설

자본시장법은 투자자 보호와 금융투자업에서의 금융혁신, 고부가가치 금융영역에서 경쟁을 촉발하도록 함으로써 우리금융투자업, 우리자본시장의 경쟁력을 높이는 것을 목적으로 하고 있다.

002

자본시장법에서 규정하고 있는 투자자에 대한 설명으로 가장 거리가 먼 것은?

① 자본시장법은 투자자를 위험감수능력을 기준으로 전문투자자와 일반투자자로 구분한다.
② 금융투자상품 거래에 있어서 금융투자업자의 거래상대방을 가리키는 용어이다.
③ 전문투자자의 요건을 갖춘 자가 일반투자자 대우를 받기 원하고 금융투자업자가 이에 동의할 경우 일반투자자로서 투자자 보호를 받을 수 있다.
④ 고객구분에 의한 규제 차별화를 통해 규제의 효율성을 높이고 금융시장에 대한 규제가 더 강화되어 규제비용이 증가된다.

문제해설

자본시장법은 규제를 일부 투자자에게만 집중함으로써 규제의 과도화에 대한 우려 없이 효율적이고 강력한 규제수단을 확보할 수 있고 실질적인 규제비용의 감축효과를 볼 수있다.

003

자본시장법의 주요 변경내용으로 가장 거리가 먼 것은?

① 투자자 보호의 강화
② 금융투자상품과 금융투자업 및 투자자에 대한 기관별 규제체제의 도입
③ 금융투자상품의 개념을 추상적으로 정의하여 포괄주의 규제체제 도입
④ 겸영 허용을 통한 금융투자업자의 업무범위 확대

문제해설

자본시장법은 금융투자상품의 개념을 추상적으로 정의하여 포괄주의규제 및 기능별 규제체제를 도입하였다.

004

금융투자상품의 투자성에 대한 설명으로 가장 거리가 먼 것은?

① 금융투자상품의 유통 가능성을 반드시 전제로 하지는 않는다.
② 순수예금도 투자성이 인정된다.
③ 원본손실위험을 의미한다.
④ 시장위험에 의한 손실 가능성을 의미하여 비시장적 요소를 배제한다.

문제해설

투자성은 주로 시장위험에 의한 손실 가능성을 의미하며, 순수예금은 투자성이 결여되어 있다.

005

자본시장법은 세부적인 금융투자상품의 개념정의에 있어서 단계적인 정의방식을 채택하고 있다. 단계적인 정의방식이 아닌 것은?

① 일반적 정의 ② 개념적 정의
③ 명시적포함 ④ 명시적 배제

문제해설

1단계로 일반적 정의를 시도하고, 2단계로 명시적으로 포함되는 대상을 열거한 후, 3단계로 명시적으로 배제되는 것을 규정한다.

4과목 법규 및 세제

정답 001 ④ | 002 ④ | 003 ② | 004 ② | 005 ②

006

자본시장법상 증권에 대한 설명으로 가장 거리가 먼 것은?

① 원본손실요건과 함께 추가지급의무요건을 요구한다.
② 증권은 금융투자상품에 해당한다.
③ 증권의 발행주체에 내국인과 외국인을 모두 포함하고 있다.
④ 투자계약증권과 파생결합증권은 포괄주의의 도입을 위해 새로운 증권유형으로서 추가되었다.

문제해설

증권은 추가지급의무를 부담하지 않는 것을 말한다.

007

자본시장법상 증권의 분류 중 특정 투자자가 그 투자자와 타인 간의 공동사업에 투자하고 주로 타인이 수행한 공동사업의 결과에 따른 손익을 귀속받는 계약상의 권리가 표시된 증권을 무엇이라 하는가?

① 수익증권 ② 투자계약증권
③ 지분증권 ④ 파생결합증권

문제해설

투자계약증권에 대한 설명이다. 증권은 그 특성에 따라 채무증권, 지분증권, 수익증권, 투자계약증권, 파생결합증권, 증권예탁증권의 6가지로 분류된다.

008

다음 중 파생결합증권의 기초자산이 될 수 없는 것은?

① 금융투자상품
② 자연적 · 환경적 현상에 속하는 위험으로서 합리적이고 적정한 방법에 의해 평가가 가능한 것
③ 합리적이고 적정한 방법으로는 평가가 어려운 경제적 현상에 속하는 위험
④ 신용위험, 즉 당사자 또는 제3자의 신용등급의 변동, 파산 또는 채무재조정 등으로 인하여 신용의 변동

문제해설

경제적 현상에 속하는 위험이라도 합리적이고 적정한 방법에 의하여 가격, 이자율, 단위의 산출이나 평가가 가능해야 한다.

009

다음 각 개념에 대한 설명 중 옳은 것은?

① 선도 : 당사자 어느 한쪽의 의사표시에 의해 기초자산이나 기초자산의 가격, 이자율, 지표, 단위 또는 이를 기초로 하는 지수 등에 의해 산출된 금전 등을 수수하는 거래를 성립시킬 수 있는 권리를 부여하는 것을 약정하는 계약
② 옵션 : 장래의 일정기간 동안 미리 정한 가격으로 기초자산이나 기초 자산의 가격, 이자율, 지표, 단위 또는 이를 기초로 하는 지수 등에 의해 산출된 금전 등을 교환할 것을 약정하는 계약
③ 스왑 : 기초자산이나 기초자산의 가격, 이자율, 지표, 단위 또는 이를 기초로 하는 지수 등에 의해 산출된 금전 등을 장래의 특정시점에 인도할 것을 약정하는 계약
④ 파생상품 : 선도, 옵션 또는 스왑의 어느 하나에 해당하는 투자성 있는 것

문제해설

① 옵션에 해당한다.
② 스왑에 해당한다.
③ 선도에 해당한다.

010

다음 ( ) 안에 들어갈 적절한 말을 고르시오.

> 자본시장법에 의하면 파생상품과 증권의 구분기준은 (㉠)의 정도로, (㉡)초과 여부에 따라 구분하게 된다.

	㉠	㉡
①	원본대비 손실비율	70%
②	원본대비 손실비율	100%
③	추가지급의무	수익률
④	추가지급의무	손실비율

문제해설

증권과 파생상품의 구분기준에 대한 설명이다. 원본대비 손실비율이 100% 이하인 경우를 증권, 100%를 초과하는 경우를 파생상품이라 한다.

정답 006 ① | 007 ② | 008 ③ | 009 ④ | 010 ②

011

다음 중 자본시장법에 대한 설명으로 가장 거리가 먼 것은?

① 자본시장통합의 궁극적인 목적은 투자자 보호이기 때문에 당연히 투자자 보호법의 기능을 한다.
② 자본시장법은 이해상충 방지체계를 입법함으로써 겸영에 따른 투자자와 업자 간, 투자자 간 이해상충 가능성을 방지하고 있다.
③ 자본시장법은 금융투자상품의 개념을 구체적으로 열거하여 향후 출현할 모든 금융투자상품을 규제대상으로 하고 있다.
④ 자본시장법은 파생결합증권의 기초자산의 범위를 확대하여 금융투자상품, 통화, 일반상품, 신용위험, 그 밖에 자연적 · 환경적 · 경제적 현상 등에 속하는 위험으로서 평가가 가능한 것으로 포괄적으로 정의하고 있다.

문제해설

자본시장법은 금융투자상품의 개념을 추상적으로 정의하고 있다.

012

다음 중 공적규제기관에 해당하지 않는 것은?

① 증권선물위원회　② 금융위원회
③ 한국거래소　④ 금융감독원

문제해설

한국거래소는 증권 및 장내파생상품 거래소시장 개설 및 관리기능 등을 담당하는 자율규제기관이다.

013

다음 중 금융위원회의 기능이 아닌 것은?

① 금융기관 감독 및 검사 · 제재
② 금융투자업 관련제도의 조사 · 연구에 관한 업무
③ 금융기관의 설립, 합병 등의 인 · 허가
④ 자본시장의 관리 · 감독 및 감시

문제해설

금융투자업 관련제도의 조사 · 연구에 관한 업무는 한국금융투자협회의 업무이다.

014

다음 중 증권선물위원회의 업무가 아닌 것은?

① 장내파생상품 거래의 품목의 상장에 관한 업무
② 자본시장의 불공정거래공사
③ 기업회계의 기준 및 회계감리에 관한 업무
④ 금융위원회로부터 위임받은 업무

문제해설
장내파생상품 거래의 품목의 상장에 관한 업무는 한국거래소의 업무이다.

015

금융감독원에 대한 설명으로 가장 거리가 먼 것은?

① 은행감독원, 증권감독원, 보험감독원, 신용관리기금을 통합하여 발족하였다.
② 금융기관에 대한 검사 · 감독업무를 수행하는 무자본특수법인이다.
③ 금융위원회 및 소속기관에 대한 업무지원을 한다.
④ 집행간부 및 직원은 형벌, 기타 벌칙의 적용에 있어서 일반인으로 본다.

문제해설
집행간부 및 직원 형벌, 기타 벌칙의 적용에 있어서 공무원으로 본다.

016

한국금융투자협회의 성격과 기능으로 가장 거리가 먼 것은?

① 자본시장법에서는 자율규제기관으로서 자율규제 기능을 협회의 업무로 명시하고 있다.
② 한국금융투자협회의 정관변경승인, 규정 · 협정 등의 제정 · 개정 신고 등의 감독은 금융감독원에서 한다.
③ 금융투자업 관련 연수업무를 담당한다.
④ 영업행위와 관련한 분쟁의 자율조정을 담당한다.

문제해설
한국금융투자협회의 정관변경승인, 규정 · 협정 등의 제정 · 개정 신고, 업무정지, 임원해임권 등의 감독은 금융위원회에서 하고, 금융감독원의 검사를 받는다.

정답 011 ③ | 012 ③ | 013 ② | 014 ① | 015 ④ | 016 ②

017

다음 중 한국거래소에 대한 설명으로 가장 거리가 먼 것은?

① 증권과 파생상품을 거래대상으로 하는 조직적 · 계속적 시장을 개설하고 관리하는 자율규제기관이다.
② 우리나라에는 1개의 증권거래소만 있을 수 있고 지점설치도 불가능하다.
③ 이상거래의 심리 및 회원에 대한 감리 업무를 수행한다.
④ 증권의 상장과 폐지 승인권은 금융위원회에 있다.

문제해설

한국거래소는 부산에 본점이 있고, 지점설치가 가능하다.

018

다음의 업무를 수행하는 자본시장 행정기관은 어디인가?

- 증권 등의 계좌 간 대체업무
- 명의개서 대행업무
- 증권 등의 보호예수, 증권 등의 관리업무
- 증권거래세 원천징수, 실질주주 의결권 대리행사

① 한국거래소　　② 명의개서 대행회사
③ 증권금융회사　　④ 한국예탁결제원

문제해설

증권의 집중예탁과 이에 관련되는 결제 등 복합 서비스를 제공하는 한국예탁결제원의 업무들이다.

019

다음의 자본시장 행정기관에 대한 설명 중 가장 거리가 먼 것은?

① 금융위원회 위원장이 금융감독원장을 겸직하고 있다.
② 금융위원회, 증권선물위원회는 의결기관이고 금융감독원은 집행기관이며 검사기관이다.
③ 한국거래소의 회원은 정관이 정하는 요건을 갖춘 금융투자회사이어야 한다.
④ 금융위원회는 국무총리 소속의 합의제 행정기관이다.

문제해설

금융감독원의 집행간부나 직원은 겸직이 제한되어 있다.

020

투자자로부터 금융투자상품에 대한 투자판단의 전부 또는 일부를 일임받아 투자자별로 구분하여 자산을 취득 · 처분 그 밖의 방법으로 운용하는 금융투자업은 무엇인가?

① 투자중개업 ② 신탁업
③ 투자자문업 ④ 투자일임업

문제해설

투자자로부터 금융투자상품에 대한 투자판단의 전부 또는 일부를 일임받아 투자자별로 구분하여 자산을 취득 처분, 그 밖의 방법으로 운용하는 것은 투자일임업에 해당한다.

021

누구의 명의로 하든지 자기의 계산으로 금융투자상품을 매도 · 매수, 증권의 발행 · 인수 또는 그 청약의 권유 · 청약 · 청약의 승낙을 하는 금융 투자업은 무엇인가?

① 집합투자업 ② 투자일임업
③ 투자중개업 ④ 투자매매업

문제해설

누구의 명의로 하든지 자기의 계산으로 금융투자상품을 매도 · 매수, 증권의 발행 · 인수 또는 그 청약의 권유 · 청약 · 청약의 승낙을 하는 금융투자업은 투자매매업에 해당한다.

4과목 법규 및 세제

정답 017 ② | 018 ④ | 019 ① | 020 ④ | 021 ④

022

다음의 금융투자업 업무 중 유사한 업종으로 나열된 것이 아닌 것은?

① 펀드 판매회사의 집합투자증권의 판매, 신탁회사의 신탁업
② 증권회사의 매매업 · 인수업 · 매출업, 선물회사의 선물거래 자기매매
③ 자산운용회사의 투자신탁재산의 운용 · 운용지시 업무, 투자회사재산의 운용업무
④ 증권회사의 위탁매매업 · 중개업 · 대리업, 매매위탁의 중개 · 주선 · 대리업

문제해설

펀드 판매회사의 집합투자증권의 판매는 투자매매업과 투자중개업자의 업무이고, 신탁회사의 신탁업은 신탁업에 해당한다.
② 투자매매업에 해당한다.
③ 집합투자업에 해당한다.
④ 투자중개업에 해당한다.

023

금융투자업의 인가 및 등록에 관한 사항으로 가장 거리가 먼 것은?

① 일정한 자격을 가지고 있지 않은 자는 금융투자업을 영위할 수 없다.
② 장외파생상품을 대상으로 하는 인가에 대해서는 완화된 진입요건을, 전문투자자를 상대로 하는 금융투자업의 경우는 강화된 진입요건을 설정하였다.
③ 동일한 금융기능에 대해서는 동일한 인가 및 등록요건이 적용되도록 금융기능별로 진입요건을 마련하였다.
④ 금융투자업 진입요건은 인가제가 등록제보다 엄격하게 설정되었다.

더 알아보기 금융투자업 진입규제

- **등록제** : 투자자문업, 투자일임업
- **인가제** : 투자매매업, 투자중개업, 집합투자업, 신탁업

문제해설

장외파생상품 등 위험금융투자상품을 대상으로 하는 인가와 일반투자자를 상대로 하는 금융투자업의 경우에는 강화된 진입요건을 설정하였다.

024

금융투자업의 인가에 대한 요건으로 가장 거리가 먼 것은?

① 금융투자업의 종류, 금융투자상품의 범위, 투자자의 유형을 조합하여 설정되는 1단위의 금융기능을 인가업무단위로 한다.
② 최저자기자본인 10억 원을 충족하여야 한다.
③ 금융투자업을 수행하기에 충분한 인력과 전산설비, 기타 물적 설비를 갖추어야 한다.
④ 투자자 보호를 위해 금융투자업의 겸영에 따른 이해상충을 상시적으로 관리하기 위한 내부관리시스템의 설치를 의무화하고 있다.

문제해설

최저자기자본은 인가업무 단위별로 5억 원 이상으로, 취급하려는 인가업무의 단위가 추가되면 될수록 보유해야 하는 자기자본의 금액이 증가하게 된다.

025

금융투자업의 인가절차로 가장 거리가 먼 것은?

① 자본시장법은 신속한 절차의 진행을 위하여 금융위원회의 심사기간을 제한한다.
② 금융투자업인가에 조건을 붙인 경우 금융위원회는 그 이행 여부를 확인하여야 한다.
③ 대주주의 유지요건 중 사회적 신용요건만은 엄격하게 유지되어야 한다.
④ 유지존속 요건보다는 진입요건이 엄격하다.

더알아보기 금융투자업의 인가절차

- **인가신청서의 제출** : 인가신청시에 금융위원회가 정하여 고시하는 사항을 기재한 일정한 서류를 첨부하여 금융위원회에 제출
- **금융위원회의 심사 및 결정** : 금융위원회는 인가신청서를 접수한 날부터 3개월(예 비인가를 받은 경우에는 1개월) 이내에 금융투자업 인가 여부를 결정하고 금융투자업 인가를 받은 자는 그 인가를 받은 날부터 6개월 이내에 영업을 시작해야 함
- **조건부 인가 및 인가의 공고** : 금융위원회는 2개월 이내에 인가조건의 취소 또는 변경 여부를 결정하고, 그 결과를 지체 없이 신청인에게 문서로 통지해야 함

문제해설

대주주의 유지요건의 경우 재무건전성 요건이나 출자능력 요건은 그 적용이 배제되고 사회적 신용요건만 적용되는데, 그 마저도 완화되었다.

정답 022 ① | 023 ② | 024 ② | 025 ③

026

금융투자업의 인가절차와 등록절차의 공통점이 아닌 것은?

① 진입요건은 계속 충족해야 하는 유지조건으로 진입 이후에도 적격성이 지속되어야 한다.
② 대주주의 유지요건 중 사회적 신용여건마저도 완화되었다.
③ 자기자본에 있어서 등록업무 단위별로 최저 5억 원 이상이다.
④ 등록업무 단위의 구성과 단위가 서로 같다.

더알아보기 인가 · 등록업무단위의 구분기준

금융투자업, 금융투자상품, 투자자라는 3가지 사항을 구성요소로 하는 금융기능을 중심으로 정해진다. 예를 들어 일반투자자(투자자)를 상대로 하는 증권(금융투자상품)의 투자자문업(금융투자업)을 영위하는 업무 단위를 선택하거나 전문투자자를 상대로 하는 장외파생상품(금융투자상품)의 투자일임업(금융투자업)을 영위하는 업무단위를 선택하거나, 이 2가지 업무단위를 모두 선택할 수 있다.

문제해설

진입요건이 아니라 등록요건을 유지조건으로 규정하여 진입시 적격성이 지속되도록 하고 있다.

027

다음 설명 중 옳은 것은?

① 투자자문업과 투자일임업의 경우 금융위원회에 등록을 한 후 영업행위를 하도록 하고 있으나, 대주주 변경승인은 필요하다.
② 인가업무의 전제로써 인정되는 금융투자업의 종류에는 투자매매업, 투자중개업, 집합투자업, 신탁업, 그리고 투자자문업과 투자일임업이 포함된다.
③ 자본시장법은 금융투자업자에 대하여 투자자가 노출되는 위험의 크기에 따라 진입규제방식을 차별적으로 적용하고 있다.
④ 대주주 변경승인을 받고자 하는 자의 공통요건 위반 정도가 경미하더라도 승인이 불가능하다.

문제해설

① 투자자문업과 투자일임업의 경우는 금융위원회에 등록을 한 후 영업행위를 하도록 하고 있으므로 대주주 변경승인을 받을 필요는 없으나 대주주가 변경된 경우에는 이를 2주 이내에 금융위원회에 보고해야 한다.
② 투자자문업과 투자일임업에 대해서는 보다 완화된 진입규제가 적용되지만 등록은 반드시 받아야 한다.
④ 공통요건의 경우에는 위반의 정도가 경미한 경우에는 승인이 가능하다.

028

금융투자업자의 사외이사와 상근감사(감사위원회)에 대한 규정과 가장 거리가 먼 것은?

① 금융투자업자는 3인 이상의 사외이사와 3인 이상의 이사로 구성된 감사위원회를 두어야 한다.
② 사외이사는 이사 총수의 과반수가, 감사위원회는 총 위원의 3분의 2 이상이 사외이사로 구성되어야 한다.
③ 감사위원 중에는 회계 또는 재무전문가가 1인 이상 있어야 한다.
④ 최근 사업연도 말을 기준으로 자산총액이 2조 원 미만인 모든 중소규모 금융투자업자는 사외이사와 감사위원회의 설치가 면제된다.

문제해설

최근 사업연도 말을 기준으로 금융투자업자가 운용하는 집합투자재산, 투자일임재산(투자자문 계약금액을 포함) 및 신탁재산의 전체 합계액이 6조 원 이상인 경우에는 사외이사를 선임하고, 감사위원회를 설치하여야 한다.

029

다음은 무엇에 포함되어야 할 사항인가?

- 업무의 분장 및 조직구조에 관한 사항
- 고유재산 및 투자자재산의 운용 또는 업무의 영위과정에서 발생하는 위험의 관리지침에 관한 사항
- 임직원이 업무를 수행함에 있어서 반드시 준수하여야 하는 절차에 관한 사항
- 이해상충의 파악 · 평가 및 관리에 관한 사항

① 자율규제상항
② 내부통제기준
③ 감사위원회의 업무
④ 업무의 공정한 수행을 저해할 우려가 있는 사항에 관한 주지의무

문제해설

내부통제기준의 내용이다.

정답 026 ① | 027 ③ | 028 ④ | 029 ②

030

다음은 금융투자업자 규제내용 중 무엇에 관한 내용인가?

- 영업용순자본의 총위험액 이상의 유지
- 자기자본비율, 자산건전성, 유동성에 관한 금융위원회가 설정한 기준의 준수

① 금융투자회사의 회계에 관한 기준
② 공시에 관한 기준
③ 내부통제기준
④ 재무 · 경영건전성기준

문제해설

재무 · 경영건전성기준과 관련된 내용들이다.

031

다음 자본시장법상 금융투자업자와 대주주와의 거래제한에 관한 내용 중 가장 거리가 먼 것은?

① 금융투자업자의 대주주에 대한 신용공여는 엄격히 제한된다.
② 계열회사 발행주식, 채권, 약속어음의 소유는 일정한 비율을 초과할 수 없다.
③ 대주주와의 거래에 관한 이사회의 승인은 재적이사 과반수 이상의 찬성을 요한다.
④ 대주주 발행증권의 소유는 원칙적으로 금지된다.

문제해설

대주주와의 거래에 관한 이사회의 승인은 재적이사 전원의 찬성을 요한다.

032

다음 중 이해상충관리시스템에 대한 자본시장법의 입장과 다른 것은?

① 자본시장법상 이해상충의 가능성을 투자자 보호에 문제가 없는 경우까지 낮출 수 없는 경우에는 금융서비스 제공을 단념해야 한다.
② 2개 이상의 금융투자업무를 사내겸영시 임원과 직원의 겸직을 하기 위해서는 준법감시인의 승인이 필요하다.
③ 내부통제기준에 따라 내부관리시스템을 구축하고 이에 따라 이해상충이 발생할 가능성이 있다고 인정될 때, 해당 투자자에게 공시해야 한다.
④ 2개 이상의 금융투자업무를 사내겸영시 사무공간과 전산설비의 공동 이용은 금지하는 정보교류의 차단장치를 구축해야 한다.

문제해설

2개 이상의 영업을 사내겸영시 대표이사, 감사, 상근감사위원을 제외한 임원과 직원의 겸직은 금지된다.

033

금융투자업의 공통 영업행위 규칙에 해당되는 내용으로 가장 거리가 먼 것은?

① 자본시장법에서는 아예 명의대여 자체를 금지하고 있다.
② 증권에 대한 투자매매업자만이 금융위원회가 정하여 고시하는 업무와 관련한 대출업무를 겸영할 수 있다.
③ 자본시장법은 영위 가능한 모든 부수업무를 법률에 사전적으로 열거하는 체제를 사용하고 있다.
④ 원칙적으로 금융투자업자로부터 업무를 위탁받은 제3자는 재위탁을 할 수 없다.

문제해설

자본시장법은 기존의 영위 가능한 모든 부수업무를 법률에 사전적으로 열거하는 체계에서 벗어나, 원칙적으로 금융투자업자로 하여금 모든 부수업무의 취급을 허용하되 예외적으로 제한하는 체제로 전환하였다.

정답 030 ④ | 031_③ | 032_② | 033_③

034

투자자에게 투자권유시 규제사항에 대한 설명으로 가장 거리가 먼 것은?

① 요청하지 않은 투자권유는 고위험 금융투자상품인 장외파생상품에 대해서만 적용되고, 투자성 있는 보험계약이나 증권 등에 대해서는 적용하지 않는다.
② 금융투자회사는 투자권유를 하기 전에 투자자의 특성을 파악하고 서면으로 확인받도록 하는 'Know－Your－Qustomer－Rule' 원칙을 준수해야 한다.
③ 금융투자회사가 투자자에게 금융투자상품의 투자를 권유하는 경우에는 권유하는 상품의 내용과 위험 등에 대하여 투자자가 이해할 수 있도록 설명해야 한다.
④ 투자권유대행인의 불완전한 판매로 인하여 고객에게 손해를 끼친 경우에는 투자권유대행인만이 손해배상책임 의무를 진다.

문제해설

투자권유대행인 외에 금융투자회사에게도 손해배상책임이 인정된다.

035

다음 ( ) 안에 들어갈 단어로 맞게 짝지어진 것은?

> (㉠)은 정보가 시장에 공표되기 전에 거래한다는 점에서 (㉡)와 유사하지만, 전자는 조사분석자료를 거래자가 만들어 내는 것이고, 후자는 투자자의 주문정보를 금융투자업자가 이용한다는 점에서 차이가 있다.

	㉠	㉡
①	스캘핑(Scalping)	선행매매(front－running)
②	선행매매(front－running)	스캘핑(Scalping)
③	스캘핑(Scalping)	과당매매
④	선행매매(front－running)	일임매매

문제해설

- **스캘핑(Scalping)**
  증권가치에 영향을 미칠 수 있는 정보를 일반에게 공표하기 전에 먼저 그 정보에 기하여 자기계산으로 매매하는 것을 말한다.
- **선행매매(front－running)**
  증권가치에 영향을 미칠 수 있는 고객의 주문을 처리하기 전에 먼저 자기계산으로 매도 또는 매수를 하는 것을 말한다.

036

다음 중 금융투자업자의 공통 영업행위 규칙에 어긋나는 것은?

① 투자자가 입은 손실의 전부 또는 일부를 사후에 보전하여 주는 행위는 금지된다.
② 금융투자상품 거래에 대한 기본계약이 체결되어 투자자에게 계약서류가 교부된 후, 당해 계약내용에 따라 계속적 · 반복적으로 거래를 하는 경우에는 반드시 계약서류를 교부하지 않아도 된다.
③ 기록유지기간 내에 영업을 폐지하여 상인자격이 소멸된 후에는 기록을 유지할 의무가 없어진다.
④ 임원에게도 귀책사유가 있는 경우에는 그 금융투자업자와 관련되는 임원이 연대하여 그 손해를 배상할 책임이 있다.

문제해설

금융투자업자는 기록유지기간 내에 영업을 폐지하여 상인자격이 소멸된 후에도 기록을 유지할 의무가 있다.

037

다음 중 투자매매업자 또는 투자중개업자의 매매관련 규제에 대한 설명으로 옳은 것은?

① 증권시장이나 파생상품시장을 통해 거래를 하는 투자자의 이익 침해 가능성이 거의 없으므로 자기계약금지 규정이 적용되지 않는다.
② 투자매매업자나 투자중개업자 또는 그 임직원은 투자자로부터 매매주문을 받지 않아도 임의로 예탁받은 재산으로 금융투자상품을 매매할 수 있다.
③ 매매형태의 명시는 사전에 밝혀야 하며, 문서에 의해 명시하여야 한다.
④ 투자중개업자가 투자자로부터 증권시장이나 파생상품시장에서의 매매 위탁을 받은 경우에는 반드시 증권시장이나 파생상품시장을 통해 거래를 실행해야 한다.

문제해설

② 임의매매는 금지되며 위반시 형사처벌된다.
③ 매매형태의 명시는 문서에 의하건 구두에 의하건 상관없다.
④ 자본시장법 개정(2013.5.28)에 따라 시장매매의 의무가 폐지되고 최선집행의무가 신설되었다.

정답 034 ④ | 035 ① | 036 ③ | 037 ①

038

투자매매업자 및 투자중개업자의 불건전 영업행위에 해당되지 않는 것은?

① 애널리스트가 인수업무, 기업의 인수 및 합병의 중개 · 주선 또는 대리업무, 혹은 기업의 인수 및 합병에 관한 조언업무와 연동해서 성과보수를 지급받는 행위
② 투자자로부터 매매거래일과 총매매수량이나 총매매금액을 지정하여 그 지정 범위에서 금융투자상품의 수량 · 가격 및 시기에 대한 투자판단을 일임받아 운용하는 행위
③ 금융투자상품에 중대한 영향을 미칠 수 있는 투자자의 매매주문에 관한 정보를 이용하여 제3자에게 매수 또는 매도를 권유하는 행위
④ 애널리스트들이 자신의 의견을 공표하기 전에 미리 금융투자상품을 매수하고 공표 후 다시 매도하는 행위

문제해설

투자자로부터 매매거래일과 총매매수량이나 총매매금액을 지정하여 그 지정 범위에서 금융투자상품의 수량 · 가격 및 시기에 대한 투자판단을 일임받아 운용하는 것은 허용된다.

039

다음 설명 중 틀린 것은?

① 자기계약은 금융투자업자가 금융투자상품에 관해 동일한 매매에서 자신이 본인이 됨과 동시에 상대방의 투자중개업자가 되는 것이다.
② 투자매매업자는 자기계산으로 금융투자상품을 매매하는 것이고, 투자중개업자는 타인(투자자)의 계산으로 매매가 이루어지는 것으로 금융투자상품의 매매에 관한 주문을 받는 금융투자업자가 투자매매업자인지, 투자중개업자인지를 밝혀야 한다.
③ 과당매매는 금융투자회사가 수수료 수입을 올리기 위해 고객의 투자목적, 재산상황, 투자경험에 비추어 지나치게 빈번하게 거래하게 하는 것이다.
④ 신용공여는 투자매매업자 또는 투자중개업자가 증권과 관련하여 금전을 융자하거나 증권을 대여하는 방법으로 자본시장법은 신용공여를 허용한다.

문제해설

신용공여는 투자매매업자 또는 투자중개업자가 증권과 관련하여 금전을 융자하거나 증권을 대여하는 방법으로 이는 증권시장에서 유동성을 공급하지만 투기를 조장할 가능성도 있기 때문에 자본시장법은 신용공여를 원칙적으로는 허용하지만, 인수업무와 관련된 일정 경우에는 금지하고 있다.

040

다음 중 투자매매업자 및 투자중개업자의 영업행위 규칙 중 어긋나는 것은?

① 투자자예탁금은 고유재산과 구분하여 증권금융회사에 예치 또는 신탁하여야 한다.
② 금융투자상품의 매매, 그 밖의 거래에 따라 보관하게 되는 투자자소유의 증권을 예탁결제원에 지체 없이 예탁하여야 한다.
③ 집합투자기구의 운용실적에 따른 판매수수료 또는 판매보수는 받을 수 있다.
④ 일반투자자가 장외파생상품거래를 통해 회피하려는 위험의 종류와 금액을 확인하고, 관련자료를 보관하여야 한다.

문제해설

투자매매업자 또는 투자중개업자는 집합투자증권의 판매와 관련하여 판매수수료 및 판매보수를 받는 경우, 집합투자기구의 운용실적에 연동하여 판매수수료 또는 판매보수를 받아서는 안 된다.

041

최선집행의무에 대한 다음 설명 중 가장 거리가 먼 것은?

① 투자중개업자는 최선집행기준에 따라 금융투자상품의 매매에 관한 청약이나 주문을 집행해야 한다.
② 투자매매업자는 6개월마다 최선집행기준의 내용을 점검하여야 한다.
③ 투자매매업자는 금융투자상품의 매매에 관한 청약이나 주문을 받는 경우 투자자에게 미리 설명서를 교부하여야 한다.
④ 최선집행기준의 공표 방법 등에 필요한 사항은 대통령령으로 정한다.

문제해설

최선집행기준의 내용은 3개월마다 점검해야 하며, 이때 최선집행기준의 내용이 청약이나 주문을 집행하는 데 적합하지 않은 것으로 인정된다면 이를 변경하고 변경의 이유와 변경사실을 공표하여야 한다.

정답 038 ② | 039 ④ | 040 ③ | 041 ②

042

다음 중 금융투자업자가 지켜야할 공통 영업행위 규칙에 어긋나는 경우는?

① 금융투자업자가 증권의 인수업무를 제3자에게 재위탁하였다.
② 이해상충이 발생할 가능성을 낮추는 것이 곤란하다고 판단되어 매매를 하지 않았다.
③ 증권집합투자기구업자가 'securities' 라는 외국어 문자를 사용해서 상호를 등록하였다.
④ 정보교류차단장치가 의무화되는 업무 간에 담당 부서를 독립된 부서로 구분하였다.

문제해설

위탁받은 업무의 일부로서 전산관리 · 운영업무, 고지서 등 발송업무, 보관업무(신탁업에 해당하는 보관 업무는 제외), 조사분석 업무, 법률검토 업무, 회계관리 업무, 문서 등의 접수 업무, 채권추심업무, 그 밖에 금융위원회가 정하여 고시하는 단순업무 외에는 재위탁이 금지된다.
② 금융투자업자는 이해상충이 발생할 가능성을 낮추는 것이 곤란하다고 판단되는 경우에는 매매 또는 그 밖의 거래행위가 금지된다.
③ 증권집합투자기구는 '증권' 및 관련 외국어 문자의 사용이 가능하다.
④ 정보교류차단장치가 의무화되는 업무 간에 담당 부서를 독립된 부서로 구분하지 않는 행위는 금지된다.

043

다음 중 금융투자업의 진입규제에 대한 사항으로 가장 거리가 <u>먼</u> 것은?

① 본인가를 받으려는 자는 미리 금융위에 예비인가를 신청할 수 있으나 이는 선택사항이다.
② 인가제를 채택한 금융투자업의 진입요건은 등록제를 채택한 금융투자업에 비해 엄격하게 설정되었다.
③ 금융투자업자가 인가 · 등록받은 업무단위 외에 다른 업무단위를 추가하는 경우에는 인가 · 등록요건은 다소 완화된다.
④ 투자매매업, 투자중개업, 집합투자업, 신탁업에 대해서는 인가제를 채택하고, 투자일임업, 투자자문업에 대해서는 등록제를 채택하고 있다.

문제해설

업무를 추가하는 경우에도 인가 · 등록요건은 동일하게 적용된다.

044

다음 중 금융위의 과징금 부과에 대한 사항으로 가장 거리가 먼 것은?

① 분할납부 결정된 과징금을 그 납부기한 내에 납부하지 않은 경우에는 추가 과징금이 징수된다.
② 과징금 부과처분에 불복하는 자는 그 처분의 고지를 받을 날부터 30일 이내에 금융위원회에 이의를 신청할 수 있다.
③ 금융위원회는 위반행위의 내용 및 정도, 기간 및 회수, 이로 인해 취득한 이익의 규모를 고려하여 과징금을 부과한다.
④ 금융투자업자가 대주주와의 거래제한 규정을 위반한 경우 그 위반금액의 20%를 초과하지 않는 범위에서 과징금을 부과한다.

문제해설

분할납부 결정된 과징금을 그 납부기한 내에 납부하지 않은 경우에는 그 납부기한의 연장 또는 분할납부 결정을 취소하고 과징금을 일시에 징수할 수 있다. 과징금납부의무자가 과징금 납부기한의 연장을 받거나 분할납부를 하고자 하는 경우에는 그 납부기한의 10일 전까지 금융위원회에 신청하여야 한다.

045

다음 (　　) 안에 들어갈 적절한 말로 짝지어진 것은?

> (㉠)은 고객이 신탁재산에 대한 (㉡)을 가진다는 점에서 특정금전신탁과 유사하다고 볼 수 있으나, 특정금전신탁에서는 수탁재산의 범위가 금전으로 제한되지만 (㉠)에서는 증권, 부동산 등 모든 재산을 종합하여 수탁할 수 있다.

	㉠	㉡
①	종합재산신탁	자산운용권
②	종합재산신탁	운용지시권
③	금전 외의 재산신탁	운용지시권
④	금전 외의 재산신탁	자산운용권

문제해설

자본시장법은 단일 계약에 의해 금전, 증권, 부동산, 무체재산권 등 여러 유형의 재산을 함께 수탁받아 종합하여 수탁할 수 있는 제도를 규정하고 있는데, 이를 '종합재산신탁'이라고 한다.

정답 042 ① | 043 ③ | 044 ① | 045 ②

046

투자설명서에 대한 설명으로 가장 거리가 먼 것은?

① 증권의 모집 · 매출을 위한 투자권유문서이다.
② 예비투자설명서는 신고 수리 후 신고의 효력이 발생하기 전에 사용한다.
③ 본 투자설명서는 증권신고서 효력이 발생한 후에는 사용할 수 없다.
④ 전문투자자에게는 교부의무가 적용되지 않는다.

문제해설

본 투자설명서는 증권신고서 효력이 발생한 후에 사용한다.

047

신탁재산의 제한 및 운용상 제한에 대한 설명 중 가장 거리가 먼 것은?

① 신탁재산으로 취득한 주식에 대한 권리행사는 원칙적으로 신탁업자가 행사하도록 규정하고 있으나, 예외적인 경우 그림자투표의 방법으로 의결권의 행사방법을 제한하고 있다.
② 신탁업자가 수탁할 수 있는 재산의 종류에는 금전신탁, 금전 외의 신탁, 종합재산신탁으로 구분된다.
③ 수익자는 신탁업자가 공탁한 금전 및 증권에 관하여 다른 채권자보다 우선하여 변제를 받을 권리를 가진다.
④ 신탁법상 수탁자는 누구의 명의로 하든지 절대 신탁재산을 고유재산으로 하거나 이에 관하여 권리를 취득할 수 없다.

문제해설

④ 원칙적으로는 금지되어 있으나 자본시장법에서는 수익자에게 이익이 되는 것이 명백하거나 기타 정당한 사유가 있는 경우에는 법원의 허가를 얻어 신탁재산을 고유재산으로 할 수 있다.

048

신규로 발행되는 증권의 취득청약의 권유를 하는 날로부터 과거 6개월 이내에 해당 증권과 동일한 종류의 증권에 대하여 사모로 청약의 권유를 받은 자를 합산하여 50인 이상의 투자자를 대상으로 하여 취득의 청약을 권유하는 행위를 무엇이라고 하는가?

① 발행　　② 공모
③ 모집　　④ 매출

문제해설

모집이란 대통령령으로 정하는 방법에 따라 산출한 50인 이상의 투자자에게 새로 발행되는 증권의 취득의 청약을 권유하는 것을 말한다.

049

증권의 모집과 매출에 대한 설명으로 가장 거리가 먼 것은?

① 모집이나 매출에 해당하기 위해서는 청약의 권유대상자가 다수에 해당하여야 한다. 이때의 다수의 기준은 100인이다.
② 모집과 매출의 차이는 공모대상인 증권이 신규로 발행되는 것인지(모집), 아니면 이미 발행된 것인지(매출)에 있다.
③ 모집을 하는 주체는 발행인임에 반해 매출을 하는 주체는 증권의 보유자가 된다.
④ 자본시장법에서는 공모라는 용어 대신 '모집과 매출' 이라는 용어를 사용하고 있다.

더알아보기 공모

50명 이사의 자에게 신규로 발행하거나 이미 발행된 유가증권의 청약을 권유하는 것

- **모집** : 50명 이상의 자에게 신규로 발행되는 유가증권의 취득의 청약을 권유하는 것
- **매출** : 이미 발행된 유가증권의 소유자가 50명 이상의 자에게 그 유가증권의 매도의 청약을 하거나 매수의 청약을 권유하는 것

문제해설

청약의 권유대상자수에 있어서 다수의 기준은 50인 이상이다.

050

모집 또는 매출을 위한 청약의 권유에 대한 설명으로 가장 거리가 먼 것은?

① 청약권유대상자의 수가 50인 미만인 경우에도 모집으로 간주하여 동일한 공시의무를 부과한다.
② 발행인의 임원, 우리사주조합원도 권유상대방 50인에 합산대상이다.
③ 청약의 권유란 권유받는 자에게 증권을 취득하도록 하기 위해 광고, 인쇄물의 배포, 투자설명회의 개최 등의 방법으로 증권 취득청약의 권유 또는 증권 매도청약이나 매수청약의 권유 등 증권을 발행 또는 매도사실을 알리거나 취득의 절차를 안내하는 활동이다.
④ 청약의 권유대상자가 49인 이하가 되면 사모발행이 되어 공시의무 대상에서 제외된다.

문제해설

발행인의 임원, 우리사주조합원 등의 전문가와 연고자는 50인의 권유상대방 산정시 제외대상이다.

정답 046 ③ | 047 ④ | 048 ③ | 049 ① | 050 ②

051

우리나라의 기업공시구조는 상법상의 공시와 자본시장법상의 공시로 구분된다. 이에 대한 설명으로 가장 거리가 먼 것은?

① 상법상의 공시로 오로지 주주명부상의 주주를 대상으로 직접 공시하는 것이 원칙이다.
② 자본시장법상에서는 공시의 상대방이 투자자이다.
③ 상법상의 공시는 주주와 채권자의 권리 보호를 위한 것이다.
④ 자본시장법상의 공시의 상대방인 투자자는 주주명부상의 주주만 해당된다.

문제해설

자본시장법상의 공시의 상대방인 투자자는 주주명부상의 주주만 해당되는 것은 아니다.

더 알아보기 우리나라의 기업공시제도

구분	상법상의 공시	자본시장법상의 공시
공시 원칙	주주명부상의 주주에게 직접공시	공시의 상대방이 투자자
공시 목적	주주와 채권자의 권리 보호	현재와 미래의 투자자 보호
공시규제 적용	영업보고서, 감사보고서 등	국채, 지방채, 사채권, 수익증권, 증권예탁증권, 외국증권 등

052

다음 중 증권신고서에 대한 설명으로 가장 거리가 먼 것은?

① 증권신고서제도는 정보의 비대칭을 해소하며, 발행기업과 발행증권에 대한 진실성 확보를 통해 증권발행사기를 막고자 마련된 제도이다.
② 증권신고서에 기재할 사항으로는 크게 모집 · 매출에 관한 사항과 발행인에 관한 사항으로 구분된다.
③ 증권신고의 효력이 발생하지 않은 증권 취득 또는 매수의 청약이 있는 경우 발행인, 매출인과 그 대리인은 청약의 승낙을 할 수 있다.
④ 국채, 지방채를 발행시와 1년간 모집 또는 매출하는 금액이 10억 원 미만의 소액발행은 증권신고서의 제출이 면제된다.

문제해설

증권신고의 효력이 발생하지 않은 증권 취득 또는 매수의 청약이 있는 경우에는 발행인, 매출인과 그 대리인은 청약의 승낙을 할 수 없다.

053

다음 중 발행시장의 투자설명서에 관한 설명으로 가장 거리가 먼 것은?

① 증권의 모집 · 매출을 위해 발행인이 일반투자자에게 제공하는 투자권유문서로 사업설명서라고도 불린다.
② 증권신고서가 전문가용인 반면 투자설명서는 투자자들이 이해할 수 있도록 신고서 내용을 알기 쉽고 상세하게 설명한 자료이다.
③ 투자설명서의 종류에는 투자설명서, 예비투자설명서, 간이투자설명서 등 세 가지가 있다.
④ 전문투자자와 신용평가업자에게는 투자설명서 교부의무가 면제된다.

문제해설

① 종래의 증권거래법에서는 이를 사업설명서라고 칭하였으나, 자본시장법에서는 투자설명서로 칭한다.

054

유통시장에서의 공시에 해당하지 않는 것은?

① 임시공시
② 특수공시
③ 정기공시
④ 수시공시

문제해설

유통시장의 공시는 투자자의 유가증권 취득, 처분에 필요한 정보를 제공하기 위한 제도로 정기공시, 수시공시, 공정공시, 기타공시 등이 있다.

055

다음 중 정기공시에 해당하는 것이 아닌 것은?

① 사업보고서
② 반기보고서
③ 합병신고서
④ 연결재무제표

문제해설

합병신고서는 특수공시에 해당한다.

정답 051 ④ | 052 ③ | 053 ① | 054 ① | 055 ③

056

유통시장의 정기공시제도에서 사업보고서에 대한 사항으로 가장 거리가 먼 것은?

① 무보증사채권, 전환사채권을 상장한 발행인은 사업보고서 제출대상 법인이다.
② 사업연도 경과 후 90일 이내에 금융위원회와 거래소에 제출하여야 한다.
③ 사업보고서에는 회사의 목적, 상호, 사업내용, 임원보수 등이 기재되어야 한다.
④ 중요사항에 관해 거짓의 기재 또는 표시를 하거나 제출의무를 위반할 시 거래소의 시장조치 제재만을 받게 된다.

문제해설

④ 사업보고서, 반기보고서, 분기보고서의 사항이나 제출의무를 위반할 경우 시안에 따라 민사상 배상책임, 형사처벌, 과징금, 거래소의 불성실공시에 대한 제재를 받을 수 있다.

057

다음 중 수시공시제도에 대한 설명으로 옳은 것은?

① 사업보고서 제출대상에 포함되나 파산으로 인해 사업보고서의 제출이 사실상 불가능한 경우에는 제출이 면제된다.
② 자본시장법 시행 후에는 모든 수시공시제도가 자율규제로 전화되어 공시제도 운영권한이 한국거래소로 일원화되었다.
③ 상장기업의 경영상황 및 장래계획에 대한 주요 정보를 기업 스스로 공시하도록 하여 정보의 지속성과 정확성을 확보한다.
④ 사업보고서 제출대상법인은 주요사항으로 일정한 사유에 해당하는 경우 그 사실이 발생한 경우 발생일의 다음 날까지 주요사항보고서를 한국거래소에 제출하여야 한다.

문제해설

② 유통시장공시는 자본시장법하에서는 주요사항보고와 거래소 수시공시로 이원화되었다.
③ 정보의 최신성과 신속성을 확보하기 위함이다.
④ 사업보고서 제출대상법인은 주요사항으로 일정한 사유에 해당하는 경우 그 사실이 발생한 경우 발생일의 다음 날까지 주요사항 보고서를 금융위원회에 제출하여야 한다.

058

공개매수제도에 관한 설명으로 가장 거리가 먼 것은?

① 공개매수자와 공개매수사무취급자는 공개매수시 반드시 공개매수설명서를 작성해야한다.
② 공개매수자는 공개매수할 주식 등을 매도하고자 하는 자가 청구할 경우 공개매수설명서를 교부하여야 한다.
③ 공개매수설명서의 기재사항은 공개매수신고서의 기재사항과 동일해야 한다.
④ 공개매수자는 공개매수할 주식 등을 매도하고자 하는 자에게 공개매수설명서를 미리 교부하지 않으면 그 주식 등을 매수하는 것이 금지된다.

문제해설

기존의 증권거래법에서는 청구가 있는 경우에 한하여 제공이 강제되었으나 자본시장법에서는 교부가 강제된다.

059

다음 중 공개매수신고서에 대한 사항으로 가장 거리가 먼 것은?

① 공개매수신고서를 공개매수를 공고한 날에 금융위원회와 거래소에 제출하여야 한다.
② 공개매수자는 공개매수의 공고 · 신고서 제출 후부터 즉시 공개매수가 가능하다.
③ 공개매수가 공고된 이후에는 공개매수자는 철회가 금지된다.
④ 공개매수자는 공개매수조건의 변경 내지 그 밖에 공개매수신고서의 기재사항을 정정할 수 없다.

문제해설

공개매수자는 공개매수조건의 변경 내지 그 밖에 공개매수신고서의 기재사항을 정정하고자 하는 경우에는 공개매수기간 종료일까지 정정 신고서를 제출하여야 한다.

정답 056 ④ | 057 ① | 058 ② | 059 ④

060

대량보유상황보고서제도에 대한 설명으로 옳은 것은?

① 보고의무자는 본인과 그 특별관계자가 보유하게 되는 주식 등의 수의 합계가 주식 등의 총수의 10% 이상 보유한 자이다.
② 주권상장법인의 주식 등을 대량(5% 이상) 보유(본인과 그 특별관계자가 보유하게 되는 주식 등의 수의 합계가 5% 이상인 경우)하거나, 그 보유비율의 1% 이상 변동된 경우 및 보유목적이 변경된 경우 그 변동 내용을 5일 이내에 금융위원회와 거래소에 보고해야 한다.
③ 보고대상증권은 주권상장법인이 발행한 의결권 있는 주식만 해당된다.
④ 대량보유보고 또는 대량변동보고서는 금융위원회에 제출하여야 한다.

문제해설

① 보고의무자는 본인과 그 특별관계자가 보유하게 되는 주식 등의 수의 합계가 주식 등의 총수의 5% 이상 보유한 자이다.
③ 보고대상증권은 주권상장법인이 발행한 의결권 있는 주식과 그 밖에 대통령령이 정하는 증권이 해당된다.
④ 대량보유보고서 또는 대량변동보고서는 금융위원회와 거래소에 제출하여야 한다.

061

다음은 자기주식 취득 · 처분 신고제도에 대한 내용이다. (　　) 안에 들어갈 내용으로 옳은 것은?

> 자본시장법상 자기주식의 취득 및 자기주식취득을 목적으로 하는 신탁계약 등의 체결, 그 처분 및 자기주식취득을 목적으로 하는 신탁계약 등의 해지에 관한 이사회의 결의가 있는 때에는 (　　)를 금융위원회에 제출하여야 한다.

① 대량보유보고서　② 공개매수신고서
③ 주요사항보고서　④ 증권신고서

문제해설

주요사항보고서를 금융위원회에 제출해야 한다.

062

의결권대리행사권유제도에 대한 설명으로 가장 거리가 먼 것은?

① 소액주주 등에게 의결권의 위임을 권유하면서 소액주주가 올바른 의사판단을 할 수 있는 자료를 제공하도록 하기 위한 제도이다.
② 자기 또는 제3자에게 의결권의 행사를 대리시키도록 권유하는 행위이다.
③ 의결권대리권유자는 위임장 용지 및 참고서류를 의결권 대리 피권유자에게 제공하는 날 5일 전까지 이를 금융위원회와 거래소에 제출하여야 한다.
④ 위임장용지 및 참고서류에는 의결권을 대리행사하도록 위임한다는 내용이 기재되어야 한다.

문제해설

①은 위임장권유제도에 대한 설명이다. 의결권대리행사권유제도는 회사의 경영진이나 주주 기타 제3자가 주주총회에서 다수의 의결권을 확보할 목적으로 기존 주주에게 의결권 행사의 위임을 권유하는 경우 권유절차, 권유방법 등을 규정하고 그 내용을 공시하도록 하는 제도이다.

063

불공정거래행위의 금지로 인한 투자자 보호 강화의 측면으로 가장 거리가 먼 것은?

① 투자자의 위험관리 내지 차익거래를 위해 시장이 연계되어 기능하는 점을 인식하여 통합적으로 규율하고 있다.
② 포괄주의 규율체제를 도입하여 규제차익을 노리는 업자를 근절한다.
③ 규제에서 벗어나는 사각지대를 예방한다.
④ 불공정거래에 대한 규제를 강화하고 있다.

문제해설

① 일원적인 불공정거래행위 규제
② 투자자 보호의 공백 제거
④ 투자자 보호수준의 강화

정답 060 ② | 061 ③ | 062 ① | 063 ③

064

불공정거래행위 금지의 특징에 속하지 않는 것은?

① 자본시장법에서는 상황에 부응하는 탄력적인 규제가 가능하도록 신종불공정거래행위를 규제할 수 있도록 보완하고 있다.
② 규제에서 벗어나는 사각지대를 예방하기 위해 일반 사기적 부정행위 금지규정이 새롭게 마련되었다.
③ 그간 사문화된 증권회사 임직원의 주식매매에 대한 금지규정을 철폐하고 대신 보완하는 규정을 새로 마련하였다.
④ 단기차익반환규제와 관련하여 미공개 정보이용 가능성이 없는 직원에까지 규제대상을 강화하였다.

문제해설

단기차익반환규제와 관련하여 미공개 정보이용 가능성이 없는 직원에까지 규제대상으로 하는 것은 적절하지 않다는 그간의 지적에 따라 자본시장법에서는 원칙적으로 중요 직원을 제외한 규제대상에서 제외 하였다.

065

다음의 미공개 정보이용행위 규제의 내용 중 옳은 것은?

① 공개매수의 실시나 중지에 관한 정보는 공개매수대상회사의 내부정보가 아니기 때문에 미공개 정보 이용금지대상에 해당하지 않는다.
② 이사와 같은 회사의 내부자가 자신의 지위를 통하여 취득한 미공개의 중요한 정보를 이용하여 회사의 증권을 거래하는 행위를 하는 경우, 이를 '내부자거래' 라고 한다.
③ 예탁증권(DR), ELW, ELS 등과 같은 파생결합증권과 타인이 발행한 당해 법인의 주식에 대한 call option 또는 put option의 매매는 규제 대상에서 제외된다.
④ 공개매수와 관련한 미공개 중요정보 이용금지대상자의 범위에서 공개매수자는 제외된다.

문제해설

① 공개매수는 주가에 중대한 영향을 미치는 거래이기 때문에 그 정보를 이용한 내부자거래가 행해질 가능성이 높으므로 공개매수인의 내부자를 대상회사의 내부자와 같이 보고 규제하고 있다.
③ 종래 규제대상에서 제외된 예탁증권(DR), ELW, ELS 등과 같은 파생결합증권과 타인이 발행한 당해 법인의 주식에 대한 call option 또는 put option의 매매도 규제대상에 포함된다.
④ 공개매수자는 공개매수와 관련한 미공개 중요정보 이용행위 규제 대상자이다.

066

자본시장법에서 규제공백 제거 및 규제실효성 강화를 위하여 기업의 지배권 변동을 초래할 수 있는 것으로 공개매수에 준하여 규제하고 있는 것은?

① 시세조종행위
② 통정매매
③ 투자매매업자의 시장조성
④ 주식의 대량취득 · 처분의 정보를 이용하는 경우

문제해설

공개매수 외 금지대상거래의 확대로 기업의 지배권 변동을 초래할 수 있는 주식의 대량취득 · 처분의 정보를 이용하는 경우 공개매수에 준하여 규제하고 있다.

067

단기매매차익반환제도에 대한 설명 중 옳은 것은?

① 단기매매차익 반환청구 및 반환청구에 대한 요구 및 대위청구는 이익을 취득한 날로부터 2년 이내에 행사하지 않은 경우에는 소멸한다.
② 단기매매차익반환대상이 되는 증권은 당해 법인이 발행한 증권으로 한정된다.
③ 직원의 경우에는 누구든지 단기매매차익반환규제대상에서 제외된다.
④ 주요주주는 매도, 매수한 시기 중 어느 한 시기에 주요주주가 아닌 경우에도 단기매매차익반환규정이 적용된다.

더 알아보기 단기매매차익반환대상
- 당해 법인이 발행한 증권
- 이와 관련된 증권예탁증권
- 당해 법인 이외의 자가 발행한 것으로서 위의 증권과 교환을 청구할 수 있는 교환사채권
- 앞의 증권만을 기초자산으로 하는 금융투자상품

문제해설

② 당해 법인이 발행한 증권, 이와 관련된 증권예탁증권 등이 있다.
③ 직원의 경우에는 원칙적으로 규제대상에서 제외하는 것으로 하되, 직무상 미공개 중요정보 접근 가능성이 있는 자를 포함한다. 다만 이들 중 증권선물위원회가 미공개 중요정보를 알 수 있는 자로 인정하는 자가 단기매매차익반환규정의 적용대상이 된다.
④ 주요주주가 매도, 매수한 시기 중 어느 한 시기에 주요주주가 아닌 경우에는 단기매매차익반환규정이 적용되지 않는다. 즉, 주요주주의 경우 매도 · 매수 양 시기에 주요주주인 경우에만 단기매매차익 반환의무가 생긴다.

정답 064 ④ | 065 ② | 066 ④ | 067 ①

068

다음 (　　) 안에 들어갈 적절한 말로 짝지어진 것을 고르시오.

> 주권상장법인의 임원 또는 주요주주는 임원 또는 주요주주가 된 날로부터 (㉠)일 이내에 누구의 명의로 하든지 자기의 계산으로 소유하고 있는 (㉡) 등의 소유상황을 그리고 그 소유상황에 변동이 있는 때에는 그 변동이 있는 날로부터 (㉢)일까지 그 내용을 대통령령으로 정하는 방법에 따라 증권선물위원회와 거래소에 보고하여야 한다.

	㉠	㉡	㉢
①	5	특정증권	5
②	10	발행증권	10
③	5	개별증권	5
④	10	소유증권	10

문제해설

임원 · 주요주주의 소유상황 보고제도에 대한 설명이다.

069

다음 중 공매도 규제에 대한 사항으로 가장 거리가 먼 것은?

① 공매도란 소유하지 않은 상장증권의 매도이다.
② 자본시장법에서는 규제대상자는 상장법인의 임직원 및 주요주주로 한정하고, 내부자거래금지조항에서 규정하고 있다.
③ 증권시장에서 매수계약이 체결된 상장증권을 당해 수량의 범위 이내에서 결제일 전에 매도하는 경우에는 공매도에 해당하지 않는다.
④ 전환사채권, 신주인수권부사채권, 지분증권, 수익증권, 파생결합증권은 공매도가 금지된다.

문제해설

자본시장법에서는 내부자거래금지 조항이 아닌 별개의 규정으로 규율하고, 규제대상자도 '누구든지' 이 규정의 대상자가 되도록 하고 있다.

070

다음 중 시세조종행위에 관한 내용으로 가장 거리가 먼 것은?

① 자본시장법에서는 최근 신종불공정거래행위들의 발생이 증가하고 있음을 고려하여 연계불공정거래행위라고 불리는 것들을 규제하고 있다.

② 모집 또는 매출되는 증권을 투자매매업자가 안정조작, 시장조성을 하는 경우에는 시세조종으로 보지 않는다.

③ 선물과 현물 양 방향 간 현 · 선연계 시세조종을 금지하고, 파생결합증권과 기초자산인 증권 간 양 방향연계 시세조종 금지 규정이 있다.

④ 통정매매(matched orders), 가장매매(wash sale)의 경우는 허위표시에 의한 시세조종행위에 해당한다.

더 알아보기 시세조종행위의 유형

- **위장거래에 의한 시세조종** : 누구든지 상장증권 또는 장내파생상품의 매매에 관하여 그 매매가 성황을 이루고 있는 듯이 잘못 알게 하거나, 그 밖에 타인에게 그릇된 판단을 하게 할 목적으로 통정매매, 가장매매에 해당하는 행위 및 그 행위를 위탁하거나 수탁할 수 없음
- **현실거래에 의한 시세조종** : 누구든지 상장증권 또는 장내파생상품의 매매를 유인할 목적으로 그 증권 또는 장내파생상품의 매매가 성황을 이루고 있는 듯이 잘못 알게 하거나 그 시세를 변동시키는 매매 또는 그 위탁이나 수탁하는 행위를 할 수 없음
- **허위표시에 의한 시세조종** : 누구든지 매매를 유인할 목적으로 증권 또는 장내파생상품의 시세가 자기 또는 타인의 시장조작에 의하여 변동한다는 말을 유포하는 행위 또는 그 증권 또는 장내파생상품의 매매를 함에 있어서 중요한 사실에 관하여 거짓의 표시 또는 오해를 유발시키는 표시를 하는 행위를 할 수 없음
- **가격고정 · 안정조작에 의한 시세고정** : 누구든지 단독 또는 공동으로 안정조작 및 시장조성의 경우를 제외하고는 증권 또는 장내파생상품의 시세를 고정시키거나 안정시킬 목적으로 그 증권 또는 장내파생상품에 관한 일련의 매매 또는 그 위탁이나 수탁을 하는 행위를 할 수 없음
- **현 · 선연계 시세조정** : 누구든지 상장증권 또는 장내파생상품의 매매와 관련하여 부당한 이익을 얻거나 제3자에게 부당한 이익을 얻게 할 목적으로 그 장내 파생 상품의 기초자산의 시세를 변동 또는 고성시키는 행위를 할 수 없음

문제해설

통정매매(matched order), 가장매매(wash sale)의 경우는 위장거래에 의한 시세 조종에 해당된다.

정답 068 ① | 069 ② | 070 ④

2장 금융위원회규정

001

다음 중 자본시장법에 따른 금융위원회규정에 속하지 않는 것은?

① 금융투자업규정
② 증권범죄사무처리규정
③ 증권의 발행 및 공시 등에 관한 규정
④ 자본시장조사업무규정

문제해설

금융투자업규정, 자본시장조사업무규정, 금융기관 검사 및 제재에 관한 규정, 증권의 발행 및 공시 등에 관한 규정이다.

002

다음의 금융위원회규정에 대한 설명 중 옳은 것은?

① 단기매매차익반환 등에 관한 규정은 금융위원회규정이다.
② 금융투자업규정은 자본시장을 규율하는 법원이 될 수 없다.
③ 금융위원회규정은 대외적으로 법적 구속력을 가지지 않는다.
④ 금융위원회규정에서 구체적인 서식 등을 감독원장에게 위임할 수 있다.

문제해설

① 단기매매차익반환 등에 관한 규정은 자본시장법에서 다루고 있다.
② 증권관련 금융위규정은 자본시장을 규율하는 법으로서 적용한다.
③ 금융위규정은 법규명령의 일종으로 대외적으로 법적구속력을 가지고 있다.

003

다음 중 금융투자업의 인가요건을 가장 거리가 먼 것은?

① 장외파생상품에 대한 투자매매업을 영위하고자 하는 경우 위험관리 기준 요건을 모두 충족해야 한다.
② 이해상충부서 간 별도의 업무공간을 갖추는 등 정보차단벽(Chinese Wall)이 설치되어 있어야 한다.
③ 인가신청업무를 안정적이고 원활히 수행하는 데 필요한 전산설비, 보안설비가 갖추어져 있어야 한다.
④ 대주주가 금융기관 이외의 내국법인인 경우 최근 사업연도 말 현재 부채비율이 100분의 150 이하여야 한다.

문제해설

대주주가 금융기관 이외의 내국법인인 경우 최근 사업연도 말 현재 부채비율이 100분의 200 이하여야 한다.

004

증권의 청약을 권유하는 경우 '청약의 권유' 인정기준에서 제외되기 위한 요건이 아닌 것은?

① 인수인의 명칭을 표시하지 않을 것
② 신문 등을 통한 광고를 하지 않을 것
③ 청약의 권유는 간이투자설명서에 따른다는 뜻을 명시할 것
④ 증권의 발행금액과 발행가액을 확정하여 표시하지 않을 것

문제해설

청약권유의 제외기준
인수인의 명칭을 표시하지 않을 것, 증권의 발행금액 및 발행가액을 확정하여 표시하지 않을 것, 청약의 권유는 예비투자설명서 또는 간이투자설명서에 따른다는 뜻을 명시할 것

005

증권의 모집으로 보는 전매기준이다. (　　) 안에 들어갈 공통된 수치는?

> 청약의 권유를 받는 자의 수가 (　　)인 미만으로서 증권의 모집에 해당되지 않더라고 해당 증권이 발행일부터 1년 이내에 (　　)인 이상의 자에게 양도될 수 있는 경우에는 모집으로 본다.

① 30　　② 50
③ 100　　④ 200

문제해설

증권의 모집으로 보는 전매기준의 설명이다.

정답 001 ② | 002 ④ | 003 ④ | 004 ② | 005 ②

006

다음 중 청약권유대상자의 수에서 제외되는 자가 아닌 것은?

① 기관투자자　② 해당회사 임원
③ 해당회사 직원　④ 계열회사 및 그 임원

문제해설

청약권유대상자의 수에서 제외되는 자는 ㉠ 발행인의 재무내용이나 사업을 잘 이해할 수 있는 자, ㉡ 발행인의 사업성을 잘 알 수 있는 특별한 연고자이다.
기관투자자는 ㉠에 해당하며, ㉡에는 최대주주, 5% 이상 주주, 임원 및 우리사주 조합원, 계열회사 및 그 임원이 해당된다. 우리사주 조합원은 해당되지만 직원은 해당되지 않음을 주의해야 한다.

007

증권신고서의 효력발생시기를 단축하는 특례에 관한 설명으로 가장 거리가 먼 것은?

① 사채권의 발행가액의 변경으로 인한 정정신고서는 수리된 날의 다음 날에 효력이 발생한다.
② 투자자의 투자판단에 영향을 미치지 않는 경미한 사항의 수정을 위한 정정신고서는 수리된 날의 다음 날에 효력이 발생한다.
③ 일괄신고서의 정정신고서는 수리된 날부터 3일이 경과한 날에 효력이 발생한다.
④ 파생결합증권의 지급금액 결정방식을 변경하기 위한 정정신고서는 수리된 날부터 3일이 경과한 날에 효력이 발생한다.

문제해설

사소한 문구수정 등 경미한 사항의 수정을 위한 정정신고서는 당초의 효력발생일에 영향을 미치지 않는다.

008

주권비상장법인이 지분증권을 직접 공모하는 경우 증권의 가치를 평가할 수 있는 증권분석기관에는 해당되지 않는 것은?

① 회계법인　② 보증기관
③ 인수업무 인가를 받은 자　④ 신용평가업자

문제해설

보증기관은 증권분석기관에 해당되지 않는다. 채권평가회사가 이에 해당된다.

009

다음 중 증권신고서의 발행인에 관하여 기재할 사항이 아닌 것은?

① 사업의 내용
②감사보고서
③ 우발부채에 관한 사항
④ 자금의 사용내역

문제해설

회계감사인의 감사의견은 기재사항이나 감사보고서는 증권신고서의 첨부서류이다.

010

증권신고서 기재사항의 특례에 관한 설명으로 가장 거리가 먼 것은?

① 발행가액이 확정되어 정정신고서를 제출하는 경우 그 때부터 효력발생일을 다시 기산한다.
② 지분증권을 모집하기 위해 모집가액을 결정하기 전에 신고서를 제출하는 때에는 인수조건에 관한 기재를 하지 않을 수 있다.
③ 회사채를 발행할 때에 발행가액과 발행이자율의 산정방법만을 기재한 신고서를 제출할 수 있다.
④ 전환사채권을 발행할 때에 전환가액의 산정방법만을 기재한 신고서를 제출할 수 있다.

문제해설

발행가액이 확정되어 제출하는 정정신고서는 당초의 신고서 효력발생일에 영향을 미치지 않는다.

011

증권신고서가 수리된 이후 신고의 효력이 발생하기 전에 증권의 모집을 위하여 청약의 권유 등을 하는 경우에 사용할 수 있는 것은?

① 증권신고서
② 투자설명서
③ 예비투자설명서
④ 발행실적보고서

문제해설

예비투자설명서의 설명이다.

정답 006 ③ | 007 ② | 008 ② | 009 ② | 010 ① | 011 ③

012

10인 이상의 자로부터 주식 등을 5% 이상 장외에서 매수하는 경우로서 공개매수가 면제되는 사유가 아닌 것은?

① 기업의 경영합리화를 위하여 법률의 규정에 따라 주식을 매수하는 경우

② 인수를 담당한 투자매매업자가 증권신고서의 내용대로 주식을 매수하는 경우

③ 적기시정조치에 따라 해당 금융기관이 발행하는 주식을 매수하는 경우

④ 발행인이 타인의 공개매수에 대항하기 위하여 주식을 매수하는 경우

문제해설

공개매수의무자는 제3자는 물론 발행인도 해당된다.

013

주식 등의 대량보유상황보고에 관한 내용으로 가장 거리가 먼 것은?

① 주권상장법인의 주식 등을 3% 이상 대량보유하게 된 자가 보고하는 것을 말한다.

② 보유주식 등의 발행인에 관한 사항 등을 기재한 보고서를 5일 이내에 금융위와 거래소에 제출하여야 한다.

③ 최초 연명보고 이후 대량변동이 있는 때에는 연명보고를 한 대표자가 대량변동보고를 하여야 한다.

④ 국가, 지방자치단체, 한국은행은 주식 등의 대량보유상황 및 변동보고의 보고내용과 시기 등에 관해 특례가 인정된다.

문제해설

주권상장법인의 주식 등을 5% 이상 대량보유하게 된 자가 해당된다.

014

의결권 대리행사의 권유에 교부되어야 하는 서류는?

① 위임장 용지와 그에 따른 첨부서류

② 위임장 용지와 참고서류

③ 권유동의서와 참고서류

④ 대행계약서와 신용평가서

더 알아보기 위임장용지 기재사항
- 의결권피권유자가 의결권을 대리행사하도록 위임한다는 내용
- 의결권유자 등 의결권을 위임받는 자
- 의결권피권유자가 소유하고 있는 의결권 있는 주식 수와 위임한 주식 수
- 주주총회의 각 목적사항과 목적사항별 찬반 여부
- 주주총회 회의시 새로 상정된 안건이나 변경 또는 수정 안건에 대한 의결권 행사 위임 여부와 위임내용
- 위임일자와 위임시간
- 위임인의 성명과 주민등록번호(법인인 경우 명칭과 사업자등록번호)

문제해설

상장주권의 의결권 행사를 자기 또는 제3자에게 대리하게 할 것을 권유하는 등의 행위를 하는 자는 피권유자에게 권유 이전이나 그 권유와 동시에 위임장 용지와 참고서류를 교부해야 한다.

015

상장법인 등의 공시에 대한 사항으로 가장 거리가 먼 것은?

① 각 사업연도 경과 후 90일 이내에 사업보고서를 금융위와 거래소에 제출하여야 한다.

② 일상적인 영업활동으로 인한 자산의 양수 · 양도의 경우에는 주요사항보고서의 제출이 제외된다.

③ 국제금융기구에 대해서는 사업보고서 등의 제출이 면제된다.

④ 외국법인 등이 법령 또는 규정에 따라 금융위, 증선위에 제출하거나 신고하는 신청서나 신고서류 등은 영문으로 작성하여야 한다.

문제해설

외국법인 등이 법령 또는 규정에 따라 금융위, 증선위에 제출하거나 신고하는 신청서나 신고서류 등은 한글로 작성하여야 한다. 다만, 금융위가 필요하다고 인정하는 경우에는 영문으로 제출할 수 있다.

정답 012 ④ | 013 ① | 014 ② | 015 ④

016

자기주식의 1일 매수주문수량에 관한 사항이다. (　　) 안에 들어갈 숫자를 순서대로 나열한 것은?

> 1일 매수주문수량은 취득신고주식수의 100분의 (　　)에 해당하는 수량과 이사회결의일 전일을 기산일로 하여 소급한 (　　)개월간의 일평균거래량의 100분의 (　　)에 해당하는 수량 중 많은 수량에 이내로 하여야 한다.

① 10 - 2 - 25　　② 25 - 2 - 25
③ 10 - 1 - 25　　④ 10 - 1 - 10

문제해설

다만, 그 많은 수량이 발행주식 총수의 100분의 1에 해당하는 수량을 초과하는 경우에는 발행주식총수의 100분의 1에 해당하는 수량 이내로 한다.

017

다음 (　　) 안에 들어갈 공통된 숫자는?

> 외부평가기관이 합병당사회사에 그 자본금의 100분의 (　　) 이상을 출자하고 있거나 합병당사회사가 그 외부평가기관에 100분의 (　　) 이상을 출자하고 있는 경우에는 해당 합병에 대한 평가를 할 수 없다.

① 1　　② 2
③ 3　　④ 5

문제해설

합병비율의 적정성 여부를 평가할 수 있는 외부평가기관은 평가대상의 회사와 특수관계에 있는 경우에는 합병에 대한 평가를 할 수 없다.

018

다음 중 주권상장법인의 유상증자 발행가액 결정방법으로 가장 거리가 먼 것은?

① 제3자 배정증자의 경우 주주가치의 희석화를 방지하기 위하여 발행가액의 산정을 그 할인율은 100분의 10 이내이어야 한다.
② 일반공모증자는 청약일 전 제5거래일부터 소급한 1개월 평균종가, 1주일 평균종가, 청약일 전 제5거래일의 종가 중 높은 가격을 기준주가로 산정한다.
③ 시가가 형성되어 있지 않은 종목의 주식을 발행하고자 하는 경우에는 권리내용이 유사한 다른 주권상장법인의 주식의 시가 및 시장상황을 고려하여 이를 산정한다.
④ 신주를 발행하는 주권상장법인은 그 발행가액이 확정되는 때에 그 내용을 지체 없이 공시하여야 한다.

문제해설

주권상장법인이 일반공모증자방식 및 제3자 배정증자방식으로 유상증자를 하는 경우 그 발행가액은 청약일 전 과거 제3거래일부터 제5거래일까지의 가중산술평균주가를 기준 주가로 하여 주권상장법인이 정하는 할인율을 적용하여 산정한다.

019

전환사채의 발행제한에 관한 설명 중 가장 거리가 먼 것은?

① 전환권 행사기간은 원칙적으로 발행 후 1년이 경과한 이후로 하여야 한다.
② 공모발행의 경우 전환권 행사기간은 발행 후 1개월이 경과한 이후로 할 수 있다.
③ 전환권의 행사로 인하여 발행한 주식의 발행가액의 합계액은 전환사채의 발행가액을 초과할 수 없다.
④ 소수주주가 주총결의 취소의 소를 제기한 때에는 소송이 진행 중인 기간에는 발행할 수 없다.

문제해설

신주인수권부사채에 부여된 신주인수권의 행사로 인하여 발행할 주식의 발행가액의 합계액은 신주인수권부사채의 발행가액을 초과할 수 없다.

정답 016 ③ | 017 ③ | 018 ② | 019 ③

020

금융투자업 인가에 관한 설명으로 가장 거리가 먼 것은?

① 금융위는 금융투자업을 인가할 때에는 경영건전성 확보에 필요한 조건을 붙일 수 있다.
② 새마을금고는 집합투자증권의 투자중개업, 투자매매업에 한하여 인가를 받을 수 있다.
③ 투자일임업을 영위하기 위해서는 금융위원회의 인가가 필요하다.
④ 금융투자업 인가를 받기 위하여 금융위원회에 예비인가를 신청할 수 있다.

문제해설
투자일임업과 투자자문업은 금융위원회의 등록이 필요하다.

021

다음 중 금융투자업 인가를 위한 심사기준으로 볼 수 없는 것은?

① 사업계획
② 이해상충 방지체계
③ 인력요건 및 물적설비
④ 경제적 필요성

문제해설
경쟁력 수준을 평가하여 판단하는 경제적 필요성은 주관적 요건으로 폐지되었고, 대주주 요건이 필요하다.

022

금융투자업을 인가할 때에 대주주가 금융기관인 경우 대주주의 요건에 관한 설명 중 가장 거리가 먼 것은?

① 자기자본이 출자금액의 4배 이상일 것
② 대주주가 최근 5년간 벌금형 이상의 형사처벌을 받은 사실이 없을 것
③ 최근 사업연도말 부채비율이 200% 이하일 것
④ 출자자금이 차입으로 조성된 자금이 아닐 것

문제해설
그 금융기관이 상호출자제한기업집단 또는 주채무계열에 속하는 경우에만 부채비율이 200% 이하이어야 한다.

023

금융위원회의 금융투자업자에 대한 감독의 방법이 아닌 것은?

① 투자자를 보호하고 건전한 거래질서를 유지하기 위한 금융위의 조치명령
② 금융투자업자에 대한 정기적인 감사
③ 중요한 경영사항에 대한 금융위원회의 승인
④ 경미한 경영사항의 금융위에 대한 보고제도

문제해설

①, ③, ④와 그 밖에 대주주의 변경승인제도와 금융산업의 구조개선에 관한 법률에서 정하는 금융위의 승인제도가 있다.

024

금융투자업자가 설정 · 운용해야 할 내부통제기준에 관한 설명으로 가장 거리가 먼 것은?

① 내부통제에 관하여 이사회, 경영진, 준법감시인의 역할을 명확히 구분하여야 한다.
② 협회는 표준내부통제기준을 작성하여 금융투자업자에게 사용을 권고할 수 있다.
③ 준법감시인은 대표이사에게만 직무수행내용을 보고하여야 한다.
④ 준법감시인이 책무를 공정하게 집행할 수 있도록 업무상 독립을 보장하여야 한다.

문제해설

준법감시인은 대표이사는 물론 감사(감사위원회)에게도 아무런 제한 없이 보고할 수 있어야 한다.

정답 020 ③ | 021 ④ | 022 ③ | 023 ② | 024 ③

025

다음 중 금융투자업자에 대한 내부통제로 가장 거리가 먼 것은?

① 당해 영업관리자가 대상지점 중 1개의 지점에 상근해야 한다.
② 파생상품영업관리자는 계좌의 실현 · 미실현 손익규모 등에 대한 주기적인 점검을 해야 한다.
③ 증권의 위탁매매와 관련한 미수금이 발생하지 않도록 필요한 예방조치를 취해야 한다.
④ 투자자의 주문이 주문내용과 달리 체결되었거나 체결 가능한 주문이 체결되지 못한 경우에는 그 증빙자료 5년 이상 보관 · 유지해야 한다.

문제해설

투자자의 주문이 주문내용과 달리 체결되었거나 체결 가능한 주문이 체결되지 못한 경우에는 당해 내용 및 처리대책을 지체 없이 투자자에게 통지하고 그 증빙자료를 3년 이상 보관 · 유지해야 한다.

026

자산 및 부채에 대한 건전성 분류기준 중 마지막 단계에 속하는 것은?

① 대손충당　② 추정손실
③ 충당환입　④ 손실예상

문제해설

자산건전성의 분류기준 5단계
정상, 요주의, 고정, 회수의문, 추정손실

027

영업용순자본을 계산할 때에 영업용순자본에 가산하는 항목이 아닌 것은?

① 유형자산
② 유동성자산에 설정된 대손충당금
③ 후순위 차입금
④ 금융리스부채

문제해설

유형자산은 차감항목이다.
②, ③, ④ 외에 자산평가이익이 가산항목이다.

028

영업용순자본에 가산할 수 있는 후순위차입금에 관한 설명으로 가장 거리가 먼 것은?

① 만기 이전에 채권자의 임의에 금융투자업자가 상환하지 않는다는 약정이 있을 것
② 다른 금융투자업자로부터 차입한 경우에는 영업용순자본에 가산할 수 없다.
③ 후순위차입금 규모는 순재산액의 50% 이내로 한다.
④ 차입일부터 원금상환일까지의 기간이 1년 이내일 것

문제해설

차입일부터 원금상환일까지의 기간이 5년 이상이어야 한다.

029

경영실태평가에 따른 적기시정조치에 속하지 않는 것은?

① 경영개선권고
② 경영개선조치
③ 경영개선요구
④ 경영개선명령

문제해설

경영실태평가에 따른 적기시정조치
- 경영개선권고
- 경영개선요구
- 경영개선명령

030

위험관리에 대한 내용으로 가장 거리가 먼 것은?

① 외국환업무취급 금융투자업자는 외국환거래에 따르는 위험의 종류별로 관리기준을 자체적으로 설정·운용해야 한다.
② 위험관리지침에는 자산 및 집합투자재산의 운용시 발생할 수 있는 위험의 종류, 인식, 측정 및 관리체계에 관한 내용이 포함되어야 한다.
③ 금융투자업자의 감사위원회는 경영전략에 부합하는 위험관리 기본방침을 수립해야 한다.
④ 금융감독당국은 리스크중심의 감독체제를 구축하여 금융투자회사의 리스크관리 감독을 강화하고 있다.

문제해설

금융투자업자의 이사회는 경영전략에 부합하는 위험관리 기본방침을 수립해야 한다.

정답 025 ④ | 026 ② | 027 ① | 028 ④ | 029 ② | 030 ③

031

다음 ( ) 안에 들어갈 단어로 알맞게 짝지어진 것을 고르시오.

> 금융투자업자는 (㉠)에 따라 공정하게 영업하고, 정당한 사유 없이 (㉡)의 이익을 해하면서 자기가 이익을 얻거나 제3자가 이익을 얻도록 영업을 할 수 없다.

	㉠	㉡
①	이해상충 금지의 원칙	수탁자
②	이해상충 금지의 원칙	수탁자
③	신의성실의 원칙	수탁자
④	신의성실의 원칙	투자자

문제해설

신의성실의 원칙의 중요성을 언급하고 있다.

032

다음 중 금융투자업자의 업무일반에 관한 사항으로 가장 거리가 <u>먼</u> 것은?

① 인가받거나 등록받은 업무 또는 부수업무의 일부를 제3자에게 위탁할 수 있다.

② 투자매매업자는 만기 3개월 이내의 프로젝트 파이낸싱 대출업무를 겸영할 수 있다.

③ 영위하는 금융투자업 사이에 정보교류가 금지되는 법령에서 정하는 정보 중 일정요건을 모두 충족하는 정보는 제공할 수 있다.

④ 계역회사에 대한 정보제공시, 계열회사의 이해상충 방지체계에 대하여 사후에 금융위에 보고하여야 한다.

문제해설

금융투자업자의 계열회사에 정보를 제공하고자 하는 때에는, 계열회사의 이해상충 방지체계에 대하여 사전에 금융감독원장의 확인을 받아야 한다.

033

다음 중 총위험액을 산정하는 데 있어 가장 거리가 먼 설명은?

① 운영위험액은 경상비용에 위험값을 적용하여 산출한다.
② 시장위험액, 신용위험액, 운영위험액을 합한 금액으로 산정한다.
③ 선물, 선도, 스왑 등 파생상품은 시장위험액과 신용위험액을 동시에 산정한다.
④ 일반위험액과 개별위험액으로 구분하여 산정한 후 합산하여 시장위험액을 구한다.

문제해설

경상비용에 위험값을 적용하여 산출하면 운영위험액이 과도하게 산출되는 종전의 방식이고, 이를 개선하여 영업별 영업이익에 위험값을 적용하는 것으로 제정되었다.

034

높은 위험을 수반하는 금융투자상품에 대한 투자권유행위가 적정하고 합리적으로 이루어지기 위해서 필요하지 않은 사항은?

① 설명의무의 부과
② 적정성의 원칙 준수
③ 투자권유의 시기적절성
④ 요청하지 않는 투자권유에 관한 규제

문제해설

①, ②, ④ 외에 적합성 원칙의 준수, 재권유 금지가 포함된다.

035

다음 중 투자매매업자와 투자중개업자의 불건전 영업행위에 속하지 않는 것은?

① 선행매매, scalping, 과당매매, 일임매매
② 투자가에게 협회가 정하는 한도 내에서 금전을 제공받는 행위
③ 인수하는 증권의 청약자에게 증권을 정당한 사유 없이 차별하여 배정하는 행위
④ 증권의 매매와 관련하여 손실을 보전하거나 이익을 보장하는 행위

문제해설

투자매매업자와 투자중개업자는 투자자 또는 거래상대방 등에게 제공하거나 투자자 또는 거래상대방으로부터 제공받는 금전 · 물품 · 편익 등의 범위는 일반인이 통상적으로 이해하는 수준(협회가 정하는 한도)을 초과할 수 없다.

정답 031 ④ | 032 ④ | 033 ① | 034 ③ | 035 ②

036

다음의 투자매매업자 및 투자중개업자의 신용공여에 대한 사항으로 옳은 것은?

① 총 신용공여 규모는 총자본의 범위 이내로 한다.
② 신용공여금액의 100분의 150 이상에 상당하는 담보를 징구하여야 한다.
③ 투자자계좌의 순재산액이 100만 원에 미달하는 투자자의 경우에도 신규로 신용거래를 할 수 있다.
④ 투자자로부터 신용거래를 수탁받은 때에는 신용거래계좌를 설정하고 보증금으로 100만 원을 징구한다.

문제해설

① 총 신용공여 규모는 자기자본의 범위 이내이다.
② 신용공여금액의 100분의 140 이상에 상당하는 담보를 징구하여야 한다.
③ 순재산액이 100만 원에 미달하는 투자자는 신규로 신용거래를 하지 못한다.

037

예치금융투자업자가 투자자예탁금의 규모를 산정함에 있어 기준이 되는 투자자예탁금의 범위에 속하지 않는 것은?

① 조건부예수금
② 청약자예수금
③ 집합투자증권투자자예수금
④ 위탁자예수금 및 장내파생상품거래예수금

더 알아보기 의무예치액 산정 및 예치기한
- **의무예치액** : 각 예치금의 100% 이상에 해당하는 금액의 합계액
- **예치기한** : 영업일별 단위로 산정하여 영업일 또는 다음 영업일까지 예치기관에 예치 또는 신탁해야 함

문제해설

투자자예탁금의 범위
- 조건부예수금
- 집합투자증권투자자예수금
- 위탁자예수금
- 장내파생상품거래예수금

038

다음 중 증권신고서의 효력발생시기의 특례에 관한 설명으로 가장 거리가 먼 것은?

① 일괄신고서의 정정신고서 : 수리된 날부터 3일이 경과한 날
② 만기시 최저지급액을 발행가액 이상으로 정한 파생결합증권의 모집 또는 매출의 경우 : 6일
③ 집합투자기구 간 합병을 위해 신고서를 제출하는 경우로서 수익자총회일의 2주 전부터 합병계획서 등을 공시하는 경우 : 그 신고서가 수리된 날부터 3일이 경과한 날
④ 사채권의 발행을 위하여 신고서를 제출한 자가 발행가액의 변경 또는 발행이자율의 변경을 위하여 정정신고서를 제출하는 경우 : 정정신고서가 수리된 다음날

문제해설

- 만기 시 최저지급액을 발행가액 이상으로 정한 파생결합증권의 모집 또는 매출의 경우 : 7일
- 파생결합증권의 모집 또는 매출을 위하여 신고서를 제출한 자가 지급금액 결정방식을 변경하기 위하여 정정신고서를 제출하는 경우 : 정정신고서를 수리한 날부터 3일이 경과한 날

039

다음 중 정보교류의 차단에 대한 내용으로 가장 거리가 먼 것은?

① 준법감시인 승인 등의 요건이 충족되었을 경우에는 사내 정보교류가 허용된다.
② 환매조건부매매와 양도성예금증서의 매매는 정보교류 차단 대상인 고유대상 운용업무에서 제외된다.
③ 집압투자재산, 투자일임재산 및 신탁재산의 구성내역과 운용에 관한 정보 중 6개월이 지난 것은 일정한 기준을 준수한 경우 교류금지 정보에서 제외된다.
④ 금융투자업자는 사외 계열금융회사들에 대해 각각의 정보교류 차단장치를 설치해야 한다.

문제해설

집합투자재산, 투자일임재산 및 신탁재산의 구성내역과 운용에 관한 정보 중 2개월이 지난 것은 일정한 기준을 준수한 경우 교류금지 정보에서 제외된다.

정답 036 ④ | 037 ② | 038 ② | 039 ③

040

다음의 투자매매업자 · 투자중개업자의 불건전 영업행위 유형 중 이해상충발생 우려가 있어 금지된 투자권유행위는?

① 투자자로부터 성과보수를 받기로 하는 약정을 체결하는 행위 및 그에 따른 성과보수를 받는 행위
② 특정 금융투자상품의 매매를 권유한 대가로 권유대상 금융투자상품의 발행인 및 그의 특수관계인 등 권유대상 금융투자상품과 이해관계가 있는 자로부터 재산적 이익을 제공받는 행위
③ 금융투자상품의 시장자격에 중대한 영향을 미칠 것으로 예상되는 투자자의 매매주문을 위탁받고 이를 시장에 공개하기 전에 당해 주문에 관한 정보를 제3자에게 제공하는 행위
④ 경쟁을 제한할 목적으로 다른 투자매매업자 또는 투자중개업자와 사전에 협의하여 금융투자상품의 매매호가, 매매가격, 매매조건 또는 수수료 등을 정하는 행위

문제해설

① 수수료 · 성과보수 관련 금지행위에 해당한다.
③ 투자자 주문정보 제3자 제공행위에 해당한다.
④ 가격공동행위에 해당한다.

041

다음은 채권의 장외매매방법에 대한 설명이다. 가장 거리가 먼 것은?

① 결제는 매도자와 매수자가 협의하여 매매계약을 체결한 날의 다음 날부터 10영업일 이내에 행한다.
② 투자매매업자는 장외시장에서 체결되어 협회가 직전에 공시한 가격보다 낮은 가격으로 호가할 수 없다.
③ 매매수익률호가를 게시한 채권의 매매약정단가는 액면가액 1만 원에 대하여 호가를 게시한 매매수익률로 정한다.
④ 투자매매업자 등과 금융기관 간 채권의 장외거래의 결제는 채권과 대금을 동시에 결제하여야 한다.

더 알아보기 투자매매업자등과 금융기관 간 채권의 장외거래의 결제
- **채권** : 예탁결제원이 작성 · 비치하는 예탁계좌부상의 계좌 간 대체
- **대금** : 한국은행, 은행, 투자매매업자 또는 투자중개업자를 통한 자금이체의 방법

문제해설

채권의 장외거래에 따른 결제는 매도자와 매수자가 협의하여 매매계약을 체결한 날의 다음 날부터 30영업일 이내에 행한다.

042

다음 중 환매조건부매매를 할 수 있는 증권이 아닌 것은?

① 국채증권
② 지방채증권
③ 신용평가업자로부터 BB+ 판정을 받은 회사채
④ 특수채증권

문제해설

신용평가업자로부터 투자적격(회사채 BBB 이상) 판정을 받은 증권이어야 한다.

043

겸영금융투자업자가 아닌 투자중개업자의 장외파생상품 매매기준에 관한 설명 중 가장 거리가 먼 것은?

① 영업용순자본이 총위험액의 2배에 미달하는 경우 장외파생상품의 매매를 중단하여야 한다.
② 장외파생상품을 매매할 때마다 상근임원의 승인을 받아야 한다.
③ 투기목적의 일반투자자와 장외파생상품을 매매할 수 있다.
④ 장외파생상품의 매매에 따른 위험액은 금융위원회가 정하는 한도를 초과하지 않아야 한다.

문제해설

겸영금융투자업자가 아닌 투자중개업자는 위험회피목적의 일반투자자와 장외파생상품을 매매할 수 있다.

044

다음 중 외국인 또는 외국법인이 공공적 법인이 발행한 지분증권의 한도를 초과하여 취득할 수 없는 경우는?

① 직접투자로 주식을 취득하는 경우
② 내국인이 외국인으로 되는 경우
③ 주주로서의 권리행사로 주식을 취득하는 경우
④ 신주인수권증서의 매매의 방법으로 취득하는 경우

문제해설

①, ②, ③의 경우에는 한도를 좌과하여 취득할 수 있으나, 취득한도가 소진된 종목의 신주인수권증서를 매매의 방법으로 취득할 수 없다.

정답 040 ② | 041 ① | 042 ③ | 043 ③ | 044 ④

045

외국인의 주식취득한도의 계산기준이 아닌 것은?

① 매수는 호가시점에서 취득한 것으로, 매도는 체결시점에서 처분한 것으로 본다.
② 직접투자와 주식투자를 모두 합산하되, 내국민대우 외국인의 주식투자는 제외한다.
③ 외국인 1인 종목별 주식취득한도를 계산함에 있어 외국법인의 본점과 지점은 각각 하나의 외국인으로 본다.
④ 하나의 발행인이 발행한 권리내용이 다른 주식은 각각 하나의 종목으로 본다.

문제해설

외국인 1인의 종목별 주식취득한도를 계산함에 있어 외국법인의 본점과 지점은 합하여 하나의 외국인으로 본다.

046

외국인 또는 외국법인이 증권시장을 통하지 않고 상장증권을 매매할 수 있는 경우가 아닌 것은?

① 유 · 무상증자에 의한 주식취득
② 직접투자에 의한 주식취득 또는 처분
③ 주식매수청구권의 행사로 인한 처분
④ 조건부매매

문제해설

외국인이 유 · 무상증자, 주식배당, 합병, 모집 · 매출하는 주식의 청약의 방법으로 취득하는 경우는 증권시장 이외에서의 양수 · 양도에 속한다.

047

동일 품목의 장내파생상품을 일정 수량(미결제약정) 이상 보유하거나 일정수량 이상으로 변동된 경우 그날부터 5일 이내에 그 내용을 금융위원회 등에 보고하여야 하는 것은?

① 장내파생상품의 대량보유 보고
② 장내파생상품의 변동내역 보고
③ 장내파생상품의 거래내역 보고
④ 장내파생상품의 중개내역 보고

문제해설

장내파생상품의 대량보유 보고에 대한 내용이다.

048

다음 중 증권금융회사에 대한 설명으로 가장 거리가 먼 것은?

① 매월 업무보고서를 금융위원회에 제출하여야 한다.
② 감독원장은 자기자본의 100분의 2에 상당하는 금액을 초과하는 손실에 대해서는 손실예상액 전액을 특별대손충당금으로 적립할 것을 요구할 수 있다.
③ 위험가중자산에 대한 자기자본비율을 100분의 8 이상 유지하여야 한다.
④ 보유자산의 건전성을 5단계로 분류하고 적정한 수준의 대손충당금을 적립 · 유지하여야 한다.

더알아보기 대손충당금 적립기준

- '정상'분류 자산의 100분의 0.5이상
- '요주의'분류 자산의 100분의 2이상
- '고정'분류 자산의 100분의 20분 이상
- '회수의문'분류 자산의 100분의 75 이상
- '추정손실'분류 자산의 100분의 100

문제해설

매 사업연도 개시일부터 3개월간 · 6개월간 · 9개월간 및 12개월간의 업무내용을 기술한 보고서를 작성하여 감독원장에게 제출하여야 한다.

정답 045 ③ | 046 ① | 047 ① | 048 ①

049

증권신고서에 대한 다음 설명 중 가장 거리가 먼 것은?

① 외국법인이 발행한 증권도 증권신고서의 제출대상이다.
② 정정신고서가 제출된 경우 그 정정신고서가 수리된 날에 당해 증권신고서가 수리된 것으로 본다.
③ 증권신고서는 수리한 날로부터 일정기간이 경과한 후에 그 효력이 발생한다.
④ 증권신고서의 철회는 청약일 이전에 하여야 한다.

문제해설

증권신고서의 철회는 효력발생일 이전에 하여야 한다.

050

금융위원회규정의 법적 성질에 관한 일반적 설명과 가장 거리가 먼 것은?

① 법규 명령의 일종이다.
② 법률과 상충되는 내용이 있는 경우 법률보다 우선하여 적용한다.
③ 규정의 위반행위는 무효 또는 취소될 수 있다.
④ 금융투자회사 임직원이 위반하는 경우 행정제재의 대상이 될 수 있다.

문제해설

금융위원회규정과 법률 간 상충되는 경우 법률이 우선한다.
헌법 → 법률 → 명령(금융위규정) → 규칙

051

다음 중 금융위원회의 업무가 아닌 것은?

① 금융기관에 대한 감독
② 금융기관의 설립에 대한 인 · 허가
③ 증권 · 파생상품시장의 관리 · 감독
④ 유가증권의 매매거래

문제해설

증권의 매매거래는 거래소의 업무이다.

052

다음 ( ) 안에 들어갈 적절한 말로 짝지어진 것은?

> 종합금융회사는 (㉠)에 대하여 그 종합금융회사의 자기자본의 (㉡)를(을) 초과하는 신용공여를 할 수 없다.

	㉠	㉡
①	차주	100분의 30
②	대주주	100분의 15
③	관계인	100분의 20
④	동일차주	100분의 25

문제해설

종합금융회사의 동일차주에 대한 신용공여 한도에 대한 설명이다.

053

금융투자회사의 영업용순자본 비율에 대한 설명 중 가장 거리가 먼 것은?

① 영업용순자본 비율이란 총위험에 대한 영업용순자본 비율을 백분율로 표시한 수치로써 150% 이상 유지하여야 한다.

② 영업용순자본은 순재산에서 차감항목을 차감한 후 가산항목을 더한 값이다.

③ 거래상대방위험은 예금, 예치금, 콜론, 환매조건부 채권매도, 유가증권에 대한 집중률 등이다.

④ 신용집중위험액은 주식위험액, 금리위험액, 수익증권위험액, 외환위험액, 옵션위험 등이다.

문제해설

주식위험액, 금리위험액, 수익증권위험액, 외환위험액, 옵션위험액 등을 시장위험액이라 하고, 신용집중위험액은 신용공여집중위험액, 주식보유집중위험액, 콜론집중위험액 등 이다.

정답 049 ④ | 050 ② | 051 ④ | 052 ④ | 053 ④

054

다음 중 금융위원회의 당연직 위원에 해당하지 않는 사람은?

① 기획재정부 차관　　② 금융감독원 원장
③ 예금보험공사 사장　　④ 한국은행 총재

문제해설

금융위원회는 위원장, 부위원장 1인과 상임위원 2인, 비상임위원 5인으로 구성된다. 비상임위원 중 4인은 당연직 위원으로, 기획재정부 차관, 금융감독원 원장, 예금보험공사 사장, 한국은행 부총재이다. 나머지 1인의 비상임위원은 경제계 대표 1인이다.

055

금융분쟁조정에 관한 설명으로 가장 거리가 먼 것은?

① 합의권고는 서면으로만 가능하며 수락시에는 해결된 것으로 한다.
② 조정이 성립된 경우에는 재판상 화해 계약이 성립된 것으로 본다.
③ 이미 법원에 제소된 경우에는 종결 처리한다.
④ 조정위원회는 회부일로부터 60일 이내에 조정심의를 결정해야 한다.

문제해설

합의권고는 서면 또는 구두로 가능하다.

056

다음 중 증권선물위원회의 기능이 아닌 것은?

① 기업회계기준 및 회계감리 업무
② 금융기관에 대한 검사 · 제재 업무
③ 자본시장의 관리 · 감독과 관련된 주요사항의 사전 심의
④ 자본시장의 불공정거래 조사

문제해설

금융기관에 대한 검사 · 제재는 금융위원회의 기능이다.

057

영업용순자본 비율이 100% 미달시 어떤 조치를 취하게 되는가?

① 경영개선권고　　② 경영개선요구
③ 경영개선명령　　④ 경영개선촉구

문제해설

영업용순자본 비율에 따른 조치
- 150% 미달시 : 경영개선권고
- 120% 미달시 : 경영개선요구
- 100% 미달시 : 경영개선명령

058

증권회사의 경영실태 평가항목으로 보기 어려운 것은?

① 수익성　　② 내부통제
③ 사업계획의 실현 가능성　　④ 위험관리

문제해설

경영실태 평가항목은 자본의 적정성, 수익성, 위험관리, 내부통제 등 4개 부문별로 구분 평가한다

059

다음 중 환매조건부 채권매매대상 유가증권인 것은?

① 지방채　　② 교환사채
③ 전환사채　　④ 신주인수권부사채

문제해설

환매조건부 채권매매대상 유가증권은 국채, 지방채, 특수채, 상장등록법인이 모집 · 매출한 사채, 금융기관이 보증한 보증사채권 등이다.

정답 054 ④ | 055 ① | 056 ② | 057 ③ | 058 ③ | 059 ①

3장 한국금융투자협회규정

001

한국금융투자협회에 대한 사항으로 가장 거리가 먼 것은?

① 자본시장의 대표적 자율규제기관이다.
② 금융투자회사의 업무 및 영업행위에 대한 업무를 수행한다.
③ 자본시장법에 의해 한국증권업협회, 자산운용협회, 선물협회가 통합하였다.
④ 시장참가자의 행위를 규율하는 공적규제기관이다.

문제해설

한국금융투자협회는 자본시장법에의해 한국증권업협회, 자산운용협회, 선물협회가 통합하여 2009년 설립된 자율규제기관이다.

002

금융투자협회가 제정 · 운영하는 업무관련 규정에 속하지 않는 것은?

① 시장운영 및 시장감시에 관한 규정
② 금융투자회사의 영업 및 업무에 관한 규정
③ 분쟁조정에 관한 규정
④ 자율규제위원회 운영 및 제재에 관한 규정

문제해설

시장운영 및 시장감시에 대한 자율규제는 한국거래소에서 담당하고 있다.

003

다음 중 일반투자자에 대한 투자권유에 대한 설명으로 옳은 것은?

① 증권신고서를 제출한 집합투자증권의 경우 판매시 투자설명서 대신 회사가 작성한 설명서를 대신 교부하여도 된다.
② 투자권유 전 파악한 일반투자자의 투자성향 등 분석결과는 서명 또는 기명날인의 방법으로만 일반투자자로부터 확인을 받을 수 있다.
③ 장외파생상품의 경우 투자권유시에 일반투자자의 투자성향 등의 정보를 파악하면 이후 일반투자자가 장외파생상품 거래시 정보파악을 다시 할 필요가 없다.
④ 투자목적, 재산상황, 투자경험 등 고객정보를 파악하지 않은 일반투자자에 대하여는 투자권유를 할 수 없다.

문제해설

① 증권신고의 효력이 발생한 집합투자증권의 경우 투자설명서를 교부해야 한다.
② 녹취, 전자우편 등의 방법으로도 확인이 가능하다.
③ 장외파생상품은 거래시마다 일반투자자의 정보를 파악하여야 한다.

004

파생상품 등에 대한 일반투자자 보호장치로 가장 거리가 먼 것은?

① 일반투자자 등급별로 차등화된 투자권유준칙을 마련하였다.
② 일반투자자는 장외파생상품 거래시 전문투자자의 대우를 받겠다는 의사를 서면으로 통지하여야 전문투자자가 될 수 있다.
③ 파생상품 등에 대해서는 투자권유대행의 위탁을 불허한다.
④ 금융투자업자가 일반투자자와 장외파생상품매매를 할 경우, 일반투자자가 위험회피목적의 거래를 하는 경우로 한정한다.

문제해설

②는 일반투자자가 아닌 주권상장법인의 경우이다.

정답 001 ④ | 002 ① | 003 ④ | 004 ②

005

파생결합증권(ELW 제외)의 경우 그 구조가 복잡하고 이해하기 어려운 경우가 많기 때문에 주요내용을 알기 쉽게 요약 정리한 것으로 고객에게 추가적인 보조자료로 교부하여야 하는 것은?

① 핵심설명서 ② 투자설명서
③ 투자자 정보확인서 ④ 투자제안서

문제해설
핵심설명서에 대한 내용이다.

006

투자권유시 적용되는 설명 및 위험고지에 대한 설명으로 옳은 것은?

① 주가연계증권의 경우 투자설명서 이외에 핵심설명서도 교부하여야 한다.
② 협회가 기본양식으로 제공하는 신용거래설명서는 금융투자회사가 수정하여 사용할 수 없다.
③ 원금이 보장되지 않는 파생결합증권(ELW 제외)은 만기 전 손실요건이 있는 구조의 상품이더라도 만기 전까지는 손실요건 중 일부가 발생하였다는 사실을 고지할 의무가 없다.
④ 일반투자자가 시스템매매 프로그램에 의한 매매거래를 신청하는 경우 위험고지만 하면 되고 별도의 위험고지서는 교부하지 않아도 된다.

문제해설
② 협회의 양식을 수정하여 사용할 수 있다.
③ 만기 전 손실요건이 있는 원금비보전형 파생결합증권은 만기 전에 손실요건이 발생하게 되면 지체 없이 고지하여야 한다.
④ 시스템매매관련 위험고지서를 교부하고 고객의 확인을 받아야 한다.

007

같은 날에 동일 종목의 금융투자상품을 매수한 후 매도하거나, 매도한 후 매수함으로써 해당 금융투자상품의 일중 가격등락의 차액을 얻을 목적으로 행하는 매매거래를 무엇이라 하는가?

① 시스템매매 ② 일임매매
③ 일중매매거래(day trading) ④ 과당매매(churning)

문제해설
일중매매거래란 하루 중 가격등락의 차액을 얻을 목적으로 동일한 종목의 주식, 주식워런트증권, 주식관련선물을 매수한 후 같은 날에 매도하거나, 매도한 후 같은 날에 매수하여 거래하는 것을 말한다.

008

다음 중 펀드 판매시 금지행위로 가장 거리가 먼 것은?

① 새로 출시된 A펀드의 판매를 위해 영업직원을 독려하고 이에 따른 보상을 약속하였다.
② 정기적으로 투자자에게 집합투자증권 보유내역 및 평가금액을 통보하였다.
③ 펀드 판매의 대가로 집합투자재산의 매매주문을 B판매회사에 배정하도록 요구하였다.
④ 영업사원 K는 A펀드의 예상수익률을 제시하고 이를 장담하였다.

문제해설

펀드의 잔고통보는 협회규정(제2-11조)에서 규정하고 있다.

009

다음 중 표준투자권유준칙에 관한 내용으로 가장 거리가 먼 것은?

① 파생상품은 투자권유가 없더라도 면담 · 질문을 통하여 고객의 투자성향을 파악하다.
② 협회의 표준투자권유준칙은 투자자보호를 위한 최상의 기준을 제시한다.
③ 고객의 투자성향을 파악하여 서명 등을 받아 유지 · 관리한다.
④ 투자권유를 하는 경우 투자에 따르는 위험 등을 투자자에게 설명한다.

더 알아보기 표준투자권유준칙 주요 내용

- **고객정보 제공** : 일반투자자는 투자권유 전에 투자경험과 위험선호도 등에 관한 정보를 받음
- **고객성향 분류** : 금융투자회사는 고객의 투자성향을 분석하여 고객을 일정 그룹으로 분류
- **투자권유** : 금융투자회사는 고객의 투자목적 및 투자성향 등에 적합한 금융투자상품을 선별하여 권유
- **설명의무** : 고객에게 투자권유시 금융투자상품의 내용, 투자위험 등을 설명하고 고객이 이해하였음을 확인받음

문제해설

협회의 표준투자권유준칙은 투자자보호를 위한 최저 기준을 제시함으로써 법 시행초기 혼선을 방지하는 기능을 담당한다.

정답 005 ① | 006 ① | 007 ③ | 008 ② | 009 ②

010

금융투자회사의 고객성향 분류에 관한 사항으로 가장 거리가 먼 것은?

① 금융투자회사는 협회의 표준투자권유준칙에 의거 5단계로 고객등급을 구분하여야 한다.
② 점수를 기준으로 고객을 안정형, 안정추구형, 위험중립형, 적극투자형, 공격투자형의 5단계로 분류한다.
③ 금융투자회사는 분석된 고객의 투자성향 결과에 대하여 고객의 확인을 받고 고객에게 제공하여야 한다.
④ 고객의 투자경험, 소득 및 재산상황 등 항목별로 일정 점수(scoring)를 배정하여 고객 성향을 분류한다.

문제해설

협회의 표준투자권유준칙에서는 고객등급을 5단계로 구분하지만, 이는 예시일 뿐이며 회사의 경영전략 및 정책에 따라 더 세분화하거나 단순화할 수 있다.

011

기존에 시행하고 있던 '일반고객 투자목적기재서'의 양식이 변경된 것으로 기존 일반고객 투자목적기재서양식 중 일부항목을 조정하고 고객이 이해하기 쉽도록 풀어쓴 것은?

① 투자권유서
②투자설명서
③ 일반투자자 투자정보확인서
④ 핵심설명서

문제해설

일반투자자 투자정보확인서에는 고객의 연령, 투자 가능기간, 투자경험, 금융투자상품에 대한 지식수준, 수입현황, 위험선호도 등에 관한 정보가 있다.

012

다음 (   ) 안에 가장 적합한 수치는 얼마인가?

> 금융투자상품 잔고가 (   ) 이상이고 금융투자업자에 계좌를 개설한 날부터 (   )이 지난 일반투자자로서 협회에서 전문투자자로 지정이 된 개인은 전문 투자자로 전환된다.

① 50억 원 – 6개월
② 50억 원 – 1년
③ 100억 원 – 6개월
④ 100억원 – 1년

문제해설

일반투자자에서 전환된 전문투자자

- 금융투자상품 잔고가 100억 원 이상인 일반투자자로서 협회에서 전문투자자로 지정이 된 법인
- 금융투자상품 잔고가 50억 원 이상이고 금융투자업자에 계좌를 개설한 날부터 1년이 지난 일반투자자로서 협회에서 전문투자자로 지정이 된 개인

013

다음 중 일반투자자로 전환될 수 없는 전문투자자는?

① 금융지주회사 ② 주권상장법인
③ 지방자치단체 ④ 축산발전기금

문제해설

주권상장법인, 지방자치단체, 법률에 따라 공제사업을 경영하는 법인, 해외 증권시장에 상장된 주권을 발행한 국내법인 등은 일반투자자로 전환이 가능한 전문투자자이다.

014

다음 중 투자권유대행인에 대한 설명으로 옳은 것은?

① 고객으로부터 금전이나 증권을 수취할 수 있다.
② 투자상담사, 부장 등 고객이 자신을 회사의 임직원으로 오인하게 할 수 있는 명칭을 사용해서는 안된다.
③ 고객을 대리하여 계약을 체결할 수 있다.
④ 여러 금융투자회사와 투자권유 위탁계약을 체결할 수 있다.

문제해설

①, ③, ④는 법령 및 금융투자업규정 상 금지되는 행위이고, ②는 '투자상담사, 부장 등 고객이 자신을 회사의 임직원으로 오인하게 할 수 있는 명칭이나 명함, 기타의표시 등을 하는 행위'는 협회의 표준투자권유준칙에서 금지되는 행위이다.

015

다음 중 조사분석자료에 대한 설명으로 가장 옳은 것은?

① 금융투자분석사는 자신의 금융투자상품 매매내역을 분기별로 회사에 보고하면 된다.
② 소속회사에서 조사분석자료를 공표하는 경우 금융투자분석사는 자신이 분석을 담당하는 업종이 아니더라도 공표일부터 7일간 해당 종목을 매매할 수 없다.
③ 금융투자회사는 자신이 발행한 주식을 기초자산으로 하는 주식워런트증권에 대해서는 조사분석자료를 공표할 수 없다.
④ 소속회사 발행주식총수의 100분의 5 이상의 주식 등을 보유하고 있는 법인에 대해서는 조사분석자료 공표시 그 이해관계를 고지하여야 한다.

문제해설

① 매월 보고해야 한다.
② 자신이 담당하는 업종이 아닐 경우 매매는 할 수 있지만, 공표일로부터 7일간 투자의견과 같은 방향으로 매매하여야 한다.
④ 100분의 5 이상일 경우는 조사 분석자료를 공표할 수 없다.

정답 010 ① | 011 ③ | 012 ② | 013 ① | 014 ② | 015 ③

016

다음 중 조사분석대상 상품에 해당되는 것은?

① 회사가 발행한 금융투자상품
② 소규모 합병 자문
③ 회사가 안정조작 또는 시장조성업무를 수행하고 있는 증권을 발행한 법인이 발행한 주식
④ 회가가 발행한 주식을 기초자산으로 하는 주식선물

문제해설

과잉규제의 논란이 있어 소규모 합병 자문 같은 경우에는 조사분석자료를 작성할 수 있다.

017

투자광고에 대한 설명으로 가장 거리가 먼 것은?

① 홈쇼핑 광고는 녹화방송이 아닌 생방송으로 진행해야 한다.
② 위험의 고지는 바탕색과 구별되는 색상으로 선명하게 표시해야 한다.
③ MMF광고는 텔레비전, 라디오 등의 방송매체를 이용해서는 안 된다.
④ 홈쇼핑 광고는 쇼호스트가 아닌 금융투자회사의 임직원이 직접 해야 한다.

문제해설

홈쇼핑 광고는 녹화방송으로 제작하고 방송해야 한다.

018

다음 중 투자광고시 일반적 의무표시사항(펀드 제외)으로 가장 거리가 먼 것은?

① 투자에 따른 위험
② 금융투자상품의 내용
③ 투자에 대한 이익보장 문구
④ 금융투자업자의 명칭

문제해설

투자자들이 손실보전 또는 이익보장으로 오인할 우려가 있는 표시를 하는 행위는 투자광고시 금지되는 행위이다.

019

다음 투자광에 대한 설명 중 가장 옳은 것은?

① MMF에 대한 투자광고시에는 기준일로부터 과거 1개월 수익률을 사용해야 한다.
② 지점 또는 영업소가 자체 제작하여 행하는 집합투자기구와 관련한 전단지 광고는 협회의 심사가 필요 없다.
③ 수수료에 관한 사항을 투자광고에 반드시 표기하여야 하는 것은 아니다.
④ 협회가 심사하는 투자광고는 준법감시인의 사전승인 절차가 필요 없다.

문제해설

② 지점 또는 영업소가 자체 제작하여 행하는 투자광고는 협회의 심사 없이 준법감시인의 사전승인만으로 가능하지만, 집합투자기구에 관한 전단지 광고는 협회의 심사를 받아야 한다.
③ 수수료 관련 사항은 반드시 표기하여야 한다.
④ 모든 투자광고는 준법감시인의 사전승이 필요하다.

020

다음 중 투자광고시 금지행위와 가장 거리가 먼 것은?

① 운용실적이 좋은 기간의 수익률만을 표시하였다.
② 사모의 방법으로 발행하거나 발행된 금융투자상품에 관한 내용을 표시하였다.
③ 별 근거 없이 다른 비교대상이 열등한 것처럼 표시하였다.
④ 다른 종류의 금융투자상품에 대한 광고내용을 형식적으로 분리하여 표시하였다.

더 알아보기 투자광고시 금지행위
- 투자자들이 손실보전 또는 이익보장으로 잘못 인식할 우려가 있는 표시를 하는 행위
- 수익률이나 운용실적이 좋은 기간의 수익률이나 운용실적만을 표시하는 행위
- 사모의 방법으로 발행하거나 발행된 금융투자상품에 관한 내용을 표시하는 행위
- 금융투자회사의 경영실태평가결과와 영업용순자본 비율 등을 다른 금융회사와 비교하는 행위
- 그 밖에 투자자를 오인하게 하거나 공정한 거래질서를 해할 우려가 있는 내용을 표시하는 행위 등

문제해설

다른 종류의 금융투자상품 또는 영위업무에 대한 광고내용을 형식적으로 분리하지 않아 투자판단에 오해를 주는 행위는 금지된다.

정답 016 ② | 017 ① | 018 ③ | 019 ① | 020 ④

021

다음 중 투자광고에 대한 설명으로 가장 거리가 먼 것은?

① TV 등 영상매체를 이용한 투자광고의 경우에는 1회당 투자광고시간의 3분의 1 이상의 시간 동안 투자자가 해당 위험고지내용을 시청할 수 있어야 한다.
② 집합투자기구의 운용실적을 표시하고자 하는 경우 해당 집합투자기구의 설정일부터 1년 이상의 기간이 경과하여야 하고, 순자산총액(NAV)이 200억 원 이상이어야 한다.
③ 자율규제위원회의 투자광고 심사결과에 이의가 있는 경우 다시 재심사를 청구할 수 있다.
④ 단순 이미지 광고등은 유효기간이 별도로 없으나 펀드 운용실적을 포함하고 있는 광고의 유효기간은 3개월이다.

문제해설

투자광고 심사결과에 이의가 있는 경우 재심사는 자율규제위원회에서 심사하도록 되어 있으며, 자율규제위원회의 심사결과에 대하여는 다시 재심사를 청구할 수 없다.

022

다음 중 금융투자회사(임직원 포함)가 업무와 관련하여 투자자 또는 거래상대방에게 재산상 이익을 제공받은 경우로 가장 거리가 먼 것은?

① 본인의 결혼식으로 35만 원 상당의 화환을 받았다.
② 기업탐방시 소요된 비용을 제공받았다.
③ 금융투자상품에 대한 가치분석, 매매정보를 위한 자체 개발한 소프트웨어를 제공받았다.
④ 50만 원 상당의 접대를 받았다.

문제해설

금융투자상품에 대한 가치분석, 매매정보 또는 주문의 집행 등을 위하여 자체적으로 개발한 소프트웨어 및 해당 소프트웨어의 활용에 불가피한 컴퓨터 등 전산기기는 재산상 이익으로 보지 않는다.

023

다음 중 금융투자회사(임직원 포함)가 업무와 관련하여 투자자 또는 거래상대방에게 재산상 이익을 제공할 때 적용되는 기준에 대한 설명으로 가장 거리가 먼 것은?

① 집합투자증권 가입을 권유하면서 10만 원 이하의 백화점상품권을 제공할 수 있다.
② 동일 거래상대방에게 1회당 제공할 수 있는 한도는 최대 20만 원이다.
③ 경제적 가치가 3만 원 이하의 경품류 또는 식사의 경우에는 재산상 이익의 제공으로 보지 않는다.
④ 추첨의 방식을 이용하여 경품을 제공할 경우 일반적으로 500만 원을 초과해서는 안된다.

문제해설

금융투자회사가 고객 1인당 제공할 수 있는 재산상 이익 제공한도는 회당 20만 원, 연간 100만 원이며, 백화점상품권은 금전등가물이므로, 계좌개설과 관련하여 제공할 수 없다.

024

영업수익이 1천억 원 이하인 경우에는 동일 회계연도기간 중 제공할 수 있는 재산상 이익의 총액 한도를 수수료 수익의 얼마로 한정하는가?

① 100분의 1
② 100분의 2
③ 100분의 3
④ 100분의 5

더 알아보기 재산상 이익의 제공 한도

금융투자회사가 연간 또는 동일 회계연도 기간 중 모든 거래상대방에게 제공할 수 있는 재산상 이익의 합계액은 해당 금융투자회사가 금융투자업 영위와 관련하여 직전 연간 또는 직전 회계연도 기간 중 실현한 영업수익의 규모에 따라 다음에서 정한 금액을 초과해서는 안 된다.

- 영업수익이 1천억 원 이하인 경우 100분의 3과 10억 원 중 큰 금액
- 영업수익이 1천억 원을 초과하는 경우 영업수익의 100분의 1 또는 30억 원 중 큰 금액

문제해설

영업수익이 1천억 원 이하인 경우 100분의 3과 10억 원 중 큰 금액으로 한다.

4과목 법규 및 세제

정답 021 ③ | 022 ③ | 023 ① | 024 ③

025

금융투자회사의 직원의 징계내역 보고 및 열람에 관한 사항으로 가장 거리가 먼 것은?

① 해당 직원이 투자자의 징계내역 여람에 동의하지 않는 경우 협회에 열람신청을 하지 않아도 된다.
② 견책 이상 3개월 이하의 감봉인 징계처분을 받은 자의 책임의 종류가 단순가담자인 경우에는 협회에 보고하지 않아도 된다.
③ 투자자가 신류로 계좌를 개설하거나 투자자문계약 등을 체결하고자 하는 경우 '징계내역 열람제도 이용안내'를 교부해야 한다.
④ 임직원에게 경고 이상의 징계처분을 부과한 경우 부과일로부터 10영업일 이내에 협회에 보고해야 한다.

문제해설

견책 이상의 징계처분을 부과한 경우에 인지일 또는 부과일로부터 10영업일 이내에 그 사실을 협회에 보고해야 한다.

026

다음 중 금융투자회사의 직원으로 채용되기에 적합한 자는?

① 금융투자회사로부터 징계처분을 받은 자
② 금고 이상의 형을 선고받고 그 집행이 종료된 지 7년이 경과한 자
③ 금융관련법규를 위반한 자
④ 다른 금융투자회사와의 근로계약관계가 아직 남아있는 자

더 알아보기 채용금지

- 다른 금융투자회사와의 근로계약관계가 종료되지 않은 자
- 금융투자회사로부터 징계퇴직 처분을 받거나 퇴직 후 징계퇴직 상당의 처분을 받은 자로서 해당 처분일부터 5년이 경과하지 않은 자
- 금고 이상의 형을 선고받고 그 집행이 종료되거나 면제된 후 5년이 경과하지 않은 자

문제해설

금고 이상의 형을 선고받고 그 집행이 종료되거나 면제된 후 5년이 경과하지 않은 자는 채용이 금지된다.

027

다음 ( ) 안에 들어갈 적절한 말이 순서대로 짝지어진 것은?

> 현금 및 금융투자상품 등 예탁자산의 평가액이 (㉠) 이하이고 최근 (㉡)간 투자자의 매매거래 및 입출금 · 입출고 등이 발생하지 않은 계좌는 다른 계좌와 구분하여 통합계좌로 별도 관리할 수 있다.

	㉠	㉡
①	50만 원	3개월
②	10만 원	6개월
③	30만 원	5개월
④	5만 원	3개월

문제해설

예탁자산의 관리 중 투자자계좌의 통합에 관한 설명이다

028

다음 중 투자자에게 고객예탁금 이용료를 지급하여야 하는 투자자예탁금에 속하지 않는 것은?

① 집합투자증권 투자자예수금
② 장내파생상품거래예수금(현금예탁필요액은 제외 가능)
③ 기타예수금
④ 위탁자예수금

문제해설

기타예수금은 고객예탁금 이용료의 지급대상이 되지 않는다.

정답 025 ④ | 026 ② | 027 ② | 028 ③

029

다음 중 예탁증권담보융자에 대한 설명으로 가장 거리가 먼 것은?

① 담보가격 산정시 상장주권은 당일 종가로 계산한다.
② 협회규정상 예탁증권담보융자시 외화증권은 담보로써 인정되지 않는다.
③ 예탁증권담보융자시 상장채권은 담보로써 인정될 수 있다.
④ 예탁증권담보융자시 주식워런트증권은 담보로써 인정되지 않는다.

문제해설

협회규정에서는 외화증권을 담보금지 대상으로 하고 있지 않다. 다만, 회사에 따라 자체 규정으로 담보에서 제외할 수 있다.

030

신용공여시 담보가격의 산정방법에 대한 설명으로 가장 거리가 먼 것은?

① 유가증권시장에 상장되지 않은 투자회사의 주식은 채권평가회사가 제공하는 가격정보를 참고로 금융투자외사가 산정한 가격으로 한다.
② 금융투자업규정상의 평가방법과 협회가 정하는 산정방법이 있다.
③ 상장채권의 경우 2 이상의 채권평가회사가 제공하는 가격정보를 기초로 금융투자회사가 산정한 가격으로 한다.
④ 청약하여 취득하는 주식은 취득가액으로 한다.

문제해설

유가증권시장에 상장되지 않은 투자회사의 주식은 기준가격으로 담보가격을 산정한다.

031

금융투자회사가 동일 거래상대방에게 제공 가능한 재산상 이익의 한도가 바르게 연결된 것은?

① 1회당 5만 원, 연간 20만 원
② 1회당 10만 원, 연간 50만 원
③ 1회당 20만 원, 연간 100만 원
④ 1회당 20만 원, 연간 200만 원

문제해설

제공 가능한 재산상 이익의 한도는 1회당 최대 20만 원이며, 연간 한도는 100만 원이다.

032

TV 등 영상매체를 이용하여 투자광고를 할 경우 위험고지내용은 광고 방영시간의 얼마 정도를 표시해야 하는 가?

① 표시기준이 없다.
② 2분의 1 이상
③ 3분의 1 이상
④ 광고시간 동안 내내

문제해설

영상매체를 이용한 투자광고의 경우에는 1회당 투자광고 시간의 3분의 1 이상의 시간 동안 투자자가 쉽게 알아볼 수 있도록 충분한 면적에 걸쳐 해당 위험고지내용을 표시해야 한다.

033

다음 중 금융투자회사의 투자광고에 대한 설명으로 거리가 먼 것은?

① 투자광고에는 수수료에 관한 사항을 반드시 표기해야 한다.
② MMF의 경우 TV나 라디오 등의 방송매체를 이용하지 않고 최근 6개월 이상의 실현수익률을 표시하여 광고할 수 있다.
③ 단순한 이미지 광고나 지점광고 등 일부의 경우 협회 심사절차를 거치지 않고 준법감시인의 사전승인만 받으면 투자광고가 가능하다.
④ 금융투자회사의 경영실태평가결과와 영업용순자본비율 등에 대해 다른 금융투자회사와 비교하여 광고할 수 없다.

문제해설

MMF의 경우 가중평균 만기 90일 이하의 단기 채권만으로 운용되어 수익률이 최근 이자율 변동에 민감하므로 6개월 이상의 긴 기간 동안의 수익률을 표시하는 경우 최근 이자율 흐름을 적절하게 반영하지 못할 수 있으므로 기준일로부터 과거 1개월 수익률을 표시해야 한다.

034

다음 (   ) 안에 들어갈 내용이 순서대로 바르게 짝지어진 것을 고르시오.

> 금융투자회사는 최근 1년간 (   ) 안에 이상의 투자의견이 구체적으로 명시된 조사분석자료를 공표한 경우 (   ) 이내에 해당 금융투자상품에 대한 조사분석자료를 추가로 공표하지 않고자 할 경우에는 중단사실을 고지하여야 한다.

① 3회 – 6개월
② 3회 - 1년
③ 5회 - 6개월
④ 5회 - 1년

문제해설

금융투자회사는 최근 1년간 3회 이상의 투자의견이 구체적으로 명시된 조사분석자료를 공표한 경우 최종 공표일이 속하는 월말로부터 6개월 이내에 해당 금융투자상품에대한 조사분석자료를 추가로 공표해야 하며, 만약 더 이상 자료를 공표하지 않고자 할 경우 중단사실을 고지하여야 한다.

정답 029 ② | 030 ① | 031 ③ | 032 ③ | 033 ② | 034 ①

035

조사분석자료에 대한 다음 설명 중 가장 거리가 먼 것은?

① 금융투자회사 및 금융투자분석사는 조사분석업무를 수행함에 있어 선량한 관리자로서의 주의의무를 다하여야 한다.
② 금융투자회가 및 금융투자분석사는 조사분석의 대가로 조사분석 대상법인 등 이해관계자로부터 부당한 재산적 이득 제공받아서는 안된다.
③ 금융투자회사 및 금융투자분석사는 조사분석 대상법인 등 외부로부터 취득한 자료를 인용하는 경우 해당 자료의 신뢰도를 철저히 검증하여야 한다.
④ 해당 금융투자회사 임직원이 아닌 제3자가 작성한 조사분석자료는 공표할 수 없다.

문제해설

금융투자회사는 해당 금융투자회사의 임직원이 아닌 제3자가 작성한 조사분석자료에 해당 제3자의 성명(법인의 경우 법인명)을 기재하여 자료를 공표할 수 있다.

036

다음 (   ) 안에 들어갈 말로 바르게 짝지어진 것은?

금융투자회사는 기업공개 또는 장외법인공모를 위한 주식의 인수를 의뢰받은때애는 주식인수의뢰서 사본 및 (㉠) 사본을 계약체결일부터 (㉡) 이내에 협회에 신고하여야 한다.

	㉠	㉡
①	발행실적보고서	7영업일
②	인수업무조서	3영업일
③	유가증권신고서	3영업일
④	대표주관계약서	5영업일

문제해설

주식의 인수에 있어 대표주관계약의 체결에 관한 사항이다.

037

기업공개를 위한 주식의 공모가격의 산정방법에 대한 설명으로 가장 거리가 먼 것은?

① 협회가 정하는 표준 가격평가모형에 따라 산정하여야 한다.
② 공모예정금액이 50억 원 미만인 경우에는 공모희망가격의 최고가격에 공모예정주식수를 곱한 금액으로 공모예정금액을 산정한다.
③ 공모예정금액이 50억 원 미만인 경우 인수회사와 발행회사가 협의하여 정한 단일가격으로 정한다.
④ 회사의 규모, 산업의 특성에 따라 다양한 평가방법이 있을 수 있다.

문제해설

기업공개를 위한 주식의 공모가격의 산정에 대한 방법은 협회가 구체적인 가격평가모형을 제시하지 않고 있으며, 수요예측 결과를 감안하여 인수회사와 발행회사가 협의하여 공모가격을 정하도록 하고 있다.

038

기업공개시 주관회사에 대한 제한요건에 대한 설명 중 가장 거리가 먼 것은?

① 금융투자회사의 임원이 발행회사의 주식 등을 100분의 2를 보유하고 있다면 해당 주관회사의 업무를 수행할 수 없다.
② 주관회사와 주관회사의 이해관계인이 합하여 발행회사의 주식 등을 100분의 6을 보유하고 있다면 단독으로 주관업무를 수행할 수 있다.
③ 금융투자회사가 발행회사의 주식 등을 100분의 7을 보유하고 있는 경우에는 해당 회사에 대한 주관업무를 할 수 없다.
④ 발행회사 및 발행회사의 이해관계인이 금융투자회사의 주식 등을 100분의 7을 보유하고 있는 경우 금융투자회사는 해당 주관회사에 대한 업무를 할 수 없다.

문제해설

이해관계인 보유분을 합하여 100분의 5 이상 100분의 10 미만 보유시에는 다른 금융투자회사와 공동으로 주관업무를 수행하여야 한다.

① 금융투자회사의 임원이 발행회사의 주식 등을 100분의 1 이상 보유시 주관회사 제한
③ 금융투자회사가 발행회사의 주식 등을 100분의 5 이상 보유시 주관회사 제한
④ 발행회사 및 발행회사의 이해관계인이 금융투자회사의 주식 등을 100분의 5 이상 보유시 주관회사 제한

정답 035 ④ | 036 ④ | 037 ① | 038 ②

039

주식의 청약에 대한 사항으로 가장 거리가 먼 것은?

① 청약증거금이 납입금에 미달할 경우 인수회사가 주식을 인수하여야 한다.
② 인수회사는 일반청약자 배정수량이 10% 이내에서 적정하게 1인당 청약한도를 정한다.
③ 인수회사는 청약증거금을 증권금융회사나 은행에 별도로 예치하여야 하며, 이를 담보로 제공할 수 있다.
④ 납입금을 초과하는 청약증거금은 지체 없이 청약자에게 반환하여야 한다.

문제해설

인수회사는 청약증거금을 담보로 제공할 수 없다.
① 청약증거금이 납입금에 미달하고 납입기일까지 납입하지 않을 경우 인수회사가 인수금액의 비율에 따라 주식을 인수해야 한다.

040

유가증권시장 주권상장법인의 공모증자의 경우 우리사주조합원에게 공모주식의 몇 %를 배정해야 하는가?

① 10% ② 15%
③ 20% ④ 25%

문제해설

유가증권시장 주권상장법인의 공모증자의 경우 우리사주조합원에게 공모주식의 20%를 배정한다.

041

초과배정옵션에 대한 설명으로 가장 거리가 먼 것은?

① 초과배정수량은 공모주식수량의 10% 이내에서 정한다.
② 행사일은 매매개시일부터 30일 이내에서 정한다.
③ 초과배정옵션의 행사에 따른 신주의 발행가격은 공모가격으로 한다.
④ 기업공개시 대표주관회사가 당초 공모하기로 한 주식의 수량을 초과하여 청약자에게 배정하는 것을 조건으로 그 초과배정수량에 해당하는 신주를 발행회사로부터 미리 정한 가격으로 매수할 수 있는 권리를 말한다.

문제해설

초과배정수량은 공모주식수량의 15% 이내에서 대표주관회사와 발행회사가 정한다.

042

무보증사채를 인수하는 경우 무보증사채의 발행인과 사채관리회사 간에 계약의 체결을 위해 필요한 것은?

① 표준사채관리계약서 ② 무보증사채수탁계약서
③ 무보증사채인수계약서 ④ 무보증사채신용등급평가서

문제해설
'표준사채관리계약서' 또는 '표준무보증사채관리계약서'라고 한다.

043

무보증사채의 인수에 관한 사항으로 가장 거리가 먼 것은?

① 2인 이상의 신용평가전문회사로부터 평가를 받은 것이어야 한다.
② 증권금융회사가 발행하는 무보증사채는 주관회사의 제한이 없다.
③ 사채의 형태로 발행되는 유동화증권을 인수하는 경우에는 하나의 신용평가를 받아도 된다.
④ 발행회사 및 발행회사의 이해관계인이 주관회사의 주식 등을 100분의 3 이상 보유하고 있으면 금융투자회사의 업무를 할 수 없다.

문제해설
발행회사 및 발행회사의 이해관계인이 금융투자회사의 주식 등을 100분의 5 이상 보유하고 있는 경우 해당 금융투자회사는 무보증사채의 인수를 위한 금융투자회사의 업무를 영위할 수 없다.

044

다음은 기업공개를 위한 주식의 대표주관회사 실적공시에 관한 사항이다. 가장 거리가 먼 것은?

① 기업공개를 위한 주식의 대표주관회사는 공모주식의 상장일부터 3년간 발행회사와 관련된 사항을 협회에 제출하여야 한다.
② 협회는 대표주관회사로부터 제출받은 내용을 홈페이지를 통해 게시할 수 있다.
③ 수요예측에 참여하여 주식을 7주 배정받았으나 청약을 하지 않은 자는 불성실 수요예측참여자에 해당한다.
④ 불성실 수요예측참여자로 지정된 자는 위반의 정도에 따라 6~12개월간 수요예측 참여가 제한된다.

문제해설
수요예측에 참여하여 배정받은 주식 또는 청약을 하지 않은 주식의 수가 10주 미만인 경우에는 불성실 수요예측참여자에서 제외한다.

정답 039 ③ | 040 ③ | 041 ① | 042 ① | 043 ④ | 044 ③

045

다음 중 금융투자회사의 약관에 대한 설명으로 가장 거리가 먼 것은?

① 표준약관이 없어 별도의 개별약관을 제정하거나 변경하는 경우에는 사전에 협회에 보고하여야 한다.
② 약관내용 중 고객의 권리 또는 의무와 관련이 없는 사항을 변경하는 경우에는 협회에 보고할 필요가 없다.
③ 금융투자회사가 이미 사용하고 있는 약관이 관계법령 개정 등의 사유로 변경이 필요한 경우 협회는 해당 약관의 변경을 권고할 수 있다.
④ 금융투자회사는 외국 집합투자증권 매매거래에 관한 표준약관은 수정하여 사용할 수 없다.

더알아보기 사후보고

약관의 제정 및 변경이 다음의 어느 경우에 해당하는 경우 금융투자회사는 약관을 제정 또는 변경한 후 7일 이내에 협회에 보고하여야 한다.
- 약관내용 중 고객의 권리 또는 의무와 관련이 없는 사항을 변경하는 경우
- 협회가 제정한 표준약관을 그대로 사용하는 경우
- 제정 또는 변경하고자 하는 약관의 내용이 다른 금융투자회사가 이미 협회에 신고한 약관의 내용과 같은 경우
- 전문투자자만을 대상으로 하는 약관을 제정 또는 변경하는 경우

문제해설

②는 사후보고사항으로 변경한 후 7일 이내에 협회에 보고하여야 한다.

046

다음 중 금융투자회사의 약관에 대한 사항으로 옳은 것은?

① 금융투자업무에 관련한 표준약관은 금융감독원장이 정한다.
② 표준약관이 없어 별도의 개별약관을 제정하거나 변경하고자 하는 경우 시행예정일 20영업일 전까지 협회에 보고하여야 한다.
③ 금융투자업무와 관련한 표준약관이 있는 경우 금융투자회사는 본질을 해하지 않는 범위 내에서만 수정하여 사용할 수 있다.
④ 전문투자자만을 대상으로 하는 약관을 제정 또는 변경하는 경우에는 제정 또는 변경한 후 15일 이내에 협회에 보고하여야 한다.

문제해설

① 금융투자업무에 관련한 표준약관은 금융투자협회에서 정한다.
② 시행예정일 10영업일 전까지 협회에 보고하여야 한다.
④ 제정 또는 변경한 후 7일 이내에 협회에 보고하여야 한다.

047

다음 중 분쟁조정에 관한 내용으로 가장 거리가 먼 것은?

① 협회의 분쟁조정위원회는 위원장을 포함하여 8인 이내로 구성된다.
② 수사기관이 수사 중이거나 법원에 제소된 경우에는 분쟁조정위원회에 회부하기 전에 종결 처리할 수 있다.
③ 사안에 따라 구두 또는 서면으로 당사자에게 합의할 것을 권고할 수도 있다.
④ 분쟁 당사자는 공정한 심의 · 결의를 기대하기 어려운 사정이 있는 위원에 대하여 기피신청을 할 수 있다.

더 알아보기 분쟁조정의 절차

위원회 회부(신청사건 접수일로부터 30일 이내) → 조사(사실조사 또는 관련 자료의 수집) → 당사자 등의 의견청취 → 조정결정(신청사건이 회부된 날로부터 30일 이내) → 조정결정 등의 통지 → 조정의 성립 또는 재조정신청

문제해설

분쟁조정위원회는 위원장 1인을 포함하여 15인 이내의 위원으로 구성된다.

048

분쟁조정위원회의 분쟁조정에 대한 사항으로 가장 거리가 먼 것은?

① 신청사건이 조정의 실익이 없다고 판단되는 경우에는 각하결정을 할 수 있다.
② 당사자 그 밖의 이해관계인은 위원회의 허가를 받아 위원회에 출석하여 의견을 진술할 수 있다.
③ 위원장이 불가피하다고 인정하는 경우 사유발생일로부터 30일 이내에 위원회 회부를 연기할 수 있다.
④ 당사자가 조정신청을 할 때 미리 그 사유를 주장하였을 경우에는 재조정을 신청할 수 있다.

문제해설

당사자가 조정신청을 할 때 미리 그 사유를 주장하였거나 그 사유를 알고도 주장하지 않은 경우에는 재조정을 신청할 수 없다.

정답 045 ② | 046 ③ | 047 ① | 048 ④

049

자율규제위원회에 대한 사항으로 가장 거리가 먼 것은?

① 총 7인으로 구성되며 연임이 가능하다.
② 위원장 1인과 위원 7인은 상근직으로 임기 3년이다.
③ 회원의 자율규제와 관련된 업무규정의 제정 · 변경 및 폐지에 관한 사항을 결의한다.
④ 회원자격의 정지로 회원에 대한 제재를 할 수 있다.

문제해설

위원장 1인은 상근직으로 임기 3년이고, 위원 6인은 비상근직으로 임기가 2년이다.

050

다음 중 자율규제위원회가 회원의 임직원에 대하여 권고할 수 있는 제재라고 볼 수 없는 것은?

① 해임
② 6개월 이내의 업무집행정지
③ 감봉
④ 경고

문제해설

감봉은 회원의 직원에 대하여 권고할 수 있는 제재이다.

더알아보기 회원의 임직원에 대하여 권고할 수 있는 제재

협회는 회원사의 임직원에 대하여는 회원사에 대하여 다음에 해당하는 제재를 권고만 할 수 있으며, 직접 제재는 할 수 없다.

- **임원** : 해임, 6개월 이내의 업무집행정지, 경고, 주의
- **직원** : 징계면직, 정직, 감봉, 견책, 주의

4장 회사법

001

소수주주권과 관련하여 상법상 주주총회소집청구권의 행사요건은?

① 발행주식총수의 1% 이상 주식을 가진 주주
② 발행주식총수의 3% 이상 주식을 가진 주주
③ 발행주식총수의 5% 이상 주식을 가진 주주
④ 발행주식총수의 10% 이상 주식을 가진 주주

문제해설

발행주식총수의 3% 이상에 해당하는 주식을 가진 소수주주는 회의의 목적사항과 소집의 이유를 기재한 서면 또는 전자문서를 이사회에 제출하여 주주총회의 소집을 청구할 수 있다.

002

다음 중 주식회사의 설립에 관한 내용으로 가장 거리가 먼 것은?

① 정관은 공증인의 인증을 받아야 효력이 생긴다.
② 주식회사의 설립에는 3인 이상의 발기인을 필요로 한다.
③ 발기인의 자격에는 제한이 없으며, 1인 1주 인수의무를 부담한다.
④ 발기설립시 출자이행이 완료되면 발기인의 의결권의 과반수로써 이사, 감사를 선임한다.

문제해설

주식회사의 설립시 발기인의 수에는 제한이 없다.

정답 049 ② | 050 ③ | 001 ② | 002 ②

003

다음 중 자본(자본금)에 관한 설명으로 가장 거리가 먼 것은?

① 무액면주식에는 권면액과 함께 주권의 주식수도 함께 기재되며, 액면주식으로 전환하여 자본금을 변경할 수 있다.
② 자본확정의 원칙은 회사 설립 시에 적용된다.
③ 주식의 액명미달발행의 제한은 자본충실원칙의 예이다.
④ 자본불변의 원칙은 자본감소나 자본증가시 적용된다.

더 알아보기 주식회사의 자본원칙

- **자본확정의 원칙** : 회사의 자본은 정관에 의해 확정되고, 이 자본에 대한 주식의 인수가 확정되어야 한다.
- **자본유지(충실)의 원칙** : 자본에 상당하는 현실적 재산이 항상 회사에 유지되어야 한다.
- **자본불변의 원칙** : 자본액은 일정하며 엄격한 절차를 밟지 않고는 임의로 변경시킬 수 없다.

문제해설

무액면주식에는 권면액이 표시되지 않고 주권에 주식의 수만 기재된다. 회사의 자본금은 액면주식을 무액면주식으로 전환하거나 무액면주식을 액면주식으로 전환하더라도 자본금을 변경할 수 없다.

004

발기설립과 모집설립에 관한 설명으로 가장 거리가 먼 것은?

① 발기설립의 경우 발행되는 모든 주식을 발기인이 인수하고, 모집설립의 경우는 발행주식의 일부만을 발기인이 인수한다.
② 이사, 감사의 선임은 발기설립 절차에서는 발기인 총회에서, 모집설립 절차에서는 창립총회에서 한다.
③ 발기설립의 경우에는 무조건 법원이 선임한 검사인의 조사를 받아야 한다.
④ 발기설립의 경우 창립총회가 불필요하지만, 모집설립 절차에서는 필요하다.

문제해설

변태설립사항에 대하여만 법원이 조사권을 가지며, 이 때도 공증인이나 감정인으로 대체할 수 있다.

005

상법상 주식에 관한 내용으로 옳은 것은?

① 액면주식의 1주의 금액은 1,000원 이상 균일하여야 한다.
② 기명주식의 양동는 명의개서하지 않으면 회사에 대항하지 못한다.
③ 상환주식의 상환시 주식이 소각되면 자본도 따라서 감소된다.
④ 상법은 액면주식뿐 아니라 무액면주식의 발행도 인정하고 있다.

문제해설

① 액면주식의 1주의 금액은 100원 이상이다.
③ 상환주식의 상환은 이익에 의한 주식의 소각이므로 주식이 소각되더라도 자본은 감소되지 않는다.
④ 우리 상법에서는 액면주식만 인정되고, 무액면주식의 발행은 허용되지 않는다.

006

다음 중 자기주식 취득금지에 대한 상법상 예외 사유가 아닌 것은?

① 주식배당을 위한 취득의 경우
② 단주의 처리를 위하여 필요한 경우
③ 회사의 합병 또는 다른 회사의 영업 전부를 양수하는 경우
④ 회사의 권리를 실행함에 있어 그 목적을 달성하기 위하여 필요한 경우

문제해설

주식배당을 위한 취득의 경우는 예외 사유에 해당되지 않는다.

007

상법상 정관에 의한 주식양도제한에 관한 설명으로 가장 거리가 먼 것은?

① 주식양도는 이사회의 승인을 얻어야 가능하도록 정관에 규정할 수 있다.
② 주식을 양도하고자 하는 주주는 회사에 대하여 구두로 양도의 승인을 청구할 수 있다.
③ 양도승인거부의 통지를 받은 주주는 회사에 대하여 양도의 상대방 지정을 청구할 수 있다.
④ 회사가 양도승인을 거부한 경우 주주는 주식매수청구권을 행사할 수 있다.

문제해설

주주가 주식을 양도하고자 하는 경우에는 회사에 대하여 양도의 상대방 및 양도하고자 하는 주식의 종류와 수를 기재한 서면으로 승인을 청구하여야 한다.

정답 003 ① | 004 ③ | 005 ② | 006 ① | 007 ②

008

주주에 관한 설명으로 가장 거리가 먼 것은?

① 모든 주주는 1주마다 1개의 의결권을 갖는다.
② 주주의 의무는 정관의 규정으로 그 한도를 가중시킬 수 있다.
③ 주주는 회사에 대하여 주식의 인수가액에 대한 납입의무만을 부담한다.
④ 주식회사에 있어서는 설립시나 설립 이후에 발행주식의 전부를 1인의 주주가 소유하는 1인 회사가 인정된다.

문제해설

주주의 의무는 정관의 규정이나 주주총회의 결의에 의해서도 그 의무의 한도를 가중시킬 수 없다.

009

주주명부에 관한 우리 상법의 규율로서 옳은 것은?

① 주주와 회사채권자는 영업시간 내에는 언제나 주주명부를 열람 또는 등사할 수 있다.
② 주주명부의 폐쇄기간에는 제한이 없으며, 그 기간 중에도 명의개서가 가능하다.
③ 기명주식, 무기명주식을 발행한 때에 주주명부에 기재하는 사항은 동일하다.
④ 주주명부의 기준일은 권리의 행사일로부터 1개월 이내의 날로 정해야 한다.

문제해설

② 폐쇄기간은 3개월을 초과할 수 없으며, 그 기간 중에는 주식의 명의개서는 물론 권리변동에 관한 일체의 기재를 할 수 없다.
③ 기명주식을 발행하는 경우의 기재사항은 주주의 성명과 주소, 각 주주가 가진 주식의 종류와 그 수, 각 주주가 가진 주식의 주권을 발행한 때에는 그 주권의 번호, 각 주식의 취득연월일이다. 무기명주식을 발행한 때에는 주주명부에 그 종류, 수, 번호와 발행연월일을 기재하여야 한다.
④ 주주명부의 기준일은 권리의 행사일로부터 3개월 이내의 날로 정해야 한다.

010

다음 중 유지청구권에 대한 설명으로 가장 거리가 먼 것은?

① 유지청구권은 사전적 예방조치로서 인정되는 권리이다.
② 현저하게 불공정한 신주발행에 대한 유지청구권은 단독주주권이다.
③ 이사의 위법행위에 대한 유지청구권은 재판상의 소(訴)로만 가능하다.
④ 소수주주 및 감사는 이사의 위법행위에 대하여 유지청구를 할 수 있다.

문제해설

위법행위 유지청구는 재판상의 소뿐만 아니라 이사에 대한 직접적인 유지청구도 가능하다.

011

주주총회결의의 하자에 관한 내용으로 가장 거리가 먼 것은?

① 부당결의 취소 · 변경의 소의 제소권자는 특별이해관계자이다.
② 결의부존재확인의 소는 결의일로부터 2개월 이내에 제소하여야만 한다.
③ 결의 내용이 정관에 위반한 때에는 결의취소의 소를 제기할 수 있다.
④ 결의무효확인의 소는 그 결의내용이 강행법규에 위배되는 경우에 제소할 수 있다.

문제해설

결의부존재확인의 소의 경우 그 제소권자 및 제소기간에 제한이 없다.

012

다음 중 종류주주총회에 관한 설명으로 가장 거리가 먼 것은?

① 종류주주총회란 회사가 수종의 주식을 발행하는 경우 그 중 특정한 종류의 주식을 가진 주주들만으로 구성되는 주주총회이다.
② 회사가 정관을 변경함으로써 어느 종류의 주주에게 손해를 미치게 될 때에는 종류주주총회의 결의가 있어야 한다.
③ 출석한 주주의 의결권의 3분의 2 이상의 수와 그 종류의 발행주식총수의 3분의 1 이상의 수로써 결의한다.
④ 주주총회에 관한 규정과는 별도의 규정을 준용한다.

문제해설

종류주주총회에 관하여는 주주총회에 관한 규정을 의결권 없는 종류의 주식에 관한 것을 제외하고 준용한다.

013

주식회사의 이사에 관한 설명으로 옳은 것은?

① 임기만료 전이라도 주주총회의 보통결의로 언제든지 해임할 수 있다.
② 이사는 회사의 필요적 상설기관이다.
③ 이사회의 승인 없으면 자기 또는 제3자의 계산으로 회사와 거래를 할 수 없다.
④ 이사의 보수는 이사회 결의로 정한다.

문제해설

① 주주총회는 이사의 임기만료 전이라도 특별결의로써 해임할 수 있다.
② 이사회는 이사 전원으로 구성되는 회사의 필요적 상설기관이다. 이사는 이사회의 구성원이다.
④ 이사의 보수는 정관으로 정하지 않을 때에는 주주총회의 결의로 이를 정한다.

정답 008 ② | 009 ① | 010 ③ | 011 ② | 012 ④ | 013 ③

014

다음 중 이사의 의무와 가장 거리가 먼 것은?

① 자기거래금지의무
② 주주총회에 대한 조사보고의무
③ 경업금지의무
④ 비밀유지의무

문제해설

주주총회에 대한 조사보고의무는 감사의 의무이다.

이사의 의무
- 충실의무
- 경업금지의무
- 회사의 기회 및 자산유용금지
- 자기거래금지의무
- 비밀유지의무
- 이사회 보고의무
- 손해보고의무

015

다음 중 주주총회의 보통결의사항에 해당되지 않는 것은?

① 재무제표의 승인
② 이사, 감사, 청산인의 선임
③ 총회의 연기 또는 속행 결정
④ 합병계약서의 승인

문제해설

합병계약서의 승인은 주주총회의 특별결의사항이다.

016

이사와 이사회에 대한 설명으로 가장 거리가 먼 것은?

① 이사의 선임은 주주총회의 권한이다.
② 이사회의 소집은 각 이사가 하는 것이 원칙이다.
③ 이사회 내 위원회의 결의사항에 대하여 이사회가 다시 결의하는 것이 가능하다.
④ 이사는 3인 이상이어야 하지만, 자본금 3억 원 미만인 회사는 1인 이사도 가능하다.

문제해설

이사는 3인 이상이어야 하나, 자본금 10억 원 미만인 회사는 1인 또는 2인으로 할 수 있다.

017

다음 중 신주의 발행에 관한 설명으로 옳은 것은?

① 회사는 주주가 아닌 자에게 신주를 배정할 수 없다.
② 신주발행의 무효는 주주, 이사 또는 감사에 한하여 신주발행일로부터 6개월 내에 소(訴)만으로 주장할 수 있다.
③ 신주발행의 유지청구권은 소수주주에게만 인정된다.
④ 신주발행의 무효는 소급적 절대적 효력을 가진다.

문제해설

① 신주인수권은 예외적으로 정관의 규정에 의하여서만 제3자에게 부여할 수 있다. 이 경우에도 신기술의 도입이나 재무구조의 개선 등 회사의 경영목적달성에 필요한 경우에 한한다.
③ 신주발행 유지청구권은 모든 주주에게 인정되며, 회사를 상대로 한다. 위법행위 유지청구권이 소수주주 및 감사에 한하여 인정되는 것이다.
④ 신주발행 무효의 판결은 소급효가 없으므로, 무효판결의 확정에 의하여 장래에 있어서만 무효가 된다.

018

주주의 신주인수권에 관한 설명으로 가장 거리가 먼 것은?

① 신주인수권은 주식과 분리하여 양도할 수 없다.
② 주주의 신주인수권의 양도는 이사회의 결의에 의한다.
③ 신주인수권증서의 점유자는 적법한 소지인으로 추정한다.
④ 1주 미만의 단주가 생기는 때에는 이를 공정한 방법으로 처리하여 그 대가를 그 단주의 신주인수권을 갖는 주주에게 지급하여야 한다.

문제해설

신주인수권은 채권적 권리이므로 주식과 분리하여 양도할 수 있다.

019

상법상 신주발행의 효력발생시기는 언제인가?

① 주금납입기일
② 신주배정일
③ 주식청약일
④ 주금납입기일 다음 날

문제해설

신주인수인이 납입 또는 현물출자의 이행을 한 때에는 주금납입기일 다음 날로부터 그 효력이 발생한다.

정답 014 ② | 015 ④ | 016 ④ | 017 ② | 018 ① | 019 ④

020

다음 (　　) 안에 순서대로 들어가야 할 내용은?

> 회사가 성립한 날로부터 (　　)을 경과한 후에 주식을 발행하는 경우 회사는 주주총회의 (　　)와 법원의 인가를 얻어서 주식을 액면미달의 가액으로 발행할 수 있다.

① 1년 – 보통결의　　② 2년 – 특수결의
③ 2년 – 특별결의　　④ 3년 – 보통결의

문제해설

회사가 성립한 후 2년 경과시 주주총회의 특별결의와 법원의 인가를 얻어서 주식을 액면미달의 가액으로 발행할 수 있다.

021

다음은 사채에 관한 설명이다. 옳은 것은?

① 사채의 총액은 회사의 순자산액의 4배를 초과하지 못한다.
② 각 사채의 금액은 1만 원 이상이어야 한다.
③ 납입에 대한 상계로는 회사에 대항할 수 없다.
④ 채권은 사채전액의 납입이 완료한 후가 아니면 이를 발행하지 못한다.

문제해설

①, ② 사채의 발행과 관련한 상법 개정 후 사채에 대한 각종 규제가 불필요하다는 판단에 따라 사채에 관한 규제가 폐지되었다.
③ 사채는 분할납입이 가능하며, 납입에 대한 상계로 회사에 대항할 수 있다.

022

전환사채에 대한 설명으로 가장 거리가 먼 것은?

① 전환사채는 주주총회의 결의에 의하여서만 발행할 수 있다.
② 일정 조건에 따라 장차 주식으로 전환할 수 있는 전환권이 부여된 사채로, 일종의 잠재적 주식이다.
③ 전환의 청구가 있는 때에 그 효력이 발생한다.
④ 전환사채의 인수권을 주주 외의 자에게 부여하는 것은 회사의 경영목적을 달성하기 위하여 필요한 경우에만 한정된다.

문제해설

전환사채의 발행은 이사회의 결정으로 할 수 있으나, 주주 외의 자에게 전환사채를 발행하는 경우에는 정관규정이나 주주총회의 특별결의를 필요로 한다.

023

다음 중 특수사채에 대한 설명으로 옳은 것은?

① 전환사채의 경우 주주명부의 폐쇄기간 중에는 전환권을 행사할 수 없다.
② 회가가 전환사채를 발행한 때에는 본점 또는 지점의 소재지에서 등기를 하여야 한다.
③ 신주인수권부사채의 경우 신주인수권행사자는 주금액의 일부만 납입해도 주주가 된다.
④ 신주인수권부사채 이익 · 이자배당의 효력발생시기는 신주발행가액 납입을 한 때가 속하는 영업연도 말이다.

문제해설

① 주주명부의 폐쇄기간 중에도 전환권의 행사가 가능하나, 의결권은 행사할 수 없다.
② 회사가 전환사채를 발행한 때에는 납입완료일로부터 2주간 내에 본점의 소재지에서 전환사채의 등기를 하여야 한다.
③ 다만, 신주인수권을 행사하려는 자의 청구가 있는 때에는 신주인수권부사채의 상환에 갈음하여 그 발행가액으로 주금납입을 의제할 수 있다. 신주발행가액 전액을 납입해야만 주주가 된다.

024

주식회사의 준비금에 관한 다음 설명 중 옳은 것은?

① 액면 이상으로 주식을 발행한 경우 그 액면초과액은 자본준비금으로 적립하여야 하며, 적립한도는 자본의 1/10이다.
② 준비금의 자본전입은 이사회의 결의가 원칙이나, 정관으로 주주총회의 결의사항으로 정할 수 있다.
③ 회사는 이익배당액의 1/3 이상을 이익준비금으로 적립하여야 한다.
④ 법정준비금은 자본의 결손 보전과 이익배당에 사용할 수 있다.

더 알아보기 준비금의 종류

- **법정준비금** : 법률의 규정에 의하여 적립하는 것으로 재원의 성질에 따라 이익준비금과 자본준비금으로 구분
  - 이익준비금 : 매 결산기의 금전배당을 기준으로 적립하는 준비금으로서 손실의 전보와 영업상태 등의 악화에 대비하기 위한 준비자금
  - 자본준비금 : 자본거래에서 생긴 잉여금을 재원으로 하는 준비금으로서 주주의 출자의 일부 기타 자본에 준하는 성질의 특수재원을 적립함
- **임의준비금** : 회사가 자체적으로 정관이나 주주총회의 결의에 의하여 이익준비금을 적립한 다음의 잔여잉여금이나 이익준비금을 한도액까지 적립한 다음의 이익금 일부를 재원으로 적립하는 준비금

문제해설

① 자본준비금은 회사의 자본거래에서 생긴 잉여금을 재원으로 하는 준비금으로, 적립한도의 상한선 없이 그 금액을 모두 적립한다.
③ 이익준비금은 매 결산기의 금전에 의한 이익배당액의 1/10이상을 자본의 1/2에 달할 때까지 적립하여야 한다.
④ 법정준비금은 자본의 결손을 보전하고 자본전입을 하는 경우에만 사용할 수 있다.

정답 020 ③ | 021 ④ | 022 ① | 023 ④ | 024 ②

025

다음은 법정준비금에 대한 설명이다. 옳은 것은?

① 회사는 그 자본의 1/2에 달할 때까지 매 결산기마다 금전배당액의 1/10 이상을 자본준비금으로 적립하여야 한다.
② 자본의 결손은 자본준비금으로 먼저 충당하고, 부족한 경우에 이익준비금으로 충당한다.
③ 법정준비금은 자본결손의 전보 목적으로만 그 사용이 제한되어 있다.
④ 자본준비금의 적립은 액면초과액, 감자차익금, 합병차익금 등 회사의 자본거래에서 발생한 잉여금으로 한다.

문제해설

① 이익준비금에 관한 설명이다.
② 이익준비금으로 먼저 자본결손의 전보에 충당하고, 부족한 경우 자본준비금으로 충당한다.
③ 자본결손의 전보와 자본전입을 위한 사용이 가능하다.

026

다음 중 자본준비금의 재원이 될 수 없는 것은?

① 합병차익금
② 자본감자잉여금
③ 매 결산기의 금전배당액의 10% 적립금
④ 액면 이상으로 주식을 발행한 경우 액면초과액

문제해설

③은 이익준비금의 적립에 관한 내용이다.

027

주식회사의 이익배당에 관한 상법의 규율내용으로 가장 거리가 먼 것은?

① 연 1회의 결산기를 정한 회사는 영업연도 중 1회에 한하여 이사회의 결의로 중간배당을 할 수 있다.
② 위법배당의 경우 회사도 주주에 대하여 부당이득반환청구를 할 수 있다.
③ 중간배당시에는 금전에 의한 배당 외에 현물로도 가능하다.
④ 이익배당을 할 때에는 이사회의 승인이 있어야만 가능하다.

문제해설

이익배당은 형식적 요건으로 주주총회의 보통결의에 의한 승인이 있어야 한다.

028

다음 중 주식배당에 관한 내용으로 가장 거리가 먼 것은?

① 주식으로도 중간배당이 가능하다.
② 주식배당을 하려면 당해 연도에 발생한 배당가능이익이 있어야 한다.
③ 주식으로 배당할 금액 중 주식의 권면액에 미달하는 단주에 대해서는 금전으로 배당한다.
④ 주식배당은 주주총회의 배당결의에 의한다.

더 알아보기 주식배당의 요건

- **배당가능이익의 존재** : 당해 연도에 영업에서 생긴 배당가능이익이 있어야 한다.
- **주식배당의 한도** : 이익배당총액의 2분의 1을 초과하여 할 수 없다.
- **수권주식수의 보유** : 정관의 발행예정주식의 총수 가운데 미발행주식이 남아 있는 범위 내에서만 할 수 있고, 그렇지 않은 경우에는 먼저 정관을 변경하여 그 수권주식수를 증가시켜야 한다.

문제해설

중간배당은 금전 외에 현물로 배당하는 것만이 가능하다.

029

주식회사의 합병에 관한 설명 중 옳은 것은?

① 주식회사가 유한회사와 합병하는 경우 존속회사 또는 신설회사는 주식회사만이 가능하다.
② 소규모 합병시에도 주주총회의 승인을 얻어야 한다.
③ 소멸회사의 권리의무는 별도의 절차 없이 존속회사 또는 신설회사로 승계된다.
④ 합병에 반대한 주주는 존속회사 또는 신설회사의 주주가 되지 못한다.

문제해설

① 주식회사와 유한회사가 합병하는 경우 존속회사 또는 신설회사는 주식회사나 유한회사의 어느 쪽이라도 상관없다.
② 소규모 합병을 할 때에는 이사회의 승인으로 주주총회의 승인을 갈음할 수 있다.
④ 합병에 반대한 주주라도 주식매수청구권을 행사하지 않는 한 존속회사 또는 신설회사의 주주가 된다.

정답 025 ④ | 026 ③ | 027 ④ | 028 ① | 029 ③

030

상법상 회사의 분할제도에 관한 설명으로 가장 거리가 먼 것은?

① 회사의 분할 · 분할합병은 분할등기에 의하여 그 효력이 발생한다.
② 주주총회의 분할결의에 있어서는 의결권 없는 주식을 가진 주주도 의결권을 행사할 수 있다.
③ 단순분할에 반대하는 주주는 회사에 대하여 주식매수청구권을 행사할 수 있다.
④ 분할 · 분할합병으로 인하여 설립되는 회사 또는 존속회사는 분할 · 분할합병 전의 회사채무에 관하여 연대하여 변제할 책임이 있다.

문제해설

반대주주의 주식매수청구권은 분할합병의 경우에만 인정된다.

031

다음 중 우리 상법이 채택하고 있는 자본제도?

① 미국식 수권자본제도이다.
② 확정자본제도와 수권자본제도가 절반씩 절충된 자본제도이다.
③ 확정자본제도가 4분의 1이 절충된 수정형 수권자본제도이다.
④ 독일식 확정자본제도이다.

문제해설

우리나라의 경우 종전에는 회사 설립 시 정관상 발행예정주식총수의 4분의 1 이상을 발행하도록 하여 확정자본제도와 수권자본제도를 혼용하는 형태로 운영되어 왔으나 현행 상법상에는 이러한 제한이 없어 수권자본제도에 가까운 형태를 취하고 있다고 볼 수 있다.

032

다음 중 자본유지(충실)의 원칙과 거리가 먼 것은?

① 우선주식의 발행
② 주식의 액면미달발행금지
③ 이익배당의 제한
④ 법정준비금제도

문제해설

우선주식은 회사의 자금조달을 용이하게 촉진하기 위한 제도이다.
② 주식의 액면미달발행금지(상법 제330조 전단)
③ 이익배당의 제한(상법 제462조)
④ 법정준비금제도(상법 제458조 내지 제459조)는 모두 자본충실의 원칙을 실현하기 위한 제도이다.

033

주식회사법에 관한 설명으로 가장 거리가 <u>먼</u> 것은?

① 주식회사법에는 공시주의의 원칙이 지배되고 있다.
② 주식회사의 기관에 관한 규정은 임시법규이다.
③ 주식회사의 법률관계는 집단적인 처리가 필요하다.
④ 상법에는 이사의 형사책임에 관한 규정도 있다.

문제해설

주식회사법은 단체를 규율하는 조직법규이므로 중요한 법률관계를 공시하도록 하고(①), 대내 · 외적 법률관계를 집단적으로 처리하여야 하기 때문에(③), 이를 강행법규로 규정하고 있으며(②), 여기에 위반한 경우에는 일정한 행사책임을 부과하고 있다(④).

034

수종의 주식에 관한 설명으로 가장 거리가 <u>먼</u> 것은?

① 비참가적 우선주도 우선주식이다.
② 우선주는 항상 보통주로 전환할 수 있다.
③ 수종의 주식은 정관의 규정이 없으면 발행하지 못한다.
④ 이익배당우선주라고 해서 꼭 배당을 받을 수 있는 것은 아니다.

문제해설

우선주는 전환주식으로 발행되어야 보통주로 전환할 수 있다.

① 우선주식에도 자본충실의 원칙이 적용되어 이익이 없으면 배당할 수 없다.

035

다음 사항 중 소수주주권에 속하지 <u>않는</u> 것은 어느 것인가?

① 이사해임청구권	② 신주발행유지청구권
③ 회계장부열람청구권	④ 주주총회소집청구권

더 알아보기 단독주주권과 소수주주권

- **단독주주권** : 의결권, 설립무효판결청구권, 총회결의 취소판결청구권, 총회결의무효판결청구권, 감자무효판결청구권, 신주발행유지청구권, 정관 등의 열람권, 재무제표 등의 열람권
- **소수주주권** : 주주총회소집청구권, 업무 · 재산상태검사청구권, 회계장부열람청구권, 위법행위유지청구권, 대표소송제기권, 이사 등 해임청구권, 주주제안권, 집중투표청구권, 해산판결청구권

문제해설

신주발행유지청구권은 단독주주권이다(상법 제424조).

정답 030 ③ | 031 ① | 032 ① | 033 ② | 034 ② | 035 ②

036

감사 및 감사위원회에 관한 설명으로 가장 거리가 먼 것은?

① 감사위원의 해임에는 이사총수의 3분의 2 이상의 결의를 필요로 한다.
② 감사위원회는 3인 이상의 이사로 구성된다.
③ 업무담당이사는 감사위원회 위원의 3분의 1을 초과할 수 없다.
④ 감사와 감사위원회는 병존할 수 있다.

문제해설

감사위원회는 감사의 법정대체기관이므로 양자가 병존할 수는 없다.
① 상법 제415조의2 제3항
② 상법 제415조의2 제2항
③ 상법 제415조의2 제2항 단서

037

이사의 업무집행에 대한 소수주주의 직접적인 감독권이 아닌 것은?

① 유지청구권
② 대표소송제기권
③ 회계장부열람권
④ 재무제표승인권

더알아보기 이사의 업무집행에 대한 소수주주의 감독방법
이사의 책임은 회사가 추궁하여야 하고 법령 또는 정관에 위반한 행위는 회사가 사전에 중지시켜야 하지만 이사 간의 특수관계로 인하여 행하지 못하는 경우가 많다. 그러므로 상법은 소수주주가 회사의 기관인 지위에서 회사를 위하여 유지청구권, 회사대표권, 이사해임청구권, 회계장부열람청구권 등의 감독권을 행사할 수 있다.

문제해설

대표소송권 · 유지청구권 · 회계장부열람권은 직접적인 감독권이며, 재무제표승인권은 간접적인 감독권이다.

038

위법적 신주발행에 대하여 주주를 보호하는 사전적 · 예방적 구제방법은?

① 신주발행유지청구권
② 신주발행무효의 소
③ 공모인수의 책임추궁 대표소송
④ 이사에 대한 손해배상청구권

문제해설

신주발행유지청구권만이 사전적 · 예방적 구제방법이며, 나머지는 모두 사후적 구제방법이다.

039

다음 중 정관변경에 관한 설명으로 옳은 것은?

① 원시정관에 정관불변경의 규정이 있는 경우에도 정관변경은 가능하다.
② 자본의 증감도 정관변경사항이다.
③ 정관을 변경하면 공증인의 인증을 받아야 한다.
④ 정관의 임의적 기재사항을 변경하는 데에 있어서는 주주총회를 보통결의로 충분하다.

더알아보기 정관변경의 효력발생과 등기
- **효력발생** : 주주총회의 결의와 동시에 효력발생
- **등기** : 정관변경은 등기사항은 아니지만 정관변경의 결과 등기사항에 변경이 생긴 때에는 소재지에서는 2주 내, 지정소재지에서는 3주 내에 변경등기를 하여야 함

문제해설

② 자본은 정관의 기재사항이 아니므로 자본의 증감은 이사회 결의사항이다.
③ 공증인의 인증은 불필요하다.
④ 필요적 기재사항이나 임의적 기재사항이나 구별 없이 정관의 변경은 주주총회 특별결의가 필요하다.

040

자본감소에 관한 설명으로 가장 거리가 먼 것은?

① 자본감소를 하려면 주주총회의 특별결의가 필요하며, 경우에 따라서는 종류주주총회의 결의도 있어야 한다.
② 자본감소를 하려면 주식수를 줄이거나 주금액을 줄이게 된다.
③ 자본감소의 효력발생시기는 감자등기를 종료한 때이다.
④ 자본감소는 그 절차나 내용에 하자가 있는 경우 무효가 된다.

문제해설

자본감소의 실질적인 절차가 완료되었을 때(구주권 제출기간 만료시 등) 효력이 발생한다.

정답 036 ④ | 037 ④ | 038 ① | 039 ① | 040 ③

5장 증권세제

001

다음 중 국세에 속하지 않는 세목은?

① 소득세 ② 취득세
③ 부가가치세 ④ 증권거래세

문제해설

취득세는 지방세에 속한다.

002

국세의 성립에 필요한 과세요건이 아닌 것은?

① 과세기간 ② 세율
③ 납세의무자 ④ 과세표준

문제해설

납세의 구성요소인 과세요건으로는 납세의무자, 과세표준, 과세물건, 세율이 있다.

003

국세징수권의 소멸시효 중단사유가 아닌 것은?

① 압류 ② 연부연납
③ 납세고지 ④ 교부청구

문제해설

소멸시효의 중단사유는 납세고지, 독촉, 교부청구, 압류이다.

004

다음 중 제2차 납세의무자에 해당하는 자는?

① 청산인과 잔여재산을 분배받은 자
② 양도 · 양수한 사업과 관련하여 양도일 전에 확정된 국세 등에 대하여 당해 사업을 양도한 사업양도인
③ 납세의무 성립일 현재의 유한책임사원
④ 법인의 대표이사

더 알아보기 제2차 납세의무
납세의무자의 계산으로 체납처분을 하여도 체납세액에 미달하는 경우 납세의무자와 법정관계에 있는 자가 그 부족을 부담케 하는 세법상의 고유한 이행책임

문제해설
2차 납세의무자에는 청산인과 잔여재산을 분배받은 자, 납세의무 성립일 현재의 무한책임사원과 과점주주 중 실질적 권리자 또는 사실상의 지배자, 법인, 사업양수인이 해당된다.

005

법인의 체납세액에 대하여 제2차 납세의무를 지는 과점주주는 발행주식의 몇 % 이상을 보유한 주주인가?

① 25%　　② 50%
③ 60%　　④ 70%

문제해설
과점주주란 주주 또는 유한책임사원 1인과 그와 특수관계에 있는 법이 정한 자들이 소유한 주식의 합계액이 당해 법인의 발행주식총액 또는 출자총액의 50% 이상인 자를 말한다.

006

다음 중 소득세법상 종합과세되지 <u>않는</u> 소득은?

① 근로소득　　② 퇴직소득
③ 일시재산소득　　④ 사업소득

문제해설
퇴직소득, 양도소득은 분류과세로 종합과세 대상이 아니다.

정답 001 ② | 002 ① | 003 ② | 004 ① | 005 ② | 006 ②

007

과세관청의 부과처분에 의해 과세표준과 세액이 확정되는 조세로 옳은 것은?

① 부가가치세 ② 증여세
③ 중간예납법인세 ④ 인지세

더알아보기 납세의무의 확정

납세의무	내용
신고확정	납세의무자의 신고에 의해 과세표준과 세액이 확정되는 조세 예 소득세, 법인세, 부가가치세, 증권거래세
부과확정	과세관청의 부과처분에 의해 과세표준과 세액이 확정되는 조세 예 상속세, 증여세 등
자동확정	납세의무의 성립과 동시에 자동적으로 과세표준과 세액이 확정되는 조세 예 인지세, 원천징수하는 소득세 · 법인세, 중간예납하는 법인세, 납세조합이 징수하는 소득세 등

문제해설

과세권자에게 확정권을 부여하는 것으로 증여세와 상속세 등이 해당된다.

008

조세구제제도에 관하여 연결이 잘못된 것은?

① 이의신청 – 세무서장
② 심사청구 – 국세청장
③ 심사청구 – 국세심판원장
④ 심판청구 – 국세심판원장

더알아보기 조세구제제도

- **이의신청** : 결정서를 받은 날로부터 90일 이내에 세무서장에게 해야 함
- **심사청구** : 원인이 되는 행위가 있는 날부터 90일 이내에 국세청장에게 해야 함
- **심판청구** : 결정통지를 받은 날로부터 90일 이내에 국세심판원장에게 해야 함

문제해설

심사청구는 해당 처분이 있는 것을 안 날로부터 90일 이내에 국세청장에게 해야 한다.

009

다음은 종합소득세에 관한 설명이다. 맞는 것은?

① 종합소득과세표준은 종합소득금액에서 종합소득공제를 차감한 금액으로 한다.
② 종합소득세의 기본세율은 9%에서 45%의 초과누진세율을 적용한다.
③ 종합소득공제시 기본공제는 공제대상 인원수 1인당 연 50만 원이다.
④ 종합소득공제시 추가공제는 경로우대자와 장애인에 한해서만 적용된다.

문제해설

② 종합소득세의 기본세율은 6%에서 45%의 초과누진세율을 적용한다.
③ 기본공제는 공제대상 인원수 1인당 연 150만 원을 곱하여 계산한 금액을 공제하는 것이다.
④ 추가공제 적용대상은 장애인, 경로우대자, 부녀자 세대주 본인 등이다.

010

이자소득과 그 수입시기가 바르게 연결된 것은?

① 무기명 공사채의 이자와 할인액 – 약정에 의한 지급일
② 채권 또는 증권의 이자와 할인액 – 그 지급을 받는 날
③ 적금 또는 부금의 이자 – 당해 적금 또는 부금의 만기일
④ 통지예금의 이자 – 인출일

문제해설

① 무기명 공사채의 이자와 할인액 – 그 지급을 받는 날
② 기명 채권 또는 증권의 이자와 할인액 – 약정에 의한 지급일
③ 보통예금, 정기예금, 적금 또는 부금의 이자 – 실제 이자를 지급받는 날

011

다음 중 배당소득이 발생하지 않을 때는?

① 법인의 설립　② 법인의 해산
③ 법인의 합병　④ 법인의 분할

문제해설

법인의 합병, 분할, 해산시에는 의제배당이 발생할 수 있으나, 설립할 때에는 발생하지 않는다.

정답 007 ② | 008 ③ | 009 ① | 010 ④ | 011 ①

012

의제배당과 그 범위에 관한 설명으로 가장 거리가 먼 것은?

① 주식의 소각이나 자본의 감소로 인하여 당해 주주가 취득하는 금전 등의 가액이 당해 주식 또는 출자를 취득하기 위하여 소요된 금액을 초과하는 금액이다.

② 법인이 잉여금의 전부 또는 일부를 자본 또는 출자의 금액에 전입함으로써 취득하는 주식 또는 출자의 가액이다.

③ 해산한 법인의 주주가 그 법인의 해산으로 인한 잔여재산의 분배로서 취득하는 재산의 가액이 당초 주식을 취득하기 위하여 소요된 금액을 초과하는 금액이다.

④ 의제배당은 상법상의 이익배당으로서, 주주들에게 실제적으로 이익을 주는 것이다.

문제해설

의제배당이란 상법상의 이익배당은 아니지만 법인이 감자 등을 하는 경우 주주들에게 이익배당을 주는 것과 같은 경제적 이익을 주는 배당으로, 배당소득으로 과세된다. 반드시 환매금지형으로 설정, 설립하여야 한다.

013

다음은 양도소득세에 관한 내용이다. 옳은 것은?

① 양도란 자산의 매도, 교환, 법인에 대한 현물출자 등에 대해 자산의 등기나 등록이 완료되어, 자산이 유상으로 이전되는 것이다.

② 미등기 양도자산이나 주식은 장기보유특별공제에 해당되지 않는다.

③ 주식의 양도가액과 취득가액은 기준시가가 원칙이며, 예외적으로 실지거래가액을 적용할 수 있다.

④ 상장주식, 협회등록주식을 대주주가 장내에서 양도할 경우 양도소득세가 비과세된다.

문제해설

① 양도는 등기나 등록과는 관계없다.
② 주식의 양도가액과 취득가액은 실지거래가액이 원칙이고, 예외적으로 기준시가를 적용할 수 있다.
④ 상장주식, 협회등록주식을 대주주가 장내에서 양도할 경우 양도소득세가 과세된다.

014

1세대 1주택인 거주자가 2025년 3월 이후 양도하는 경우 장기보유특별 공제비율이 바르게 된 것은?

① 4년 보유 : 양도차익의 10%
② 5년 보유 : 양도차익의 15%
③ 10년 보유 : 양도차익의 30%
④ 25년 보유 : 양도차익의 80%

더 알아보기 장기보유특별공제율

보유기간	공제율
3년 이상 ~ 4년 미만	24%
4년 이상 ~ 5년 미만	32%
5년 이상 ~ 6년 미만	40%
6년 이상 ~ 7년 미만	48%
7년 이상 ~ 8년 미만	56%
8년 이상 ~ 9년 미만	64%
9년 이상 ~ 10년 미만	72%
10년 이상	80%

문제해설

장기보유특별공제는 토지 · 건물로서 보유기간이 3년 이상인 경우 자산의 양도차익에서 공제율에 의하여 계산한 금액을 공제한다.

015

양도소득세의 과세표준 및 세액계산의 등식으로 거리가 먼 것은?

① 양도소득 과세표준 = 양도소득금액 − 양도소득 기본공제
② 양도소득 산출세액 = 양도소득세 과세표준 × 양도소득세율
③ 양도소득금액 = 양도차익 − 취득가액
④ 양도차익 = 양도금액 − 필요경비

문제해설

양도소득금액은 양도차익에서 장기보유특별공제를 한 금액이다.

정답 012 ④ | 013 ② | 014 ④ | 015 ③

016

다음은 상속세와 증여세에 관한 설명이다. 옳은 것은?

① 상속세와 증여세의 세율은 다르다.
② 상속세의 신고기한은 상속일로부터 국내 거주자는 3개월, 국외 거주자는 6개월 이내이다.
③ 증여자산 공제액은 5년 이내에 공제받은 금액을 합계한 금액으로 한다.
④ 증여세의 최고세율은 50%이다.

문제해설

① 속세와 증여세의 세율은 동일하다.
② 상속세의 신고기한은 상속일로부터 국내 거주자는 6개월, 국외 거주자는 9개월 이내이다.
③ 증여자산 공제액은 10년 이내에 공제받은 금액을 합계한 금액으로 한다.

017

상속세와 증여세에 대한 설명으로 가장 거리가 먼 것은?

① 상장주식은 평가기준일 후 1개월의 종가평균액을 상속 · 증여재산의 가액으로 한다.
② 상속세액이 2천만 원을 초과하는 경우 연부연납이 가능하다.
③ 증여세 신고기한은 증여 후 3개월 이내이다.
④ 배우자와 직계존비속을 제외한 기타 친족으로부터의 증여시 증여공제액은 5,000만원이다.

문제해설

평가기준일 전 · 후 각 2개월 간(총 4개월)의 종가평균액이다.

018

다음 중 상속 · 증여세액의 납부에 관한 설명이다. 옳은 것은?

① 상속 및 증여재산 중 부동산과 유가증권이 전체 재산가액의 50%를 초과하고 그 세액이 2천만 원을 초과하는 경우 물납이 가능하다.
② 연부연납 허가를 받은 경우에도 분납이 가능하다.
③ 상속 또는 증여세액이 1천만 원을 초과하는 경우 연부연납을 신청할 수 있으며, 이때 납세의무자는 담보를 제공하여야 한다.
④ 연부연납은 국세청장의 허가가 있어야 한다.

문제해설

② 연부연납 허가를 받아도 분납은 불가능하다.
③ 상속 또는 증여세액이 2천만 원을 초과하는 경우 연부연납을 신청할 수 있다.
④ 연부연납은 국세청장이 아닌 세무서장의 허가를 받는 것이다.

019

다음 중 상속세 과세대상이 아닌 것은?

① 피상속인의 사망으로 지급되는 보험료
② 피상속인이 신탁한 재산
③ 금전으로 환가될 수 없는 물건
④ 피상속인에게 지급될 퇴직금

문제해설

금전으로 환가할 수 있는 경제적 가치가 있는 물건이 상속세 과세대상이다.

020

증권거래세의 과세대상이 아닌 것은?

① 주식의 인수로 인한 권리의 양도
② 주권 발행 전의 주식의 양도
③ 국가 및 지방자치단체가 양도하는 주권
④ 상법에 의해 설립된 합명회사 사원의 지분 양도

더 알아보기 증권거래세 과세대상

- 상법 또는 특별법에 의해 설립된 법인의 주식이나 외국법인이 발행한 주권 또는 주식예탁증서로서 증권거래소에 상장된 주식의 양도
- 주권 발행 전의 주식, 주식의 인수로 인한 권리, 신주인수권과 특별법에 의해 설립된 법인이 발행하는 출자증권의 양도
- 상법에 의해 설립된 합명회사, 합자회사 및 유한회사 사원의 지분 양도

문제해설

국가 또는 지방자치단체가 주권 등을 양도하는 경우, 주권을 목적물로 하는 소비대체의 경우 등은 증권거래세를 부과하지 않는다.

021

다음 증권거래세에 대한 설명 중 옳은 것은?

① 납세의무자는 매월 분의 증권거래세 과세표준과 세액을 다음 날 15일까지 신고 · 납부하여야 한다.
② 미달 납부한 경우 미달세액의 10%를 가산하여 징수한다.
③ 매매거래가 거래소에서 성립된 경우, 그 양도시기는 대금 전부를 결제하는 때이다.
④ 국가 및 지방자치단체가 주권 등을 양도하는 경우도 과세대상이 된다.

문제해설

① 납세의무자는 매월 분의 증권거래세 과세표준과 세액을 다음 달 10일까지 신고 · 납부하여야 한다.
③ 매매거래가 거래소에서 성립된 경우, 그 양도시기는 양도가액이 결정되는 때이다.
④ 국가 및 지방자치단체가 주권 등을 양도하는 경우 증권거래세는 비과세된다.

정답 016 ④ | 017 ① | 018 ① | 019 ③ | 020 ③ | 021 ②

022

다음 중 증권거래세에 대한 설명으로 가장 거리가 먼 것은?

① 증권거래세는 증권의 양도시에 부과되는 세금이다.
② 과세표준은 원칙적으로 주권의 양도가액으로 한다.
③ 금융투자회사 등을 통해 주권 등을 양도하는 경우의 납세의무자는 당해 주권의 양수자이다.
④ 증권거래세의 기본세율은 0.5%이다.

문제해설

금융투자회사 등을 통해 주권 등을 양도하는 경우의 납세의무자는 해당 금융투자업자이다.

더 알아보기 증권거래세의 납세의무자

과세표준	공제율
유가증권시장과 장외거래시장 거래주권	대체결제회사
금융투자회사 거래주권	금융투자업자
그 외에 주권을 양도하는 경우	양도자
국내 사업장을 가지고 있지 않은 비거주자가 증권회사 등을 통하지 않고 주권 등을 양도하는 경우	당해 주권의 양수자

023

증권거래세의 납세의무자에 대한 설명으로 가장 거리가 먼 것은?

① 비거주자가 금융투자회사를 통하지 않고 주권 등을 양도하는 경우 – 당해 주권의 양도자
② 거래소에서 양도되는 주권을 대체결제하는 경우 – 당해 대체결제회사
③ 금융투자회사를 통해 주권 등을 양도하는 경우 – 당해 금융투자업자
④ 거주자가 대체결제나 금융투자회사를 통하지 않고 양도하는 경우 – 당해 양도자

문제해설

비거주자가 금융투자회사를 통하지 않고 주권 등을 양도하는 경우의 납세의무자는 당해 주권의 양수자이다.

024

장외거래된 비상장주권의 거래세율은?

① 0.15% ② 0.3%
③ 0.35% ④ 0.7%

더알아보기 증권거래세율

구분	세율
유가증권시장에서 거래되는 주권	0.15%
코스닥시장에서 거래되는 주권	0.15%
장외거래 주권	0.35%

문제해설

장외거래시의 증권거래세율은 0.35% 이다.

025

과점주주의 취득세 과세대상이 아닌 것은?

① 과점주주가 아닌 주주 또는 사원이 주식이나 지분을 매입하여 과점주주가 된 경우 : 증가한 주식소유비율
② 과점주주가 아닌 주주 또는 사원이 불균등 증자로 과점주주가 된 경우 : 해당일 현재의 주식소유비율
③ 과점주주 또는 사원의 주식소유비율이 증가한 때 : 증가한 주식소유비율
④ 과점주주 또는 사원의 주식소유비율이 감소한 후 5년 이내에 그 비율이 증가한 경우 : 해당일 현재의 주식소유비율 - 감소 전 주식소유비율

더알아보기 과점주주의 취득세 납세의무자

구분	비율
과점주주가 아닌 주주 또는 유한책임사원이 주식 또는 지분을 매입 · 취득하여 과점주주가 최초로 된 경우	해당일 현재의 소유 주식비율
과점주주 또는 사원의 주식소유비율이 증가한 때	증가한 주식소유비율
과점주주 또는 사원의 주식소유비율이 감소한 후 5년 이내에 그 비율이 증가한 경우	

문제해설

과점주주가 아닌 주주 또는 사원이 주식이나 지분을 매입하여 과점주주가 된 경우에는 해당일 현재의 주식소유비율이 과세대상이 된다.

4과목 법규 및 세제

정답 022 ③ | 023 ① | 024 ③ | 025 ①

TRANSPORT
Eurotun
By Astrid Wendlandt
Eurotunnel warned
yesterday it would not make
enough cash this year to pay
all the interest due on it
£6.3bn ($10.6bn) debt mou
tain.
The operator of the
Channel link between
northern Franc
many holiday
tay at home
and for
ould re
TRANSPO
P&

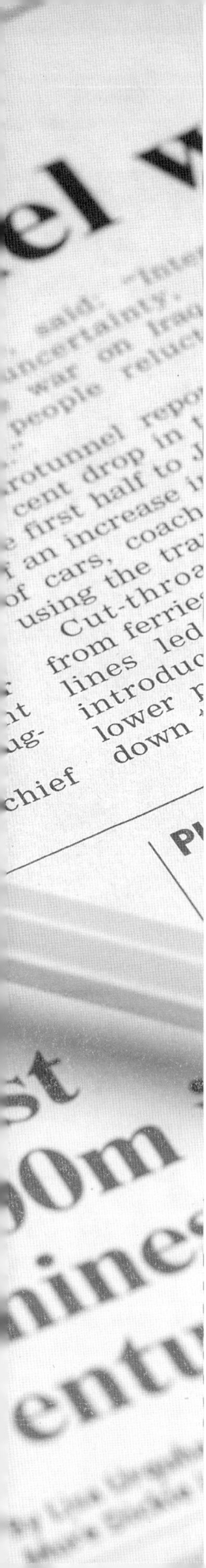

실전모의고사

실전모의고사

1과목 증권분석(15문제, 001~015번)

001 **다음 경기순환에 대한 설명으로 가장 거리가 <u>먼</u> 것은?**

① 경기가 호황국면일 경우 초기에는 투자의 중점이 소비재 생산부문에 있으나, 후기에는 자본재 생산부문으로 옮겨간다.

② 정점(저점)에서 다음 정점(저점)까지의 시간적 길이를 순환주기라고 부른다.

③ 정점과 저점 사이의 길이를 진폭하라 하며, 진폭이 크면 클수록 경기변동이 심하다고 할 수 있다.

④ 경기의 수축국면에서는 소비와 투자 등이 계속 감소한다.

002 **다음 중 계절변동의 조정방법을 모두 고르시오.**

㉠ 단순평균법	㉡ X − 12 ARIMA
㉢ 최소자승법	㉣ 60개월 이상 장기이동평균법

① ㉠, ㉣　　② ㉠, ㉡

③ ㉡, ㉢　　④ ㉢, ㉣

003 레버리지 분석에 대한 설명으로 가장 거리가 먼 것은?

① 주주들은 재무레버리지도가 높은 기업에 대해서는 위험을 크게 느끼고 높은 기대수익률을 요구하게 된다.

② 영업레버리지 효과는 영업레버리지가 높은 경우 매출량이 변할 때 영업이익이 매출량이 변하는 비율보다 낮은 비율로 변하는 것을 말한다.

③ 영업레버리지 분석은 고정자산의 보유 등에 따른 고정영업비가 매출액의 변화에 따라 영업이익에 미치는 영향을 분석하는 것이다.

④ 고정영업비가 클수록, 매출량이 작을수록 영업레버리지도는 크게 나타난다.

004 EV/EBITDA에 대한 설명으로 가장 거리가 먼 것은?

① EV는 영업이익과 감가상각비의 합(경상이익 + 순금융비용 + 감가상각비)으로 계산한다.

② EBITDA는 기업이 영업활동으로 벌어들인 현금창출 능력을 나타내는 지표이다.

③ EV/EBITDA는 EV를 EBITDA로 나눈 수치로 현재의 주가가 영업성과에 비해 어느 정도인가를 나타낸다.

④ EV/EBITDA는 비율이 낮을수록 영업활동으로부터 창출해 내는 현금흐름에 비해 기업가치가 저평가됐다고 할 수 있다.

005 두 개의 방정식으로 구성된 아래의 거시경제모형 예측에 기초하여 Y_t를 구하시오. (C_t=t기의 소비, Y_t=t기의 소득, Z_t=t기의 정책변수)

$$C_t = a + bY_t + rC_{t-1}$$
$$Y_t = C_t + Z_t$$
$$a = 120,\ b = 0.4,\ r = 0.5$$
$$Z_t = 30,\ C_{t-1} = 60$$

① 180
② 300
③ 360
④ 400

006 다음 중 경기변동의 원인과 이론에 대한 설명으로 가장 거리가 먼 것은?

① 케인즈학파의 경제이론가들은 경기순환의 원인을 독립투자 및 소비자의 내구소비재 지출에서 찾았다.
② 통화주의자들은, 지출요소들은 안정적인 반면에 통화공급이 불안정하기 때문에 경기변동이 발생한다고 보았다.
③ 루카스는 불안전한 정보에 근거한 기대를 경기변동의 원인으로 보았다.
④ 프리드만은 메뉴비용의 존재가 재화가격의 경직성을 유발하고, 이러한 가격경직성으로부터 우상향하는 총공급곡선이 도출되어 총수요충격에 의해 경기변동이 유발될 수 있다고 보았다.

007 ARIMA모형의 특징으로 가장 거리가 먼 것은?

① 다른 설명변수의 도입 없이 변수 과거치와 오차항만을 가지고 시계열에 적합한 모형을 설정할 수 있는 가장 간편한 방법이다.
② 새로운 자료가 추가되어도 모형 모수치에는 큰 변화가 없다.
③ 예측치가 최소 평균평방오차 개념에 의해 도출되긴 하지만 자료가 불충분한 경우 시계열의 연속성은 유지하기 힘들다.
④ 모형에서 생성된 예측치는 시계열의 움직임을 합리적으로 반영한다.

008 누적 경기확산지수를 바르게 설명한 것은?

① 월별 경기확산지수의 순증가율만을 합성하기 때문에 수치의 크기는 의미가 없고, 단지 경기 전환점만을 확인할 수 있다.

② 경기변동을 예측 · 분석하는 데는 사용할 수 없고 과거의 기준 순환일을 추정하는 데만 사용한다.

③ 개별시계열의 월별 변동 방향만을 감안하여 총 구성계열수에 대한 증가 계열의 백분비비율을 구하여 산출한다.

④ 개별시계열의 실제 변동 방향과는 상관 없이 당해 계열의 특수 순환일에 따라 정점에서 저점까지의 전 기간을 감소, 저점까지의 전 기간을 증가한 것으로 간주하여 경기확산지수를 계산하는 방식이다.

009 엘리어트 파동이론에 관한 설명으로 가장 거리가 먼 것은?

① 주가변동은 상승 5파와 하락 3파로 움직이면서 끝없이 순환하는 과정이다.

② 전체시장의 움직임과 같은 방향으로 형성되는 파동을 조정파동이라 하며, 상승 1, 3, 5번파와 하락 a, c파가 이에 해당된다.

③ 2번 파동은 성격상 조정파동으로 반드시 3개의 파동으로 구성되어야 한다.

④ 4번 파동은 3번 파동을 5개의 작은 파동으로 나누었을 때 그 중에서 네 번째 파동만큼 되돌아가는 경향이 높다.

010 다음이 설명하는 것은 무엇인가?

> 추세에는 되돌림 움직임이 반드시 있다는 것을 이용하는 거래기법으로, 시장가격의 되돌림 현상을 이용하여 보다 유리한 수준에서 추세의 움직임과 같은 방향의 포지션을 만드는 것이 특징이다.

① 섬꼴반전(Island Reversal)
② 트라이던트 시스템(Trident system)
③ 반전일(Key Reversal Day)
④ 되돌림(Retracement)

011 다른 조건이 같을 경우 주가수익비율(PER)에 관한 설명 중 옳은 것은?

① 기대되는 이익성장률이 클수록 PER은 커진다.
② PER = 주당순이익/주가
③ 기대수익률이 높을수록 PER은 커진다.
④ 기대되는 배당성향이 클수록 PER은 작아진다.

012 다음은 추세분석과 패턴분석에 대한 설명이다. 옳은 것은?

① 하락 쐐기모형은 패턴의 형성 후 현저한 거래량의 감소와 이에 따른 주가하락이 핵심이다.
② 하락 깃대모형은 주가가 수직에 가깝게 대폭 상승한 직후에 나타나며, 상승 깃대모형은 주가가 크게 하락한 뒤에 일시적으로 나타난다.
③ 어느 수준에서 거래된 기간이 길수록, 거래량이 많을수록, 최근일일수록 지지와 저항의 강도는 세다.
④ 저항선은 주가가 어느 이하로 하락하려는 추세를 저지시키는 일련의 낮은 주가수준을 의미한다.

013 거시경제계량모형의 분석절차를 순서대로 나열하시오.

㉠ 모형표기	㉡ 모험추정	㉢ 시뮬레이션
㉣ 예측	㉤ 모형결과검증	

① ㉠ – ㉡ – ㉢ – ㉤ – ㉣
② ㉡ – ㉠ – ㉢ – ㉤ – ㉣
③ ㉠ – ㉡ – ㉤ – ㉢ – ㉣
④ ㉡ – ㉠ – ㉤ – ㉢ – ㉣

014 이동평균선에 대한 설명으로 가장 거리가 먼 것은?

① 단기이동평균선은 매매시점 포착에 사용된다.
② 장기이동평균선은 주추세의 파악에 사용된다.
③ 주가와 이동평균선의 괴리가 큰 경우 회귀 가능성이 적다.
④ 이동평균선의 기준기간이 길수록 이동평균선의 유연성이 크다.

015 시뮬레이션에 대한 설명으로 가장 거리가 먼 것은?

① 추정된 모수값과 내생 · 외생변수값을 이용하여 분석대상기간에 대해 각 내생변수에 대한 수학적 해를 구하는 과정이다.
② 시뮬레이션 분석의 목적은 모형의 적합도 평가, 정책효과 분석, 미래가치(내생변수)예측 등이다.
③ 시뮬레이션된 값과 실제값 사이의 오차가 클수록 양호한 모형이다.
④ 시뮬레이션은 모형의 구조적 안전성을 분석하여 모형을 확정하는 단계이다.

2과목 증권시장(20문제, 016~035번)

016 다음 ( ) 안에 들어갈 적절한 용어를 차례대로 배열한 것을 고르시오.

- (㉠)는(은) 대통령령으로 정하는 방법에 따라 산출한 50인 이상의 투자자에게 새로 발행되는 증권의 취득의 청약을 권유하는 것을 말한다.
- (㉡)는(은) 대통령령으로 정하는 방법에 따라 산출한 50인 이상의 투자자에게 이미 발행된 증권의 매도의 청약을 하거나 매수의 청약을 권유하는 것을 말한다.

	㉠	㉡
①	공모	사모
②	모집	매출
③	모집	사모
④	청약	발행

017 다음은 상장의 준비단계이다. 절차가 순서대로 연결된 것은?

㉠ 정관정비
㉡ 우리사주조합결성 및 지주관리 위탁계약
㉢ 대표주관계약의 체결
㉣ 이사회 또는 주주총회의 결의
㉤ 외부감사인의 지정
㉥ 명의개서대행계약 체결

① ㉣ – ㉠ – ㉤ – ㉡ – ㉢ – ㉥
② ㉤ – ㉢ – ㉥ – ㉠ – ㉡ – ㉣
③ ㉠ – ㉤ – ㉢ – ㉡ – ㉣ – ㉥
④ ㉤ – ㉢ – ㉠ – ㉥ – ㉡ – ㉣

018 주권의 상장폐지제도에 대한 설명으로 가장 거리가 먼 것은?

① 관리종목으로 지정되면 1일간 매매거래를 정지한다.
② 상장폐지기준을 관리종목 지정기준과 상장폐지기준으로 이원화하였다.
③ 상장회사가 상장폐지기준에 해당되면, 그 사유에 관계없이 관리종목으로 지정하고 일정기간 상장폐지를 유예하여 갱생의 기회를 준다.
④ 상장폐지가 결정되면 투자자에게 최종 매매기회를 주기 위해 7일 동안 정리매매를 할 수 있게 한다.

019 기업내용 공시제도에 대한 설명으로 가장 거리가 먼 것은?

① 조회공시를 요구받은 경우에는 1일 이내에 공시하여야 한다.
② 불성실공시 유형에는 공시불이행, 공시번복, 공시변경이 있다.
③ 공시매체로는 금융위원회 및 거래소의 전자공시시스템, 코스콤의 정보문의 단말기 및 거래소 홈페이지, 증권시장지 등이 있다.
④ 공시정보의 정확성 및 완전성, 공시의 신속성 및 적시성이 요구된다.

020 다음 중 매매거래의 수탁에 대한 설명으로 옳은 것은?

① 위탁증거금 현금에 갈음하여 증권(대용증권)으로 납부할 수 있다.
② 금융투자회사의 본점, 지점, 기타의 영업소 이외의 장소를 매매거래의 수탁장소로 할 수 없다.
③ 미수가 해소되었어도 재매수는 금지된다.
④ 위탁증거금의 징수율과 위탁수수료는 회원이 자율적으로 정하지만, 대용증권의 징수비율은 거래소가 정한다.

021 다음은 유가증권시장의 호가제도에 대한 사항이다. 거리가 먼 것을 모두 고르시오.

> ㉠ 공매도호가의 경우 시장가호가를 할 수 없다.
> ㉡ 시간외시장에서는 호가의 효력이 상실된다.
> ㉢ 투자자 P씨는 A종목을 52,750원에 매수주문을 제출하였다.
> ㉣ 선물시장에서 거래량이 가장 많은 종목이 5% 이상 상승하여 14시 55분에 사이드카(sidecar)가 발동되었다.
> ㉤ 시장가호가, 최유리지정호가는 가격은 지정하지 않는 호가이다.

① ㉠, ㉣　　② ㉡, ㉢
③ ㉣, ㉤　　④ ㉢, ㉣

022 유가증권시장의 시간외매매에 대한 주문내용으로 가장 거리가 먼 것은?

① 시간외종가매매로 16시 35분에 주문을 제출하였다.
② 시간외종가매매는 가격정정은 불가하나 시간외대량매매는 매매체결 전까지 호가의 정정 및 취소는 가능하다.
③ 시간외단일가매매는 지정가호가만 가능하다.
④ 바스켓매매의 매도 · 매수호가 중 어느 일방은 단일회원이어야 한다.

023 다음의 시장관리제도에 대한 설명으로 가장 거리가 먼 것은?

① 풍문 등과 관련하 매매거래 정지 이후 정지사유 공시 후 30분이 경과하여야 매매거래를 재개할 수 있다.
② 투자경고종목도 재차 투자경고종목 지정기준에 해당하는 경우에는 투자위험종목으로 지정할 수 있다.
③ 시장전체 매매거래중단(Circuit Breakers)은 중단요건 해당시마다 발동한다.
④ 관리종목은 신용거래종목에서 제외되고, 대용증권으로도 이용할 수 없다.

024 **거래소시장의 매매체결방법에 대한 설명으로 거리가 먼 것은?**

① 시가 및 장종료시에는 단일가 경쟁매매방식을 적용한다.
② 정리매매시에는 접속매매방식을 적용한다.
③ 동시호가 간에는 수량배분을 통하여 매매체결이 이루어진다.
④ 단일가매매시 매수/매도 호가수량이 합치하는 가격이 2개 이상인 경우 그 가격 중 직전 가격에 가장 가까운 가격으로 체결한다.

025 **코넥스시장에 대한 설명으로 가장 거리가 먼 것을 고르시오.**

> ㉠ 전문투자자, 기관투자자 등만 시장참여가 가능하다.
> ㉡ 유가증권시장과 코스닥시장과 동일하게 호가의 종류가 다양하며 거래가 활발하다.
> ㉢ 불성실공시제도는 공기불이행 및 공시번복에 한하며 적용하고 있다.
> ㉣ 코스닥시장과 달리 주가 및 거래량 급변에 따른 조회공시는 적용하지 않는다.

① ㉠, ㉡　　② ㉡, ㉢
③ ㉠, ㉢　　④ ㉢, ㉣

026 **다음 중 K-OTC시장에 대한 설명으로 가장 거리가 먼 것은?**

① 비상장주권의 매매거래를 위하여 법령에 근거하여 조직화된 장외시장이다.
② 비상장기업의 신청에 의하여 시장에 진입하는 것을 등록이라고 한다.
③ 신규등록 요건 중 재무요건으로는 최근 사업연도의 매출액이 5억 원 이상일 것을 요구하고 있다.
④ 신규지정을 위해서는 최근 사업연도의 재무제표에 대한 감사인의 감사의견이 적정 또는 한정의견이어야 한다.

027 **이표채에 대한 설명으로 가장 거리가 먼 것은?**

① 일반 회사채는 이표채 형태로 발행비중이 가장 크다.
② 지급이자는 매입시의 만기수익률을 기준으로 산정한다.
③ 투자시 가격변동위험과 재투자위험이 존재한다.
④ 자산유동화증권이 이표채에 속한다.

028 **채권의 직접모집방식과 이에 대한 설명으로 가장 거리가 먼 것은?**

① Dutch Auction – 단일가격(수익률) 경매방식으로 통화안정증권 및 국고채권의 입찰시 사용된다.
② 비경쟁입찰 – 당일 이루어진 경쟁입찰에서의 가중평균 낙찰금리로 발행금리가 결정된다.
③ 매출발행 – 발행조건을 미리 정하지 않고 개별적으로 투자자들에게 매출한다.
④ Conventional Auction – 복수의 낙찰가격이 발생한다.

029 **만기기간 5년, 표면이율 4.5%인 3개월 단위 복리채의 만기상환금액은? (원 미만 절상)**

① 11,437원　② 12,508원
③ 12,507원　④ 11,436원

030 잔존기간 3년, 표면이율 8%인 연단위 후금이표채의 만기수익률이 10%일 때 볼록성은 8.94이다. 다음 각각 두 조건의 채권을 비교해 볼 때 볼록성이 작아지는 경우는?

① 다른 조건은 동일하나 표면이율이 6.5%인 채권의 경우
② 다른 조건은 동일하나 잔존기간이 5년 채권의 경우
③ 다른 조건은 동일하나 만기수익률이 6%인 채권의 경우
④ 다른 조건은 동일하나 표면이율이 12%인 채권의 경우

031 구조화채권에 대한 투자전략으로 가장 거리가 먼 것은?

① 시장수익률의 상승이 예상되어 투자수익의 승수적인 효과를 얻고자 하는 경우에는 Leveraged FRN에 투자할 수 있다.
② 금리변동성이 클 것으로 판단될 때 디지털 옵션 금리변동부채권(Digital Option FRN)에 투자한다.
③ 수익률의 방향성 예측에 비중을 두고 수익률 하락을 예상시에는 역금리변동부채권(Inverse FRN)에 투자한다.
④ 양기준 금리변동부채권 (Dual Indexed FRN)은 수익률곡선의 기울기가 투자선택의 가장 중요요소가 된다.

032 다음 유가증권의 발행방법 중 발행기관이 발행사무 및 발행위험을 모두 부담하는 방법은?

① 모집주선　　② 위탁모집
③ 총액인수　　④ 직접발행

033 **다음 중 채권가격에 관한 설명으로 가장 거리가 먼 것은?**

① 채권가격은 만기수익률에 반비례한다.
② 장기채일수록 일정한 이자율 변동에 대한 가격변동이 크다.
③ 액면이자율이 높은 채권일수록 일정한 가격변동에 따른 채권가격변동폭은 크다.
④ 만기가 일정할 때 이자율 하락으로 인한 가격상승폭은 같은 폭의 이자율 상승으로 인한 하락폭보다 크다.

034 **채권의 듀레이션과 볼록성에 대한 설명으로 가장 거리가 먼 것은?**

① 다른 조건이 일정한 경우 수익률의 수준이 높을수록, 잔존기간이 짧을수록 채권의 볼록성은 커진다.
② 듀레이션은 채권에 투자된 원금의 가중평균회수기간이라고 할 수 있다.
③ 이표채의 경우 다른 조건이 일정할 경우 표면이율이 낮을수록, 시장수익률이 낮을수록 채권의 듀레이션은 커진다.
④ 잔존기간 5년, 표면이율이 3%인 연단위 복리채의 듀레이션은 5년이다.

035 **다음은 투자신탁(수익증권)과 투자회사(회사형 집합투자기구)에 대한 비교이다. 가장 거리가 먼 것은?**

① 투자자의 지위는 투자신탁은 수익자, 투자회사는 주주이다.
② 투자신탁은 수익증권, 투자회사는 주식을 발행한다.
③ 모두 집합투자업자가 운용하며 주식매매익 등은 비과세된다.
④ 모두 운용대상에 관계없이 배당소득이 발생한다.

3과목 금융상품 및 직무윤리(30문제, 036~065)

036 우리나라의 금융기관에 대한 설명으로 다음 중 가장 거리가 먼 것은?

① 중앙은행은 통화의 원천적 공급과 조절을 담당하는 기관으로서 우리나라는 한국은행이 이에 해당된다.
② 시중은행이란 은행법에 의해 설립되고 전국을 영업구역으로 하는 은행을 지칭한다.
③ 신용협동기구에는 상호금융, 신용협동조합, 상호저축은행 등이 있다.
④ 생명보험회사는 사망, 질병, 노후 등에 대비한 보험의 운영을 주된 업무로 한다.

037 다음의 금융상품 중 예금보험대상에서 제외되는 상품에 해당하는 것은?

① 표지어음
② 위탁자예수금
③ 보증보험계약
④ 외화예금

038 MMDA에 대한 설명으로 다음 중 옳은 것은?

① 예치금액에 관계없이 지급이자율을 동일하게 지급한다.
② 종합금융회사의 어음관리계좌(CMA), 자산운용회사의 단기금융상품펀드(MMF) 등과 경쟁하는 상품이다.
③ 예금자보호법에 의해 보호되지 않는 금융상품이다.
④ 가입대상과 금액에 제한 없이 통장을 개설할 수 있고, 단기 시장성상품에 비해 수익률이 높다.

039 파생결합증권(DLS)에 투자시 유의사항으로 가장 거리가 <u>먼</u> 것은?

① 기초자산가격이 상승하더라도 변동성 감소시에는 DLS의 평가가격은 다른 움직임을 보일 수 있다.
② 원금비보장형 DLS 상품인 경우 원금손실 가능성이 있으므로 상품발행조건을 충분히 이해하고 투자해야 한다.
③ 비표준형인 경우는 상품의 손익구조가 복잡하여 투자자의 투자판단에 어려움을 야기한다.
④ 중도환매(재매입)시 원금손실의 가능성이 있다.

040 다음은 랩어카운트의 장점을 설명한 것으로 거리가 <u>먼</u> 것은?

① 수수료 수입 총액이 감소할 가능성이 존재한다.
② 고객과의 관계가 장기화될 수 있다.
③ 고객의 입장에서 이해상충의 가능성이 적다.
④ 증권회사의 입장에서는 안정적인 수익기반을 구축할 수 있다.

041 다음 중 ELD와 ELS를 비교한 설명으로 가장 거리가 <u>먼</u> 것은?

① 은행의 주가지수연동예금을 ELD, 증권사의 주가지수연동증권을 ELS라 한다.
② ELS는 ELD와 유사하지만 투자액의 대부분을 채권에 투자하는 만큼 채권의 운용성과에 따라 원금 보장이 불가능할 수도 있다.
③ ELD는 원금을 전액을 보장하나, ELS는 사전에 정해진 조건에 따라 보장비율이 다르다.
④ ELD와 ELS 모두 5천만 원 한도로 예금자보호된다.

042 **보험의 기능에 투자의 기능을 추가하여 지급되는 보험금이 투자수익에 따라 달라지는 것이 특징인 금융투자상품은?**

① 연금보험
② CI보험
③ 종신보험
④ 변액보험

043 **예금보호제도에 대한 설명으로 가장 거리가 먼 것은?**

① 예금보험에 의해 보호되는 저축상품은 예금보호가입 금융기관이 취급하는 예금만 해당된다.
② 동일한 금융기관 내에서 예금자 1인이 보호받을 수 있는 금액은 5천만 원이며, 여기에는 법인도 포함된다.
③ 예금보험가입 금융기관은 은행, 증권회사, 보험회사, 종합금융회사, 상호저축은행 등 5개 금융권이 해당된다.
④ 예금자보호제도는 예금의 전액을 보호하는 것이 원칙이다.

044 **다음 중 투자를 위한 자산배분설계시 투자자의 특성을 추정하기 위한 수단으로 볼 수 없는 것은?**

① 위험허용도(risk tolerance)
② 자산집단 수익률 간 상관관계
③ 자산집단의 기대수익률
④ 개별종목 선택

045 **다음 중 자산배분설계를 위한 자산집단의 기대수익률의 측정방법에 속하지 않는 것은?**

① 주식기대수익률 = 무위험이자율 + 주식시장위험프리미엄

② $\text{주식기대수익률} = \frac{\text{기말의 부} - \text{기초의 부}}{\text{기초의부}}$

③ 주식기대수익률 = 1 / PER

④ 주식기대수익률 = 배당수익률 + EPS장기성장률

046 **투자성과측정 및 피드백을 위한 다기간 투자수익률을 측정하는 방법이 아닌 것은?**

① 기하평균수익률

② 내부수익률

③ 평균기대수익률

④ 산술평균수익률

047 **전략적 자산배분전략과 전술적 자산배분전략의 실행방법 및 도구가 잘못 짝지어진 것은?**

① 전략적 자산배분전략 – 투자자별 특수상황 고려, 평균분산모형

② 전략적 자산배분전략 – 시장가치 접근방법, 위험수익 최적화방법

③ 전술적 자산배분전략 – 기술적 분석

④ 전술적 자산배분전략 – 가치평가모형, 포뮬러 플랜

048 다음 ( ) 안에 들어갈 알맞은 단어가 순서대로 짝지어진 것을 고르시오.

(㉠)의 한계를 해결하기 위하여 시장 포트폴리오에 내재된 (㉡)을 산출하고, 투자자의 시장전망을 자산배분모델에 반영하여 자산배분을 시행하는 (㉢)이 개발되었다.

	㉠	㉡	㉢
①	블랙리터만 자산배분모델	기대수익률과 분산	마코위츠 평균-분산모델
②	마코위츠 평균-분산모델	기대수익률과 분산	블랙리터만 자산배분모델
③	마코위츠 평균-분산모델	균형기대수익률	블랙리터만 자산배분모델
④	블랙리터만 자산배분모델	균형기대수익률	마코위츠 평균-분산모델

049 고객관리의 새로운 패러다임인 관계마케팅 활동에 속하지 않는 것은?

① 매일 아침 여의도 증권가에서 지나가는 직장인들을 대상으로 전단지를 대량 살포하였다.
② 단골고객인 J씨에게 이메일로 적절한 금융투자상품에 대한 정보를 전송하였다.
③ 우수고객들을 초청하여 재테크 강연회를 실시하였다.
④ 자주 영업장을 방문하는 K고객에게 생일축하카드를 발송하였다.

050 전담직원으로서의 관리적 측면에 비중을 두는 서비스로 금융기관 측면에서 직접적인 수신계수에 영향을 미치는 중요한 금융관리 활동은?

① 금융투자분석 및 투자제안 서비스
② 만기관리 서비스
③ 관계제고 서비스
④ 금융내역 관리 서비스

051 **상담 중 고객이 나타내는 미세한 표정, 몸짓, 말투로 감지하여 Closing하는 타이밍을 포착할 수 있는 신호는?**

① 바디 랭귀지(Body language)
② 오케이 시그널(OK signal)
③ 바잉 시그널(Buying signal)
④ 설득포인트

052 **다음 투자상담사의 고객응대 중 부적절한 것은?**

① "안녕하십니까. H금융투자회사 홍길동입니다."
② "나투자 부장님, 제가 보내드린 금융상품설명서는 검토해 보셨습니까?"
③ "날씨가 갑자기 더워졌습니다. 시원한 음료수 한 잔 드릴까요?"
④ "현재 이머징 마켓의 적정 PER은 5.6배로 연초보다 크게 다운되었습니다."

053 **과당매매와 관련하여 특정거래가 빈번한 거래인지 또는 과도한 거래인지를 판단할 때에 고려해야 할 사항으로 가장 거리가 먼 것은?**

① 투자자의 재산상태 및 투자목적
② 투자자가 부담하는 수수료의 총액
③ 투자자의 투자지식이나 투자경험에 비추어 해당 거래에 수반되는 위험을 잘 이해하고 있는지의 여부
④ 투자자가 해당 거래로 인해 실제 투자손실을 입었는지의 여부

054 **고객의 지시에 따를 의무에 대한 설명으로 가장 거리가 먼 것은?**

① 임의매매행위는 민사상 손해배상책임의 사유는 될 수 있으나 형사처벌 사유는 될 수 없다.
② 고객의 지시와 다르게 업무를 수행하려면 고객에게 사전 동의를 받아야 한다.
③ 고객의 판단이 고객의 이익에 도움이 되지 않는다고 판달할 경우에는 일단 그 고객에게 사정을 설명해야 한다.
④ 고객의 판단이 고객의 이익에 도움이 되지 않음에도 불구하고 고객이 자신의 의견을 고집하면 고객의 의사에 따라야 한다.

055 **다음 거래행위 중 고객과 투자상담사 사이에 이해상충이 가장 발생할 가능성이 많은 것은?**

① 스캘핑 ② 시세조종
③ 과당매매 ④ 선행매매

056 **다음 중 투자상담업무를 담당하고 있는 자가 고객에게 투자권유를 하는 때에 직무윤리기준을 위반하지 않은 경우는?**

① 중요한 사실이 아니라면 그것을 설명함으로써 고객의 투자판단에 혼선을 줄 수 있으므로 설명을 생략했다.
② 고객을 강하게 설득하기 위해 필요하다면 투자성과가 어느 정도 보장된다는 취지로 설명하였다.
③ 정밀한 조사 및 분석과정을 거치지는 않았지만 자신의 주관적인 예감에 확실히 수익성이 있다고 생각되는 투자상품을 권하였다.
④ 주가는 미래의 가치를 반영하는 것이므로 고객에게 투자정보를 제시할 때에 미래의 전망을 위주로 하여 설명하였다.

057 **금융투자업 종사자는 조사분석자료를 공표하거나 특정인에게 제공하는 경우에는 심의절차를 거쳐야 한다. 확인할 사항으로 가장 거리가 먼 것은?**

① 관계법규의 준수 여부
② 정보의 비대칭에 있어서의 불공정성 여부
③ 투자성과의 보장 등 투자자의 오해를 유발할 수 있는 표현의 사용 여부
④ 금융투자분석사가 부당한 압력을 받지 않고 독립적 위치에서 공정하고 신의성실하게 작성하였는지의 여부

058 **자본시장법상 조사분석업무와 관련한 불건전 영업행위에 있어서 예외적으로 허용되는 것이 아닌 것은?**

① 조사분석자료의 내용이 직접 또는 간접으로 특정 금융투자상품의 매매를 유도하는 것이 아닌 경우
② 조사분석자료의 공표로 인한 매매유발이나 가격변동을 의도적으로 이용하였다고 볼 수 없는 경우
③ 해당 조사분석자료가 이미 공표한 조사분석자료와 비교하여 새로운 내용을 담고 있지 아니한 경우
④ 특정 금융투자상품의 가치에 대한 주장이나 예측을 담고 있는 조사분석자료를 투자자에게 공표함에 있어서 그 자료의 내용이 사실상 확정된 때부터 공표 후 24시간이 경과하기 전까지 그 자료의 대상이 된 금융투자상품을 자기의 계산으로 매매하는 경우

059 **금융투자업의 경우 신임관계에 기초하여 거래가 이루어지는 만큼 고객의 이익을 최우선으로 실현하는 일이 중요한데, 만약 판매직원과 고객의 이해관계가 충돌할 경우 우선순위에 대한 내용으로 가장 거리가 먼 것은?**

① 고객의 이익은 곧 판매자의 이익이므로 서로에게 유용한 상품을 권하는 것이 바람직하다.
② 어떠한 경우에도 고객의 이익은 회사와 회사의 주주 및 임직원의 이익에 우선한다.
③ 회사의 이익은 임직원의 이익에 우선한다.
④ 모든 고객의 이익은 상호 동등하게 취급한다.

060 **금융투자회사의 영업활동과 관련하여 다음의 (   ) 안에 들어갈 내용으로 적합한 것을 고르시오.**

> (   )에서 벗어나는 금융거래는 자금세탁의 개연성이 있는 거래라 할 수 있으며, 이는 즉시적인 의심거래보고 및 고객거부정책 등을 통해서 금융회사 자산운용의 건전성 확보 및 투자자 보호가 이루어질 수 있다.

① 개인정보 보호 원칙
② 적정성의 원칙
③ 적합성의 원칙
④ 신의성실의 원칙

061 **금융투자협회의 분쟁조정제도에 대한 설명으로 가장 거리가 먼 것은?**

① 분쟁조정절차는 신청인이 금융투자협회에 신청서를 제출함으로서 시작된다.
② 당사자가 분쟁조정위원회의 조정안을 수락한 경우 민법상 화해계약의 효력이 있다.
③ 분쟁조정의 신청은 신청인 본인이 직접 금융투자협회에 방문신청하는 것이 원칙이다.
④ 당사자 간 합의가 성립하지 않은 경우 협회는 조정신청서 접수일로부터 30일 이내에 분쟁조정위원회에 사건을 회부하며, 당사자는 조정결정 또는 각하 결정을 통지받은 날로부터 30일 이내에 재조정 신청이 가능하다.

062 **Y금융투자회사 영업점에서 투자상담업무를 하고 있는 P는 W고객과의 상담 중에 단골고객인 J의 갑작스런 방문으로 W고객과의 상담을 서둘러 종결하고 다음 상담날짜를 정하지않고 돌려보냈다. P는 어떤 직무윤리강령을 위반했는가?**

① 고지 및 설명의무
② 주의의무
③ 공정성 유지의무
④ 신의성실의무

063 **자본시장법에서 금융투자업에 종사하는 사람들에게 요구하는 자질(직무윤리)로 가장 거리가 먼 것은?**

① 고객에 대한 고도의 윤리의식과 그에 의하여 고객의 신뢰를 확보해야 한다.
② 새로운 업무와 상품에 대한 전문적 지식의 습득이 우선시된다.
③ 투자자 보호(특히 일반투자자)에 관한 법제적 장치가 강화되었다.
④ 전문투자자의 경우 주된 보호의 대상에서 빠져 있지만, 이에 대한 윤리적 책임까지 면제되는 것은 아니다.

064 **증권가격에 영향을 행사할 수 있는 자(애널리스트)가 증권분석정보를 공표하기 전에 미리 당해 증권을 매수하고 자신의 의견을 공표한 후 주가가 오르면 당해 증권을 매도함으로써 차익을 얻는 불공정거래는?**

① 시세조종행위
② 선행매매(Front Running)
③ 스캘핑(Scalping)
④ 과당매매(Churning)

065 **내부통제기준에 대한 사항으로 가장 거리가 먼 것은?**

① 금융투자회사가 내부통제기준을 변경하려면 주주총회의 특별결의를 거쳐야 한다.
② 준법감시인의 역할은 감시통제 기능과 회사비리의 사전방지 기능이다.
③ 내부통제 위반행위 발견시 준법감시부서 직원 중 조사원을 임명하여 임무를 부여한다.
④ 금융투자회사의 고유재산 운용에 관한 업무에 종사하는 자는 준법감시인을 겸할 수 없다.

4과목 법규 및 세제(35문제, 066~100)

066 **자본시장법에서 증권과 파생상품의 구분기준으로 가장 거리가 먼 것은?**

① 금융투자상품은 추가지급의무, 원본초과 손실발생 가능성을 기준으로 구분한다.
② 원화로 표시된 양도성예금증서(CD), 관리형신탁은 금융투자상품으로 인정된다.
③ 투자자가 취득과 동시에 추가지급의무를 부담하는 것을 증권, 취득 이후에 추가지급의무를 부담하는 것을 파생상품으로 분류한다.
④ 원본대비손실비율이 100%를 초과하는 경우 파생상품으로 본다.

067 **금융투자업 관계기관에 관한 내용으로 가장 거리가 먼 것은?**

① 금융위원회(FSC)는 국무총리 소속의 합의제 행정기관이다.
② 금융위원회, 증권선물위원회는 의결기관이고 금융감독원은 집행기관이며 검사기관이다.
③ 증권 · 파생상품시장의 불공정거래 조사권은 증권선물위원회가 가지고 있다.
④ 금융위원회 위원장이 금융감독원장을 겸직하고 있다.

068 **금융투자업의 인가와 등록에 대한 사항으로 가장 거리가 먼 것은?**

① 등록제는 자본시장법에서 정하는 6가지 등록요건을 모두 구비하여야 한다.
② 투자자문업과 투자일임업을 영위하기 위해서는 금융위원회에 등록을 해야 한다.
③ 동일한 금융기능에 대해서는 동일한 인가 및 등록요건에 적용된다.
④ 금융기능을 중심으로 정한 인가업무 단위로 업무단위를 선택하여 인가를 받아야 한다.

069 **다음 중 금융투자업의 공통 영업행위 규칙을 준수하기 위한 행위에 포함되지 않는 것은?**

① 이해상충 관리시스템의 구축, 재위탁의 금지
② Know-Your-Customer-Rule의 도입, 투자권유대행인제도 도입
③ 장외거래 규제, 성과보수의 제한
④ 선행매매, 스캘핑의 금지, 손실보전 등의 금지

070 **다음은 투자매매업자 및 투자중개업자의 영업행위이다. 이 중 불건전 영업행위에 속하지 않는 것은?**

① 애널리스트들이 자신의 의견을 공표하기 전에 미리 금융투자상품을 매수하고 공표 후 다시 매도하여 큰 차익을 얻는 행위
② 조사분석자료의 작성을 담당하는 자에게 일정한 기업금융업무와 연동된 성과보수를 지급하는 행위
③ 투자자가 매매일과 총매매금액을 지정한 경우로 그 지정 범위에서 투자판단을 일임 받아 매매하는 행위
④ 가격에 중대한 영향을 미칠 수 있는 주문을 받게 될 가능성이 큰 경우 고객의 주문을 체결하기 전에 자기의 계산으로 매수 또는 매도를 권유하는 행위

071 **증권의 모집 · 매출시에 발행회사와 증권에 관한 정확한 정보를 제공함으로써 정보의 비대칭을 해소하여 증권발행사기를 막고자 자본시장법상 발행시장의 공시규제 차원에서 마련된 제도는?**

① 유가증권신고서
② 증권신고서
③ 공개매수신고서
④ 투자설명서

072 다음 중 공개매수제도에 대한 설명으로 가장 거리가 먼 것은?

① 전환사채권, 신주인수권부사채권, 교환사채권은 공개매수가 불가능하다.
② 공개매수자는 공개매수의 공고 · 신고서 제출 후부터 즉시 공개매수가 가능하다.
③ 공개매수자는 공개매수할 주식 등을 매도하고자 하는 자에게 공개매수설명서를 미리 교부하지 않으면 그 주식 등을 매수하는 것이 금지된다.
④ 공개매수결과보고서를 공개매수가 종료한 때에 지체 없이 금융위원회와 거래소에 제출하여야 한다.

073 다음 중 규제대상 시세조종행위가 아닌 것은?

① 시세고정
② 시장조성
③ 가장매매
④ 통정매매

074 자기주식의 취득 · 처분에 관한 사항으로 가장 거리가 먼 것은?

① 취득을 완료했을 때는 매매거래의 내역을 증명하는 서류를 첨부하여 취득결과보고서를 5일 이내에 금융위원회에 제출하여야 한다.
② 자기주식 처분기간은 이사회 결의일로부터 3개월 이내로 한다.
③ 보통주 취득 후 다시 우선주를 취득하고자 할 때에는 새로운 이사회 결의를 할 수 있다.
④ 자기주식 취득을 위한 장 개시 전에 매수주문을 하는 경우 전일의 종가와 전일의 종가를 기준으로 100분의 5 높은 가격의 범위 이내의 가격으로 한다.

075 **건전경영 유지를 위한 대손충당금의 적립기준에 대한 설명으로 가장 거리가 <u>먼</u> 것은?**

① 금융투자업자는 '고정' 이하로 분류되는 지급보증에 대해 대손충당금 기준을 준용하여 지급보증충당금을 적립해야 한다.
② '추정손실'분류자산의 100분의 90 이상의 대손충당금을 적립해야 한다.
③ '정상'으로 분류된 대출채권 중 콜론, 환매조건부매수에 대해서는 적립하지 않아도 된다.
④ 대출채권, 가지급금, 미수금, 부도채권 등의 자산에 대해 대손충당금을 적립해야 한다.

076 **자본시장에 있어서 자율규제기관에 대한 설명이다. 바르게 연결된 것을 고르시오.**

㉠ 자본시장의 운영 및 시장감시 부문에 대한 자율규제업무 수행
㉡ 금융투자업자의 업무 및 영업행위에 대한 자율규제업무 수행

	㉠	㉡
①	한국거래소	한국금융투자협회
②	금융감독원	한국거래소
③	한국금융투자협회	한국거래소
④	한국거래소	금융감독원

077 **같은 종류의 증권을 지속적으로 발행하는 회사가 일정한 기간 모집 또는 매출할 증권의 총액을 기재한 증권신고서는?**

① 예비투자설명서
② 정정신고서
③ 자산운용보고서
④ 일괄신고서

078 **투자권유시 적용되는 위험고지 및 설명에 대한 설명으로 옳은 설명은?**

① 일반투자자가 시스템매매 프로그램에 의한 매매거래를 신청하는 경우 위험고지만 하면 되고 별도의 위험고지서는 교부하지 않아도 된다.
② 원금비보전형 파생결합증권은 만기 전 손실요건이 있는 구조의 상품이더라도 만기 전까지는 손실요건 중 일부가 발생하였다는 사실을 고지할 의무가 없다.
③ 신용거래의 경우 투자설명서 이외에 핵심설명서도 교부하여야 한다.
④ 일부투자자가 주식거래를 위하여 거래를 개설하고자 하는 경우에는 일중매매거래에 대한 위험은 우편으로만 통지하면 된다.

079 **다음 중 한국금융투자협회에 관한 사항으로 가장 거리가 먼 것은?**

① 자본시장법에 의해 한국증권업협회, 자산운용협회, 선물협회가 통합되었다.
② 자본시장 조사업무규정과 증권범죄사무처리규정을 제정 · 운영한다.
③ 금융투자전문인력과 자격시험에 관한 규정을 제정 · 운영한다.
④ 자본시장법에서는 한국금융투자협회가 자율규제기관으로서의 법적 근거를 강화하였다.

080 **다음의 금융투자업자의 영업과 관련된 사항 중 금융감독원장에게 즉시 보고해야 할 사안은?**

① 합병 또는 영업의 전부나 일부의 양도
② 본점 · 지점, 그 밖의 영업소의 영업중지 · 재개
③ 정관 중 중요사항 변경
④ 대주주 또는 그의 특수관계인의 소유주식 1% 이상 변동

081 **다음 중 협회의 금융투자회사의 공통 업무 및 영업행위규정에 맞는 행위는?**

① 일반투자자가 장외파생상품거래를 하고자 할 경우 위험을 고지한 후 모든 장외파생상품 거래를 할 수 있다.
② 일반투자자는 위험성이 높은 일중매매거래나 시스템매매거래를 신청한 경우 사전교육을 필히 이수한 후에 할 수 있다.
③ 파생상품 투자경험이 10개월인 만 68세인 Y씨에게 원금보장형 파생결합증권의 투자를 권유하였다.
④ 파생결합증권(ELS 및 DLS), 주식워런트증권(ELW)의 공모로 발행될 경우 일반투자자에게 손실요건이 발생한 경우 지체 없이 그 위험을 알려야 한다.

082 **다음 중 금융투자회사의 약관에 대한 설명으로 가장 거리가 먼 것은?**

① 금융투자회사가 이미 사용하고 있는 약관이 관계법령 개정 등의 사유로 변경이 필요한 경우 협회는 해당 약관의 변경을 권고할 수 있다.
② 모든 표준약관은 본질을 해하지 않는 범위 내에서 수정하여 사용할 수 있다.
③ 전문투자자만을 대상으로 하는 약관을 변경하는 경우에는 변경한 후 7일 이내에 협회에 보고하여야 한다.
④ '전자금융거래 이용에 관한 기본약관'을 수정하여 사용할 경우에는 금융위원회에 보고하여야 한다.

083 **다음의 설명 중 옳지 않은 것은?**

① 금융투자회사로부터 징계퇴직 처분을 받은 자는 처분일로부터 5년이 경과하지 않은 경우 다른 금융투자회사에서 채용할 수 없다.
② 금융투자회사는 직원에게 견책 이상의 처분을 부과한 경우 협회에 보고해야 한다.
③ 투자자계좌의 잔액이 0이 된 날로부터 1년이 경과한 후에는 해당 계좌를 폐쇄할 수 있다.
④ 거래상대방에게 재산상 이익을 제공할 때 제공목적, 제공내용 등이 기재된 문서를 준법감시인에게 보고해야 한다.

084 **자본시장법에 근거한 내용으로 가장 거리가 먼 것은?**

① 자본시장조사 업무규정은 자본시자을 규율하는 법원이 될 수 있다.
② 자본시장법에 의하면 개인도 금융투자업자가 될 수 있다.
③ 자본시장법을 포함한 금융관련 법령의 규제체계는 법 · 영 · 규칙 외에 금융위 규정 및 금감원 규칙 등 총 5단계로 구성되어 있다.
④ 원본손실 가능성이 있는 모든 금융상품을 금융투자상품으로 정의하고 자본시장법의 규율대상으로 규정하고 있다.

085 **다음 중 일반투자자에 대하여만 적용되는 투자권유 규제를 모두 고른 것을 고르시오.**

㉠ 고객파악 의무	㉡ 설명의무
㉢ 적합성의 원칙	㉣ 적정성의 원칙

① ㉠　　② ㉠, ㉡
③ ㉡, ㉢　　④ ㉠, ㉡, ㉢, ㉣

086 **다음 중 투자권유대행인의 금지행위로 가장 거리가 먼 것은?**

① 둘 이상의 금융투자업자와 투자권유 위탁계약을 체결하는 행위
② 투자권유대행업무를 제3자에게 위탁하는 행위
③ 투자자로부터 금전 · 증권 등의 재산을 수취하는 행위
④ 투자권유를 거부한 투자자에게 1개월 후 다른 종류의 금융투자상품에 대한 투자권유를 하는 행위

087 적기시정조치의 종류 및 기준에 대한 설명으로 가장 거리가 먼 것은?

① 경영개선권고 – 영업용순자본비율이 150% 미만
② 경영개선권고 – 경영실태평가 결과 종합평가등급을 3등급 이하로 판정받은 경우
③ 경영개선요구 – 경영실태평가 결과 종합평가등급을 4등급 이하로 판정받은 경우
④ 경영개선명령 – 영업용순자본비율이 100% 미만

088 공개매수제도와 관련한 설명으로 다음 중 가장 거리가 먼 것은?

① 소각을 목적으로 하는 주식 등의 매수 등의 경우에는 공개매수 외의 방법으로 할 수 있다.
② 공개매수자가 정정신고서를 제출한 경우에는 지체 없이 그 사실과 정정한 내용을 공고하여야 한다.
③ 공개매수자는 주식 등을 매도하고자 하는 자에게 공개매수설명서를 미리 교부하지 않으면 그 주식 등을 매수할 수 없다.
④ 공개매수의 기간은 10일 이상 30일 이내이어야 한다.

089 상법상 주식회사 설립에 관한 내용으로 가장 거리가 먼 것은?

① 주식회사의 발기인은 반드시 1주 이상의 주식을 인수하여야 한다.
② 회사 설립시 작성하는 정관은 설립등기를 마친 후에 대표이사가 작성한다.
③ 발기설립의 경우 발기인의 회사 설립시에 발행하는 주식 모두를 인수하고, 지체 없이 출자를 이행하여야 한다.
④ 설립의 무효는 주주, 이사 또는 감사가 회사 성립의 날로부터 2년 내에 소송의 방법으로만 주장할 수 있다.

090 다음 중 소수주주권에 해당하지 않는 것은?

① 주주총회소집청구권
② 회계장부열람청구권
③ 재무제표열람권
④ 대표소송제기권

091 상법상의 자본감소에 관한 설명으로 맞는 것은?

① 발행주식수가 감소하면 당연히 주식회사의 자본도 감소한다.
② 자본감소의 효력발생시기는 실질적인 절차가 완료되었을 때이다.
③ 자본감소는 무효원인이 있을 때, 소송 이외의 방법으로 무효를 주장할 수 있다.
④ 자본감소를 하려면 이사회의 결의가 필요하다.

092 사채와 주식에 대한 설명으로 가장 거리가 먼 것은?

① 주식은 배당가능한 이익이 있어야 배당을 받을 수 있다.
② 주식은 자기자본을 구성하므로 회사의 자본을 증가시킨다.
③ 사채는 액면미달발행이 허용되나 주식의 경우는 허용되지 않는다.
④ 주식과 사채 모두 분할납입이 가능하다.

093 **회사합병에 관한 상법상의 규율로서 옳은 것은?**

① 합병으로 회사가 소멸하는 경우 청산절차를 거치지 않고 소멸한다.
② 소멸회사의 권리 · 의무는 일부를 제약하여 존속회사 또는 신설회사로 승계할 수 있다.
③ 합병에 반대한 주주는 존속회사 또는 신설회사의 주주가 되지 못한다.
④ 소규모 합병이란 흡수합병시 소멸회사의 총주주의 동의 또는 존속회사가 소멸회사 주식의 90% 이상 소유하는 경우이다.

094 **주식회사의 이사에 관한 설명으로 옳은 것은?**

① 정관에 의하여 이사의 자격을 주주로 제한할 수 없다.
② 이사는 주주총회의 특별결의로 임기만료 전에 언제든지 해임할 수 있다.
③ 이사의 보수는 정관으로 정하지 않은 경우에 이사회의 결의로 정할 수 있다.
④ 이사는 주주총회에서 선임해야 하나, 정관으로 그 선임을 다른 기관에 위임할 수 있다.

095 **주식의 양도에 관한 설명으로 가장 거리가 먼 것은?**

① 주식의 양도는 명의개서를 하여야 회사에 대항할 수 있다.
② 주식양도의 자유는 정관에 의하여도 제한할 수 없다.
③ 권리주의 양도는 회사에 대하여 효력이 없다.
④ 설립등기 · 주금납입기일 후 6개월이 경고하면 주권 없이 주식을 양도할 수 있다.

096 **다음 중 국세 성립에 필요한 과세요건에 해당되지 않는 것은?**

㉠ 납세의무자	㉡ 과세기간
㉢ 종합소득	㉣ 과세표준

① ㉠, ㉡　　② ㉠, ㉣
③ ㉡, ㉢　　④ ㉢, ㉣

097 **소득세법상 그 내용이 옳지 않은 것은?**

① 종합과세란 개인에게 귀속되는 소득 중 매년 반복적으로 발생하는 경상소득을 종합하여 과세하는 방식이다.
② 분리과세란 종합과세소득 중 법정률만을 원천징수함으로써 종합소득세의 납세의무를 종료하는 소득으로, 퇴직소득, 양도소득으로 구분된다.
③ 분류과세란 장기간에 걸쳐 발생된 것으로 종합소득과 구분하여 각 소득별로 소득세를 과세하는 것이다.
④ 종합소득 과세표준은 종합소득금액에서 종합소득을 공제한 것이다.

098 **배당소득의 수입시기가 잘못 연결된 것은?**

① 무기명 주식의 이익이나 배당 – 그 지급을 받은 날
② 법인세법에 의하여 처분된 배당 – 당해 법인의 당해 사업연도의 결산확정일
③ 잉여금의 처분에 의한 배당 – 잉여금 지급일
④ 법인의 해산으로 인한 의제배당 – 잔여재산의 가액이 확정되 날

099 **다음 중 증권거래세 납세의무자에 대한 설명으로 가장 거리가 먼 것은?**

① 거래소에서 양도되는 주권을 대체결제하는 경우의 납세의무자는 당해 대체결제회사이다.
② 비거주자가 금융투자회사를 통하지 않고 주권 등을 양도하는 경우의 납세의무자는 당해 주권의 양수자이다.
③ 거주자가 대체결제나 금융투자회사를 통하지 않고 양도하는 경우의 납세의무자는 당해 양도자이다.
④ 금융투자회사 등을 통해 주권 등을 양도하는 경우의 납세의무자는 당해 양도자이다.

100 **다음 중 증권거래세의 과세대상으로 거리가 먼 것은?**

① 장외시장에서 거래되는 비상장 영리법인의 주권
② 상속 · 증여되는 영국내국법인의 주권
③ 장내시장에서 거래되는 코스닥시장 상장법인의 주권
④ 장내시장에서 거래되는 유가증권시장 상장법인의 주권

실전모의고사

정답 및 해설

01	①	02	②	03	②	04	①	05	②
06	④	07	③	08	①	09	②	10	②
11	①	12	③	13	③	14	③	15	③
16	②	17	④	18	③	19	①	20	①
21	④	22	①	23	③	24	②	25	①
26	④	27	②	28	③	29	②	30	④
31	②	32	③	33	③	34	①	35	④
36	③	37	③	38	②	39	③	40	①
41	④	42	④	43	④	44	④	45	②
46	③	47	①	48	③	49	①	50	②
51	③	52	④	53	④	54	①	55	③
56	①	57	②	58	④	59	①	60	③
61	③	62	④	63	②	64	③	65	①
66	②	67	④	68	①	69	③	70	③
71	②	72	①	73	②	74	②	75	②
76	①	77	④	78	③	79	②	80	①
81	③	82	②	83	③	84	②	85	④
86	④	87	②	88	④	89	②	90	③
91	②	92	④	93	①	94	②	95	②
96	③	97	②	98	③	99	④	100	②

001 정답 ①

경기호황 초기에는 자본재 생산부문에서 후기에는 소비재 생산부문으로 투자의 중점이 옮겨간다.

002 정답 ②

시계열의 변동조정방법

- **계절변동** : 단순평균법, 이동평균법, X-12 ARIMA, 전년동기대비 증가율
- **불규칙변동** : MCD 이동평균법
- **추세변동** : 60개월 이상 장기이동평균법, 최소자승법

003 정답 ②

영업레버리지 효과는 영업레버리지가 높은 경우 매출량이 변할 때 영업이익이 매출량이 변하는 비율보다 높은 비율로 변하는 것을 말한다.

004 정답 ①

EV(Enterprise Value)는 기업의 총가치로 기업매수자가 기업을 매수할 때 지불해야 하는 금액을 의미하며, 시가총액 + 순차입금(총차입금 – 현금 및 투자유가증권)으로 계산한다.

005 정답 ②

$C_t = a + bY_t + rC_{t-1}$
$= 120 + 0.4Y_t + (0.5 \times 60)$
$= 150 + 0.4Y_1$
$Y_t = C_t + Z_t$
$C_t = Y_t + Z_t$
$= Y_t - 30$
$Y_t - 30 = 150 + 0.4Y_t$
$Y_t = 300$

006 정답 ④

④ 새케인즈학파의 경기변동이론에 대한 설명이다. 프리드만(M. Friedman)은 통화주의학파의 이론가로서 통화공급의 불안정성을 경기변동의 원인으로 보았다.

007 정답 ③

예측치가 최소 평균평방오차 개념에 의해 도출되므로 자료가 불충분한 경우 보간법이나 외삽법을 통해 시계열의 연속성을 유지할 수 있다.

008 정답 ①

②, ④ 역사적 확산지수
③ 당면적 경기확산지수

009 정답 ②

② 전체시장의 움직임과 같은 방향으로 형성되는 파동을 충격파동이라 하며, 상승 1, 3, 5번파와 하락 a, c파가 이에 해당된다.

010 정답 ②

트라이던트 시스템(Trident system)

- 추세에는 되돌림 움직임이 반드시 있다는 것을 이용하는 거래기법으로, 시장가격의 되돌림 현상을 이용하여 보다 유리한 수준에서 포지션을 만드는 것이 특징이다.
- 이 시스템에 의한 매입시점은 되돌림 현상이 끝난 후 예상되는 새로운 추세의 25% 지점으로 결정되며, 또한 매도시점은 되돌림 현상이 끝난 후 예상되는 새로운 추세의 75% 지점으로 결정되게 된다.
- 이 시스템에 의한 거래시의 유용성은 되돌림 움직임이 완전히 끝난 것을 확인한 후에 시간적 여유를 가지고 투자하기 때문에 위험이 적은 안전한 거래가 가능하다는 점이다.

011 정답 ①

$$\text{PER} = \frac{\text{주가}}{\text{주당순이익}} = \frac{\text{배당성향}(1+\text{이익성장률})}{\text{기대수익률}-\text{이익성장률}}$$

- 기대되는 배당성향이 클수록 커진다.
- 기대되는 이익성장률이 클수록 커진다.
- 기대수익률이 클수록 작아진다.

012 정답 ③

① 상승 쐐기모형에 대한 설명이다.
② 상승 깃대모형은 주가가 수직에 가깝게 대폭 상승한 직후에 나타나며, 하락 깃대모형은 주가가 크게 하락한 뒤에 일시적으로 나타난다.
④ 지지선에 대한 설명이다.

013 정답 ③

거시경제계량모형의 분석절차

모형표기 → 모형추정 → 모형결과검증 → 시뮬레이션 → 예측

014 정답 ③

주가와 이동평균선의 괴리가 큰 경우 회귀 가능성이 크다.

015 정답 ③

③ 시뮬레이션된 값과 실제값 사이의 오차가 작을수록 양호한 모형으로 판정된다.

016 정답 ②

「자본시장과 금융투자업에 관한 법률」에서는 공모를 모집과 매출로 정의하고 있다.

- 모집(자본시장법 제9조 제7항)
- 매출(자본시장법 제9조 제9항)

017 정답 ④

> **상장의 준비단계**
> ① 외부감사인의 지정
> ② 대표주관계약의 체결
> ③ 정관정비
> ④ 명의개서대행계약 체결
> ⑤ 우리사주조합결성 및 지주관리 위탁계약
> ⑥ 이사회 또는 주주총회의 결의

018 정답 ③

감사의견 부적정 및 의견거절의 경우 관리종목 지정 없이 즉시 상장폐지한다.

019 정답 ①

조회공시 요구시점이 오전인 경우 오후까지, 오후인 경우 그 다음 날 오전까지 공사하여야 한다.

020 정답 ①

② 수탁장소의 제한은 철폐되었다.
③ 미수가 해소된 경우에는 매도금액의 범위 내에서 재매수할 수 있다.
④ 위탁증거금의 징수율과 위탁수수료, 대용증권의 징수비율은 회원이 자율적으로 정한다.

021 정답 ④

ⓒ 5만 원 이상 20만원 미만인 종목의 호가가격단위는 100원이다.
ⓔ 장종료 40분 전, 즉 14시 50분 이후에는 사이드카의 효력을 발동시킬 수 없다.

022 정답 ①

시간외종가매매는 정규매매시간 전후로 08:00~09:00, 15:40~16:00 동안이다.

023 정답 ③

Circuit Breakers는 1일 1회에 한하며, 정규시장 종료 40분 전 이후에는 중단하지 않는다.

024 정답 ②

정리매매시에는 단일가매매방식을 적용한다.

025 정답 ①

㉠ 코넥스시장은 초기 중소기업이 상장되는 시장으로서 일반투자자가 참여하기에는 투자위험이 높아 시장 참여자의 범위를 일정 수준의 위험감수능력을 갖춘 투자자로 제한하고 있으나, 일반투자자의 경우 3억 원 이상의 기본예탁금을 예탁한 자는 시장참여가 가능하다.
㉡ 코넥스시장은 현선 차익거래가 없는 점 등 시장의 성격을 감안하여 지정가호가와 시장가호가만 허용하고 있다.

026 정답 ④

최근 사업연도의 재무제표에 대한 외부감사인의 감사의견이 적정의견이어야 한다.

027 정답 ②

지급이자는 채권발행시에 결정된 표면이율에 따라 지급된다.

028 정답 ③

매출발행은 채권의 만기기간, 발행이율, 원리금지급방법 등 발행조건을 미리 정한 후 일정기간 내에 개별적으로 투자자들에게 매출하여 매도한 금액 전체를 발행총액으로 삼는 방식이다.

029 정답 ②

$$만기상환금액 = 10{,}000 \times \left(1+\frac{0.045}{4}\right)^{20} = 12{,}508$$

(원 미만 절상)

030 정답 ④

① 만기수익률과 잔존기간이 일정할 경우 표면이율이 낮아질수록 볼록성은 커진다.
② 만기수익률과 잔존기간이 일정할 경우 잔존기간이 길어질수록 볼록성이 커진다.
③ 만기수익률과 잔존기간이 일정할 경우 만기수익율의 수준이 낮을수록 볼록성은 커진다.
④ 만기수익률과 잔존기간이 일정할 경우 표면이율이 높을수록 볼록성은 작아진다.

031 정답 ②

디지털 옵션 금리변동부채권(Digital Option FRN)에 대한 투자는 수익률변동성에 대한 예측을 전제로 금리변동성이 크지 않을 것으로 판단될 때 이 채권에 투자할 것이다.

032 정답 ③

발행기관이 발행사무 및 발행위험을 모두 부담하는 발행방법에는 잔액인수와 총액인수가 있다.

참고
- **잔액인수** : 발행기관이 발행사무와 발행위험까지 부담하는 방법으로, 모집부족이 발생하면 발행기관이 그 잔량을 인수해야 한다.
- **총액인수** : 발행기관이 공모증권의 총액을 인수하고, 그에 따른 모든 발행사무 및 발행위험을 부담하는 방법이다.

033 정답 ③

③ 액면이자율이 높은 채권일수록 일정한 가격변동에 따른 채권가격변동폭은 작다.

034 정답 ①

다른 조건이 일정할 경우 수익률 수준이 낮을수록, 잔존기간이 길수록 채권의 볼록성은 커진다.

035 정답 ④

투자회사(회사형 집합투자기구)는 운용대상에 관계없이 배상소득이 발생하지만, 투자신탁(수익증권)은 채권이 50% 이상 운용될 경우 이자소득이, 주식이 50% 이상 운용될 경우 배당소득이 발생한다.

036 정답 ③

신용협동기구에는 상호금융, 신용협동조합, 새마을금고, 농업협동조합, 수산업협동조합 및 산림조합의 상호금융을 포괄한다.

037 정답 ③

보험회사에서 취급하는 저축상품 중 법인보험계약, 보증보험계약, 재보험계약, 변액보험 주계약 등은 예금자보호법에 의해 보호되지 않는다.

038 정답 ②

① 예금금액에 따라 지급이자율을 차등지급한다.
③ 예금자보호법에 의거하여 보호되는 금융상품이다.
④ 환매조건부채권(RP), 양도성예금증서(CD) 등 다른 단기 시장성상품에 비해서는 수익률이 낮은 수준이다.

039 정답 ③

③은 주식워런트증권의 위험성에 대한 설명이다.

040 정답 ①

수입료 수입총액이 감소할 가능성이 존재하는 것은 랩어카운트의 단점이다.

041 정답 ④

ELS는 예금자보호가 되지 않고, ELD는 5천만 원까지 예금자보호대상에 포함된다.

042 정답 ④

보험료의 일부(저축보험료)를 유가증권에 투자하여 투자 실적에 따라 보험금을 정산하는 변액보험에 대한 설명이다.

043 정답 ④

예금자보호제도는 다수의 소액예금자를 우선 보호하고 부실 금융기관을 선택한 예금자도 일정부분 책임을 분담한다는 차원에서 예금의 전액을 보호하지 않고 일정액만을 보호한다는 것이 원칙이다.

044 정답 ④

①, ②, ③ 이외에도 자산집단의 위험이 이에 속한다.

045 정답 ②

②는 투자수익률의 계산방법이다.
기대수익률 측정방법으로는,
① 펀더멘털 분석방법
③ 시장공동예측치 사용법
④ 시장공동예측치 사용법, 추세분석법, 시나리오 분석법이 있다.

046 정답 ③

투자과정 전체를 진단하여 투자목적을 달성할 수 있도록 하는 피드백이므로 평균기대수익률은 이에 속하지 않는다.

047 정답 ①

평균분산모형은 마코위츠의 자산배분모델의 종류이다.

- 전략적 자산배분전략의 실행방법
  - 시장가치 접근방법
  - 위험수익 최적화방법
  - 투자자별 특수상황을 고려하는 방법
  - 다른 유사한 기관투자가의 자산배분을 모방
- 전술적 자산배분전략의 실행도구
  - 가치평가모형
  - 기술적 분석
  - 포뮬러 플랜

048 정답 ③

마코위츠 평균-분산모델의 한계를 해결하기 위한 블랙리터만 자산배분모델의 설명이다.

049 정답 ①

불특정 다수인에게 전단지를 배포하는 것은 단기적 고객유인으로 기존의 매스마케팅의 방법이다.

050 정답 ②

만기관리는 금융기관 측면에서 직접적인 수신계수에 영향을 미치는 중요한 금융관리활동이며, 또한 고객의 입장에서는 금융상품 만기시점에서 적절한 안내를 받음으로써 최선의 금융상품 선택을 가능하게 하는 매우 중요한 관리활동이다.

051 정답 ③

고객상담의 마지막 단계인 고객의 동의 확보 및 Closing에서 고객의 Buying Signal을 감지하여 적절한 Closing의 타이밍을 포착해야 한다.

052 정답 ④

전문용어나 외래어의 과도한 사용을 자제하고 표준어를 사용해야 한다.

053 정답 ④

투자자가 해당 거래로 인해 결과적으로 투자이익을 얻은 경우에는 과당매매가 될 수 있다(금융토자업 규정 제4-20조 제1항 제5호).

054 정답 ①

투자자로부터 예탁받은 재산으로 금융투자상품의 매매를 한 자, 즉 임의매매에 대해서는 형사처벌이 가해질 수 있다(자본시장법 제444조 제7회).

055 정답 ③

지문의 행위 모두가 고객의 이익을 위해 바람직하지 않은 불공정한 거래헹위이며, 정도의 차이는 있으나 과당매매의 경우가 고객의 수수료 부담이 많이 발생하므로 이익상충의 발생이 가장 큰 행휘이다.

056 정답 ①

투자권유는 객관적인 사실에 기초하여야 하며, 사실과 상담사의 의견을 명확히 구분해야 한다. 투자성과를 보장하는 듯한 표현은 금지된다.

057 정답 ②

정보의 비대칭에 의한 불공정성 여부는 미공개 중요정보의 이용을 규제하는 이유에 해당한다.
①, ③, ④ 외에 분석의 기본이 되는 데이터의 정확성 및 가치평가에 도달하는 논리전개의 타당성 여부가 포함된다(금융투자회사의 영업규정 2-33조 제1항).

058 정답 ④

조사분석자료를 공표함에 있어서 그 조사분석자료의 내용이 사실상 확정된 때부터 공표 후 24시간이 경과하기 전까지 그 조사분석자료의 대상이 된 금융투자상품을 자기의 계산으로 매매하는 행위는 원칙적으로 금지된다.

059 정답 ①

수수료 수입이 더 높은 상품을 판매하기 위해 고객의 투자성향과 맞지 않는 상품을 권유하는 경우는 투자자에게 피해를 발생할 개연성이 높아진다. 금융투자상품 권유 및 판매자는 고객이 실현가능한 최대한의 이익을 취득할 수 있도록 업무를 수행하여야 한다.

060 정답 ③

적합성의 원칙에 따른 영업정책과 자금세탁방지제도는 자산운용을 건전하게 하고 투자자를 보호한다는 목적에서는 공통점을 가진다.

061 정답 ③

신청자 본인이 직접 신청함이 원칙이나 원하는 경우 대리인도 신청이 가능하며 금융투자협회로 직접 방문 또는 우편으로도 신청이 가능하다.

062 정답 ④

P의 행위는 W고객에게 J고객보다 덜 중요하다는 이유로 상담을 서둘러 종결했고 다음 상담약속도 잡지 못했으므로 "성실하게 업무를 수행하여야 한다."는 윤리기준을 위반하고 있다. 투자상담업무종사자는 업무를 수행함에 있어서 요구되는 기본적 자세로서 성실함을 요한다. 신의성실은 직무수행에 있어서 가장 기본적인 덕목이다.

063 정답 ②

새로운 자본시장법에서는 중전의 업무영역과 취급 가능한 상품 등에 대한 규제가 대폭 완화됨에 따라 새로운 업무와 상품에 대한 전문적 지식의 습득은 물론 고객에 대한 고도의 윤리의식과 그대 의하여 고객의 신뢰를 확보하는 것은 '평판위험(reputation risk)'을 관리하는 차원에서도 금융투자업에 종사하는 사람들에게 더욱 중요한 자질로 인식되고 있다.

064 정답 ③

자본시장법에서는 스캘핑에 대하여 "특정 금융투자상품의 가치에 대한 주장이나 예측을 담고 있는 자료(조사분석자료)를 투자자에게 공표함에 있어서 그 조사분석자료의 내용이 사실상 확정된 때부터 공표 후 24시간이 경과하기 전까지 그 조사분석자료의 대상이 된 금융투자상품을 자기의 계산으로 매매하는 행위"로 규정하는 이를 금지하고 있다(자본시장법 제71조 2호).

065 정답 ①

금융투자회사가 내부통제기준을 제정하거나 변경하려는 경우에는 이사회의 결의를 거쳐야 한다(자본시장법시행령 제31조 제2항).

066 정답 ②

원화로 표시된 양도성예금증서(CD), 수탁자에게 신탁재산의 처분권한이 부여되지 아니한 관리형신탁의 수익권은 금융토자상품에서 제외된다.

067 정답 ④

금융감독원의 집행간부와 직원은 겸직이 제한되어 있다.

068 정답 ①

등록제는 인가제보다는 완화된 진입규제이므로 인가제보다 완화된 요건이 설정되었다. 동록제하에서는 사업계획의 타당 · 건전성과 같은 적합성기준은 적용되지 않는다.

069 정답 ③

금융투자업의 공통 영업행위 규칙 중
① 신의성실의무 등을 지키기 위한 행위이다.
② 투자권유규제를 위한 행위이다.
④ 직무관련 정보의 이용금지에 해당되는 행위이다.
③ 장외거래 규제는 투자매매업자, 투자중개업자의 영업행위 규칙, 성과보수의 제한은 집합투자업자의 영업행위 규칙에 포함된다.

070 정답 ③

투자매매업자 및 투자중개업자의 불건전 영업행위 중,
① 스캘핑의 금지에 해당한다.
② 조사분석자료 작성자에 대한 특정 유형의 성과보수 지급 금지에 해당한다.
③ 원칙적으로 일임매매가 금지하고 있으나 예외적으로 일임매매가 허용되는 경우에 속한다.
④ 선행매매의 금지에 해당한다.

071 정답 ②

증권을 모집 · 매출하는 경우 발행회사로 하여금 그 모집 · 매출하는 증권 및 발행기업의 내용을 일반투자자에게 공시함으로써 투자자들이 그 신고서의 기재내용을 투자판단자료로 활용하도록 함으로써 증권발행기업과 투자자 간의 정보균형을 도모한다. 종래 유가증권의 명칭이 증권으로 변경되면서 유가증권신고서의 명칭도 '증권신고서'로 변경되었다.

072 정답 ①

주식에 관계되는 증권으로 의결권이 있는 주식으로 전환, 교환 또는 인도를 청구할 수 있는 모든 증권이 공개매수의 적용대상이다. 주권, 신주인수권이 표시된 것, 전환사채권, 신주인수권부사채권, 교환사채권, 파생결합증권이 해당된다.

073 정답 ②

통정매매, 가장매매는 위장거래의 일종이며, 시세를 고정시키거나 안정시킬 목적의 매매는 시세조종행위이다. 모집 또는 매출되는 증권의 인수인이 투자매매업자에게 시장조성을 위탁하는 경우는 시세조종으로 보지 않는다.

074 정답 ②

자기주식 처분기간은 이사외 결의일 다음 달부터 3개월

이내로 해야 한다.

075 정답 ②

'추정손실'로 분류된 자산에 대해서는 100분의 100이상의 대손충당금을 적립하여야 한다.

076 정답 ①

자본시장에 있어서 대표적인 자율규제기관으로 한국거래소와 한국금융투자협회가 있다. 한국거래소는 시장운영 및 시장감사 부문에 대한 자율규제업무, 한국금융투자협회는 금융투자회사의 업무 및 영업행위에 대한 자율규제업무를 수행한다.

077 정답 ④

일괄신고서제도는 같은 종류의 증권을 지속적으로 발행하는 회사가 향후 일정기간 동안 발행예정인 증권을 일괄하여 신고하고, 실제 발행시 추가서류의 제출만으로 증권신고서를 제출한 것과 동일한 효과를 갖도록 하여 증권의 발행 또는 매도를 원활하게 하는 제도이다.

078 정답 ③

① 일반투자자가 시스템매매 프로그램에 의한 매매거래를 신청하는 경우 위험고지서를 교부하고 고객의 확인을 받아야 한다.
② 만기 전에 손실요건이 발생하게 되면 지체 없이 투자자에게 고지해야 한다.
④ 일반투자자가 주식거래를 위하여 거래를 개설하고자 하는 경우에는 일중매매거래에 대한 위험고지와 함께 고객에게 이를 확인하였다는 서명 또는 기명날인을 받아야 한다.

079 정답 ②

「자본시장 조사업무규정」과 「증권범죄사무처리규정」은 금융위원회의 규정 중 하나이다.

080 정답 ①

정관 중 중요사항 변경과 대주주 또는 그의 특수관계인의 소유주식 1% 이상 변동시에는 사유발생일부터 7일이내, 본점 · 지점, 그 밖의 영업소의 영업중지 · 재개시에는 사유발생일이 해당하는 분기 종료 후 45일 이내, 합병 또는 영업의 전부나 일부의 양도시에는 지체 없이 금융감독원장에게 보고해야 한다.

081 정답 ③

③ 만 65세 이상이고 파생상품 투자경험이 1년 미만인 자에게는 원금보장형 파생결합증권이나 원금보장형 파생상품 집합투자증권의 투자를 권유할 수 있다(파생상품 등에 대한 투자권유시 특례).
① 일반투자자는 위험회피목적의 장회파생상품거래로 한정되어 있ᄃ. 위험히피목적 이외의 장외파생상품 거래를 하기 위해서는 전문투자자가 되어야 가능하다.
② 일반투자자는 '일중매매거래 위험고지서', '시스템매매 위험고지서'를 교부하고 충분히 설명한 후 서명 또는 기명날인을 받은 후 이들 거래의 매매를 할 수 있다. 단, 시스템매매 프로그램에 의한 매매거래를 신청한 경우 프로그램에 내재된 가격예측이론 및 사용방법 등에 대한 사전교육이수 여부를 확인하고, 별도의 신청서에 의해 처리한 후 매매할 수 있다.
④ 주식워런트증권(ELW)은 시장에서 매매되는 상품이라서 고지대상 고객을 파악하기가 어렵기 때문에 위험고지 대상상품에서 제외된다.

082 정답 ②

협회가 정하는 표준약관 중 '외국 집합투자증권 매매거래에 관한 표준약관'은 표준약관 그대로 사용하여야 한다.

083 정답 ③

투자자계좌의 잔액이 0이 된 날로부터 6개월이 경과한 후에는 해당 계좌를 폐쇄할 수 있다.

084 정답 ②

주식회사 또는 특수한 형태의 금융기관만이 금융투자업자가 될 수 있다.

085 정답 ④

㉠ **고객파악 의무** : 금융투자자는 일반투자자에게 권유하기 전에 면담 등을 통하여 투자자의 투자목적 · 재산상황 · 투자경험 등의 정보를 파악하고, 투자자로부터 서명 등의 방법으로 확인을 받아야 한다.

㉡ **설명의무** : 금융투자업자는 일반투자자에게 투자권유를 하는 경우에는 금융투자상품의 내용 등을 투자자가 이해할 수 있도록 설명해야 하며, 투자자가 이해하였음을 서명 등의 방법으로 확인하여야 한다.

㉢ **적합성의 원칙** : 금융투자업자는 일반투자자에게 투자권유를 하는 경우 그 일반투자자의 투자목적 등에 비추어 적합하지 않다고 인정되는 투자권유를 해서는 안 된다.

㉣ **적정성의 원칙** : 금융투자업자는 일반투자자에게 투자권유를 하지 않고 파생상품 등을 판매하려는 경우에는 면담 · 질문 등을 통하여 그 일반투자자의 투자목적 등의 정보를 파악하여야 한다.

086 정답 ④

투자권유를 거부한 투자자에게 투자성 있는 보험계약에 대한 투자권유, 1개월 경과 후 투자권유 및 다른 종류의 금융투자상품에 대한 투자권유는 가능하다.

087 정답 ②

경영개선권고 – 경영실태평가 결과 종합평가등급을 3등급(보통) 이상으로 판정받은 경우

088 정답 ④

공개매수의 기간은 20일 이상 60일 이내이어야 한다.

089 정답 ②

회사설립 절차는 발기인 조합 → 정관 작성 → 실체구성 → 설립등기의 순으로 진행된다. 정관은 발기인이 작성하며, 발기인 전원의 기명날인 또는 서명이 있어야 한다.

090 정답 ③

③ 재무제표열람청구권은 단독주주권이다.

참고 **주주의 권리**

- **단독주주권** : 주주가 가지는 주식수에 관계 없이 각 주주가 단독으로 행사할 수 있는 권리
- **소수주주권** : 회사의 발행주식총수의 일정비율을 지닌 주주만이 행사할 수 있는 권리

091 정답 ②

① 주식액면병합의 경우에는 주식수는 감소하지만, 자본의 변경은 없다.

③ 자본감소 무효의 주장은 반드시 소송만으로 가능하다.

④ 자본감소를 하려면 주주총회의 특별결의가 필요하며, 경우에 따라서는 종류주주총회의 결의도 있어야 한다.

092 정답 ④

사채의 경우는 분할납입이 가능하지만 주식은 전액납입주의에 의한다.

093 정답 ①

② 합병으로 인한 존속회사 또는 신설회사는 소멸회사의 권리의무를 포괄적으로 승계한다.

③ 합병에 반대한 주주라도 주식매수청구권을 행사하지 않는 한 존속회사 또는 신설회사의 주주가 된다.

④ 간이합병에 관한 내용이다. 소규모 합병은 존속회사의 합병신주가 발행주식총수의 10% 이내인 경우이다.

094 정답 ②

① 이사의 자격을 주주로 제한하는 것은 가능하다(자격주).
③ 이사의 보수는 정관 또는 주주총회의 결의로 정하여야 한다.
④ 이사의 선임은 주주총회의 전속권한이며 보통결의 사항이다.

095 정답 ②

정관에 의하여 주식양도는 이사회의 승인을 요건으로 할 수 있다.

096 정답 ③

국세의 성립에 필요한 과세요건으로는 납세의무자, 과세표준, 과세물건, 세율이 있다.

097 정답 ②

② 퇴직소득, 양도소득은 분류과세에 포함된다.

098 정답 ③

잉여금의 처분에 의한 배당소득의 수입시기는 당해법인의 잉여금 처분결의일이다.

099 정답 ④

증권거래세 납세의무자

구분	납세의무자
대체결제하는 경우	당해 대체결제회사
금융투자회사 등을 통해 주권 등을 양도하는 경우	당해 금융투자회사
그 외에 주권을 양도하는 경우	당해 양도자
국내 사업장을 가지고 있지 않은 비거주자가 금융투자회사 등을 통하지 않고 주권 등을 양도하는 경우	당해 주권의 양수자

100 정답 ②

증권거래세는 주권의 유상양도를 과세대상으로 하므로 무상 이전인 상속이나 증여는 증권거래세의 과제대상에 해당되지 않는다.